Diana Kinnert
mit Marc Bielefeld

Die neue Einsamkeit

Und wie wir sie als Gesellschaft überwinden können

HOFFMANN UND CAMPE

Das Zitat auf S. 72 aus dem Gedicht »Kleines Solo«
von Erich Kästner ist entnommen aus: *Der tägliche Kram*
© Atrium Verlag, Zürich 1948 und Thomas Kästner.

Die Zitate auf S. 389 f. stammen aus *Herkunft* von
Saša Stanišić, erschienen bei Luchterhand 2019.
Mit freundlicher Genehmigung des Autors.

1. Auflage 2021
Copyright © 2021 Hoffmann und Campe Verlag, Hamburg
www.hoffmann-und-campe.de
Umschlaggestaltung: © muskat Kommunikationsdesign, Berlin
Typographie und Satz: fuxbux, Berlin
Gesetzt aus der Apollo und der Sharp Grotesk
Druck und Bindung: GGP Media GmbH, Pößneck
Printed in Germany
ISBN 978-3-455-01107-4

HOFFMANN
UND CAMPE

Ein Unternehmen der
GANSKE VERLAGSGRUPPE

Für jeden, der jemanden vermisst;
manchmal sich selbst.

Inhalt

Dinner for One

Shalom! Herzlich, laut und überdeutlich. So begrüßt, schreite ich durch die Tür, und es reicht, um in einer Welt anzukommen, in der alles geht, in der alle dürfen und nach der jeder lechzt. Goldene Kordeln fallen ins Gesicht, die gestaute Feuchtigkeit des Innenraums trägt beinahe wieder hinaus, volle Lippen haften für Augenblicke an den Wangen. Kuss hier, Kuss da. Das Essen dampft, die Gläser klirren, der Alkohol fließt. Begrüßungsformeln auf Französisch, Portugiesisch, Hebräisch, Englisch, Deutsch.

Yafo. Endlich wieder ins Yafo.

Wir schreiben die Zeit vor der Pandemie, es ist ein lauer Sommerabend in Berlin-Mitte. Eben bin ich noch durch die Torstraße gewandelt, jene historisch wechselvolle Hauptverkehrsvene im Look der Reichshauptstadt, heute neumodern belegt durch Boutiquen, gefüllt mit kalifornischer Mode, skandinavischem Mobiliar, hochpreisigen Comicheften aus vergangenen Jahrzehnten. Ich bog in eine Seitengasse, da liegt also das Yafo, ein auf den ersten Blick unauffällig anmutendes israelisches Lokal. Die Betreiberin Shani Ahiel, Israelin mit jemenitischen Wurzeln, ein kurz geratenes Energiebündel mit gelockter, schwarzer Mähne, wollte es so. Interieur aus durchmischten Holzarten. Gebrauchte Kinosessel überzogen mit bordeauxrotem Samt. Ein Ensemble antiker Spiegel verdoppelt die Gäste, Rahmen und Leuchter kleben an den Wänden, unter der Decke;

Phantasien alter Jahrmärkte. Aus den Lautsprechern tönen die Stimmen selbstbewusster Jüdinnen aus den siebziger Jahren. Ihre Schallplattencover schweben an den Betonwänden.

»Ma nishma?«, fragt Yehonathan. »Wie geht es Dir?« Sein Wangenkuss hinterlässt Lippenstiftspuren auf meinem Gesicht. Der kahl geschorene Schädel glänzt, die gefärbten Augenbrauen sind hochgezogen. Yehonathan trägt Absatzschuhe, ist mit allerhand Klimbim behangen. Seine Finger sind mit Insekten und Reptilien tätowiert, als würde er dort den Katalog eines Naturkundemuseums abbilden wollen. Ein durchgezogenes Projekt zur Eheschließung, wie Yehonathan und sein Ehemann auf Nachfrage erklären. Yehonathan, insgesamt eine mystische Erscheinung. Verspielt, selbstbewusst, androgyn, elegant. Ein Überlebenskämpfer und Lebenskünstler aus den strengen jüdisch-orthodoxen Tiefen Jerusalems, angekommen in einer der wildesten Metropolen der Welt, einem Kessel aus düsterer Technokultur, sexueller Freizügigkeit, urbaner Kunst; angekommen im Berlin des dritten Jahrtausends.

Yehonathan wird die Gäste des Yafo durch den kulinarischen Abend lenken. Hier und heute, Twenty Nineteen.

Wie geht es Dir? Angebotslos steht die Frage zwischen uns, ist sich über die Antwort längst im Klaren. Ich sage unernst: »Alles gut.« Yehonathan nickt zufrieden, wendet sich seinem Tablet zu. Er ist Gastgeber des Abends, nach deutschen Gastronomieregeln Rezeptionist und Chefbedienung in einer Person, im Yafo-Vokabular: Host of the night. »Table for eight?« Ich nicke, rufe etwas Bejahendes hinterher. Während Yehonathan Befehle ins Tablet tippt, blicke ich kurz über seine Schulter. Wer ist heute alles da? Welche Bedienungen haben Schicht, wer sitzt am Tresen? Ich kenne das Lokal gut. Der Ruf des Yafo: International und extrem populär. Das liegt ohne Zweifel an der unbemühten Grundstimmung hier: Enthemmt, leidenschaftlich, tropisch-exotisch, zwanglos.

Der Laden ist schon jetzt fast voll. An gewöhnlichen Wochentagen sind die Tische für den Abend bereits Tage im Voraus bis an die Kapazitätsgrenzen gebucht. Die Berlinerinnen und Berliner, ihre Freunde, ihre Gäste, sie stehen bis runter zur Torstraße. Denn sie wollen ja nicht nur schmausen. Sie wollen sich vermengen, wollen die anishaltigen Spirituosen, das queer-jüdische Kabarett und den orientalischen Tanz. Im Yafo fließt das alles zusammen, summiert sich auf magische Weise, potenziert sich. Ein losgelassener Schrei mitten in diesem Berlin, in diesen Zeiten.

Als Yehonathan das erste Mal seine neue Wahlheimat bereiste, war das erste deutsche Wort, das er lernte: Verboten. Immer wenn Shani, die Betreiberin, die Anekdote hört, kreischt sie wie ein Papagei hinterher: »Papiere, Papiere, Papiere!« Aber dann kommt ja meist schon die Musik, kommen die Gerüche, die ersten Gäste, kommt die Besänftigung. Und so fühlt es sich dann an, wenn alles geht und alle dürfen, wenn der Tanz kommt, die Musik, wenn Enge und Körperlichkeit zu den Antipoden spießbürgerlicher Leitkultur werden und die Normen der artigen Abstandswahrung unterlaufen.

Aber ach, wenn doch alles nur so einfach wäre und das Yafo womöglich das echte Menschenherz.

Es ist 19:12 Uhr. Yehonathan führt mich zu meiner Tafel. Wir sind heute zu acht. Ein Abend unter Freundinnen und Freunden, so ist es verabredet. Yehonathan entlässt mich, küsst mich noch einmal auf die Wange, schreitet sodann fort, um die nächsten Gäste in Empfang zu nehmen. Ich wende mich dem Tisch zu, an dem Isobel schon sitzt. Ihr gewelltes Haar ist hochgesteckt, die Schultern frei. Ich freue mich, sie zu sehen, kann sie es abends für gewöhnlich doch so gut wie nie einrichten.

Isobel tanzt. Tanzt professionell, jeden Abend. »Erwachsenenunterhaltung«, wie sie sagt. Ich rücke zu ihr auf, bereit zur pre-pandemischen Umarmung, doch ihr Blick haftet auf dem Smartphone. Es dauert, bis sie mich bemerkt in diesem Yafo-Nebel. »Diana!«, ruft sie. Dann schnellt sie hoch, im selben Zug finden die Finger gerade noch das Rotweinglas, ein hastiger, kleiner Schluck, wir umarmen uns, dann sagt Isobel: »Entschuldige, dass ich schon bestellt habe, aber ich muss ja gleich schon wieder los.« Die Arbeit ruft, die Nachtschicht. Isobel, die Tänzerin. Ich habe Verständnis, bin dankbar. Immerhin ein kurzer Moment an diesem Abend. »Wann kommen die anderen?«, fragt sie. »Müssten gleich da sein«, sage ich, mit Blick auf das Telefon. Sieben ist es ja längst.

Ich bestelle ein Glas Wein. Es wird immer lauter um mich herum. An den Nachbartischen sind die ersten Flaschen geleert, die stresserprobten Bedienungen beginnen sich zu konzentrieren. Die Temperatur steigt, immer mehr Gäste gehen für eine Zigarettenlänge vor die Tür. Isobel und ich unterhalten uns, sprechen über den Job. Der Tanz, die Politik. Die Kunden, die Strategien, die Aussichten. Dann: die Menschen, das Leben. Ich frage sie, nebenbei, Erwachsenenunterhaltung und Beziehungsglück, wie geht das zusammen? Sie spricht von Affären, Experimenten. Das größte Hindernis für eine stabile Beziehung, sagt sie, ist nicht die Eifersucht, es ist das fehlende Alltagserleben. Isobel nimmt einen Schluck, tippt an ihrem Glas herum. »Ich komme ja selten vor sieben Uhr nach Hause, ab fünf am Nachmittag geht das Geschminke wieder los.«

Das Wort Sehnsucht fällt nicht, es ist offenbar kein Bestandteil ihres Vokabulars. Als ich das Wort doch erwähne, nickt Isobel, sagt: »Ich muss dringend eine Kleinigkeit essen.«

Wir bestellen. Eine halbe Stunde ist vergangen. Wir sind zu zweit. Blick auf das Mobiltelefon. Leila fragt, ob das Abendessen eigentlich noch stattfindet. Franka informiert uns, dass sie später kommt, sie habe noch einen Arbeitstermin. Cassandra will wissen, wer eingeladen ist. Betül teilt ihren Standort, scheint auf dem Weg zu sein. Elisabeth kündigt an, sie sei gleich da, sie muss noch jemanden ins Bett bringen.

»Seit wann hat Elisabeth Kinder?«, fragt Isobel, als ich ihr von dem Kammerspiel erzähle. »Sie hat keine Kinder«, antworte ich, »Sie hat eine Fernbeziehung.« Isobel lacht auf. In Kathmandu ist es 23:15 Uhr. Der Gute-Nacht-Videochat mit der Freundin steht gerade an.

Im Yafo wird die Luft schwerer, beginnen die Fenster zu schwitzen. Eine junge Ägypterin im Bikini-Top kommt zu uns an den Tisch, serviert Lammfleischterrinen in Lehmformen, cremigen Hummus, auf dem ein über Feuer gegrillter Blumenkohl thront, geröstete Auberginenscheiben mit Sesampaste und Matbucha aus eingekochten Tomaten und Chilischoten. Darauf ein Klecks Joghurt mit Koriander. »Da komme ich ja genau richtig«, höre ich eine Stimme hinter uns, »gut, dass ihr schon bestellt habt.« Franka hat es vom späten Termin zu uns geschafft. Sie legt ihren hellen Mantel ab, desinfiziert sich die Hände. Franka, digitale Kommunikatorin in einer respektierten Agentur, ist eine durch und durch sterile Person. Ehrgeizig, organisiert, diszipliniert, sarkastisch.

Sie setzt sich. Wir sind jetzt zu dritt, bedienen uns von der Mitte der Tafel. Die Speisen im Yafo sind so gedacht: für alle, die an einem Tisch sitzen. So sehen es die israelische Esskultur und auch das Menü im Yafo vor. Sämtliche Speisen sind Gerichte zum Teilen. Isobel und ich brechen die in Backpapier gewickelten Brote, dippen damit in Pasten und Soßen. Franka winkt ab. Sie bestellt einen separaten Teller. Bevor sie zu essen beginnt, legt sie ihr Telefon neben ihrem Besteck ab. Nach einem Griff zur Handtasche landet ein Stapel Visitenkarten auf dem Tisch. Isobel schaut rüber. »Ich muss schnell noch ein paar Mails schreiben«, sagt Franka. Ein schnelles Follow-up auf die Veranstaltung und den Kampagnenstart eben. Die Ägypterin schwebt am Tisch vorbei. Alles in Ordnung, alles gut. Franka sagt: »Hochkarätige Kunden, gut für unser Netzwerk. Solche Mails erledige ich immer gleich, morgen kann ich die Namen und Gesichter den Gesprächen nicht mehr zuordnen.«

Isobel und Franka, die Tänzerin und die Vermarkterin. Kurz prallen zwei Welten aufeinander. Warum schreibt man Menschen, an die man sich am Morgen nicht mehr erinnert? Isobel schaut Franka an. Franka holt Luft. Ich bestelle noch eine Runde Getränke, Wein, eine Flasche Wasser. Isobel steht auf, sagt: »Ich muss los, zur Arbeit.« Franka versucht zu lächeln. »Ganz viel Spaß.«

Isobel, die Tänzerin, stapelt auf einmal Münztürme neben Visitenkarten. Kleingeld, das sich häuft. Kupfer, Aluminium, Zink und Zinn. Isobel macht das ganz ruhig und nimmt sich demonstrativ eine Minute Zeit. Dann wirft sie ihren hauchzarten Schal über die Schultern und schreitet von dannen. Franka ignoriert die Türme, tippt ihre Mails.

Wieder Blick auf das Telefon. Leila fragt, wann wir mit dem Essen beginnen. Ihre Nachrichten kommen in Blöcken, angedeuteten weißen Sprechblasen, manchmal liegen zwei Minuten zwischen den Nachrichten, manchmal fünf Sekunden. Ich habe auf stumm geschaltet. Die nächsten Zeilen von Leila lassen wissen: Ihr Mitbewohner hat gerade gekocht, außerdem vermutet sie, dass die Straßen draußen noch immer verstopft sind. Feierabendverkehr, alles rot. Leila sagt ab. Ein federleichtes Manöver.

Es ist nach 20 Uhr.

Ich nehme noch vom Hummus, betrachte das Brot. Franka ist noch bei ihren Karten, ich höre ihre Stimme nicht, als sie kurz etwas über den Tisch zu mir sagt, ohne mich anzuschauen. Leilas Absage verstimmt mich. Ich finde das unzuverlässig, ungehobelt, unkameradschaftlich. Für einen Moment flammt Ärger auf. Ich muss an ein Wort denken: Multioptionsattitüde. Es nervt.

Betül scheint immer noch auf dem Weg zu sein. Ich klicke

14

ihren geteilten Standort an. Die App lokalisiert sie unweit des Yafo vor einer Weinbar um die Ecke. »Kommst du?«, schreibe ich. »Gleich«, blinkt es binnen Sekunden zurück: »Spontan alten Freund getroffen.« Lange werde ich meinen Unmut nicht mehr verbergen können. Eine Umarmung von hinten reißt mich aus den Gedanken. Shani strahlt mir entgegen, strahlt übers ganze Gesicht.

»Was ist mit deinem Tisch los?«, fragt sie.

»Kommen gleich«, sage ich.

»Dann stelle ich dich schnell zwei Freunden vor.«

Shani, die Betreiberin, zerrt mich von meinem Platz. Franka schaut kurz auf. Ich entschuldige mich, folge Shani.

An der Bar stehen zwei junge Männer in Unterhemden. »Schulfreunde aus Tel Aviv«, sagt Shani. Wir begrüßen uns, dann trinken wir eine Runde Schnaps. Was sie nach Berlin verschlagen habe, frage ich die beiden. »Abenteuer, Nachtclubs, Frauen«, sagt einer der zwei, der andere schmunzelt, sieht zu Boden. Die zwei beginnen, Zigaretten zu drehen, werfen sich hebräische Wortfetzen zu. Shani vermittelt mir derweil unauffällig, dass beide verheiratet sind. Sie rollt mit den Augen. Sie sagt drei Worte: Tinder, Bumble, OkCupid.

Als die beiden Männer zum Rauchen vor die Tür wollen, stolpern Cassandra und Betül rein. Wir gehen aufeinander zu, navigieren zwischen den Tischen hindurch, umarmen uns. »Elisabeth ist auch schon da, sie raucht draußen nur noch schnell eine.« Cassandra sagt das. Es ist 20:15 Uhr. Ich denke: Ephemerkultur, Regime der Leichtigkeit, Scheißdraufzeiten. Wir gehen zu unserem Tisch. Franka, von mir alleingelassen, isst inzwischen mit Gabel und Messer. Elisabeth stiebt jetzt in den Raum, segelt mitten durchs Lokal auf uns zu. Ein Abend unter Freunden, es ist zwanzig nach acht inmitten dieser Zeiten.

Shani bringt flambierte Aprikosen, Yehonathan wechselt die Musik. Balkanpop. Die beiden stoßen mit uns an. Elisabeth spricht von Kathmandu, liest aus ihrem letzten Chat vor. Betül recherchiert. Der alte Freund von der Weinbar scheint inzwischen in Berlin zu wohnen, vorzeigbare Karriere, Reisemarkierungen im Profil, Szeneprominenz im Freundeskreis. Franka hilft bei der Analyse auf Instagram, so nesteln sie an einem Psychogramm der Pixel, forschen nach der großen offenen Frage. Ob er könnte, wenn sie wollte, ob er würde, falls sie es wagt. Ich überlege: Konditionalherrschaft, Möglichkeitssucht. Der Algorithmus der Sehnsucht. Betül hatte gesagt, sie mochte ihn schon immer, nicht erst vorhin, an diesem heißen Berliner Abend.

Ich wende mich Cassandra zu. »Wie geht es den Zwillingen?«

»Schlafen nicht durch«, sagt die taufrische Mutter, stützt den Kopf ab. »Hilft nicht wirklich beim Promovieren.«

»Das wird schon«, sage ich, ohne zu wissen, wovon ich spreche.

»Nein, wird es nicht«, sagt Franka. Sie schaltet sich kurz ein, gerade als die Datteln gereicht werden, es folgt ein Impromptu über die Belastungen junger Familien, Franka rät zu devotem Partner und teurer Kinderbetreuung. Cassandra antwortet kaum hörbar. Betül schreit auf. Der alte Freund von der Weinbar will sie noch auf ein Getränk einladen. Drüben, nicht hier. Ihr Mobiltelefon blinkt kurz, dann ein zweites Mal. Es dauert nun noch eine Weile, die Musik im Yafo wird lauter, aber lange dauert es nicht. Der Aufgeregtheit in Betüls Augen ist nichts entgegenzusetzen. »Ich hab sowieso schon gegessen«, sagt sie. Und wie sie das sagt. Leicht, federleicht. Sie nimmt einen weiteren Schluck Wein, während stolpernden Takts die Displays unserer Telefone auf dem Tisch aufleuchten. Dann entlässt die Gruppe Betül. Sie nimmt ihre Tasche, ihre dünne Jacke, geht durch die Tür, weg ist sie.

Die zwei verheirateten Israelis steuern durchs Lokal, treten an unseren Tisch. Ihre Frage ist international, gehoben. »May

16

we sit with you?« Nun, es ist mehr Ankündigung als Frage. Sie stellen sich meinen Freundinnen vor, reihum. Auf Elisabeth scheinen sie ein Auge geworfen zu haben. Diese geht bald nach draußen, sie müsse telefonieren. Franka sagt, fast krakeelend in die Musik: »Sie ist lesbisch, sie hat eine Freundin.«

Die Gespräche sind zäh. Cassandra gibt wenig preis, zwischen den Israelis und Franka springt der Funke nicht über. Fuckboys treffen aufstrebende Spießerin. Die Moderation strengt mich an. Mein Telefon vibriert, mein Kumpel Mick ist dran. »Seid ihr noch im Yafo?«, fragt er. »Ich bin mit zwei Freunden unterwegs, wir würden jetzt kommen.« Mir fällt prompt ein: Mick war eigentlich Teil unserer Einladungsrunde. Gast Nummer sieben. Doch der geniale Gründer jettet routiniert um die Welt, ist mal hier, mal da, nirgends für länger. Die Erinnerung an ihn löst sich darum manchmal auf. Mick, der modernste aller modernen Geister. Agil, aber ohne Zuhause.

Der Abend dreht sich inzwischen. Shani kommt abermals hinzu, entlockt den beiden Israelis hitzig Promotionsthemen, erfolgreiche Kampagnen; Cassandra und Franka ganz Ohr. Elisabeth kommt zurück von ihrer kurzen Raucherpausenamnesie, trinkt sich mit Granatapfel in Hochprozentigem milde. Wie spät ist es? Die Tür geht auf, geht zu, geht auf, nur einen Augenblick später streunt Mick herein, Mick plus zwei, und bald sitzt das halbe Yafo an unserem Tisch. Mick winkt zu den anderen Tischen, die anderen Tische winken herüber, und so geht es ab jetzt kopflos in die Nacht, in dieser Blase, in der alles geht und alle dürfen, in diesem warmen Showroom, in dem alle wollen und doch nicht können.

Von hinten, scheinbar aus dem Off, werde ich plötzlich angesprochen. Ein Andockmanöver in der beginnenden Nacht. Drei Studenten kennen mich von politischen Berichten, sie wollen reden, plaudern, dieses und jenes erörtern. Sie sind freundlich, interessiert, offen. Ich wechsele die Frequenz, bin im Nu nicht mehr bei meinen Freunden, sondern bei den Studenten, um uns alle herum das dampfende Yafo. In den hintersten Ecken meines Schädels denke ich: Seelenzäune. Absentierungsobsession. Lonely Cowgirls.

Es ist weit nach Mitternacht, als ich beschließe, nach Hause zu gehen. Die Nacht ist immer noch hellwach, einige sind schon verschwunden, viele werden ihr verhaftet bleiben. Am Tresen werden Drinks gereicht, hinten in den Sesseln liegen Köpfe auf Schultern, Ohrringe blitzen. Als Letztes höre ich noch Yehonathans Stimme, die sagt, dass Nachbarn sich beschwert hätten. Zu laut, zu voll. Viel zu schrecklich laut und vergnügsam ist diese Nacht nahe der Torstraße.

Ich hatte mich verabschiedet, es ging schnell und leicht, fast ungesehen. Jetzt schlendere ich noch ein wenig durch die Nacht. Es war nichts Außergewöhnliches, denke ich. Es war jetzt normal. Zeitenusus. Ich sehe einen Imbiss, einen Penner, den Himmel. Der Himmel ist nicht schwarz, er ist orangefarben erhellt von den Millionen Megawatt der Stadt. Auf dem Weg nach Hause passiere ich den Alexanderplatz. Ein bisschen still ist es hier, die Häuser wie Schatten, der Turm wie eine Nadel, das Pflaster eben und dunkel. Ich sehe kaum Menschen, erkenne nur Umrisse in der Nacht, in der die Reklamen stoisch leuchten. Unverhohlen verlassen wirkt die große Stadt zu dieser Stunde, unverhohlen groß und leer und hohl. Das Gesicht der Maskerade.

Ich muss an Alfred Döblin denken. Diesen Psychiater, diesen Worteerfinder. *Berlin, Alexanderplatz*. Muss an Biberkopf denken, die tragische Romanfigur, die in der Irrenanstalt landet. Döblin, der Verrücktgewordene. Ließ seine Zeilen von der Reizüberflutung handeln, ließ sie von Lärm sprechen und Anonymität, von geisteskranken sozialen Verwerfungen in Folge des industriellen Aufbruchs. Wie lange ist es nun her, dass er diesen Klassiker der Literatur aufs Papier dachte? Wie lange ist es her, dass es immer feiner, immer internationaler, immer schneller, immer subtiler, immer schlimmer geworden ist? Leben in der Dystopie. Wie flieht man aus der Flüchtigkeit?

Nicht einmal ist an diesem Abend das Wort gefallen. Das fällt mir nicht erst jetzt ein, es fiel mir die ganze Zeit auf. Den ganzen Abend über, während jeden Glases, während jeder Zigarette und während jeden Dialogs war es anwesend, das Thema dieser Zeit. Die Einsamkeit. Und doch vermieden wir das Wort, verschwiegen es hochprofessionell. Ja, wir umschifften es wie einen fürchterlichen, unaussprechlichen Felsen, vergaßen es vor lauter Musik und Spaß, vor lauter Abgeschnittenheit, vor lauter Leichtigkeit, vor lauter Privilegien, vor lauter Flexibilität, vor lauter Feigheit.

Ich ging noch ein wenig, bevor ich zu Hause ankam. Nein, nicht einmal war das Wort gefallen, nicht einmal während unseres gemeinsamen Abendessens. Ich überlegte kurz. Zu unaussprechlich mächtig lag es wohl über diesen Zeiten.

Es fängt an: Die vereinzelte Gesellschaft

Einsamkeit kennt viele Formen. In den modernen kapitalistischen Gesellschaften haben sie inzwischen zu einer kollektiven Vereinzelung geführt. Experten sprechen von einem Phänomen, das sich ausweitet wie eine Epidemie: Allein in Deutschland sagen 14 Millionen Menschen, dass sie sich einsam fühlen. Und spätestens seit Corona ist das Gefühl der Isolation zum globalen Status quo geworden.

Wenn ich in die Suchmaschine die Worte »einsam« oder »allein« eingebe, spuckt das Internet in weniger als einer halben Sekunde bis zu 160 Millionen Ergebnisse aus. Ich klicke auf Bilder. Sekunden später darf ich mir anschauen, was wir uns offenbar unter diesen Begriffen vorstellen. Was die Filter und Algorithmen uns vor Augen halten, wenn es um das Thema Einsamkeit geht.

Ich sehe einen Herrn mittleren Alters, der allein auf einer Bank sitzt und aufs Meer blickt. Eine Frau, die unter ihrem Regenschirm auf einem Steg steht und aufs graue Wasser schaut. Da ist ein Mann, er hockt auf seiner Fensterbank, starrt verloren auf das Häusermeer zu seinen Füßen. Da ist eine Frau, allein auf ihrem Bett, die Beine angezogen, die Arme über den Knien verschränkt. Ich sehe eine Seniorin in ihrem Sessel sitzend, deren Blick durch ein offenes Fenster in die Leere fällt. Weiter unten spiegelt sich das Gesicht eines jungen Mädchens in einer Scheibe, der Blick traurig, melancholisch. Es sind gängige Szenen der Einsamkeit. Eine Verlorenheit, die uns anspringt.

Scrolle ich weiter runter, sind Leuchttürme auf menschenleeren Inseln zu sehen. Alsbald: Liegengelassene Teddybären, verlassene und vom Regen nasse Straßen, der Mond, Millennials, die sich eine Plastiktüte über den Kopf ziehen. Die Bilder zeigen mir Zäune, Barrieren aus Draht, geisterhaft verlassene Rolltreppen und einen nackten Stein, auf den jemand mit Farbe geschrieben hat: »Corona ist doof«.

Noch weiter unten wird mir ein Poster dargeboten, das die Vorstellungen von Einsamkeit typographisch darstellt. Es stehen dort groß die Worte: »Verschlossenheit«, »Verlassensein«, »Isolation«, »Solitüde«, »Wüste«, »Einsiedlerleben«. Dann wieder kommen zahllose Bilder von Frauen und Männern, die zu Hause in ihren Wohnungen allein auf den Fluren sitzen, barfuß oder in dicken Socken, flankiert von blanken, möbellosen Wänden. Plötzlich das graphische Motiv einer Statistik: Frauen (42,4 Prozent) würden sich häufiger einsam fühlen als Männer (29,5 Prozent). Ich wische weiter nach unten, bekomme nun einige Sinnsprüche präsentiert.

Ich lese: »Der Kummer, der nicht spricht, nagt leise am Herzen, bis es bricht.« Ich lese: »Einsam heißt nicht, dass man keine Freunde hat, die für einen da sind. Einsam heißt, dass fehlt, was das Herz glücklich macht.« Plötzlich ein Zitat von Wilhelm Busch: »Wer einsam ist, der hat es gut, weil keiner da, der ihm was tut.« Kurz darauf dieser Aphorismus: »Begegnest Du der Einsamkeit, habe keine Angst! Sie ist eine kostbare Hilfe, mit sich selbst Freundschaft zu schließen.«

Ich sitze da und denke: Ja, was denn nun? Und surfe noch etwas weiter durchs Ergebnismeer.

Ein Mann ohne Augen. Ein Heißluftballon über den Wolken. Ein Teenager, vergraben in seinem Hoodie, seinem Kapuzenpulli. Ich sehe, noch weiter nach unten scrollend, eine graphisch dargestellte Waagschale, auf der die Begriffe »Äußere Auslöser« und »Innere Ursachen« schwerer wiegen als jener der »Inneren Stärke«. Ich erkenne das symbolträchtige Bild des einsamen Poeten. Eine Schreibmaschine, ein weißes Blatt Papier. Darauf einzig die Worte: »Die Einsamkeit.« Vielleicht ist es der Beginn eines Romans, vielleicht nur das inszenierte Motiv einer Bildagentur.

Als Nächstes bieten mir die Suchergebnisse: Zwei Schienen, die ins Leere führen. Dann entdecke ich ein Gemälde von Marc Chagall, *Solitude* von 1933. Öl auf Leinwand, 1 × 1,69 Meter groß. Laut Beschreibung ein Sinnbild kultureller Entfremdung, dargestellt durch einen Rabbiner, eine Geige spielende, einäugige Ziege und einen Engel mit Flügeln vor einem dunkel verrauchten Dorf. Menschen auf der Flucht, offenbar auch ein Inbegriff der Einsamkeit.

Ich scrolle noch weiter nach unten. Lese auf einem Bild den Satz: »Es ist schon eigenartig, wie wir es genießen, allein sein zu können, aber daran verzweifeln, wenn wir allein sein müssen.« Ich sehe dann noch dies: Einen winzigen Mann auf einem gottverlassenen Parkplatz, einen Rentner am Stock, eine Frau auf einer Schaukel, sitzend und sinnierend vor einem spiegelglatten See. Und sie alle wenden uns den Rücken zu.

Doch dann erschöpft es sich langsam. Dann wiederholen sich die Motive, die Bilder, die Ideen. Ab einem gewissen Punkt, so scheint es, kommen die Vorstellungen von Einsamkeit an eine Grenze. Ich sehe, ganz unten, noch eine skizzierte Cloud, lese von »digitaler Einsamkeit«. Danach aber bietet unter den Hunderten von Suchergebnissen nur noch ein fauler Zynismus Abwechslung. Ich blicke auf die Vergrößerung eines haarigen Milbengesichts und lese: »Wenn Du einsam bist, besinne Dich Deiner garantierten Freunde – sie leben zu Millionen auf deiner Haut.«

Die Seite ist zu Ende. Und nun sehe ich mich selbst. Wie ich mitten in Berlin in der U-Bahn sitze, allein unter vielen, versunken in mein mobiles Display.

Einsamkeit ist ein altes Thema. Es beschäftigt die Menschen seit eh und je, kommt in zahlreichen Facetten zur Sprache. Der Zustand der Einsamkeit, so scheint es, kann ein guter sein, ein schlechter, er kann beflügeln und bedrücken. Einsamkeit hat, grob gesprochen, einen doppelten Ruf. Allein das Wort kann uns an menschenleere Strände und sonstige Paradiese der Besinnung beamen. Orte, die wir mit Selbstfindung und Glück verbinden. Dies ist die eine Spielart des Einsamkeitsbegriffs. Sie hat mit lustvoller Entdeckung zu tun, mit Reizreduktion, Einkehr und Kontemplation, mit spiritueller und gedanklicher Bereicherung. Selten jedoch bringt der Zustand der Einsamkeit – so positiv wir ihn auch begreifen wollen – Heiterkeit und Ausgelassenheit mit sich. Auf der anderen Seite des Spektrums landen wir schließlich in ganz anderen Kontexten, wenn wir von Einsamkeit sprechen. Dann haben wir es mit Verlassenheit zu tun, mit Abgeschiedenheit und Ausgrenzung.

Schon beim ersten Betrachten wird klar, dass das Thema Gewicht hat. Dass der Begriff der Einsamkeit zudem keineswegs leicht zu definieren ist, dafür umso schneller in Gemeinplätzen und Klischees versandet.

Eindeutig sind hingegen Zahlen. Laut einer Umfrage des Marktforschungsinstituts Splendid Research fühlt sich in Deutschland jeder Sechste häufig oder gar ständig einsam – und damit ist nicht die schöne Spielart der Einsamkeit gemeint. Fast 14 Millionen Menschen, allein hierzulande, die vielmehr das sind, was der Duden so definiert: »Für sich allein«, »verlassen« oder »ohne Kontakte zur Umwelt«. Ein verstörender Zustand. Und ein verstörender Wert. Zum Vergleich: Die Zahl der so begriffenen Einsamen ist damit doppelt so hoch wie die der Diabetiker im Land, weit höher auch als jene der Herzkranken und sogar gut siebenmal höher als die der Demenzkranken in Deutschland.

In vielen anderen Ländern kommen die Umfragen zu keinem ermutigenderen Ergebnis. In einer Umfrage der Europäischen Kommission von 2018, also vor Corona, wurden über 28 000 Menschen aus ganz Europa gefragt, ob sie sich in der vorangegangenen Woche einsam gefühlt hätten. Das Ergebnis: In Bulgarien waren die meisten Menschen von Einsamkeit betroffen. 20 Prozent der Befragten fühlten sich dort meistens, fast immer oder immer einsam. In sieben weiteren Ländern erging es mindestens zehn Prozent der Befragten ebenso. Nur in den Niederlanden waren es mit drei Prozent deutlich weniger. Der Gesamtdurchschnitt derjenigen, die sich meistens oder immer einsam fühlten, lag bei acht Prozent. Auf die Gesamtbevölkerung der EU von 2018 hochgerechnet, entspricht das etwa 41 Millionen Menschen. Allein über sechs Millionen davon sollen es in England sein. Gut und gern 20 Millionen außerhalb Europas in Japan, weit über 30 Millionen in den USA. Wie der nichtkommerzielle Hörfunksender NPR berichtet, geben in den Vereinigten Staaten sogar drei von fünf Amerikanern an, einsam zu sein. »Mehr und mehr Menschen sagen, dass sie sich ausgeschlossen und unverstanden fühlen«, schreiben die Autoren einer Studie, die im Auftrag des Versicherungsunternehmens Cigna gemacht wurde. Zudem fehle es ihnen an *companionship*, an Gesellschaft. Und seit 2018 ist die Zahl all jener, die sich sozusagen »außen vor« fühlen, noch einmal um 13 Prozent gestiegen.

Forscher und Ärzte sprechen längst von einer Epidemie der Einsamkeit. Und obwohl »Einsamkeit« nach wie vor ein schwammiger Begriff ist und bis heute von den meisten Menschen kaum als genuines Problem erkannt und eingestuft wird, meinen die Forscher damit sogar einen Zustand, der nicht nur traurig und bemitleidenswert ist, sondern der sogar krank macht.

Der Mediziner Vivek Murthy diente unter Präsident Barack Obama als Surgeon General of the United States, war verantwortlich für die wichtigen Fragen der US-amerikanischen Gesundheit. Seine Erfahrungen fasste er jüngst wie folgt zusammen: »Während all meiner Jahre als Arzt waren es weniger Herzattacken und Diabetes, die für den Zustand der meisten Patienten verantwortlich waren. Es war ihre Einsamkeit.« Und wenn Murthy von einer *crisis of loneliness* spricht, meint auch er eine Angelegenheit, die längst ganze Gesellschaften betrifft.

In der Tat: Eine seltsame und neue Form der Vereinsamung wird zusehends zu einem modernen Phänomen. Zu einem Grundzustand vieler Menschen, der zunächst wenig greifbar, dafür aber umso drängender zu spüren ist.

Und dabei reicht es nicht mehr, sich auf alte Muster und Vorstellungen von Einsamkeit zu berufen, wie sie sich etwa in den stereotypen Motiven der Suchergebnisse zeigen. Die Seniorin, die schweigend auf der Parkbank sitzt. Der einsame Rentner in seiner stillen Wohnung. Die Frau im Regen. Oder auch die berühmte einsame Insel.

Auch genügt es nicht mehr, sich auf gängige Konnotationen zu berufen, wenn wir statt von Einsamkeit einerseits etwa von Ruhe und Besinnung sprechen, andererseits von Kontaktarmut, Isolierung, Verlassenheit oder sozialer Ausgrenzung. Vielmehr gilt es, die Merkmale und Bedingungen der neuen Einsamkeit differenzierter zu betrachten und feiner zu bemessen, also ganz neu zu begreifen und dann präziser zu definieren. Denn ein diffuses Gefühl von meist negativer Einsamkeit zieht sich inzwischen durch alle Milieus und betrifft die meisten Altersgruppen. Einsam fühlen sich nicht mehr vorrangig Senioren, verwitwete und arme Menschen, sondern zunehmend auch arbeitende Bürger, zunehmend auch jene Frauen und Männer der digitalen Generationen, die ja eigentlich inmitten eines sozial vernetzten, durchlässigen, mobilen Lebens stehen.

Das Phänomen der Einsamkeit, dem wir heute gegenüberstehen, ist komplex und vielschichtig. Globalisierung und Individualisierung haben zu ganz neuen Formen der Isolation geführt. Die digitale Welt und die neuen Technologien befeuern dies, und das beschleunigte und mehr und mehr kompetitive Leben macht es augenscheinlich nicht leichter.

Was geschieht, wenn das Mobiltelefon in die Hosentasche rutscht, ich die Treppen der U-Bahnstation hinaufsteige und auf die Straße hinaustrete? Ich sehe die Menschen – denn sie sind überall. Sie sitzen in den Bars, bummeln durch die Stadt, flitzen zum Bus, warten auf ihr Uber, kommen von der Arbeit, gehen zur Arbeit. Sie sitzen in ihren Wohnungen, in ihren Autos, kommen vom Einkaufen, fahren nach Hause. Vielleicht wollen sie ins Kino, ins Theater, zum Sport. Vielleicht haben sie einen Termin, holen gerade die Kinder ab, wollen zu einer Veranstaltung. Ein einziges Gewusel, wie Ameisen sind sie stets ziel- und zweckgerichtet unterwegs.

Über 3,6 Millionen Menschen leben in Berlin, das sind über 4000 pro Quadratkilometer. Was für ein herrliches Durcheinander, was für ein erstaunliches Miteinander. Aber ist es das wirklich? Leben wir wirklich noch die Idee des Gemeinwesens, so wie es die verdichtenden Räume von Gemeinden, Landkreisen, Kommunen und Städten eigentlich verlangen – egal, wie vielstimmig und divers vor allem Letztere sich inzwischen entwickelt haben? Sind wir wirklich auch so verbunden, wie es uns das Internet, die sozialen Medien gern suggerieren? Sind wir die Community, die uns das World Wide Web so lieblich verheißt? Und bilden wir am Ende wirklich noch die Gesellschaft, wie sie in der Soziologie definiert ist: Sind wir eine durch unterschiedliche Merkmale zusammengefasste Anzahl von Personen, die als sozial Handelnde miteinander verknüpft leben und direkt oder indirekt sozial interagieren?

Oder sind uns die verbindenden Elemente eher abhandengekommen? Fehlen uns womöglich gemeinsame Themen? Sitzen wir in unterschiedlichen Blasen und findet jeder heute zunehmend in seiner eigenen, aus beinahe unendlichen Möglichkeiten zuammengebauten Biographie statt? Ist da letztlich eine längst überholte Idee des Gemeinwesens am Bröckeln? Ein Miteinander, das gerade auf tausendfach verzweigten Wegen auseinanderfällt?

Schon beim Essen – eigentlich Paradebeispiel für soziales Miteinander – sind Kategorien populär geworden, die mehr trennen als einen. Und oft sogar einen Dissens eröffnen. Auf der einen Seite stehen die Veganer und Vegetarier, auf der anderen die Fleischliebhaber und Genießer alter Schule, die dem Essen weiterhin unverändert frönen wollen. Allein die Vielzahl an kursierenden Sprüchen zeigt, dass hier Fronten entstanden sind. »War kurz davor, Veganer zu werden, habe gerade noch mal Schwein gehabt«, lautet einer davon. Ein nächster: »Wenn alle Tiere ausgestorben sind, dann fressen wir die Vegetarier!« Die andere Fraktion kontert auf ihre Weise, fragt die Fleischesser, was sie als Außenstehende zum Thema Intelligenz zu sagen haben.

Das Essen ist zur politischen Gesinnungsfrage geworden. Zum Etikett, ob einer zu den Guten gehört, die die Welt retten wollen, oder zu den Bösen, die sich um nichts scheren. Gräben sind entstanden, wo eigentlich doch alle an einem Tisch sitzen sollten – um sich in aller Gegensätzlichkeit zuzuprosten. Nach der Wahl von Donald Trump zum 45. Präsidenten der Vereinigten Staaten am 8. November 2016 boykottierten Tausende junge und progressive Demokraten vornehmlich aus den Großstädten die familiäre Einkehr zu Thanksgiving in den Staaten des

Mittleren Westens. Mit Trump-Wählern an einem Tisch sitzen? Nein. Auch dann nicht, wenn es sich um Vater, Mutter, Onkel, Tante, die Großeltern handelt.

Weitaus krasser, komplexer und undurchschaubarer schreitet die Fragmentierung in den digitalen Welten voran. Die Werbung ist in hohem Maße personalisiert, heute bedient sie einen jeden ganz gezielt nach seinen individuellen Wünschen, Neigungen, Geschmäckern und Aktivitäten im Netz. In den sozialen Medien dürfen sich viele in abgekapselten Filterblasen wohlfühlen und in ihrer persönlichen Meinung bestätigt finden, während konträre Argumente und abweichende Standpunkte gar nicht mehr eingeblendet werden. Vielerorts sind die sozialen Medien zu Stammtischen geworden, nicht zu verbindenden Plattformen des sachlichen Austauschs.

Auf Diensten wie Instagram, Snapchat oder Tiktok kann sich jeder seine eigenen Bilderbuchwelten bauen, seine idiographischen Traumvorstellungen reibungslos und in Sekundenschnelle generieren. Diese Darbietungen sind zwar explizit zum Sharen gedacht, flitzen anschließend aber durch die digitalen Räume und können nie wieder zurückgeholt werden. Antastbar und diskutabel sind sie nur noch durch kurze Kommentarfunktionen, ein paar bunte Emojis. Geliked durch den erhobenen Daumen, gehatet durch den Shitstorm. Verhandelt während Begegnungen von Mensch zu Mensch werden Statements dieser Art so gut wie nicht mehr.

Man könnte es das Pippi-Langstrumpf-Syndrom nennen: Ich mache mir die Welt, wie sie mir gefällt. Nur dass Pippi Langstrumpf in der Villa Kunterbunt wohnte und nicht im vollvernetzten und durchglobalisierten dritten Millennium. Pippi war eine rotzopfige, freiheitsliebende, in doppelter Hinsicht starke und herrlich querdenkende Ausnahme. Eine kopfstehende junge Philanthropin, die ohne Eltern, dafür aber mit einem prallvollen Goldkoffer des Vaters über die Tische und durchs

Leben tanzte. Die sich Piratenhüte aufsetzte, ein Pferd im Garten und einen Affen auf der Schulter hatte, die im Heißluftballon über den Dingen schwebte, auf die Schule und aufs Bravsein pfiff und sich die Welt wirklich machte, wie sie ihr gefiel. Ein Kniestrumpf grün, der andere knallorange.

Ein Sinnbild der Individualisierung, das heute in gewisser Weise zum Programm geworden ist. Zum gelebten Alltag von Milliarden.

Im Meer der Möglichkeiten können wir beliebig und beinahe grenzenlos auswählen und zugreifen. Können ordern und buchen, uns stylen und präsentieren, wie es uns gefällt: 24/7 und an beinahe jedem Ort der Welt. Wir können uns pinkfarbene Jeans bestellen und sie in der nächsten Sekunde gegen lilafarbene Highheels umtauschen. Handyhüllen stehen in Abermillionen Ausführungen zur Verfügung, elektronische Geräte in zahllosen Konfigurationen. Auch Alltagsgegenstände, Statussymbole und Produkte, die schon immer Teil der Selbstpositionierung und des persönlichen Ausdrucks waren, stehen heute in schier endloser Vielfalt und oft genug zum Schnäppchenpreis zur Verfügung. T-Shirts und Turnschuhe massenhaft, Möbel in unbegrenzten Mengen und Designs, Autos in zahllosen Ausführungen, Klassen und Finanzierungsrahmen. Selbst Reisen sind heute zu allen nur erdenklichen Destinationen zu haben, vom All-Inclusive-Urlaub auf Gran Canaria bis zum maßgeschneiderten Erlebnistrip zu den Goldschopfpinguinen der Antarktis. Die Welt der Waren und Angebote ist zum Manifest der Individualisierung geworden. Der Soziologe und Psychologe Harald Welzer fasst das heute existierende Universum der Möglichkeiten so zusammen: »Alles immer, immer alles.«

Die gepriesene Individualisierung aber bringt per definitionem eine tückische Eigenschaft mit sich. Das Wort Individuum nämlich steht für eine Entität, die sich nicht mehr weiter teilen lässt. Der Ursprung stammt aus dem Lateinischen: *individere* –

nicht teilbar. Und so steht eigentlich das Gegenteil der Individualisierung für jene womöglich zu diskutierende Daseinsform, die vielmehr dieses Wort beschreibt. *Dividuum:* das Teilbare. Das, was wir halbieren, dritteln, vierteln können. Das, was zu Schnittstellen führt und uns in einem Boot mit anderen sitzen lässt. Kurzum: Nicht die Individualisierung steht für die Idee einer Gemeinschaft und Gesellschaft – sondern ihr Antonym.

Wie aber können die Einheiten in der Vielheit funktionieren? Ja, wie ticken die Menschen in der Gesellschaft? Nun, aufs Hier und Heute des digitalen Zeitalters gemünzt, ließe es sich wohl so ausdrücken: Das moderne, vernetzte Wesen bewegt sich nach Belieben durch den Ozean des Überflusses. Es kann wählen zwischen unendlich vielen Angeboten, kann sich das Leben aus einem fast unerschöpflichen Kosmos von Informationen, Meinungen und Botschaften, aus einem Füllhorn ungezählter Träume, Apps und Waren komponieren.

Das Pippi-Langstrumpf-Syndrom 3.0: Wir alle machen uns die Welt, wie sie uns gefällt. Jeder für sich. Jeder allein für sich. Jeder in seiner eigenen kleinen Raumkapsel.

Der Publizist Ulf Poschardt schreibt in seinem Buch *Mündig* von der »zentralen Subjektverfasstheit«, mit der der Mensch durch die modernen Zeiten taumelt. Durch eine Zeit, »in der alles möglich ist, das Unmögliche kommt und alle auf eine magische Art mit allem überfordert sind«.

Wenn im Zustand dieser heiteren Reizüberflutung allein in Deutschland weit mehr als zehn Millionen Menschen von sich selbst sagen, sie würden sich oft oder dauerhaft »einsam« fühlen – müssten wir dann nicht eher einen anderen Begriff wählen, um das Phänomen zu beschreiben? Ein Wort, das diesen Zustand präziser greift? Das Bild des haltlos auseinanderindividualisierten Menschen, der als ebensolcher am Ende ziemlich allein dasteht?

Oder besser: Vereinzelt.

Ausgerechnet die lieben Handys, ersonnen als ultimative Verbindungsautomaten, sind in diesem Prozess zu alternativlosen Katalysatoren geworden: Zu Vereinzelungsapparaten erster Güte. Und wir alle sind jeden Tag Zeuge davon – meist selbst als emsige Nutzer. Die Menschen laufen mit ihren Smartphones über die Straßen, sitzen und stehen in den U-Bahnen vor ihren Geräten, zücken das Mobiltelefon beim Fußballspiel, schreiben Messages während der Besprechung, wischen im Flugzeug noch kurz vor dem Pushback über die letzten Nachrichten. Und der genervte Blick ist inzwischen sogar beim Abendessen am Familientisch zur unabwendbaren Zutat geworden: »Jetzt leg doch endlich mal das Handy weg, Mensch!«

Denn der Mensch klebt am Handy. Das Handy klebt am Menschen. Längst sind beide zusammengewachsen.

Die Computer, besonders in ihrer omnipräsenten Ausprägung als Smartphones, führen uns das Phänomen der Vereinzelung so radikal vor Augen wie kaum etwas anderes. Allüberall ist es zu beobachten: In den Büros und Restaurants, in Bussen und Bahnen, abends im Restaurant und sogar noch auf Konzerten, wo eigentlich alle gemeinsam den Auftritt genießen wollen. Das Telefon ist stets zur Hand, die Bildschirmzeit zur festen Größe geworden. Vor kurzem habe ich eine Mutter neben ihrem Kinderwagen gesehen, in dem ihr Baby lag. Sie stand auf der Straße und telefonierte, aus dem Kinderwagen schimmerte ein bläuliches Licht. Mutter und Kind im Bann des allmächtigen Schirms – jeder für sich.

Eine befreundete Lehrerin erzählte mir neulich von einer Variante dieser Auseinanderdrift. In der Pause kam ein Schüler zu ihr gelaufen und heulte: »Leon will gar nicht mehr mit mir spielen, er spielt nur noch mit seinem Handy!«

Solche und ähnliche Szenen haben sich längst zu einem Sinnbild der kollektiven Vereinzelung verdichtet. Mit einem Fingerwisch landet jeder in seiner Welt, surft ein jeder durch seine persönlichen Universen, auch wenn er gerade Teil einer Masse ist, Mitglied einer mehr oder minder eng zusammengehörigen Gemeinschaft. Die allgegenwärtigen neuen Technologien machen es möglich: Wir sind im Hier und Jetzt – und doch oft ganz woanders. Sind Teil einer Menge – und doch meist ganz bei uns. Sind im Plural eingebunden – und doch dem Singular verbunden.

»Connectivity« lautet das Schlüsselwort dieser allgegenwärtigen Vernetzung. Und dabei sei zumindest die Frage erlaubt: Sind wir am Ende nicht trotz, sondern vielleicht gerade wegen dieser Verknüpfungsorgien gleichzeitig das, was ja auch das Wort »gemeinsam« bereits in sich birgt: Einsam?

Ein plakatives Beispiel dieser Art der Vereinzelung erlebte ich in einem Internetcafé in Asien. Weit über 20 Kinder und Teenager saßen dichtgedrängt in dem dunklen, heißen Raum, kaum einer älter als zwölf, dreizehn Jahre. Die Jugendlichen saßen Ellenbogen an Ellenbogen, doch ein jeder war fixiert auf seinen Bildschirm, ein jeder versunken in das Computerspiel vor seinen Augen. Auf den Screens schritten Maschinenwesen durch künstliche Welten, während draußen die Palmen der Insel im Wind standen, am Steg die Fischer festmachten und die Erwachsenen und älteren Menschen auf niedrigen Plastikstühlen vor den Garküchen saßen. Doch auch sie und sogar viele der Fischer blickten auf ihre Geräte, denn fast jeder hielt ein Smartphone in der Hand.

Es wirkte grotesk. Der Mensch mitten im tropischen, bunten Gewimmel Asiens – ein jeder davongeflogen in seine eigene Welt.

Und mitten im Gewusel saß der Staat auf zwei Klappstühlen. Zwei Polizisten in Uniform, Rücken an Rücken, ein jeder absorbiert von seinem kleinen Phone, das er in Händen hielt.

Es ist erstaunlich und klingt paradox. Doch trotz nie dagewesener Möglichkeiten der Kommunikation, trotz immer neuer Kanäle des rasenden Austauschs scheint das vermeintliche Miteinander zunehmend zu einem systematischen Auseinander zu führen. Als ob uns im Beliebigen das Verbindende und Verbindliche abhanden kommt – zumindest jene Versionen davon, an die wir uns bisher geklammert haben.

Zu beobachten sind dabei nicht nur altbekannte Bruchstellen, sondern tausend neue Haarrisse, die das Ganze kreuz und quer zerschnippeln. Statt der Zusammenführung, so könnte man den Eindruck gewinnen, lässt sich vielerorts eine Fragmentierung feststellen, statt der Gemeinsamkeit zudem eine voranschreitende Polarisierung. Die in letzter Zeit öfter und vehementer stattfindenden Demonstrationen sind ein weiteres Zeichen. Pegida. Fridays for Future. Märsche gegen Rechts. Die Gelbwesten in Frankreich. Die Separatisten in Spanien. Die Corona-Demos. Oft genug sind es hitzige Kundgebungen, Proteste, die in Ausschreitungen münden. Neu aber ist etwas anderes: Denn vor allem in letzter Zeit führt die Spaltung keineswegs mehr nur durch die weite Gesellschaft, sondern bricht sich Bahn bis hinein in enge Bekanntenkreise, Freundeskreise, Familien.

Beim Thema Klimawandel sind es heute die eigenen Kinder, die den Eltern die Leviten lesen und gegenüber Mama und Papa nicht nur einen emanzipierten und mündigen, sondern vor allem völlig konträren Standpunkt einnehmen. Auch hier hat sich eine Kluft aufgetan, die es bisher nicht gab: Eine weltweite Generation von Teenagern hält den Erwachsenen vor, versagt zu haben und weiter zu versagen.

Auch die Corona-Krise hat Differenzen zutage gefördert, von denen viele bisher gar nicht wussten, dass sie existieren. Da standen sich Kollegen, alteingeschworene Freunde und sogar Familienmitglieder auf einmal stirnrunzelnd gegenüber. Die einen glaubten an eine vielfach im Internet verabreichte Deutung der Pandemie, nannten die anderen systemtreue Lemminge. Die wiederum titulierten die anderen als Verschwörungserzähler und hielten sie für Dumpfbacken. Im Nu hatten sich diverse Lager gebildet. Denn Corona trennte schlagartig nicht nur Alte und Junge voneinander, Kranke und Gesunde, systemrelevante und systemirrelevante Menschen. Das Virus trieb Keile auch zwischen alte Verbündete – die sich plötzlich wie Gläubige und Ungläubige gegenüberstanden.

Und oft nur noch wütend schwiegen.

Ist aus einem Austausch am Ende nicht nur Konfrontation geworden, sondern eine Form der stillen Abwendung? Zerbröselt da durch ein konfuses Gemisch Tausender Faktoren womöglich gerade ein größeres Wir und mündet in eine immer feinere Zersplitterung, die bei vielen längst zu einer unbemerkten Vereinzelung geführt hat? Zu einer Art der Vereinsamung, die inzwischen immerhin 14 Millionen Deutsche spätestens dann einräumen, wenn sie gezielt danach gefragt werden?

Man muss nicht lange suchen, um diese einsamen Menschen im Alltag zu finden. Sie leben auf dem Land, in der Stadt. Sie fristen ihr Dasein in der Wohnung nebenan, gehen über die Straßen, sitzen in der U-Bahn. Normalerweise offenbart sich die Einsamkeit der Menschen nicht, wird kaschiert durch die vermeintliche Normalität. Doch wer genau hinschaut, wer nachfragt und zuhört, der wird feststellen: Das nuancierte Phänomen der Einsamkeit ist überall anzutreffen. Bei Menschen fast jeden Alters, unter Menschen fast jeder Einkommensgruppe, bei Deutschen wie Migranten.

Insbesondere ältere Menschen sind betroffen. Ärzte berichten davon, dass immer mehr Senioren sich mit akuten Beschwerden melden und einen schnellen Termin wünschen. Sie kommen in die Praxen, klaglos bereit, zwei, drei oder mehr Stunden im Wartezimmer zu sitzen. Einmal im Sprechzimmer beim Arzt, sind die Beschwerden auf einmal »halb so schlimm« oder »so gut wie verflogen«. Grund: Die älteren Damen und Herren suchten einfach nur Gesellschaft. Denn sie wollen unter Menschen, wollen sich unterhalten – und im Wartezimmer können sie dies tun, ohne sich gleich als einsame Seelen zu outen.

Danach aber gehen sie wieder nach Hause. Kaum fällt die Tür ins Schloss, sind sie allein mit sich in den eigenen vier Wänden. Stille, Schweigen. Es bleibt ein Buch, ein Rätselheft. Die Berieselung durchs Fernsehen, durchs Radio. Denn viele ältere Menschen besitzen keinen Computer, sind online nicht vernetzt. Und sie müssen sich allein schon darum ausgeschlossen fühlen, weil sie es von allen Seiten hören und mitbekommen, dass die digitale Welt größer und größer wird – ohne dass sie jedoch Teil von ihr werden.

Wie vielen mag es so ergehen? Tausenden? Hunderttausenden? Womöglich sogar Millionen älteren Mitbürgern?

Das Einsamkeitssyndrom äußert sich an noch vielen anderen Stellen sehr konkret. Gemeinden müssen Verstorbene immer öfter auf amtliche Weisung hin beerdigen, weil keine Angehörigen aufzufinden sind, die sich der Formalitäten annehmen. Häufig sind es beim letzten Gang allein die Friedhofsangestellten, die einen Toten zu Grabe tragen.

Denn da ist sonst niemand.

Wie steht es mit den Suppenküchen, mit den Kirchen? Wie viele Menschen kommen hierher, um etwas zu essen, um Trost zu erhalten – und wie viele sind es, die auch hier schlicht Gesellschaft suchen? Die nur unter Menschen sein wollen, damit sie reden, sich austauschen und ihre Sorgen teilen können? Erhebungen gibt es hierzu noch nicht. Doch wer mit Pastoren und Sozialarbeitern spricht, erfährt es auch von ihnen: Viele Menschen kommen zu ihnen, um für ein, zwei Stunden nicht so einsam zu sein.

Aus aktuellen Statistiken geht hervor, dass immer mehr Menschen in Singlehaushalten leben. Laut Statista lebten 2019 in Deutschland über 17,5 Millionen Menschen in einem Einpersonenhaushalt – mehr als je zuvor. Sicher, viele leben bewusst ohne Partner, ohne Mitbewohner, und fühlen sich wohl dabei. Allerdings: Rund 30 Prozent der Singles sind laut Statistischem Bundesamt von Armut gefährdet – und dürften ihre Zeit oftmals eher notgedrungen allein daheim verbringen. Der Gang ins Theater, der Besuch im Kino ist ihnen verwehrt, vom vergnüglichen Einkaufsbummel oder gar einer Reise ganz zu schweigen.

Das Gefühl der Einsamkeit dürfte sich bei ihnen oft nur verstärken: Weil sie umgeben sind von Menschen, denen es nicht so geht. Menschen, die Familie haben, Freunde, Partner, Jobs. Menschen, die mehr Geld haben, sich mehr leisten können. Aber sind dies dann noch Mitmenschen im besten Sinne dieses Wortes? Menschen, mit denen man in einer Gemeinschaft lebt? Oder zieht sich hier ein weiterer Riss durchs Gemenge? Bis die Mitmenschen nicht mehr die Mitmenschen sind, sondern die »Anderen«? Der Psychotherapeut Mazda Adli drückt es so aus: »Einsam fühlt man sich nur unter Menschen.«

Von »sozialer Einsamkeit« und »sozialen Ausschlussverfahren« sprechen Psychiater und Psychotherapeuten inzwischen. Sie stellen bei ihrer täglichen Arbeit fest, dass hinter vielen Depressionen, Angstzuständen und anderen seelischen Leiden in Wirklichkeit Einsamkeit als Auslöser steckt. Oder sich zumindest als ein gewichtiger Faktor im Geflecht der Ursachen herausstellt. Doch auch weitaus profanere Beobachtungen lassen den Schluss zu, dass traute Mehrsamkeit nicht gerade auf dem Vormarsch ist. Zumindest nicht unter dem Menschen und seinesgleichen.

In immer mehr deutschen Haushalten leben Haustiere, und jedes Jahr werden es mehr. Inzwischen leben 34 Millionen

Hunde, Katzen, Hamster und andere Tiere in unseren Wohnungen und Häusern. Viele Familien mit Kindern besitzen Haustiere, doch wie die Seite *Forschung und Wissen* berichtet, werden Tiere auch in Single-Haushalten zunehmend beliebter, wo sie »häufig die Rolle des Sozialpartners einnehmen«. Die größte Gruppe an Haustierbesitzern bilden in Deutschland mit 26 Prozent allerdings die Personen, die älter als 60 Jahre sind. Je älter der Mensch, desto höher die Wahrscheinlichkeit, dass er sich einen tierischen Gefährten anschafft.

Doch nicht nur alte Menschen, sondern auch immer mehr jüngere Frauen und Männer scheinen das Gefühl einer Isolierung zu verspüren. Welche Rolle die so langsam in sämtliche Ritzen sickernde Digitalisierung dabei spielt und zu welchen Ausprägungen des Einsamseins sie führen kann, ist noch wenig erforscht. Doch schon jetzt werden nicht nur Teenager, sondern Millionen Kinder damit groß, mehr Zeit mit ihrem Smartphone oder vor dem Computer zu verbringen als mit Gleichaltrigen beim Toben im Park. Inzwischen sind es ganze Generationen, die zentrale Begriffe wie »soziales Miteinander«, »Freundschaft« und »Kommunikation« völlig neu definieren. Und entsprechend agieren. Das Miteinander findet in sozialen Medien statt, Freunde sind zu Friends geworden sind, Fans zu Followern, beides numerisch exakt protokolliert. Statt ein gesprochenes »Gut gemacht« oder »Finde ich toll« senden wir Likes, nutzen Chats und Messages und schleudern aberwitzige Mengen von Fotos durch die Weltgeschichte. Laut statistischen Angaben hat die Menschheit 2015 erstmals mehr als 1000 Milliarden Fotos geschossen, die meisten davon mit dem Handy. Inzwischen sind wir bei weit über einer Billion Schnappschüssen pro Jahr gelandet. Laut Statista und Brandwatch werden auf Facebook um die 350 Millionen Fotos pro Tag hochgeladen. Instagram hat im Juni 2018 die Marke von monatlich einer Milliarde Nutzern erreicht, die fast ausschließlich Fotos teilen. Fotos, die hier jeden Tag 3,5 Milliarden Likes erhalten.

Pixel statt Worte. Bilder statt Sätze. Momentaufnahmen sind zum Kommunikationsmittel der Wahl geworden, das Schnelle und Ephemere zum Vokabular des Austauschs. Wohin das alles führen und was es auch mit dem Phänomen der Vereinsamung anstellen könnte – niemand kann es abschätzen.

Doch nicht nur die digitalen Wunderwelten dürften einen Einfluss darauf haben, ob und in welchem Ausmaß wir Einsamkeit verspüren. Auch die analogen Sphären des echten Lebens ändern sich rasant und rühren längst an Grundsätzlichem. Vor allem viele jüngere Menschen finden sich nach der Schule, während der Ausbildung und schließlich im frühen Berufsleben in einer Epoche der hocheffizienten Unverbindlichkeit und als Sklaven eines Flexibilitätsregimes wieder.

Studien zufolge pendelt eine globale junge Generation immer öfter zwischen Hochschulen und Familie hin und her, hetzt von einem unbezahlten Praktikum zum nächsten, von WG zu WG, von einem Studienort zum anderen. Inzwischen gibt es im Englischen den feststehenden Begriff »student migration«. Und laut dem »Migration Data Portal« nimmt die Zahl der »international mobilen Studenten« mit einem »non-resident visa« stetig zu, so auch die Zahl der Destinationen, wo sie studieren.

Auch nach der Ausbildung winkt oft nur ein Leben mit befristeten Jobs, ohne Festanstellung, ohne längerfristigen Wohnsitz. Und somit auch ohne große Chance, solide Bindungen aufzubauen, wie wir sie bisher kannten. Auch der Begriff der »Kettenbefristung« hat sich darum längst etabliert. Ebenso die Anwälte, die sich darauf spezialisiert haben, für ihre Mandanten zu klagen, wenn deren Arbeitsverträge über Jahre immer nur kurz verlängert werden. Jeder zwölfte Arbeitnehmer in Deutschland hat laut dem Institut für Arbeitsmarkt- und Berufsforschung aktuell einen befristeten Arbeitsvertrag, Auszubildende nicht mitgerechnet. Das sind 3,15 Millionen Menschen.

Bekannt wurde ein Fall, der vor dem Bundesarbeitsgericht landete. Eine Arbeitnehmerin war nach ihrer Ausbildung über mehr als elf Jahre hinweg nur auf Zeit beschäftigt. Sie hatte am Ende dreizehn befristete Arbeitsverträge hintereinander unterschrieben, was vom Arbeitsgericht schließlich als unzulässig erklärt wurde. Eine Kanzlei für Arbeitsrecht schrieb: »Eine Kettenbefristung kann Missbrauch sein.«

Angestellte wie Freiberufler sollen zudem immer flexibler arbeiten, ohne Anspruch auf einen festen Standort. Mehr noch: Der Jobwechsel wird – ebenso wie der (oft grenzüberschreitende) Wohnortwechsel – sogar zum Leistungsmerkmal. Agilität ist das Stichwort. Auch hier sind weniger soziale Kontakte eine logische Folge. Hinzu kommt die Digitalisierung vieler Arbeitsplätze, die Automatisierung zahlreicher Produktionsabläufe.

Der moderne Mensch wird dabei kaum zu einem modernen Wanderer. Zu einem, der aufbricht, eine bestimmte Wegstrecke bewältigt, um anschließend an einem Ziel anzukommen. Er wird vielmehr zu einem austauschbaren Pixel, zu einem beschleunigten Einzelteilchen, das wie ein Bit durch die Weltenbahnen rast.

Einen treffenden Begriff für das moderne Individuum dieser Machart haben wir längst verinnerlicht. Den *digital nomad* kennen wir, an den *digital loner* sollten wir uns gewöhnen.

Viele bekommen die Folgen dieser flott getakteten Welt zu spüren. Rebecca Nowland von der University of Central Lancashire beschäftigt sich mit den Ursachen und Gefahren von Einsamkeit und kommt zu dem Schluss, dass gerade die 20- bis 30-Jährigen ein Problem haben. In einem Interview mit der *Zeit* sagt sie: »Ich nenne es das Bridget-Jones-Phänomen: Nach einem Tag voller Arbeit, Meetings oder Seminaren kommt man nach Hause und merkt plötzlich, wie einen die Einsamkeit überkommt. Tagsüber war das vielleicht nicht so spürbar. Aber jetzt sitzt man allein im Zimmer und merkt, dass man niemanden hat, den man anrufen kann.«

Oder, besser, neuer, zeitgemäßer: Da sind auf einmal zu viele, die man anrufen oder anchatten könnte.

Es gibt noch eine weitere verbreitete Variante der Vereinzelung. Besonders in Deutschland, wo nach Scheidung oder Familienbruch mehr Männer als Frauen das Los des Entkoppelten trifft. Studien zufolge sind es vor allem Männer, die sich nach Trennungen aus dem gemeinsamen Freundeskreis zurückziehen. Die das Scheitern vertuschen, indem sie sich auch unter Arbeitskollegen rarmachen, sich abkapseln oder gar bewusst lügen. Denn so unterschiedlich und weitgreifend das Syndrom der Einsamkeit ist: Es ist nicht sexy, sondern irgendwie peinlich, weil es soziale Inkompetenz signalisiert.

Einsamkeit wird darum oft auch noch von einem Schneeballeffekt begleitet, bei Jung und Alt. Wer einsam ist, der gibt es nicht gern zu. Man zieht sich zurück – und wird noch einsamer. Weiterer Nebeneffekt: Weil viele es nicht zugeben, auch nicht in Erhebungen und Umfragen, dürfte die Dunkelziffer der Einsamen enorm hoch sein.

Auch ein Mitarbeiter der Telefonseelsorge im niedersächsischen Stade berichtet, dass die Anrufe in den letzten Jahren stark zugenommen haben. Zu viert sitzen sie dort in einem kleinen Raum vor den Telefonen, oft sind die Leitungen den ganzen Tag belegt. Die Telefonseelsorger berichten von einer starken Diversifizierung der Anrufer: »Es rufen inzwischen Menschen fast jeden Alters an, vor allem aber 30- bis 45-Jährige haben wir immer öfter an der Strippe«, sagt einer der Mitarbeiter, der seit vielen Jahren hier arbeitet. Inzwischen würde er das ganze Kaleidoskop an Fällen am Apparat haben.

Die Menschen würden meist ins Stammeln geraten, wenn die Seelsorger sie nach dem Grund für ihre Sorgen fragen. Oft sprechen die Betroffenen von Depressionen, von Schwermut, wissen jedoch meist selbst nicht genauer um die Ursache ihrer misslichen Lage. Dabei würden die meisten letztlich unter einer Form der Kontaktarmut leiden, die im Laufe fast jeden Gesprächs irgendwann so zum Ausdruck kommt: »Ich habe sonst niemanden zum Reden.«

Ein folgenschwerer Satz. Nicht nur, weil eine Tristesse in ihm anklingt, sondern weil der unter ihm schlummernde Seelenzustand tatsächlich krank macht. »Wenn wir uns von anderen Menschen fernhalten, setzen wir uns enormen Risiken aus«, sagt der amerikanische Neurowissenschaftler James Coan. Wer einsam sei, würde öfter krank, Wunden würden schlechter heilen, das Immunsystem leiden. Auch das Risiko für Herz-Kreislauf-Erkrankungen, Diabetes und Depressionen steige, zudem würde man eher dement, man sterbe früher.

»Soziale Isolation tötet«, sagt Coan. »Das ist eine Tatsache.«

Sind Krankheiten wie Bluthochdruck, Herzattacken oder auch Schlaganfälle also keineswegs nur auf konkrete Ursachen zurückzuführen, sondern können sie auch durch Einsamkeit ausgelöst werden? Zu diesem Schluss kommt zumindest die Psychologin Julianne Holt-Lunstad von der Brigham Young University in Utah. Sie fasste die Aussagen von 3,4 Millionen Menschen sowie 70 verschiedene Studien zu einer Metaanalyse zusammen. Das Ergebnis: Die Sterbewahrscheinlichkeit stieg um 26 Prozent bei subjektiv empfundener Einsamkeit, um 29 Prozent bei objektiv beschreibbarer menschenvermeidender Einstellung und sogar um 32 Prozent, wenn die Teilnehmer allein lebten.

Dass Einsamkeit tatsächlich krank macht, zeigen Experimente. Im März 2020 wiesen Wissenschaftler des Massachusetts Institute of Technology in Cambridge nach, dass Einsamkeit Empfindungen auslöst, die mit Hunger vergleichbar sind. Die Studie kommt zu dem Ergebnis, dass Nähe zu anderen Menschen ein so fundamentales Bedürfnis ist wie Essen. Vor allem eine unfreiwillige Isolation löst im Körper anscheinend eine regelrechte Stressreaktion aus, die dem Betroffenen signalisiert, dass ihm Lebenswichtiges fehlt. Und dieses Hungern nach Gesellschaft kann chronisch werden.

Andere Versuche haben hingegen gezeigt, wie Nähe lindern kann, dass schon Händchenhalten wie Balsam auf uns wirkt. Probanden in einem Hirnscanner wurden dafür Elektroschocks verabreicht. Ein Teil der Gruppe musste die Traktierungen allein ertragen, andere durften die Hand eines Fremden halten, die nächsten die Hand des Partners. Die Resultate waren eindeutig. Wer mit einer vertrauten Person Hand in Hand stand, litt statistisch gesehen am wenigsten. Die Berührung wirkte offenbar wie ein Schmerzmittel, denn die Hirnregionen, die bei Gefahr aktiviert werden, reagierten bei den händchenhaltenden Pärchen deutlich weniger. Der Hirnforscher James Coan erklärt das Phänomen so: »Wenn wir uns einem anderen Menschen anvertrauen, muss sich unser Gehirn weniger anstrengen. Und je mehr wir es auf diese Weise entlasten, desto besser sind wir vor psychischen und auch physischen Krankheiten geschützt.«

In der Gesamtschau fügen sich diese Beobachtungen letztlich zu einem besorgniserregenden, wenn nicht gar bedrohlichen Bild. Denn wenn Einsamkeit tatsächlich krank macht, wenn verschiedenste Formen der Vereinzelung inzwischen weite Teile unserer Gesellschaft erfasst haben und diese Gesellschaft obendrein immer älter wird, dann dürfte das Problem zunehmend auch Auswirkungen auf die Wirtschaft und unsere Gesundheitssysteme haben. Und somit unweigerlich zum Politikum werden.

In anderen Ländern stellt man sich dieser Aufgabe bereits. In England wurde ein Ministerium für Einsamkeit gegründet, um die vereinsamende Gesellschaft besser zu verstehen und ihr gezielt zu begegnen. Die von der ehemaligen Premierministerin Theresa May ins neue Amt berufene erste Ministerin für Einsamkeit, Tracey Crouch, begründet den Schritt so: »Einsamkeit ist eine reale und diagnostizierbare Geißel.«

Die Folgen fallen schon jetzt dramatisch aus. Durch den demographischen Wandel nimmt die Vereinzelung unter alten Menschen ständig weiter zu. In den westlichen Industriegesellschaften ist dies bereits als einer der traurigen Gigatrends der nahen Zukunft ausgemacht worden.

Auch die zunehmende Migration wird zu einer weiteren Form der Vereinsamung führen beziehungsweise hat dies längst getan. Migranten — vor allem jene der zweiten Generation — fühlen sich oft besonders ausgeschlossen. Sie sind in Deutschland geboren oder hier aufgewachsen, empfinden jedoch weder das Geburtsland ihrer Eltern noch Deutschland wirklich als ihr Zuhause. Der allseits zu vernehmende Ruf nach Integration bestätigt dies. Weil genau das Gegenteil weit verbreitete Realität ist: Die Desintegration. Und sie ist nur eine weitere Facette der Einsamkeit. Die Heimatlosigkeit.

Doch egal, ob wir von kultureller Ausgrenzung sprechen, von Kontaktarmut, Isolierung, Verlassenheit oder sozialer Disruption: Die Vereinsamung wird gerade zu einem gesamtgesellschaftlichen Riesenthema.

Vielleicht ist man in den Megametropolen Asiens schon viel weiter. Dort haben die Auswüchse der Vereinsamung längst bizarre — oder sollten wir sagen: moderne? — Züge angenommen. In Japan und China können sich einsame Geister zu Weihnachten in Familien einmieten, sich zum Geburtstag Gesellschaft ins Haus buchen. Fremde, die zu bezahlten Freunden werden.

In Japan boomt das sogenannte Rent-a-friend-Business. Diverse Agenturen haben ausgebildete Schauspieler angestellt, die auf Wunsch und für hohe Gagen als Ehemann einspringen, als Statisten auf der Hochzeit, als Kumpelersatz beim Sushi-Abend. Der 36-jährige Japaner Ishii Yuichi gründete schon vor zehn Jahren die Firma Family Romance und spürte schnell, dass der Bedarf nach menschlicher Lückenfüllung nicht nur vorhanden war, sondern stetig stieg. Yuichi selbst spielte für jüngere Menschen schon den Vater, mimte bei Beerdigungen ein trauerndes Familienmitglied, weil das echte nicht existierte oder nicht zur Verfügung stand. Inzwischen sind um die 800 Laiendarsteller und Profischauspieler bei ihm unter Vertrag, darunter Kleinkinder und ältere Menschen, die als Familien-, Verwandten- oder Freundesersatz im Angebot sind.

Die Agentur wirbt damit, für fast jede Lebenssituation einen passenden Menschen liefern zu können, und Ishii Yuichi glaubt fest daran, dass diese Sozial-Surrogate dabei helfen, Absenzen zu ertragen, fehlendes Seelengut gezielt zu ersetzen. Seinem Geschäft prognostiziert er eine blühende Zukunft. Laut Yuichi soll, wie in *The Atlantic* zu lesen ist, die »menschliche Interaktion à la carte« schon bald zur Norm werden.

In Anbetracht solcher Entwicklungen mutet es naiv an, sich noch über Petitessen wie Verschwörungserzählungen oder Fake News zu echauffieren. In Fernost hat längst das Zeitalter der Fake Friends und Fake Family begonnen, denn im hoch technologisierten und mit fast 130 Millionen Menschen dicht bevölkerten Japan ist *loneliness* zum Ist-Zustand geworden.

Über 15 Prozent der Japaner geben an, sie hätten außerhalb der Familie überhaupt keinen sozialen Austausch mehr. Und ebenfalls 15 Prozent der älteren Männer, von denen einige Millionen allein leben, sagen, sie würden in einem Zeitraum von zwei Wochen weniger als eine Konversation führen. In Japan spricht man von einer neuen Form des Schweigens. Von einem Ausmaß an Stille und Wortlosigkeit, das heute nicht mehr für Tugenden steht, sondern für die Ausbreitung der gesellschaftlichen Isolierung – der man mit entsprechenden Methoden jedoch längst beikommt. Und in der man in Windeseile wirtschaftliches Potenzial erkannt hat.

Als eine Form der zivilisatorischen Entwicklung mögen es die einen betrachten, als menschliche Verarmung andere. Beide Fraktionen aber dürften zu dem selben Schluss gelangen, dass ein Homo singularis den Zustand verschärfter Vereinzelung irgendwann irgendwie kompensieren muss. Durch Krankheit. Durch Sucht. Durch Macht. Durch einen Anruf bei der Telefonseelsorge oder eben durch Placebos. Oder durch käuflich zu erwerbende Sozialstrukturen, bislang wahrscheinlich die progressivste Lösung, um menschliche Nähe wieder herbeizuzüchten.

Wächst das Phänomen insgesamt weiter an, dürften die Auswirkungen so unabsehbar wie gravierend ausfallen. Was geschieht, wenn sich nicht nur in Europa zehn, zwanzig, dreißig, sondern am Ende Hunderte Millionen von Menschen auf der ganzen Welt einsam fühlen? In welche Richtung fliegen wir, wenn die Zäsuren immer filigraner ausfallen und das Gemeinwesen zersieben? Wenn der Bürger zu einem abgenabelten Argonauten wird, der in seiner Raumkapsel durch die Neerströme der Moderne irrt? Wenn sogar Randgruppen zu Randpersonen zerfallen?

Einige der Effekte bekommen wir bereits zu spüren: Nichtsolidarität, Misstrauen, Fremdenfeindlichkeit, Neidkultur, Abstiegsängste. Angestachelt durch Globalisierung und Digitalisierung, gespeist durch eine unmündige Individualisierung führt die versammelte Vereinsamung letztlich zu noch viel drastischeren Auswirkungen: Zu einer politischen Radikalisierung, zum Erodieren der Demokratie.

Spätestens dann wird Einsamkeit zur Gefahr. Zum Symptom wie gleichermaßen zur Ursache einer segmentierten und sich weiter segmentierenden Gesellschaft. Der afroamerikanische

Historiker Eddie Glaude beschreibt es im Fall der USA. Nach dem gewaltsamen Tod des schwarzen US-Amerikaners George Floyd, der in Minnesota unter dem Knie eines Polizisten starb, sagte Glaude: »Unser System hat eine enorme Ungleichheit hervorgebracht, hat uns alle zu selbstsüchtigen Menschen gemacht, die sich nur um Wettbewerb und Rivalität kümmern, es hat den Begriff des Gemeinwohls vernichtet und den Sinn eines sozialen Sicherheitsnetzes zerrissen.«

Im kranksten Fall gehen aus einer solchen Segmentierung Amokläufer, Todesschützen und Selbstmordattentäter hervor. Das Ende brutaler Vereinzelungsspiralen, deren Zeuge die Welt in letzter Zeit immer öfter wurde. Bei den Massenerschießungen und Attentaten in den vergangenen zehn Jahren lagen oberflächlich zwar jeweils unterschiedliche Beweggründe vor, ein Motiv aber war immer das gleiche: Die Täter waren einsam, litten unter »social rejection«. Das jedenfalls besagt eine Studie des Psychologen und Neurowissenschaftlers Mark Leary aus Florida, die in dem Magazin *Cicero* besprochen wird, wo der Autor zu dem Schluss kommt: »Was sind diese Taten anderes als grausame Schreie nach Aufmerksamkeit, verbreitet auf und befeuert von den neuen Medien?«

Schreie nach Aufmerksamkeit. Vielleicht das letzte Stadium krankhafter Einsamkeit.

Es ist schwer, die tiefen Gründe für die Zerfaserung der Gesellschaft zu verstehen. Intellektuelle und Vordenker haben ihre Gravimeter jedoch aktiviert. Und die seismischen Wellen, die sie empfangen, stammen in ernstzunehmender Übereinkunft aus jenen Regionen, die wir getrost als die systemischen Absiedelungen des Kapitalismus bezeichnen können.

Mit schwindelerregender Verve sind Flexibilität und Agilität zu den Gewinnerfähigkeiten deklariert worden, derweil Verwurzelung und Verbindlichkeit die Opfergestalten produzieren. Die Ausgestelltheit des konsumfordernden wie konsumtreibenden Menschen lässt nun einmal wenig Spielraum für träge Strukturen. Jede Festlegung gerät zum Nachteil, jedes Bindungsversprechen führt zum Stottern im Getriebe. Der vollwertig performende Zeitgenosse ist darum am besten aus Elasthan: Er muss dehnbar sein, beweglich und alternativgeil. Seine Bestimmung liegt im Suchen, nicht im Finden. Ein kulturelles wie historisches Gedächtnis ist ihm im Zuge dieser Mobilmachung abhanden gekommen, eine daraus resultierende Verantwortung niemals begreifbar geworden.

Eine Abgeschnittenheit, die schwerwiegende Folgen hat. Denn es stürzen gerade Brücken ein zwischen den Generationen: Ein Todesbcil für jede moralisch und rituell verbundene Gemeinschaft. Die Forderungen von Kapital und Konsum aber sind verlässlich resolut. Entdecke die Möglichkeiten. *Play on. Just do it.*

Entsprechend emsig folgen wir dem Ruf, der das eigentlich Traurige zum Ideal erkoren hat. Ein kollektiver Imperativ, dem wir besinnungslos applaudieren. Das Alleinstellungsmerkmal ist nicht mehr nur Maß der Wirtschaft, sondern längst auch das des Menschen. Bis es inzwischen jeder sein will: Einsame Spitze.

Doch die Demokratie und ein funktionierender Staat leben zu weiten Teilen vom exakten Gegenteil dieser Losung: Keine durch rücksichtslose Performance zerstückelte Gesellschaft ist gefragt, sondern ein ständig wachsendes Gemeinwesen aus verschiedenen Milieus und Altersgruppen, aus mündigen und offen verlinkten Individuen. Bürgern, die in ihren Raumkapseln zwar eigene Wege fliegen, aber über intakte Kommunikationsgerätschaften verfügen. Im besten Fall über durchlässige Membranen, die zum allesentscheidenden Instrument werden. Zur Möglichkeit der Begegnung, zur Fähigkeit des Austauschs. Zum Ankoppeln, nicht zum Auseinanderdriften.

Es wäre nun ein Leichtes, eine derart zerfallende Welt allein als gesellschaftsfeindliche Dystopie zu begreifen. Die Staatengemeinschaften als Flickenteppiche der Separatisten und Radikalen zu beschwören, sich die wachsenden Metropolen als Moloche voller Einzelgänger vorzustellen, das Land als Äcker der Zurückgelassenen. Ja, schnell und bequem könnten wir uns in zurückgewandten Ängsten ergehen und die Zukunft schwarzmalen. Charlie Chaplin tat es mit der Industrialisierung, Jacques Tati ließ seinen Monsieur Hulot auf die Auswüchse der Moderne los, und inzwischen gehört die Verkündung einer düsteren Zukunft zum alltäglichen Geschäft der medialen Fehlerfeststellungskommandos. Verlockend ist das Unkenrufen, quotentreibend die allgemeine Untergangslaune.

Ähnliches geschieht gerade mit dem frisch konstatierten Phänomen der großen Vereinsamung. Und tatsächlich klingen die Zahlen nicht gut, die Befunde müssen verunsichern.

Und jetzt auch noch: Corona. Die Pandemie spülte vieles an die Oberfläche. In echt viralem Tempo und im globalen Maßstab stellte Covid-19 auf einmal die Frage, wie und warum die Menschheit so lange das Falsche zulassen konnte, ohne das Richtige zu tun. Beim Klima. Bei der Tierhaltung. Bei der Gesundheit. Beim Turbokapitalismus und beim im selben Atemzug praktizierten Sparwahn, der sich hinter dem hübschen Begriff der Austerität versteckt. Doch brachte die Pandemie noch ein weiteres Thema eiskalt und mit Macht auf den Plan: Nämlich und ganz besonders das der kollektiven Vereinzelung.

Geradezu emblematisch trieb es das Virus hier auf die Spitze und uns alle in die einsame Verbannung. Schon sprachlich standen auf einmal Begrifflichkeiten auf der Tagesordnung, die es deutlicher nicht sagen konnten. Social distancing. Abstandsregeln. Kontaktsperren. Shutdowns, Homeoffice und häusliche Quarantäne. Imperative, die uns aufforderten: Bleibt zu Hause! Haltet Abstand! Gebt euch nicht mehr die Hände! Tragt Masken! Separiert euch! Wie nichts anderes zuvor machte das Virus die Fragmentierung zum Programm: Nicht mehr als zwei Leute aus einem Haushalt! Schulen zu. Kitas zu. Sogar die Städte: Dicht. Es war, als sei die Vereinzelung mit einem Schlag auf ihrer höchsten Steigerungsebene angekommen. Der Mensch, allein daheim. Verkrochen in den eigenen vier Wänden.

Die meisten litten schon nach kurzer Zeit unter diesem Zustand. Der moderne Mensch drehte im Homeoffice langsam durch. Senioren fühlten sich noch einsamer, als sie es eh schon waren, Kinder vermissten ihre Schulfreunde, in Italien traten die Menschen vor Verzweiflung auf die Balkone und sangen. In den Krankenhäusern erlebten derweil Abertausende, was in vielen Hospizen und auf Friedhöfen längst bekannt ist und was nun auch die Öffentlichkeit unverblümt zu sehen bekam: anonymes Sterben.

»Zweifellos«, schrieb der *Spiegel*, »verschlimmert Covid-19 ein Problem, das schon vorher Millionen Menschen und Regierungen auf der ganzen Welt beschäftigt hat: Einsamkeit.«

Wird die Pandemie die Gesellschaften langfristig verändern? So lautete eine der vielen neuen Fragen. Eine nächste: Werden die Alten ab sofort nur noch mehr ausgegrenzt, ausgeschlossen, weggesperrt? Werden wir uns alle über Generationen gelernte Begrüßungsformen abgewöhnen? Kein Händeschütteln, kein High five mehr unter Freunden? Sogar Mütter und Töchter standen sich gegenüber, Tanten und Nichten, und sie wagten nicht mal mehr eine flüchtige Umarmung. Das Virus führte zu einer bisher ungekannten Berührungslosigkeit. Die Forscher sprachen vom größten Sozialexperiment aller Zeiten, denn Corona gipfelte in einer gigantischen, weltumspannenden Vereinzelungsstarre. Mitte April 2020 galten in 115 Ländern der Erde explizite Ausgangsbeschränkungen.

Spätestens damit war die Vereinzelung kein Phänomen mehr, sondern zum globalen Status quo avanciert.

Einige befürchten in diesen neuen virulenten Zeiten eine Krise, die am Ende womöglich schlimmer ausfällt als die wirtschaftliche. Experten wie Vivek Murthy und James Coan haben ihr auch schon einen Namen gegeben: Erstmals ist von einer sozialen Rezession die Rede. Von einer Vereinsamung in corpore, die es so noch nie gegeben hat.

Das sind die schlechten Nachrichten. Doch es gibt vielleicht auch gute. Denn was ist ebenfalls in Zeiten der programmatischen Separierung geschehen? Die digitalen Verbindungen schnellten in die Höhe, Zoom und Skype gerieten zu millionenfach genutzten Plattformen für Meetings und gemeinsame Besprechungen. Interviews und Fernsehbeiträge, sonst aufwändig von weitgereisten Kamerateams produziert, entstanden binnen weniger Minuten via Smartphone. Ohne große Dramaturgie, eher improvisiert, oft spontan. Das Internet, sonst vielgescholtenes Disruptionsmedium, wurde zum Austauschbeschleuniger, zum Fluidum der Zusammenkünfte.

Die Jungen feierten ihre Corona-Partys und schauten gemeinsam Filme, saßen mit Freunden auf dem Sofa, jeder für sich zu Hause. Sie aßen dabei Chips und tranken Negroni, der eine draußen auf dem Land, der nächste in der Stadt, in der Wohnung nebenan, der nächste in Australien, Kanada, Neuseeland, wohin auch immer es ihn während seines Work-and-Travel-Trips gerade verschlagen hatte – und doch saßen sie am Ende alle irgendwie in einem Boot.

Bald standen die Leute auch in Frankreich, Spanien, Deutschland auf ihren Balkonen, sie öffneten die Fenster, klatschten, bekundeten Solidarität. Schufen Zusammengehörigkeit, Verbundenheit. Konzerte wurden aus menschenleeren Bars übertragen, Lesungen aus verwaisten Hörsälen. Es war, als würde der Mensch die Separierung nicht wollen und nicht ertragen, die Vereinzelung auf einmal mit aller Macht ausheben wollen. Und dies schließlich auch tat. Digital. Virtuell. Mal mehr, mal weniger. Mal auf bereits benutzten Bahnen, mal erfinderisch oder auch radikal neu. Mitgliederversammlungen stiegen auf einmal in virtuellen Räumen, in Windeseile entwickelte Apps machten auf einmal Housepartys möglich und gestreamte DJ-Auftritte. Die Masken, einst geradezu exemplarische Entfremdungsaccessoires, wurden plötzlich zu persönlichen Designerstücken, zu in Kellern und improvisierten Nähstuben gefertigten Symbolen gemeinsamen Handelns. Zum Stoff des Zusammenhalts in Zeiten des Auseinanderpurzelns.

Da waren auf einmal neuartige Membranen. Kanäle und Verbindungskorridore, von denen wir vorher nichts wussten.

Ist das nun alles gut? Ist das nun alles schlecht? Ich kann es Ihnen nicht sagen. Denn ich weiß es nicht. Niemand weiß es. Was hier nämlich gerade abgeht, ist nichts Geringeres als ein großes, spannendes, wichtiges und ziemlich entscheidendes Experiment. Wie geht der Mensch mit sich selbst um? Wie mit den über acht Milliarden anderen, die auf dieser Erde leben, einer Erde, die nicht größer wird und gerade auch nicht wirklich flauschiger? Wie tauscht er sich aus, wie begegnet und begreift er sich? Als Partikel im Ganzen oder Partikel des Ganzen? Wie schafft er in der zunehmenden Enge und unter der Last der großen Fragen einen Zusammenhalt? Wie findet er einen sinnvollen Generalkurs, der sich aus Tausenden verschiedenen Zickzacks ergibt?

Ich möchte mich am liebsten an nichts halten. Möchte alles Vorgefertigte vergessen, alles Gelernte und am besten auch mich selbst annullieren. Möchte in diesem Buch vorsichtig forschen und neugierig fragen, wie er womöglich funktionieren könnte, dieser geheimnisvolle Stoffwechsel zwischen dem Einzelnen und dem Ganzen.

Einsamkeit,
die Unbekannte

Viele haben versucht, das alte Gefühl zu erklären. Die eine Definition aber gibt es nicht. Zu unterschiedlich und subjektiv offenbart sich das ominöse Sentiment. Die modernen Zeiten machen es nicht leichter. Die digitale Revolution hat zu Phänomenen der Vereinzelung geführt, die wir noch gar nicht richtig begreifen. Womit also haben wir es zu tun? Wie gedenkt die Politik die Sache anzugehen? Und warum muss die Einsamkeit endlich aus der Tabuzone?

Lange hatte ich keinen blassen Schimmer, was Einsamkeit ist. Schlimmer: Ich hatte mir nie Gedanken darüber gemacht, was dieser Zustand alles bedeuten kann. Einsamkeit fand bei mir als Wort statt, als Teil meines Vokabulars – mit all den Gemeinplätzen, die sich damit leichtfüßig bedienen lassen. Eine Freundin fühlte sich einsam nach einer Trennung, Freunde zogen sich vor dem Examen zurück, um sich ein paar Wochen in aller Ruhe und Einsamkeit vorzubereiten. Auf solche und ähnliche Konnotationen war mein Einsamkeitsbegriff lange beschränkt: Mehr war in dieser Schublade nicht drin. Und ich denke, vielen anderen dürfte es ähnlich ergehen. Einsam ist eben einsam. Abgehakt.

Als ich vor einigen Jahren zum ersten Mal von politischen Maßnahmen gegen Einsamkeit hörte, war ich auch darum irritiert. Und staunte regelrecht. Da sprachen einige statt von Einsamkeit von sozialer Isolation – und stuften diese als einen Zustand ein, der angeblich weitverbreitet war.

Konnte das wirklich sein? Und: War das Gefühl einer subjektiv empfundenen Einsamkeit tatsächlich mit realen gesellschaftlichen Konsequenzen verbunden? Mit anderen Worten: Hatte die Einsamkeit der Menschen Einfluss auf die Gesellschaft? Und konnte andererseits die Gesellschaft einsam machen?

Vor allem fragte ich mich: Wie konnte sich ein Mensch in unserer global und digital vernetzten Welt überhaupt einsam fühlen? In einer Welt, die überfüllter, dichter, zusammenhängender und erreichbarer geworden ist als je zuvor? Wie in diesem kommunikativen Schlaraffenland noch ohne sozialen Kontakt sein? Die Welt der neuen Möglichkeiten schrie doch förmlich nach Interaktion und Austausch.

Es dauerte ein wenig, bis ich verstand. Denn mein Begriff von Einsamkeit war verkürzt, eindimensional. Lange dachte ich auch, Einsamkeit habe nichts mit mir zu tun. Am Ende dauerte es Jahre, bis ich begriff. Bis mir ebenfalls klar wurde, wie einsam auch ich selbst lange gewesen war.

Als mir ein befreundeter britischer Politiker Anfang 2016 davon erzählte, dass man sich in Großbritannien der Aufgabe stellte, politisch gegen Einsamkeit vorzugehen, wurde ich neugierig. Da war ein neues Themenfeld. Es klang nach einer innovativen Agenda, nach progressiven Positionen. Anti-Einsamkeit roch nach Zukunftslust, nach etwas, das den gealterten ideologischen Grabenkämpfen von linken Enteignungsphantasien und neoliberalem Deregulierungswahn etwas Neues entgegenzusetzen hatte. Mario Creatura, ehemals Kommunikationschef der britischen Premierministerin Theresa May und heute selbst Politiker in London, berichtete mir etwa von Senioren, die vor ihren Fernsehern gefesselt allein zu Hause saßen. Von Hunderttausenden alter Menschen, die keinen Besuch mehr von Familie oder Freunden empfingen. Einsamkeit, so speicherte ich es damals ab, würde eng mit der demographischen Entwicklung in

Europa zusammenhängen. Und daraus ergab sich folgerichtig auch eine gesellschaftspolitische Aufgabe, vor allem mit Blick auf die Zukunft. Die Alten litten unter Einsamkeit. Und sie wurden immer einsamer – weil sie immer zahlreicher wurden und immer älter. Das Motto lautete: Wir müssen mehr für sie tun. Müssen sie wieder mehr einbinden, berücksichtigen, uns für sie engagieren. Eine sympathische politische Linie, dachte ich in Zeiten, in denen die Klimabewegung Großelterngenerationen als Umweltsäue und Klimasünder verschrie und sich ein neuer Graben zwischen Alt und Jung aufzutun drohte.

An dieser Vorstellung von Einsamkeit blieb ich erst einmal hängen. An einem wahren Klischee, wenn man so will. Denn natürlich stimmt es, dass die Alten vielerorts vereinsamen. Es lag auf der Hand, und man musste sich nur einmal umschauen, nur einmal die Augen und die Ohren öffnen.

So geschehen während eines Routinebesuchs beim Hausarzt. Noch bevor ich das Wartezimmer betrat, hörte ich mehrere Arzthelferinnen, die sich indiskret beschwerten. Mehrere ältere Patientinnen und Patienten waren frühmorgens unangemeldet in der Praxis erschienen mit plötzlichen Krankheitssymptomen, die in der Nacht aufgetreten seien und deren Behandlung nicht warten könne. Der Terminkalender sei dadurch natürlich durcheinandergeschüttelt. Schaffte es das Praxispersonal dann aber doch, den Patienten ohne Termin nach stundenlangem Plausch aus dem Wartezimmer aufzurufen, winkte dieser zumeist wieder ab. »Ist schon besser geworden, ich glaube, es geht wieder«, verabschiedete sich dieser dann. Genervt standen die Arzthelferinnen beisammen. Da fiel es mir wie Schuppen von den Augen: Vielleicht war da gar keine plötzliche Krankheit, vielleicht war da nur dieses extreme Bedürfnis, sich unerkannt und anonym, aber doch innig und lebhaft im Wartezimmer auszutauschen? War das Wartezimmer in der Hausarztpraxis nicht vielleicht der letzte soziale Ort für sozial Isolierte? Und war dieser Treffpunkt nicht obendrein schambefreit und diskret? Ja, sie waren krank, und ja, sie erhielten ihre Behandlung: Die Einsamen holten sich ihren Austausch. An jenem Nachmittag beim Hausarzt reifte der Gedanke: Unsere Gesellschaft ist einsamer, als sie weiß, und einsamer, als sie zugeben will.

Eine der ersten deutschen Fachkonferenzen zum Thema »Einsamkeit als gesellschaftliche Herausforderung« veranstaltete 2019 die Fliedner Klinik in Berlin. Weil ich in der britischen Anti-Einsamkeitspolitik bereits mitgearbeitet hatte, wies man mir bei der Konferenz einen Bühnenplatz als Expertin zu. Und ich musste staunen, als ich die Hallen betrat. In dem gewaltigen gläsernen Forum direkt am Pariser Platz, zu Füßen des Brandenburger Tors, saßen Hunderte Gäste: Sämtliche Ränge waren besetzt.

Nach zehn Jahren Politik war ich konditioniert, hatte sich mein Blick an ein Meer aus dunklen Anzügen und Kostümen gewöhnt. Die Uniform der politischen Klasse war erstaunlich klar. Doch hier stimmte etwas nicht, da saß keine politische Klasse vor mir. Dieses Publikum trug grüne Baumwollpullover, rosafarbene Blusen und violette Kordhosen. Hier saß jedermann. Hier saß das Volk. Hier saßen Betroffene. Das Thema Einsamkeit traf einen gesellschaftlichen Nerv, berührte mehr Menschen als jene, die der politische Berufsalltag dazu befehligte. Die Ansage aus Großbritannien bestätigte sich: Einsamkeit eignete sich auch als politisches Thema in Deutschland. Und ich rieb mir die Hände: Man müsse doch nur vereinsamte ältere Menschen zusammenführen, Problem erledigt. Was für eine überschaubare Mission.

Doch dann geschah etwas, das mich auf einmal mit einer gänzlich anderen Kategorie der Einsamkeit konfrontierte.

Im selben Jahr, in dem ich mit den Anfängen britischer Einsamkeitspolitik in Berührung kam, verstarb sehr plötzlich meine Mutter. Die zentrale Figur unserer vierköpfigen Familie wurde jäh aus dem Leben gerissen, und nach über 25 Ehejahren stand zunächst einmal mein Vater ziemlich allein da. Die Ehe meiner Eltern war immer eine symbiotische gewesen. Die beiden waren sich selbst genug, Freundschaften hatten sie nie groß gepflegt. Ausflüge zu machen, das bedeutete höchstens gemeinsames Spazierengehen. Eine Ausgehkultur, Bekanntschaften durch Vereinsaktivitäten oder ehrenamtliches Engagement, all so etwas war ihnen völlig fremd. Auch darum brachte der Tod meiner Mutter meinen Vater an einen Punkt des extrem empfundenen Alleinseins. Meine jüngere Schwester, damals 23, war nicht weniger betroffen. Auch sie hatte in meiner Mutter stets die wichtigste Bezugsperson gefunden.

Ich selbst brauchte ebenfalls Zeit und suchte Wege, um mit dem Verlust meiner Mutter umzugehen. Darüber hinaus jedoch – davon war ich überzeugt – sollte der Tod meiner Mutter für mich keinen Initialpunkt eigener Einsamkeit darstellen. Wie auch? Mein Berufsalltag war prall gefüllt. Ich jonglierte zwischen Politik, Wirtschaft und Medien, tagtäglich weilte ich unter den unterschiedlichsten Menschen. Nicht einmal beim Essen saß ich allein, verbrachte kaum einen Abend in der eigenen Wohnung. Dazu trug nicht nur Berlin bei, wo ich wohnte. Auch die mich umgebende Szene war viel zu verführerisch und lebendig, um an so etwas wie Einsamkeit auch nur zu denken. Immerzu wurden neue Bekanntschaften geschlossen. Das Kennenlernen anderer Menschen war für mich Alltagsroutine. Und wie leicht schien das heute zu gehen? Man traf jemanden, tippte dessen Nummer ins Telefonbuch oder Profilnamen ins soziale Netzwerk, fertig. Auch stand ich zunehmend in der Öffentlichkeit. Ich saß in Podiumsdiskussionen, betrat Bühnen und trainierte regelrecht, vor fremden Menschen fließend sprechen zu können. Am Bahnsteig unterhielt ich mich selbstbewusst mit den Menschen, ging offen und souverän auf Fremde zu. Ich war durch und durch Menschenfreund.

Das Abziehbild eines sozialen Wesens.

Parallel aber geschah noch etwas anderes. Und zwar mehr oder weniger unbemerkt, überdeckt vom quirligen Alltag, überblendet von den schnellen Zeiten. Ich brach mit alten Freunden, beendete eine Liebesbeziehung nach der anderen, vermied in weiten Teilen sogar den Kontakt zu Vater und Schwester. Alles, was mich an den Schmerz erinnerte, an die Verlusterfahrung durch den Tod meiner Mutter, spaltete ich vehement von mir ab. Und dieses innere Rückzugsmanöver verschärfte sich noch, als ich mich bald auch noch von langjährigen Mentoren und anderen vertrauten Begleitern verabschieden musste. Meine Großeltern starben. Der Aktivist und Mitbegründer von Cap Anamur, Rupert Neudeck, den ich gut kannte und mit dem ich viel Zeit verbracht hatte, starb. Der Politiker Peter Hintze, mein Chef, auch er starb. Ein Jahr lang wurde ich von Todeserfahrungen verfolgt.

Erst heute verstehe ich, was damals geschah. Zu was mich diese Erfahrungen trieben. Ich begegnete meinem Schmerz nicht. Ich hörte ihm nicht zu und wollte diese Diana Kinnert nicht fortsetzen. Stattdessen erfand ich mich als neue Person. In einer Euphorie von Triumphalismus stürzte ich mich in die Arbeit, züchtete mir einen Freundeskreis heran, dem ich mein dauerhaftes Muntersein als Charakter verkaufte, sabotierte intimere Beziehungen, in denen mich ein liebendes Gegenüber aufrichtig erkannte und behutsam den Schleier heben wollte. Ich wurde gemein, hinterließ verbrannte Erde. Suchte nach Lärm und Ablenkung, war richtig süchtig danach. Und dabei boykottierte ich alle Ruhe und Intimität. Erstickte die Wiege des Eigenen, den Ort der reflexiven Begegnung. Die tiefe Einsamkeit, die mich in diesem Prozedere der Selbstignoranz überfiel, war allerdings sehr gut getarnt. Denn meine Einsamkeit war keine, bei der ich die Anwesenheit anderer vermisste. Meine Einsamkeit war eine, bei der ich mich selbst vermisste.

Ich war eine lange Zeit einfach nicht mehr da gewesen.

Rückblickend haben mich diese Erfahrungen vor allem eines gelehrt: Wie schwierig und vertrackt es ist, sich dem Thema Einsamkeit zu nähern. Und dies nicht nur innerlich und emotional, sondern allein schon auf der Ebene der Definition. Und dabei besteht genau hier eine zwingende Kausalität, die zu verheerenden Missständen führt. Denn wenn wir die verschiedensten Formen der Einsamkeit gar nicht erst weiter ausgraben, wenn wir sie nicht differenzieren, dechiffrieren und benennen, dann werden wir sie auch nicht erkennen, nicht verstehen und erst recht nicht bewältigen können.

Was also bedeutet Einsamkeit? Was kann sie bedeuten, beinhalten, bewirken? Diese Fragen lassen mich heute ebenfalls wissen: Einsamkeit ist bei weitem keine so offensichtliche und eindeutige Angelegenheit, wie die meisten Menschen glauben. Die Fragen schicken einen vielmehr auf tausend Pfade.

Liegt eine Isolation darin begründet, keine Freunde zu haben? Äußert sich Einsamkeit in dem Wunsch, am liebsten und immer öfter einfach zu Hause bleiben zu wollen? Lässt sie sich daran bemessen, wie oft wir mit wem sprechen, uns austauschen, uns treffen? Und kann die Last der Einsamkeit sich womöglich auch hinter jenen feinen Untertönen verbergen, die in der Frage mitschwingen, nicht wie oft und wie laut wir mit jemandem kommunizieren, sondern auch wie ehrlich, wie offen, wie wahrhaftig?

Eines kann ich gleich verraten: Antworten zu finden ist nicht leicht. Es ist schwer. Und oft sind ausgerechnet die widersprüchlichsten Aussagen zum Thema die eindeutigen Indikatoren der Einsamkeit. Wie also mit diesem ganzen Ding am

Ende umgehen? Wie sich dieser kuriosen Seelendisponiertheit überhaupt nähern?

Damit kommen wir zu einem ersten grundsätzlichen Problem. Denn Einsamkeit ist nichts Dingliches, das wir greifen können. Einsamkeit besitzt keine messbare Größe, erlaubt keine numerische Diagnose. Wir können Einsamkeit beschreiben, aber nicht abschließend (er)klären. Auf keinem Röntgenbild ist sie zu sehen, in keinem Blutbild eindeutig nachzuweisen. Schon der Ort, wo die Einsamkeit wohnen soll, bietet kaum definierbare Strukturen: Unsere Seele.

Wer von Einsamkeit spricht, begibt sich in die vagen Welten der Gefühle. Empfindungen, die wir kaum objektiv messen können, sondern die wir höchst subjektiv erleben.

Damit kommen wir zu einem zweiten Problem. Denn wenn von zunehmender Einsamkeit in der Gesellschaft die Rede ist, mithin von einem Phänomen, das wirtschaftliche Folgen haben und sogar zum politischen Thema werden wird – woran sollen wir uns dann orientieren? Wie diese unscharfe Empfindung überhaupt packen?

Viele Zustände lassen sich genau bemessen. Wenn es draußen kalt ist, wissen wir, wie kalt. Wenn ein Auto schnell fährt, wissen wir, ob es gerade mit 160 oder mit 284 km/h über die Autobahn prescht. Auch wie groß eine Wohnung ausfällt, können wir exakt beziffern: 20, 50, 100 oder auch 300 Quadratmeter.

Auch wenn ein Mensch krank ist, denken wir in recht präzisen Kategorien. Der eine hat Husten, ein anderer Bluthochdruck, der nächste eine Apoplexie in der linken Gehirnhälfte. Die Art der Krankheit, ihr Ort und ihr Ausmaß: Wir sind meist in der Lage, dies sehr genau zu bestimmen und auch auszudrücken.

Schwieriger wird es schon bei Umständen, die andere Adjektive beschreiben. Wann zum Beispiel ist ein Mensch schön, wann hässlich? Oft sind es kulturell bedingte Schönheitsideale oder auch nur vorgekaute Trends, die uns hier gewisse Muster zur geschmäcklerischen Orientierung an die Hand geben. Ob dies nun gut ist oder schlecht. Doch auch hier gilt letztlich: Schönheit liegt im Auge des Betrachters.

Was jedoch geschieht, wenn jemand einsam ist? Hier tappen wir im Dunkeln. Haben keine Bemessungsgrundlage, können auf keine Größeneinheit mehr zurückgreifen. Mit der Liebe ist es ja auch so eine Sache. Denn obgleich sie uns wohl deutlich schöner steht, rational zu begreifen ist sie ebenfalls kaum, zu erforschen und zu definieren noch viel weniger. Psychologen, Dichter, Songwriter, sie alle haben sich schon den Kopf darüber zerbrochen. Einige sind dabei zu bemerkenswerten Ergebnissen gekommen, doch eine mathematisch präzise Lösung wird es wohl nie geben.

Zum Glück? Ja, zum Glück, wollen wir jetzt ausrufen! Als sei es uns nicht geheuer und am Ende auch gar nicht lieb, alles immer bis zur letzten Kommastelle bemessen zu können. Und auch bemessen zu wollen. Zu einem Problem, zumindest zu einer brisanten Lage kann es jedoch führen, wenn das, was wir Gefühle nennen, einen zunehmenden Einfluss auf gesellschaftliche Entwicklungen hat.

Doch genau das scheint der Fall zu sein. Im Zeitalter der Daueraufregung widmet man sich darum inzwischen gezielter dem diffizilen Gebiet der Gefühlsforschung. Und die Fragen haben es in sich. Über welche Gefühle sprechen wir? Wann müssen wir von geteilten Gefühlslagen reden? Und wie beeinflussen diese am Ende eine Gesellschaft? Allein einige Begriffe, die in letzter Zeit populär geworden sind, zeigen, dass solche Gefühlslagen tatsächlich mehr und mehr auf die gesellschaftlichen und auch auf die politischen Bühnen drängen. Da sind die Wutbürger. Die Hassdemos. Die Solimärsche. Die Klimaproteste. Die Verschwörungserzählungen. Die Corona-Rebellen. Die Schmährufe zur Lügenpresse.

Wut. Hass. Solidarität. Proteste. Verschwörung. Rebellion. Lügen. All dies sind emotional stark aufgeladene Begriffe. Und genau darum kamen auf einer internationalen Konferenz erst jüngst Wisenschaftlerinnen und Wissenschaftler zusammen, um sich mit der Frage zu beschäftigen, welche Macht solche Affekte besitzen, wie sie Politik, Medien und soziale Bewegungen beeinflussen. Dem Sonderforschungsbereich gab man den trefflichen Namen: »Affective Societies – Dynamiken des Zusammenlebens in bewegten Gesellschaften.«

Die Einsamkeit stand nicht auf der Liste der einschlägigen und untersuchten Sentimente. Noch nicht. Und vielleicht auch deswegen nicht, weil wir es hier mit einem äußerst flüchtigen, man könnte sagen, besonders unsichtbaren Gefühl zu tun haben.

Wie also mit dieser nebulösen Befindlichkeit umgehen? Vielleicht hilft es auch hier, zunächst nicht von der Einsamkeit zu sprechen, sondern eher von der Vereinzelung. Das Wort »vereinzelt« kommt einem bezifferbaren Zustand immerhin näher und dem Wunsch nach Quantifizierung entgegen. Die Einsamkeit ist eher ein Resultat der Vereinzelung, beschreibt wesentlicher unseren Seelenzustand, unsere Gemütsverfassung. Doch beide Begriffe sind unmittelbar miteinander verwoben, auch wenn der tägliche Sprachgebrauch das eine Wort lieber mag als das andere.

Ich fühle mich einsam. Weniger: Ich fühle mich vereinzelt. Leichter machbar ist dagegen schon diese Version: Der vereinzelte Mensch muss sich irgendwann einsam fühlen.

Gebräuchlicher ist es, die Begriffe »einsam« und »allein« zu unterscheiden. Dabei beschreibt auch das Wort »allein« eher eine objektivierbare und numerisch belegbare Tatsache, »einsam« hingegen eine subjektive Befindlichkeit.

Doch damit genug des semantischen Hickhacks. Denn eines ist am Ende unmissverständlich: Wer behauptet, dass er einsam ist oder sich einsam fühlt, dem geht es in der Regel nicht gut. Der ist allein, der ist traurig. Der fühlt sich außen vor, womöglich ausgeschlossen. Der hat nicht teil. Der fühlt sich wie das fünfte Rad am Wagen. Geduldet, überflüssig, unerwünscht. Auch zu diesem Schluss könnte er kommen: dass er nicht gebraucht wird, nicht mehr dazugehört.

Vor allem mit diesem für jeden Menschen früher oder später tragischen Zustand will ich mich in diesem Buch befassen. Also nicht mit jener Form der Einsamkeit, die der Wanderer in den Bergen sucht, der Einhandsegler auf den Ozeanen, der Sinnsucher auf der einsamen Insel oder der schöpferisch tätige Maler in der einsamen Natur.

Diese Kategorien der Einsamkeit sind grundlegend andere. In diesen Fällen ist die Einsamkeit selbstgewählt oder aufgrund bestimmter Umstände akzeptiert. Der Einsame weiß in der Regel, wann er seine Einsamkeit beenden kann, beenden wird. Er hat Kontrolle und Wissen über diesen Zustand. Auch weiß er, dass andere im Bilde sind. Er schämt sich nicht, ist meist sogar stolz auf seine wie auch immer verordnete Zeit der Entsagung und Abnabelung.

Dieser Einsame kann in der Regel sein Smartphone zücken, ruft seine Familie an, seine Freunde. Er geht runter vom Berg und ist bald wieder mitten im Leben. Zu Hause, im Job. Abends sitzt er mit Kollegen im Restaurant, um von seinem einsamen Abenteuer in geselliger Runde zu berichten.

Der andere Einsame kann genau das nicht. Seine Einsamkeit ist nicht gewählt und selbst auferlegt, sie ist unfreiwillig; kein vorübergehender und meist auch kein beeinflussbarer Zustand. Seine Einsamkeit wird zum Einsamsein. Zu einem ungewollten, zeitlich und räumlich nicht begrenzbaren Zustand. Es gibt keinen Ausknopf. Es existiert keine Welt des (zumindest altbekannten) Gemeinsamseins, die er nach erduldeter oder gemeisterter Isolierung wieder betreten kann.

Dem Einsamen, um den es mir geht, ist genau das verwehrt. Sein Alleinsein ist dauerhaft, ohne absehbares Ende. Ein eklatanter Unterschied. Denn ein Leid mit bekanntem Ende ist entschieden leichter zu ertragen als ein Leid ohne absehbares Finale. Und nun wird es schon langsam trauriger und trüber, gerät menschenloser und unheilvoller, unheroischer und unerhörter. Begriffe wie kontaktarm, abgesondert, abgeschnitten mischen sich ins Feld, Worte wie diese reihen sich ins Vokabular: abseits, ausgestoßen, unbeachtet. Und auch diese Partizipien sind auf einmal zu vernehmen: ignoriert, nicht einbezogen, links liegengelassen. Ausgegrenzt, ausgeschlossen, ausgeklammert. Die Begriffe der Distanz und Distanzierung spielen fast immer eine Rolle. Und wenn einem die eigene Einsamkeit nicht einmal als solche bewusst ist, auch die Möglichkeit der Selbstdistanzierung.

Und nun wird es keineswegs bunter und farbenfroher, sondern schon deutlich grauer und schwärzer. Es wird nicht süß, sondern bitter. Nicht hell, sondern dunkel. Nicht leicht, sondern schwer. Alles Begriffe, die mit der Einsamkeit ebenfalls in enger Verbindung stehen. Und nein, dann wird es auch nicht wärmer, sondern im Gegenteil immer kälter.

Und dann tut Einsamkeit irgendwann weh.

Einsamkeit in der Kunst

Wir sehen: Einsamkeit hat viele Gesichter, kennt unendlich viele Facetten. Und wie oft wurde sie nicht schon zum Thema? Wie oft nicht schon besungen, romantisiert und melodramatisch beklagt, mit Vorliebe von den schönen Künsten? Marlene Dietrich sang über das Leben in einer großen Stadt, wahrscheinlich dachte sie an Berlin oder Paris, als ihre unvergessliche Stimme bekannte: »Man lebt in einer großen Stadt und ist doch so allein.« Es geht in dem Song mehr um die Liebe, um den wohl fulminantesten Gegenpol zur Einsamkeit, doch am Ende bröckelt, was in der Kunst bröckeln muss, und die Dietrich endet mit den Zeilen:

Und man schweigt und fühlt, genau jetzt ist es Schluss
Und es lohnt nicht einmal mehr ein Wort zu sagen. Jetzt ist
alles aus, eine Welt stürzt ein, man ist wieder einmal so allein.

Viel drücken die Worte aus, ein Schweigen legt sich über die Seele, und doch bleibt die Einsamkeit nur einmal mehr die ungreifbare Wolke, die sie ist. Wohl auch darum haben besonders Kunst und Literatur sie immer wieder zum Thema gemacht: Um uns eine Vorstellung davon zu geben, was Einsamkeit alles bedeuten kann.

Caspar David Friedrich malte den *Wanderer über dem Nebelmeer*. Zu sehen ist ein monolithisch in der Natur stehender Herr mit Wanderstock, der, dem Betrachter den Rücken zukehrend, allein von einem Gipfel auf die Nebelschwaden über den Bergen schaut.

Johann Heinrich Füssli malte *Die Einsamkeit bei Tagesanbruch*, Edvard Munch schuf 1899 das expressionistische Werk *Zwei Menschen. Die Einsamen*. Eine Frau und ein Mann stehen an einem Strand, verbunden höchstens durch ihr jeweiliges Verlassensein, gezeichnet von der Leere und der Weite des Meeres. Berühmt ist Munchs *Der Schrei*, in dem die Angst als Grundgefühl der Moderne zum Ausdruck gebracht wird, dargestellt von einem Zurückgelassenen, dessen Mund wie ein Loch klafft, dessen Augen keine Pupillen besitzen und dessen Hände den Kopf umgreifen wie eine Zange. Es ist eine prototypische Figur der vereinzelten Seele, gefangen in ihrer Furcht vor dem Leben.

Früher schon, in der kolonialen Literatur Nordamerikas, wurde die Natur zum einsamen und erbarmungslosen Ort der »Howling Wilderness«, in der die Siedler auf sich gestellt waren und in ihrer Welt nicht den Garten Eden, sondern die Ödnis der biblischen Wüste erkannten. Es folgten die Transzendentalisten, die Romantiker. H. D. Thoreau, der sich allein in den Wald zurückzog. Herman Melville, der hoch oben im Masttopp mutterseelenallein über den Pazifik glitt und seinen Helden Ismael in *Moby Dick* den entrückten Satz sagen lässt: »True places have no name.« Wahre Orte haben keinen Namen.

Ohne Einsamkeit kamen Kunst und Literatur fast nie aus, oftmals auch nicht die Künstler und Literaten, die sie erschufen. Die Einsamkeit ist offenbar also auch das: Ein Grundmotiv der menschlichen Existenz, zu finden in einem ihrer dunkelsten Auswüchse schon in der Bibel. Das Evangelium nach Johannes, 5−18: In den fünf Hallen am Teich Betesda liegen Kranke, Blinde, Lahme, Ausgezehrte. Es ist aber dort ein Mensch, der liegt seit achtunddreißig Jahren krank. Als Jesus ihn sieht, fragt er ihn, ob er gesund werden will. Der Kranke antwortet ihm: »Herr, ich habe keinen Menschen.«

Keine Symbolik liegt in diesem Satz, kein allegorisches Versteckspiel. In diesem Satz steckt die blanke und fürchterliche Einsamkeit, um die auch Mutter Teresa nicht herumredete, als sie sagte: »Einsamkeit und das Gefühl, unerwünscht zu sein, ist die schlimmste Armut.«

Deutlich abstrakter geht es mit dem Thema der Einsamkeit später in Kunst und Literatur weiter. In der Aufklärung gerät die Einsamkeit zum positiv besetzten Rückzug aus dem Grind des Alltags, im Fokus stehen geistige Besinnung, selbstauferlegte Katharsis. Gedankenschwer zogen Dichter und Denker durch die Weltgeschichte, in ihren Werken, oft genug in Person. Es galt nun vielmehr, in sich selbst hineinzuhorchen, den eigenen Geist und auch die eigene Gefühlslage auszuloten. In der damaligen Zeit ein unerhörter Luxus. Und die aufkeimende Lust zur Selbstreflexion benötigte im Gegenzug zum bürgerlichen Treiben einen neuen Ort der Einkehr: die eigene Innerlichkeit, das autonome Ich. Auch dies eine Einsamkeit, die aus freien Stücken gewählt ist. Und bisweilen in tragischen Szenen endete.

So in Goethes *Die Leiden des jungen Werthers*, wo sich der junge Werther in seiner Liebe zu der bereits an einen Adligen vergebenen Lotte verliert und schließlich in sich selbst. Seine hoffnungslose Leidenschaft lässt Werther von bürgerlichen und moralischen Normen immer weiter abrücken, bis er sich schließlich nur noch mit den Kindern identifizieren kann. Und bis er sich am Ende, restlos desillusioniert, eine Kugel in den Kopf jagt. Der gute Werther strandet gleich in doppelter Einsamkeit: Weder in Lottes höfischem Leben noch im Gefüge der bürgerlichen Gesellschaft hat er einen Platz.

Eine alte Form der Vereinsamung lässt Goethe hier nicht nur anklingen, er thematisiert sie erstmals offen, und zwar hoch dramatisch: Die soziale Diskriminierung, die gesellschaftliche Abgrenzung. Vom Adel und auch von Lotte bekommt es Werther am Ende deutlich zu spüren: Du nicht. Du gehörst nicht dazu. Troll dich, Plebejer – scher dich zum Teufel! Der Roman wurde zum ersten deutschen Bestseller, später zum Welterfolg. Und er ist bis heute aktuell. Goethe spricht das erste Mal ungeniert jene Grenzen an, die die Gesellschaft in Klassen spalten. In Oben und Unten. In Mächtige und Marionetten. In Schöne und Schufter. Eine uralte Schere, existent spätestens seit dem alten Rom. Routiniert zerschneidet sie seither das Menschengebinde, mal sanfter, mal schärfer.

Auch die Literatur des 20. Jahrhunderts hat das Thema Einsamkeit zum Gegenstand. Wolfgang Borchert kehrt aus dem Zweiten Weltkrieg heim und tut sich schwer mit der Unmöglichkeit, als Veteran wieder in ein normales Leben zu finden. In seinem berühmtesten Drama *Draußen vor der Tür* schafft er mit Beckmann einen Helden, der nach den erlebten Gräueln zum Verstoßenen in den eigenen Reihen wird. Eine weitere, paradoxe Abart der Einsamkeit: Die auf brutalen Erfahrungen fußende Unvereinbarkeit mit den Unversehrten. Und wo sollte sie besser zum Ausdruck kommen als in Werken wie *Draußen vor der Tür* oder in jener Erzählung Borcherts, in der ein Gefangener seinen letzten Freund in einer *Hundeblume* findet? In einem Stück Unkraut, das auf dem Knasthof verschmäht vor sich hinvegetiert.

Thomas Mann befasst sich mit einer weiteren Ausgeburt der Einsamkeit. In seinem wie Borcherts Drama ebenfalls 1947 erschienenen Roman *Doktor Faustus* ist der Tonsetzer Adrian Leverkühn so besessen von seiner Passion, dass er sich immer weiter von seinen Mitmenschen abwendet, für seine kompositorischen Höhenflüge sogar einen Pakt mit dem Teufel eingeht und schließlich den Verstand verliert. Viele erkennen in dem Werk den Verweis auf den Nationalsozialismus, in dessen Sog gleich ein ganzes Volk mit dem Bösen paktiert und gesammelt allen guten Geistern abschwört. Die Einsamkeit äußerst sich in Form maximaler Abschweifung: In der kollektiven Abkehr vom rechten Weg. In einem solchen Strudel enden die Abtrünnigen zwangsläufig als das, was sie in teuflischen Fahrwassern schon immer waren: Verlorene Seelen.

In der Malerei des 20. Jahrhunderts beherrschte es vor allem einer, der Einsamkeit eine ganz andere, bereits sehr moderne Note zu verleihen. Bei ihm wird das Individuum zur vereinzelten Kreatur in einer hohlen Welt. Die Rede ist von Edward Hopper: überall Bedrückte, Erschöpfte, Müde und Zerpflückte. Sie scheinen auf seinen Bildern mehr zu existieren als zu leben. Fristen ihr Dasein in der amerikanischen Nacht, in der sengenden Glut, sie sitzen leblos in der Bar, im Zug, im beengten Apartment, in der Hotellobby, gehen über die Straßenkreuzung, stehen herum im Neonlicht einer Tankstelle. Homo sapiens in seinen selbst erschaffenen Räumen, verschollen in einer abgrundtiefen Abwesenheit. Hoppers Bilder beklemmen, wenn man sie zu lange anschaut. Der moderne Mensch selbst wird darauf zum Synonym der Einsamkeit. Zur trostlosen Gestalt. Im Hopper'schen Universum ist er das, was nur ein englisches Wort zum Ausdruck bringen kann.

Lost.

Am Ende zeigt uns die Exkursion in die Kunst vor allem eines: Das Thema Einsamkeit ist groß. Es zieht sich von der Bibel bis in die aktuellen Charts und Bestsellerlisten. Die Solitude, so scheint es, wird uns wohl nie verschonen, als sei sie ein Wesenszug der Existenz selbst. So kommen auch die heutigen Kunstschaffenden gar nicht drum herum, die Einsamkeit auf die eine oder andere Weise immer wieder zu thematisieren; ob sie wollen oder nicht. Das Echo überfällt uns zuverlässig und überall: Variationen von Verlorenheit und Sehnsucht finden wir an jeder Ecke, vernehmen die Kadenzen von Leere und Suche, sobald wir die Ohren spitzen. Man könnte fast sagen: Das unzertrennliche Gegensatzpaar von Einsamkeit und Nähe beherrscht mit Allmacht unser Leben – und spricht uns violent aus der Seele.

Da sind, um nur einen kleinen Rundblick in die modernen Zeiten zu werfen, etwa die Meeresgemälde eines Gerhard Richter. Weite, Leere, Einsamkeit ozeanischen Ausmaßes. Und, natürlich, da war und ist bis heute der Blues. Seine melancholischen Blue Notes zwischen großer und kleiner Terz sind musikalischer Ausdruck von Einsamkeit, seine Zeilen allzuoft ein einziges Wehklagen in Moll. Sogar die Country-Ikone Hank Williams sang es sich bereits von der Seele: *I'm so lonely I could cry*.

Nirvana schließlich jammerte am lautesten vor lauter Unverstandenheit und Weltschmerz, die Schlager beherrschen das Einklagen von Liebe routiniert wie eh und je, und wer heute seine Sinnesantennen in die Grundstimmung des jungen Rap steckt, fühlt sich angesichts der Unmittelbarkeit des Widerstands gegen Ablehnung und Erniedrigung gleich mitgenommen und eingenommen. So tollkühn, sehnend und sich selbst schützend wummern die Songs nach Gehör, dass man am liebsten die gesamte Generation in den Arm nehmen will, um all die Teens und Twens trostvoll zu wärmen: Alles wird gut. Die Welt ist am Ende gar nicht so kalt, wie ihr denkt.

Vielleicht aber ist sie das doch. Und war es schon immer. Ein Planet der Einsamkeit, ein runder Krümel im kosmischen Vakuum. Lauschen wir den Artikulationen der Kunst, könnten wir genau diesen Eindruck gewinnen.

Einsamkeit in Psychologie und Medizin

Die Kunst geht ihre eigenen Wege, um das Thema der Einsamkeit aufzugreifen und zu beschreiben. Musik, Malerei und Literatur sprechen das emotionale Zentrum an. Mit Symbolen, rhetorischen Abstraktionen und im wahrsten Sinne des Wortes eindringlichen Melodien bewegen und berühren sie. Und treffen manchmal sprichwörtlich mitten ins Herz.

Wissenschaftliche Fachbereiche allerdings können solche Betrachtungsweisen kaum zufriedenstellen. Sie müssen sich sachlich mit dem Thema auseinandersetzen, brauchen eine Methodik, die empirische und überprüfbare Aussagen liefert. Und obwohl das zerstreute Gefühl der Einsamkeit so schwer zu packen ist, haben verschiedene Fachgebiete dennoch versucht, den Begriff der Einsamkeit zu erörtern und ihn präziser zu definieren. Wagen wir also auch hier einen kleinen Rundgang.

Der Stressforscher und Psychiater Mazda Adli zum Beispiel traut sich über die Ursachen an das Problem heran. »Einsamkeit«, schreibt er, »entsteht dann, wenn es eine Diskrepanz zwischen dem persönlich erwünschten und dem tatsächlichen Grad sozialer Eingebundenheit gibt.« Einsam ist man also dann, wenn man das Gefühl von Isoliertheit und Unzugehörigkeit verspürt. Ein Gefühl der Absenz, von Menschen, die einem entweder helfen, die einen mögen und mit denen man Zeit verbringen kann. Einsamkeit wird dann zum Seelenschmerz. Ein Gefühl, so Adli weiter, das sich von Mensch zu Mensch zwar erheblich unterscheiden kann, jedoch stets eine Unterform von Stress ist, genauer gesagt: von sozialem Stress.

Psychologen reden dabei von einer Stressform, die unmittelbar verknüpft ist mit dem Zusammenleben und der Interaktion zwischen den Menschen (und entsprechend auch dem Fehlen von beidem). Und dieser soziale Faktor gilt in der Stressforschung als der stärkste Stressor, den man kennt. Das betrifft besonders die soziale Isolation, deren subjektive Seite das Gefühl der Einsamkeit ist.

In der Psychologie wurde dann gefragt: Was sind die eigentlichen Auslöser für die soziale Isolation, wenn wir dies einmal präzisieren wollen? Nun, sie entsteht durch den Mangel an Kontakten, durch das Fehlen von Unterstützung und Verbundenheit zu anderen Menschen oder auch durch aktiven sozialen Ausschluss. Dabei ist eines beachtenswert: Denn allein die drohende Ausschlusserfahrung oder schon die drohende soziale Entwertung gehören zu den drastischsten Stresseinwirkungen, die wir überhaupt kennen. Aus der Experimentalpsychologie weiß man, dass diese Form von sozialem Stress unsere Stresshormone am verlässlichsten aktiviert, was sich anhand der Ausschüttung des Stresshormons Cortisol präzise messen lässt. Unser Organismus wird dabei regelrecht in Alarmbereitschaft versetzt, wobei dies sozusagen der biologische Prozess hinter der subjektiv empfundenen Einsamkeit ist. Wie krass derart sozialer Stress tatsächlich auf uns wirken kann, wissen wir von praktizierten Torturen: Wenn die soziale Isolation bis über die Schmerzgrenze getrieben und als brutales Mittel von Haft und Folter eingesetzt wird.

Einsamkeit als etwas Schmerzähnliches überhaupt empfinden zu können, ist jedoch grundsätzlich sehr wichtig. Das Gefühl nämlich macht uns erst zu sozialen Wesen, dient gleichzeitig aber auch als biologisches Alarmsignal – von der Evolution weise als solches eingerichtet. Denn empfundene Einsamkeit zeigt uns auch an, wenn die soziale Unterstützung, die wir brauchen, quasi unter einen kritischen Grenzwert fällt. So muss es schon dem archaischen Urmensch ergangen sein: Beim Kampf ums Überleben spürte er instinktiv, dass er im Nachteil war, wenn er nicht mehr in ausreichender Weise am Kooperationssystem der Sippe teilhatte.

Im Prinzip ist dies heute nicht anders. Einfach gesagt: Gemeinsam sind wir stark, allein können wir nur verlieren.

Das Gefühl von Einsamkeit ist also auch ein biologisches Mangelsignal und unter den Menschen so unterschiedlich ausgeprägt wie etwa das Hungergefühl. Interessanterweise werden durch Einsamkeits- und Ausschlusserfahrungen in erster Linie eben jene Hirnregionen wie etwa der präfrontale Kortex aktiviert, die auch von Schmerzreizen getriggert werden.

Paradoxerweise müssen wir allerdings tatsächlich andere Menschen um uns herum haben, um uns einsam fühlen zu können. Einsamkeit ist Folge einer Differenz: Nur wenn es überhaupt eine Gruppe gibt, und ein Mensch den Eindruck hat, nicht zu dieser Gruppe zu gehören, kann das Gefühl von Einsamkeit aufkeimen. Erich Kästner beschreibt es in seinem Gedicht »Kleines Solo« von 1947 so: »Einsam bist du sehr alleine – und am schlimmsten ist die Einsamkeit zu zweit.«

Hier liegt nun auch der elementare Unterschied zum Alleinsein. Wenn wir ohne jemand anderen über die Felder oder durch den Wald spazieren, fühlen wir uns in der Regel nicht einsam, sondern genießen es wahrscheinlich sogar. In diesem Fall ist Alleinsein Luxus. Die soziale Einsamkeit hingegen entsteht immer im Bezug zu anderen Menschen – und ihren giftigen Stachel erhält sie am Ende vor allem dadurch, dass wir das Gefühl haben, diesen Zustand nicht ohne weiteres aus eigener Kraft verändern zu können.

Aus sozialpsychologischer Sicht ist dies eine zentrale Erkenntnis. Allerdings auch eine Tatsache, die zu einer der häufigsten Fehlannahmen führt, wenn es um Einsamkeit geht: Nämlich, dass vor allem alte Menschen von ihr betroffen sind.

Das jedoch ist grundfalsch. Vielmehr gibt es relevante Altersgipfel, die wir bereits in früheren Lebensabschnitten erleben. Die Arbeiten von Maike Luhmann von der Ruhr-Universität Bochum, die auf Auswertungen des sozioökonomischen Panels in Deutschland beruhen, zeigen, dass der erste große Altersgipfel etwa mit 30 Jahren erreicht wird. Einen zweiten etwas kleineren Peak gibt es mit 60. Anders als vermutet, nehmen die Einsamkeitswerte bei Menschen mit 75 hingegen nur minimal zu, um dann jenseits der 80 allerdings relativ steil wieder anzusteigen.

Die Gründe für Einsamkeit unterscheiden sich dabei je nach Lebensalter. Im hohen Alter liegt es vor allem oft am Verlust des Lebenspartners sowie an gesundheitlichen Einschränkungen, dass die Menschen sich einsam fühlen. In jüngerem Alter dagegen sind es Faktoren wie Einkommen, Arbeitsverhältnis und Beziehungsstatus, die auf sehr unterschiedliche Weise zum Tragen kommen. Dabei hat man eindeutig festgestellt: Im jungen Erwachsenenalter sowie im hohen Alter ist das Risiko am höchsten, unter Einsamkeit zu leiden.

Soziologen und Experten wie zum Beispiel Vivek Murthy unterscheiden dabei grundsätzlich drei Arten der Einsamkeit, die wir erfahren können. Demnach gibt es die emotionale oder auch intime Einsamkeit. Sie spürt man, wenn im Leben ein Partner oder ein eng vertrauter Mensch fehlt. Wenn es einer Person hingegen an Freundschaften und persönlichen Beziehungen im Umfeld mangelt, wenn jemand zum Beispiel keine Kollegen hat, keinen Kontakt zu den Nachbarn, dann sprechen die Fachleute von sozialer Einsamkeit. Sie wird auch die relationale Einsamkeit oder Beziehungseinsamkeit genannt. Die kollektive Einsamkeit schließlich beschreibt das Gefühl einer fehlenden Zugehörigkeit zu einer größeren Gemeinschaft oder Gesellschaft.

Die Erklärungsansätze werden immer spezieller, je weiter sich die einzelnen Fachgebiete mit dem Phänomen beschäftigen. In der Sozialpsychologie etwa versteht der Forscher Wichard Puls aus Münster unter Einsamkeit ein »subjektives Innewerden«, ein »interaktives Dilemma«, bei dem soziale Einstellungen, Verhaltensweisen und letztlich auch die Gefühle selbst von gesellschaftlichen Standards abweichen.

Und nun kommen – nach der Beschreibung von Ursachen und Symptomen – auch schon erste Konsequenzen der Einsamkeit mit ins Spiel. Oft ist sie eine Vorstufe zu Depressionen, kann zu negativen Bewältigungsstrategien und schließlich zu Krankheiten wie etwa Alkoholismus führen. Die Soziologie erkennt aber noch andere Verhaltensmuster, die auf Einsamkeit zurückzuführen sind. Die Betroffenen neigen zu einem eigenen Kommunikationsstil, erzählen seltener, reagieren weniger auf Fragen anderer. Von einem Rückkopplungseffekt ist schließlich die Rede, wenn sich so ein Verhalten weiter verstärkt.

Außerdem kann es dazu führen, dass die Einsamen sich von einem gesellschaftlichen Miteinander immer weiter entfernen und bisweilen Standpunkte vertreten, die als destruktiv oder zynisch wahrgenommen werden können. Die Vereinsamung wird zur Vereinzelung. Und dabei geht irgendwann nicht nur eine Voraussetzung für gegenseitige Sympathie verloren, son-

dern auch die Basis für beiderseitiges Verständnis: Schnittmengen bei generellen Haltungen, Ähnlichkeiten darin, wie
der Mensch zentrale Aspekte des Lebens bewertet. Ist beides
nicht mehr gegeben, öffnet sich die Tür zu einem folgenschwe-
ren Schritt: Der Nährboden für die Einsamkeit wird dann ganz
schnell auch zum Nährboden für Konflikte.

Doch nicht nur die Symptome der Vereinsamung können
äußerst unterschiedlich ausfallen, auch die Folgen sind breit
gefächert. Und dabei dürfen wir hier und da staunen. Zu einer
Mischform aus intimer, sozialer und kollektiver Einsamkeit ist
es inzwischen bei einer ganzen Generation japanischer Jugendlicher gekommen, die sich teils komplett von der Gesellschaft
abkapseln. Die Ursachen sind gleich in einem ganzen Bündel
von Faktoren ausgemacht worden. Das rigorose Schulsystem,
Gruppenzwang, Mobbing und eine rücksichtslos kompetitive
Gesellschaft haben in Japan zu einem Kuriosum geführt, das
»Hikikomori« genannt wird. Das Wort beschreibt Menschen,
die sich in ihren Wohnungen und Zimmern einschließen und
den Kontakt zur Gesellschaft auf ein absolutes Mindestmaß reduzieren.

Nicht mehr von Einsamkeit ist in dieser Phase die Rede,
sondern bereits von einer Sozialphobie oder gar Selbstisolation.
Das japanische Gesundheitsministerium hat den Begriff sogar
präzise definiert. Als ein Hikikomori gilt demnach eine Person,
die sich weigert, das Elternhaus zu verlassen, und sich dabei
für mindestens sechs Monate von Familie, Freunden und dem
Rest der Gesellschaft zurückzieht. Dies meist bei verriegelter
Zimmertür, nicht selten verschollen in den Galaxien der digitalen Subkulturen.

Wie die Soziologie beschäftigt sich auch die Medizin mit speziellen Aspekten der Einsamkeit. Doch geht es hier weniger um
die Frage, wie unterschiedlich sich Formen sozialer Isolierung

äußern können, sondern vor allem darum, wie sie sich auf die Gesundheit auswirken. Besonders die Altersmedizin hat ein Auge auf das Problem geworfen und erforscht, was Alleinsein bei Senioren auslöst. Bei einem geriatrischen Basisassessment werden alte Menschen gezielt danach gefragt, wie viele persönliche Kontakte sie noch haben, wie oft sie in einem Zeitraum mit anderen sprechen oder das Haus verlassen. Ob und wie Ursache und Wirkung hier zusammenhängen, ist noch nicht präzise erforscht. Doch immer mehr »Verlaufsbeobachtungen« legen nahe, dass alte Menschen schneller dement werden und generell geistig abbauen, je weniger soziale Kontakte sie haben und je einsamer sie sich fühlen.

Und obwohl sich die Einsamkeit nach wie vor eindeutiger Kategorien entzieht, so wurde zumindest dieser Zustand bereits klassifiziert: Nämlich das Alleinleben. Laut der von der WHO veröffentlichen Internationalen Klassifikation der Krankheiten und verwandter Gesundheitsprobleme (ICD) zählt das Leben in einem Haushalt ohne eine weitere Person inzwischen zu jenen Faktoren, die nicht nur den Gesundheitszustand eines Menschen beeinflussen, sondern mehr und mehr auch die Gesundheitssysteme in Anspruch nehmen.

Auf den ICD-Listen sind diese »Faktoren« inzwischen unter dem abrechnungsfähigen Code Z60.2 gelistet: »Probleme, die mit dem Alleinleben zusammenhängen.«

Und spätestens damit ist die Einsamkeit auch zu einem medizinischen Fall geworden.

Wie wir Einsamkeit bewerten

So engagiert Kunst und Kultur, so systematisch Fachgebiete wie die Soziologie, Psychologie oder Medizin sich des Problems der Einsamkeit annehmen, so sehr bleiben all diese Bemühungen letztlich nur Versuche, es irgendwie zu fassen zu kriegen. Schon die medizinisch motivierte Klassifizierung des »Alleinlebens« etwa ist eine Frage der Definition und müsste sich – heute mehr denn je – keinesfalls mehr nur auf die räumlichen Grenzen einer Wohnung, eines Hauses oder eines Altersheims beziehen. Das Edward-Hopper-Syndrom: Es ist gerade auch dann zu verzeichnen, wenn wir aus dem Haus gehen und auf die Straße treten. Vor allem die heutigen Großstädte sind dabei zu Agglomerationen der Anonymität geworden. Und je mehr Menschen wuseln, so scheint es, desto unbedeutender wird das einzelne Individuum. Das bringt einen weiteren Aspekt der Einsamkeit ins Spiel: ihre Bewertung.

Erhöhte Einsamkeit kann dabei auch etwas zutiefst Positives bedeuten, kann uns in einen höchstmöglichen Zustand geistiger Erhabenheit befördern. Beginnen wir an diesem Ende der Skala und unternehmen dafür einen kleinen etymologischen Ausflug. Im 14. Jahrhundert stand hinter dem Wort »einsam« das Althochdeutsche »Einsamana«, womit eine »Einheit« gemeint war. Allerdings nicht nur die einer Gemeinde oder einer Siedlung, sondern vor allem die Einheit mit Gott. Im ekstatischsten aller Fälle also wird aus der Einsamkeit schließlich ein göttlicher Rausch: die *unio mystica*, nichts anderes als die geheimnisvolle Vereinigung der Seele mit Gott.

Ein Bumerang-Effekt von elysischer Qualität. Der Einsamste, die von allem losgelöste Seele landet am Ende in der höchstmöglichen Zusammenkunft: Im göttlichen Nirvana. Was ihre

Bewertung betrifft, dürfte die Einsamkeit in der Verschmelzung mit dem Allmächtigen ihre Bestnote abbekommen – doch im Laufe der Jahrhunderte geriet der göttliche Faktor mehr und mehr in Vergessenheit.

Das Wort »einsam« nahm eine andere Bedeutung an, die Vorstellungen änderten sich. Zunehmend bezeichneten die Menschen damit eher eine Art der Abgeschiedenheit von anderen, ein Dasein abseits der Gesellschaft, womit der Begriff nun keineswegs mehr positiv, sondern zunehmend negativer ausgelegt wurde. Der einsame Mensch wandelte sich mehr und mehr zu jenem Geschöpf, das nicht mehr die stille Einkehr suchte, sondern sich beim Thema Geselligkeit unwillig oder sogar unfähig zeigte. Damit war der Weg frei ins Reich der Neurotiker und Depressiven, ins Land der Ausgegrenzten und Ausgestoßenen.

Das damit verbundene Urteilsdenken hat sich lange gehalten und ist zu weiten Teilen bis heute das Maß der Einsamkeit. Isoliert, allein und einsam dazustehen, gilt als unattraktiv, als Makel. Der Einsame scheint unfähig zu gemeinnützigem Handeln, er nimmt nicht teil am Leben, und allzu schnell wird er als Versager etikettiert. Vom Typ her zeigt er sich eher schrullig, komisch, behaftet von seltsamen Macken – zumindest, wenn es um Fremdzuschreibung geht. Der Einsame meidet andere Menschen. Die anderen meiden den Einsamen. Und der so in die Ecke Gestellte darf auf wenig Gnade und Verständnis rechnen. Und dies ist enorm wichtig zu verstehen: Wir mögen Einsamkeit nicht nur nicht – wir verurteilen sie, lassen sie verschwinden hinter einem Tabu. Mit der Einsamkeit verhält es sich ähnlich wie mit Krankheit, Depression, Alkoholismus, Fremdsein, Anderssein aller Art. Als Betroffene geben wir es ungern zu. Verstecken diesen Zustand am liebsten, überspielen diese unangenehme innere Befindlichkeit – überspielen sie anderen gegenüber, oft genug sogar uns selbst gegenüber. Wer hingegen Zeuge der Einsamkeit wird, schaut ungern hin. Wer sie riecht, macht lieber einen Bogen drum herum. Denn an der Einsamkeit ist etwas faul. Sie stinkt. Und wenn man ihr etwas Positives abgewinnen will, dann müssen schon metaphorische Schwergewichte bemüht werden, um sie aufzuwerten. Dann muss das betroffene Subjekt schon zum einsamen Wolf, zum *Lonely Cowboy* oder gleich zum *Lone Rider* werden, um seine abstoßende Aura abzustreifen. Doch freilich sind dies lediglich romantische, irreführende und oft verharmlosende Verklärungen des Begriffs. Denn an wahrer Einsamkeit ist nichts Schönes, nichts Gutes. Sie ist dunkel und kalt.

Und dabei doch immer wieder zu finden. Zum Beispiel in den Megalopolen Indiens, wo sich beobachten lässt, wie rücksichtslos mit dem Phänomen – oder sollten wir sagen: mit der Krankheit? – umgegangen werden kann. Soziale Isolation, Armut und gesellschaftliches Klassendenken haben hier zu einer besonders brutalen Konfiguration der Einsamkeit geführt. Abermillionen Menschen flitzen über die Straßen von Mumbai, Kolkata, Neu-Delhi, in endlosen Schlangen stehen sie vor den Tempeln, quetschen sich in die Züge und drängeln sich noch auf ihren Dächern. Mitten in diesem Chaos der Großstädte leben Abertausende Bettler und Verwahrloste, die einsam ums Überleben kämpfen. Unantastbar, als seien sie nicht nur allein, sondern regelrecht unsichtbar.

Der so von der Gemeinschaft Isolierte wird nicht mehr als einsame Seele wahrgenommen. Wenn er überhaupt noch wahrgenommen wird, dann als Schmutz, als Aussätziger.

Wie drastisch wir die Einsamkeit jedoch auch immer beurteilen und aburteilen – in der Regel fällt das Verdikt unschön aus. Und das gilt nicht nur für die einzelne Person, sondern wird schnell auf die Gesamtheit aller Einsamen übertragen. Das Urteil fällt dann pauschal aus und kann sich sogar auf eine ganze Epoche beziehen. Und so stand es also bald da, das Individuum einer sich so gern als modern begreifenden Gesellschaft: Haltlos in der Sinnkrise, orientierungslos in der sich formenden Konsumgesellschaft, fassungslos in einem sich langsam auflösenden Wertesystem.

Spätestens mit David Riesmans 1950 erschienenem Buch *The Lonely Crowd*, das sechs Jahre später unter dem Titel *Die einsame Masse* auch hierzulande erschien und für große Aufmerksamkeit sorgte, wird der Gesellschaft dabei endgültig auch die Verbundenheit gegenüber alten Traditionen aberkannt. Der Mensch wird zu Treibgut, das in den modernen Massengesellschaften schwimmt, ausgestattet nicht mehr mit einem mehrheitlich erlernten Sinn fürs Gemeinwesen, sondern vielmehr mit einem »inner gyroscope«, wie Riesman es nennt. Einem persönlichen inneren Kreiselkompass, mit dem jeder für sich durch die Fluten steuert.

Ein höchst interessanter Gedanke. Vor allem, weil er bereits 1950 formuliert wurde – siebzig Jahre vor unserer fragmentierten Zeit, in der fast jeder ein Smartphone besitzt, in der Internet, Mails und Messenger-Dienste direkte persönliche Kontakte massiv ins Digitale verschoben haben. Nicht umsonst ist darum auch der Begriff der Fragmentierung längst passé. Wenn es um die Vereinzelung des Menschen im dritten Millennium geht, ist inzwischen von einem weiteren Stadium die Rede: der Atomisierung.

Und was die Bewertung von Einsamkeit angeht, geschieht hier nun etwas absolut Überraschendes. Denn der Ausgestoßene, Isolierte, Einsame oder Vereinzelte – wie man ihn letztlich auch nennen mag – streift hier auf einmal sein beflecktes Etikett ab. Der moderne Einzelgänger erlebt sozusagen eine positive Überschreibung. Denn so sehr das vereinzelte Wesen im menschlichen Zusammenleben lange eher verschmäht wurde, so sehr nehmen wir es heute auf einmal als Ideal wahr.

Ein Paradigmenwechsel, dessen Bedeutung wir uns noch gar nicht in Gänze bewusst sind. Dabei findet genau hier nicht nur ein Sinneswandel, sondern auch eine Umbewertung des Einsamkeitsbegriffs von außerordentlicher Tragweite statt. Im Eiltempo der kapitalistischen Aufrüstung haben wir den Charakterzug der Einsamkeit umprogrammiert. Bis der moderne Mensch endlich auf ganz neue Weise brilliert: Nicht mehr glücklich in der Gemeinschaft, sondern erfolgreich in seiner eigenen Singularität.

Dies ist ein so wesentlicher wie bemerkenswerter und vielleicht auch bedenklicher Schritt. Und neben den kaum absehbaren Nebenwirkungen birgt er vor allem die Notwendigkeit, auch das Phänomen der Vereinsamung völlig anders zu betrachten.

Warum wir Einsamkeit völlig neu begreifen müssen

Wie schön. Schon vor einigen Jahren hat das Zukunftsinstitut die Individualisierung der Welt ausgerufen. Einen Megatrend, der sich überall ausbreitet und zu einer beispiellosen Ausdifferenzierung von Lebenskonzepten, Karrieren, Marktnischen und Welterklärungsmodellen geführt hat. Immer mehr gewinnt der Mensch die Freiheit zu wählen, auszuwählen. Er kann entscheiden, wo er lebt, wie er lebt, kann entscheiden zwischen unzähligen und ständig neu hinzukommenden Berufen. Wie er seine Sexualität auslebt, wie er sich kleidet und sich präsentiert, auch hier bieten sich heute immer mehr Entscheidungsmöglichkeiten. Der Freiraum, den der Einzelne inzwischen für sich beansprucht, ist weiter und größer geworden, und er fordert immer mehr Platz. Normgebende Institutionen wie Politik oder Kirche, so schreibt das Zukunftsinstitut, verlieren an Autorität. Die Antwort auf die Frage, welche Lebensweise die gute, die richtige ist, wurde derweil immer mehr in die Verantwortung des Einzelnen gelegt. Der Medienphilosoph Norbert Bolz formuliert es so: »Sinn wird zunehmend zur Privatsache.« Kollektiver Zwang weicht dem Privileg der Freiheit. Oder anders: der Zumutung der Freiheit.

Und die Individualisierung bricht sich auf vielen Ebenen Bahn. In der Ökonomie schreitet die Ausdifferenzierung der Märkte immer weiter voran, werden die Produkte am Ende der Ketten zunehmend personalisierter. Auf sozialer Ebene kann ein jeder heute über sein Leben bestimmen wie nie zuvor in der Geschichte, steht damit aber auch der Aufgabe gegenüber, wählen und sich über diesen Prozess Gedanken machen zu müssen. Die Freiheit zur Wahl geht einher mit dem Zwang zur Entscheidung.

In der überindividualisierten Gesellschaft begreift sich jeder inzwischen selbst als Handlungszentrum. Das moderne Individuum löst sich von festen sozialen Klammern, denkt nicht mehr in Klassen, Schichten, Geschlechterrollen. Vielmehr entwirft es seinen eigenen Lebenslauf, entwickelt eigene Fähigkeiten, Orientierungen, Partnerschaften. Es destilliert seine ureigenen Geschmäcker, formt seine eigene Sprache. Der Mensch wird zum Designer seiner eigenen sozialen Realität. Die Biographie wird zur Multigraphie.

Und damit sind wir nun endlich ganz im Hier und Heute gelandet. Und dürfen vergnügt feststellen: Der Mainstream ist in tausend Subkulturen zerfasert – und diese tausend Subkulturen sind gerade dabei, zum Mainstream zu werden.

Reichlich obsolet scheint es darum, auch noch immer in alten Kategorien und Schubladen der Einsamkeit zu denken. Viel sinnvoller ist es, den Zustand der Vereinzelung im Licht der neuen Zeiten zu betrachten. Die Einsamkeit – die im Laufe der Geschichte oft genug zu verschiedensten Lesarten führte –

offenbart sich alsdann völlig neu. Wir begreifen sie anders, bewerten sie anders. Und können ihr auch dann erst effektiv begegnen.

Anders: Jede Einsamkeit ist ein Produkt ihrer Zeit.

Vertraute Versionen und Betrachtungsweisen sind darum hinfällig. Vor allem in Zeiten der rasenden Digitalisierung wirken altbekannte Einsamkeitsmuster wie Auslaufmodelle ihrer selbst. Ein Johann Wolfgang von Goethe ist längst zum Gestrigen geworden, die Theorie einer »Lonely Crowd« nur noch eine Fußnote in den Geschichtsbüchern.

Denn was ist geschehen? Besonders in den letzten zwei Jahrzehnten? Genauer noch im letzten Jahrzehnt, mit dessen Errungenschaften inzwischen sogar unsere Gefühle durch den digitalen Durchlauferhitzer gejagt werden?

Was geschieht im Zuge dessen wohl auch mit der Einsamkeit, wenn es in Japan inzwischen gängig geworden ist, beim Candlelight-Dinner einer sprechenden Puppe gegenüberzusitzen? Wenn, wie im *Spiegel* berichtet, die Cobots unaufhaltsam auf dem Vormarsch sind?

In Zeiten von Corona macht die Automatisierung gerade noch mal ordentliche Schritte nach vorn. Autonom navigierende Roboter desinfizieren neuerdings im großen Stil Kliniken, die dänische Firma Blue Ocean Robotics kommt mit der Auslieferung kaum hinterher. GoBe, UVD und PTR Robots heißen die Maschinen, darunter auch jene modernen Putzkolonnen, die Menschen in Form mannshoher, blau leuchtender Röhren ablösen und imstande sind, Krankheitserreger in einem Zimmer binnen zehn Minuten zu 99,9 Prozent zu vernichten. Serviceroboter statt Verkäufer bedienen derweil in den ersten Elektronikmärkten, auch innovative Immobilienmakler schicken inzwischen Roboter durch Wohnungen und Häuser. Potenzielle Mieter und Käufer können diese via App fernsteuern und sich die Immobilie auf diese Weise schon mal selbst anschauen.

Weder sie noch der Makler sind dabei anwesend. Zumindest nicht in den vier Wänden, um die es geht.

Digitale Assistenten heißen all diese Gerätschaften, und sie verlassen zunehmend den industriellen Bereich. So langsam mischen sich die künstlichen Helferlein unters Volk – was auch den Begriff der Zwischenmenschlichkeit neu verankern dürfte.

Zu einer viel abstrakteren Vereinzelung kommt es heute auf anderer Ebene. Und ich würde hier eher von einer Verlorenheit sprechen, von einer Überforderung im Überfluss. Denn was geschieht, wenn der Mensch vor der berühmten Qual der Wahl steht? Er ist gestresst, fühlt sich auf gewisse Weise alleingelassen. Psychologische Versuche haben gezeigt, dass sich der Mensch bei der Wahl von Produkten und Angeboten nur in einem bestimmten »Fenster« wohlfühlt. Stressforscher wie Mazda Adli nennen es das »umgedrehte U der Zufriedenheit«. Dargestellt auf x- und y-Achse zeichnet sich dabei eine Parabel ab. Sie macht deutlich: Mit der wachsenden Zahl der Möglichkeiten nimmt unsere Zufriedenheit ab.

Die Ökonomen Elena Retuskaja und Robin Hogarth legten Probanden eine Auswahl von Geschenkschachteln vor: Mal fünf, mal zehn, mal fünfzehn, mal dreißig. Mit einer Wahlmöglichkeit von zehn fühlten sich die meisten am wohlsten, bei fünfzehn Schachteln nahm die Zufriedenheit bereits ab. Grund: Je größer die Menge ist, aus der wir auswählen können, desto mehr stresst uns das Risiko, nicht die beste Wahl treffen zu können.

Nun sind fünfzehn, zwanzig oder auch dreißig Schachteln ein überschaubares Beispiel. Was jedoch passiert, wenn wir im Supermarkt vor 50 Joghurtsorten stehen, in der Stadt zwischen 70 Bars und im Reisebüro zwischen 100 All-Inclusive-Clubs wählen können? Und das alles ist noch klein-klein gedacht. Denn wie reagieren unsere Synapsen erst, wenn wir uns im Internet durch Hunderttausende Angebote klicken? Lampen, Hosen, Dichtungen, Glühlampen: Von A bis Z ist heutzutage alles in unendlicher Zahl zu haben, 24 Stunden am Tag, 365 Tage im Jahr.

Was, wenn wir uns danach im Dschungel der Apps umtun? Wenn wir uns heute unzählige Applikationen aufs Handy beamen können, die jahrzehntealte Einrichtungen, Instrumentarien und auch Rituale im Handumdrehen ersetzen: das Reisebüro, den Bahnschalter, den Bankbesuch, den Wetterbericht, den Taschenrechner, die Fotokamera, den Radiosender, die Straßenkarte, die Zeitung, das Spiel, den Pulsmesser. Ganze Welten stehen uns heute im Hosentaschenformat zu Verfügung, abrufbar in Millionenzahl, downzuloaden in nicht mehr bezifferbarer Menge.

Und was geschieht ferner, wenn wir auf Diensten wie Tinder im Sekundentakt über nicht endende Bilderserien wischen können? Über Endlosgalerien aus Gesichtern und Kurzprofilen, die sogar die Auswahl an Menschen selbst ins Unüberschaubare potenziert haben?

Wenn Psychologen schon ab fünfzehn Geschenkschachteln von einer zunehmenden Qual der Wahl sprechen – müsste im heutigen Infinitum der Möglichkeiten nicht längst von einer Pein der Beliebigkeit die Rede sein? Von einer Ohnmacht im Zeitalter des Übermaßes? Mithin von einer Überforderung und *lostness*, die längst auch zu einer ganz neuen und viel abstrakteren Erscheinungsform von Einsamkeit geführt hat?

Denn einsam ist der Mensch nicht nur unter Menschen. Er wird es irgendwann auch unter einer Überdosis der Reize.

Laut Beobachtungen von Fachleuten wie etwa dem Bonner Kinderpsychiater Michael Winterhoff hat die digitale Überflutung bereits zu einer kollektiven Schädigung der Psyche geführt. In seiner Praxis erlebe er schon seit Mitte der neunziger Jahre, dass sich immer mehr Kinder nicht mehr altersgerecht entwickeln. Und diese Veränderung sei inzwischen auch bei den Erwachsenen angekommen.

Die Menschen fühlen sich überfordert. Der Wechsel von der analogen in die digitale Welt hat das Leben extrem beschleunigt, mit Reizen und Informationen regelrecht überfrachtet. Das Gefühl, ständig unter Strom zu stehen, ist dabei zu einem unterschwelligen Dauerzustand geworden. Der Psychiater Winterhoff führt dies wesentlich auf die pausenlose und flächendeckende mediale Belieferung auf allen Kanälen zurück, die durch das Smartphone auf die Spitze getrieben wird.

Der Mensch lenkt sich durch diesen Dauerbeschuss am Ende von sich selbst ab, sagen Psychologen. Die Einheit von Körper, Seele und Geist wird gestört. Ursache und Symptom gleichermaßen: Denken und Fühlen klaffen auseinander, die sinnliche Verarbeitung der Umwelt scheitert zunehmend. Des Weiteren: Lernprozesse sind nicht mehr mit haptischen, körperlichen und sinnlichen Erfahrungen verknüpft, vermeintliche Belohnungen dafür ohne jede Anstrengung, ohne Kompromiss und Reflektion zu haben.

Zu was mag das führen? Schwindet da womöglich sogar die innigste Form der Zweisamkeit? Findet der Mensch nicht mehr zu sich selbst, wie man so schön sagt?

Nun, dass er sich zumindest von seiner Umwelt systematisch und massenhaft abschottet, müssen Studien gar nicht erst zeigen. Die Indizien dafür sind überall zu sehen: Auf den Straßen, in den U-Bahnen, an den Flughäfen. EarPods sind zur Grundausstattung geworden wie die Unterhose und zugleich zum ostentativen Schmuckstück der kollektiven Abgrenzung. Kabellose Abkapslungs-Gadgets, die es deutlicher kaum sagen könnten: Lass mich in Ruhe. Kontakt unerwünscht. Hier bin ich, ihr seid dort.

Wie würde ein Edward Hopper diesen Menschen heute wohl malen? Vielleicht würde er ihn zerstückeln. In Bits, in Atome.

Vielleicht würde er ihn inzwischen auch einfach weglassen. Eine letzte Steigerung der Vereinzelung. Das Verschwinden.

Allemal klar ist, dass wir unser generelles Verständnis von Einsamkeit radikal updaten müssen. Denn so schnell wie wohl nie zuvor modifizieren die technologischen Innovationen gerade unseren Alltag und greifen in grundlegende Parameter unseres Lebens ein. Dabei treffen auch unsere Emotionen auf völlig neue Koordinatensysteme, und es stellt sich die Frage, ob sie schnell genug mitkommen. Ein weiteres Beispiel verdeutlicht das.

Lange war das zugängliche Weltwissen äußerst überschaubar. Laut Schätzungen brauchte es von 1400 bis 1900 gut und gern 500 Jahre, bis sich die Menge an menschlichem Wissen gerade einmal verdoppelte. Dichter und Denker, Philosophen und Gelehrte konnten guten Gewissens behaupten, so ziemlich alle wichtigen Werke zu kennen und sich mit den grundlegenden Theorien in den jeweils aktuellen Wissensgebieten befasst zu haben. Was nicht heißt, dass alle Menschen gleich viel wussten. Lange hatten die Gelehrten ihr Wissen geflissentlich für sich behalten, und vor Luther taten Priester und Mönche einen Teufel, das hehre Wissen aus den Büchern mit der Allgemeinheit zu teilen.

Bis ins 20. Jahrhundert wuchs das Wissen, befördert durch den Buchdruck, schließlich stetig weiter an, war inzwischen für mehr Menschen zugänglich und nun bereits deutlich schneller. Das dem Menschen zur Verfügung stehende Gedankengut verdoppelte sich abermals: Von 1900 bis 1950 nunmehr allerdings in 50, von 1950 bis 1970 in nur noch 20 Jahren. Bis in die neunziger Jahre kamen aus vielen Bereichen immer mehr Mengen an Wissen hinzu, allerdings noch immer auf überschaubare Weise. Bildungsbürger kauften Bücher, besuchten Vorlesungen und Bibliotheken. Es gab Gebildete und weniger Gebildete, wie schon immer, aber doch lebte jeder mit dem beruhigenden Gefühl, dass es eine Art Grundausstattung an Wissen gab, mit der man halbwegs anständig durchs Leben kam. Um sich aktuell zu informieren, las man Zeitungen und Magazine, schaute abends die Nachrichten.

Noch 1999 veröffentlichte der Hamburger Literaturprofessor Dietrich Schwanitz das Buch *Bildung. Alles, was man wissen muss*. Ein gut verdaulich dargebotener Rundgang durch Geschichte, Philosophie, Literatur, Kunst und Musik, nach dem sich der Leser wissend genug fühlen durfte, um Historie und Gegenwart einzuordnen, Zusammenhänge zu verstehen und die Zukunft denkend mitzugestalten. Dieses Wissen bildete eine solide Grundlage, zudem existierte der sogenannte Bildungskanon: jener Wissensfundus, den eine Kultur für wichtig erachtet, damit eine Gesellschaft gemeinsam funktioniert. Das geht schon in der Schule los: Mit Lesen, Mathe und einer ersten Portion Sachkunde in verschiedenen Gebieten.

So weit, so gut. Doch nun ging die Post ab.

Mit Beginn des 21. Jahrhunderts verdoppelte sich die Menge an Wissen abermals, inzwischen in nur noch drei Jahren, wie das McKinsey Global Institute ermittelte. Doch es geschah dabei nun noch etwas: Die qualitative Vorstellung von Wissen wurde zunehmend durch die quantitativen Konzepte der Nachrichten, Informationen und Daten ersetzt. Und diese Nachrichten, Informationen und Daten vervielfachten sich immer schneller. Und sie tun dies bis heute, inzwischen in viralem Tempo. Das Wissen an sich hat sich also verändert.

Der Rest ist Geschichte. Eine Geschichte wohlgemerkt, der wir im Moment ihres Entstehens schon nicht mehr hinterherkommen. Das ist im Prinzip nichts Neues. Neu aber sind die tatsächlichen Geschwindigkeiten und Massen, mit denen gerade jenes neue »Wissen« produziert und auch ausgetauscht wird.

Früher sagte man noch: Nichts ist älter als die Zeitung von

gestern. Es klingt heute geradezu possenhaft. Längst müssten wir sagen: Nichts ist älter als die News von vor zwei Minuten, der Tweet der letzten Sekunde. In den USA kam es schon vor Jahren zu einer Formulierung, mit der man der Informationsflut beikommen wollte: Breaking News. Neueste Nachrichten, die hindurchbrechen durch die, die gerade noch aktuell gewesen sind. Und auch dies ist längst kalter Kaffee.

Inmitten dieses Wirbelwinds sind heute auch Lexika allseits und online mit einem Fingerwisch abrufbar, generieren und schreiben sich durch die User selbst fort. Es existieren Datenbanken, Mediatheken, Streams und Podcasts, im Netz steigen Webinars und Coachings, es tummeln sich dort Udemys und ganze Plattfomen, um die Zahl der weltweiten Online-Kurse überhaupt noch irgendwie zu bündeln.

Kurz: Das Wissen zischt nur noch so durch die Weltgeschichte, es multipliziert sich mit sich selbst, und dabei hat sich auch seine Lesart maßgeblich verändert. Vor allem der auf Effizienz und Profit gedrillte Begriff der Datenmenge ist zur himmlischen Größe angeschwollen, und immer wieder stehen wir kurz davor, das Zeitalter der KI, der Künstlichen Intelligenz, zu verkünden. Big Data macht es möglich, und in Bälde werden Quantencomputer es sehr wahrscheinlich Wirklichkeit werden lassen.

Sicher müsste man die Kategorien erst einmal definieren und scharf voneinander trennen: Wissen und Bildung, Nachrichten, Informationen, Daten. Was ist genau gemeint? Beginnt Bildung bei Sokrates, hört Wissen bei der jüngsten Veröffentlichung zur T-Zellen-Forschung auf? Muss einer Kant gelesen haben, um schlau zu sein? Oder ist er heute schlauer, weil er sich mit den neuesten Technologien in Sachen Klimaschutz auskennt?

Fest steht in jedem Fall, dass jene romantischen Zeiten vorbei sind, in denen wir einen Wissensfundus als etwas halbwegs Konstantes begreifen und im besten Fall mit möglichst vielen teilen konnten. Die Idee eines umfassenden Wissens- und Bildungskanons hat sich schlicht überholt. Das Problem: Vor allem aktuelles Wissen hat sich selbst schon wieder tausendmal upgedatet, während wir noch begriffsstutzig an seinem jüngsten Kapitel kauen. Und was sich abstrakt anhören mag, schlägt sich im Alltag längst konkret nieder.

Davon sind auch Entscheidungsträger nicht ausgenommen. Im Gespräch mit einem Abgeordneten fiel die Frage nach Entscheidungsvorbereitung. Er sagte: »Ich kann gar nicht mehr alles lesen, was ich lesen müsste, um auch nur halbwegs richtig liegen zu können.«

In diesem ganzen Sturm aus altem und neuem Wissen, in dieser Flut aus verfügbaren Bildungsbruchstücken, abrufbaren und ständig neu hinzukommenden Informationshäppchen geschieht nun etwas Wesentliches: Die Schnittmengen an geteiltem Wissen (wie auch immer wir es definieren) werden notgedrungen immer kleiner. Ein »Kanon« ist von einer Person längst nicht mehr zu bewältigen. Es müssen stattdessen, wie der Journalist Ulf Poschardt in *Mündig* schreibt, »Nutzungs- und Bewältigungsstrukturen konstruiert werden«, die die neuen Wissensmengen sichtbarer, lesbarer und überhaupt erst begreifbar machen.

Fast liest es sich wie eine Illusion. Denn viele haben längst aufgegeben, sich noch ein Quantum an Wissen anzueignen, das einst als umfassend oder gar flächendeckend gelten konnte. Es fehlt die Zeit, die Übersicht. Es fehlt das Gefühl der Machbarkeit.

Die klassischen Medien – Zeitungen, Magazine, Radio, Fernsehen – sind darum längst mehr zu (Vor-)Sortierern und Ratgebern geworden, als sich noch in ihrer alten Rolle als Aufklärer und Säulen der Meinungsbildung behaupten zu können. Im Zeitalter der metastasierten Wissensverbreitung und des Informationsbeschusses testen sie mehr, geben Tipps und müssen schnelle Überblicke verschaffen, anstatt Hintergründe zu durchleuchten, Zusammenhänge aufzuzeigen oder gar so etwas Verrücktes zu tun wie zu denken und zu philosophieren (im alten Griechenland war das noch demokratisch gelebter Straßenalltag).

Nicht umsonst ist das Infotainment zum weitverbreiteten Modus der Wissensvermittlung geworden: Informationen, Nachrichten und Wissen so leicht und flott, so bekömmlich und unterhaltsam präsentieren, dass der Zuschauer, Hörer oder Leser überhaupt noch die Bereitschaft entwickelt, bei der Stange zu bleiben. Dabei ist vom Zuschauer, Hörer oder Leser kaum mehr die Rede. Die Rezipienten sind zu Medienkonsumenten geworden, die durchs Zeitgeschehen streunen wie über einen rammelvollen Marktplatz. Obendrein haben sie sich längst selbst zu öffentlichen Stimmen befördert. Auf Homepages, in Foren, Kommentaren und sozialen Medien ist heute so ziemlich jeder Publizist.

Um sich in dieser Gemengelage noch ein Gesamtbild zu verschaffen und sich darüber hinaus zu orientieren, sind heute ein enormer Lern- und Lesewille sowie die Kunst des Selektierens gefragt; dies neben dem Zwang, sich gleichzeitig immer stärker spezialisieren zu müssen, um vor allem im Beruf auf der Höhe der Zeit zu bleiben. Ärzte, Piloten, Ingenieure, Architekten, Stadtplaner, aber auch Unternehmer, Manager und Politiker, sie alle können ein Lied davon singen. Oft haben sie mehr damit zu tun, dem aktuellen Stand neuer Entwicklungen und Technologien hinterherzuhecheln als damit, ihren eigentlichen Beruf auszuüben. Zu eng sind die Welten in vielen Bereichen inzwischen miteinander verflochten. Im Großen und Ganzen ergibt sich ein heiteres Szenario: Mal skeptischer, mal euphorischer und mal besinnungsloser steht der Mensch aus Fleisch und Blut dem expandierenden, vorrangig aus Bits und Bytes geformten Informationsinput gegenüber – in den seltensten Fällen allerdings noch wirklich wissend.

Eine repräsentative Studie des Marktforschungsinstituts YouGov hat gezeigt, dass kaum jemand hierzulande neue digitale Technologien wie Big Data, Blockchain oder Immersive Media erklären kann, weder oberflächlich noch tiefgreifend. Auch Technologien, die immerhin vom Namen her geläufig waren, konnten 34 Prozent der Studienteilnehmer gar nicht und 44 Prozent nur noch oberflächlich erklären. Im Durchschnitt wussten nur noch 19 Prozent Bescheid. Die Studie kommt zu dem Schluss, dass Wissenslücken deutlich überwiegen, fehlendes Wissen und Skepsis zudem eng zusammenhängen. Nach dem Motto: Sicheres Auftreten bei völliger Ahnungslosigkeit.

Insgesamt müssten wir im Vergleich zu früher aber wohl weniger von Wissenslücken sprechen, auch nicht so sehr von einer zunehmenden Bildungsschere, sondern von einer Zerfaserung ganz anderer Art. Denn die Menschen tummeln sich mehr und mehr auf einzelnen Wissensinseln, leben in ihren eigenen dynamischen Bildungsblasen. Das eine Weltwissen gibt es nicht mehr. Es ist kaum mehr katalogisierbar, nicht mehr quantifizierbar und schon gar nicht mehr greifbar. Wir selbst sind quasi zu Computern geworden: zu einzelnen Abrufstellen, die an jenen Servern hängen, in deren Datenmeeren sich der Krake unermüdlich klont.

Immerhin: Wissen gibt es heute auf Abruf. Wir googeln es einfach. Gut oder schlecht? Um eine Bewertung in diesem Sinne geht es mir hier nicht. Wohl aber um eine Fragestellung, die inzwischen womöglich mehr Tragweite besitzt. Denn wie kommen wir alle in Zukunft miteinander klar, wenn uns eine Basis gemeinsamen Wissens abhandenkommt? Wenn der eine dies weiß, der andere das? Wenn der Nächste dies gelesen, der Übernächste etwas ganz anderes vernommen, gelernt und verinnerlicht hat? Wenn die Schere die Gesellschaft längst nicht mehr nur in Gebildete und Ungebildete zerschneidet, sondern uns die digitale Zäsur auch hier in tausend Parzellen zerlegt?

Und auch Lesarten und Deutungen, das neumoderne Framing von Information, klaffen auseinander. Dass Flüchtlingsaktivisten und Rechtspopulisten dieselben News vollkommen verschieden lesen, ist nicht mehr nur ein Informationsfehler. Donald Trump machte es vor. Die absolute Sprechunfähigkeit zwischen gesellschaftlichen Lagern. Und das ist die Grundvoraussetzung für Spaltung. Und dafür, gespalten zu bleiben.

Die Idee eines von vielen geteilten Wissens, das Konzept eines von ebenfalls möglichst vielen akzeptierten Bildungskanons war lange die Basis für eine funktionierende Gesellschaft. Bei aller Gegensätzlichkeit, bei aller Meinungsvielfalt, bei allen möglichen Bildungsniveaus und Wissensständen: Es gab doch immer den einen großen Pool, in dem alle herumschwammen.

Dieser Pool aber versickert gerade. In unzähligen kleinen Flüssen, Rinnsalen und Tröpfchen fließt er davon.

Ob noch von einer Einsamkeit oder Vereinsamung zu sprechen ist, wenn immer mehr Menschen in ihren Wissensclouds dahindriften, dürfte eine Frage des subjektiven Empfindens sein. Vielleicht wird es sich anfühlen wie in einem Land, in dem jeder seine eigene Muttersprache spricht. Von einer weiterführenden Form der Vereinzelung aber muss unbedingt die Rede sein.

Denn so sehr geteiltes Wissen uns eint, so sehr trennt uns seine Zersprengung.

Die Zeichen sind längst da. In einer Welt des immer komplexer werdenden Wissens ist die Tendenz zu einer vorschnellen und gefährlichen Simplifizierung vielerorts zu vernehmen: Schwarzweißmalerei anstelle eines weitaus fordernderen Verständnisses der Zwischentöne und Graustufen. Auch haben sich durch den immer feiner zergliederten Wissensstand bereits immer mehr Meinungsinseln gebildet. Zunehmend entferntere Erkenntnisbiotope, immer entlegenere Auslegungsgruppierungen. Und je größer das Angebot, desto schriller der Jahrmarkt.

Die Vielzahl der Verschwörungserzählungen ist ein weiteres Indiz. Die Vielzahl der Märchen und die Vielzahl derer, die an sie glauben. Und auch an diesen Begriff haben wir uns längst gewöhnt: Fake News. Derart gedeihen und vermehren können sie sich wohl nur, wenn ihnen kein einhelliges, profundes Wissen entgegengesetzt wird.

So sind wir auf einer weiteren Stufe der Vereinzelung angelangt: der Uneinigkeit durch unüberschaubar gewordenes Wissen.

Das Phänomen zeigt sich in Schemen, an die wir uns noch nicht gewöhnt haben. Es liegt weit entfernt von jenen Facetten der Einsamkeit, die Kunst und Kultur uns einst erklärten, die heute aber höchstens noch als vergangene Stereotypen durchgehen können. Das wundersame Gefühl der neuen Einsamkeit kennt andere Dimensionen. Eine moderne *Lostness*, die sich anders und auch an anderen Stellen manifestieren wird.

Grund zum Schwarzsehen ist das noch nicht. Doch sollten wir auf dem Quivive sein. Denn wieder wird es um die Membranen gehen, die neuartig Getrenntes eben auch neuartig miteinander verbinden könnten. Es wird um neue Sensoriken gehen müssen, um neue Wege und Visionen, Zerteiltes wieder zu verlinken und den Pool ganz anders zu denken. Eines werden wir dabei kaum abwenden können. Die moderne Gesellschaft zerfällt gerade in zahllose Teilgesellschaften, implodiert in unterschiedlichste Milieus und Individualisierungsmuster.

Die Art des Funkkontakts wird darum eine entscheidende Rolle spielen. Und warum nicht ein bisschen spinnen, ein wenig traumtanzen? Warum nicht an die Möglichkeiten der Superposition glauben, sich die Fähigkeiten der Verschränkung vorstellen? Neue Wege des Miteinanders ersinnen, völlig neue Muster des Gemeinwesens proben? In der Quantenphysik ist man längst so weit. Das vereinzelte Element hat dort bereits eine phantastische Eigenschaft erlernt. Das Bit ist zum Qubit geworden. Es kann nicht mehr nur 0 oder 1 sein, sondern inzwischen beide Zustände gleichzeitig annehmen.

Auf den Menschen bezogen könnte dies nichts Geringeres bedeuten, als sich in andere hineinzuversetzen. Das Wunder wahrer Empathie. Anteilnahme. Verständnis!

Von politischen Maßnahmen zur Enttabuisierung

Die Frage, wie wir Einsamkeit begreifen und ob wir sie überhaupt definieren können, muss heute zwangsläufig zu völlig neuen Einsichten führen. Und allein diese Erkenntnis ist viel wert, auch in Deutschland hat sie bereits etwas bewirkt. Die neue Einsamkeit ist auch bei uns als gesellschaftliche Herausforderung wahrgenommen worden, der es zu begegnen gilt. Inzwischen steht es im Koalitionsvertrag: »Angesichts einer zunehmend individualisierten, mobilen und digitalen Gesellschaft werden wir Strategien und Konzepte entwickeln, der Einsamkeit in allen Altersgruppen vorbeugen und Vereinsamung bekämpfen.«

Eine Anfrage der FDP im Frühjahr des Jahres 2020 ergab, dass die Zahl der unter Einsamkeit Leidenden im Land unter den 45- bis 84-Jährigen zwischen 2011 und 2017 um 15 Prozent zugenommen hat, in einzelnen Altersgruppen sogar noch deutlich mehr.

Solchen Zahlen aber müssen weitere Überlegungen folgen. Denn die Frage ist nicht nur, wie man Einsamkeit betrachtet, bewertet und bemisst, sondern auch: Woher kommt sie? Ab wann ist ein Mensch einsam? Wie äußert sich die neue Einsamkeit im Detail und in den einzelnen Milieus? Gibt es Warnzeichen, auf die wir reagieren können? Des Weiteren: Wie und in welcher Weise machen uns die neuen Formen der Vereinzelung krank? Und vor welchen Fragen stehen wir, wenn wir die globale Gesellschaft betrachten?

Gut acht Milliarden Menschen leben derzeit auf der Erde, allein letztes Jahr sind 80 Millionen dazugekommen. Was geschieht, wenn nun ein vermeintlicher Widerspruch zur Regel wird – und der Mensch sich einsamer und isolierter fühlt, je voller es auf dem Planeten wird? Und die Einsamkeit epidemische Ausmaße annimmt?

Dass das Phänomen auch in Deutschland immer dringlicher wird und politische Maßnahmen fordert, belegen weitere Zahlen. Unter den 15 Prozent der Deutschen, die sich laut Umfragen einsam fühlen, sind immer mehr jüngere Menschen. Laut einer Studie des Robert Koch-Instituts zur Gesundheit von Kindern und Jugendlichen in Deutschland geben bereits 4,2 Prozent der 11- bis 17-Jährigen an, sich einsam zu fühlen. Auch Infratest Dimap hat im März 2018 im Rahmen des Deutschland-Trends eine repräsentative Auswahl von Bundesbürgern zum Thema befragt: Demnach sagen fast 70 Prozent der Befragten, dass Einsamkeit ein »großes« oder gar »sehr großes« Problem in Deutschland sei. Darunter etwas mehr Frauen als Männer, etwas mehr Ostdeutsche als Westdeutsche und etwas mehr Mittelalte (50 bis 64 Jahre) als höher Betagte oder Jüngere.

Wenn man jedoch fragt, ob sich die Politik um Einsamkeit kümmern sollte, sagen fast 60 Prozent: Nein. Einsamkeit sei schließlich ein persönliches Problem.

Aber ist es das wirklich? Der US-Soziologe Robert Putnam hat in seinem bereits 2000 veröffentlichten Buch *Bowling Alone* den Niedergang der amerikanischen Zivilgesellschaft beschrieben und für seine Thesen gute Gründe. Er wertete über 500 000 Interviews aus einem Zeitraum von 25 Jahren aus und macht für die düsteren Aussichten insbesondere den Trend zur

Vereinzelung in den USA verantwortlich. Und wenn er und andere Experten auch nur im Ansatz recht haben, ist die Politik sogar zwingend gefordert. Weil die Einsamkeit dann kein persönliches Problem mehr ist, sondern ein gesamtgesellschaftliches Dilemma.

Einen weiteren entscheidenden Schritt, um dem Phänomen des kollektiv verbreiteten Ausschlussgefühls beizukommen, kann schließlich nur die Gesellschaft selbst machen: nämlich die Einsamkeit nicht länger zu verstecken und sie von ihrem enormen Stigma zu befreien. Denn genau hier liegt ein Kern des Problems.

Der Psychiater und Psychotherapeut Mazda Adli hat festgestellt, dass Einsamkeit zu den größten Tabus gehört, die ihm während seiner täglichen Arbeit mit den Patienten begegnen. Und oft können wir das selbst beobachten.

Sichtbare Einsamkeit ist uns unglaublich peinlich. Allein zu sein – im Restaurant, auf Reisen, auf Einladungen –, das passt auf Dauer nicht in unsere Vorstellung von sozialer Kompetenz. Selbst beim Psychiater fällt es den meisten Menschen äußerst schwer, diesen Satz zu sagen: Ich bin einsam. Während viele Menschen in den letzten Jahrzehnten immer offener über Depression oder Angst sprechen, wird die Einsamkeit nach wie vor eisern verschwiegen. Einsam zu sein, wird von vielen gleichgesetzt mit sozialem Versagen maximalen Ausmaßes. Mit einem Defizit, das eng an die eigene Persönlichkeit geknüpft ist und das Selbstwertgefühl ins Bodenlose fallen lässt. Und auch hierfür gibt es einen Grund. Er sitzt tief und sollte Teil der Aufklärung sein.

Biologisch nämlich sind wir so gestrickt, dass wir stets die Stabilisierung unseres sozialen Status anstreben, während der Statusverlust mit Stress und Frustration beantwortet wird. Überließen wir uns komplett den Instinkten, würden wir leider so ticken, ausschließlich die Nähe von sozial erfolgreichen

Menschen zu suchen, wodurch wir uns die Stabilisierung unseres Status erhoffen würden. Den Umgang mit sozial erfolglosen oder sogar ausgeschlossenen Mitmenschen würden wir hingegen tunlichst meiden, weil wir Angst hätten, dadurch Nachteile zu haben. Am Ende ist es also die Biologie, die uns das Thema evolutionsbedingt verhagelt. Was umso mehr unterstreicht, dass wir uns gezielt damit auseinandersetzen müssen – ebenso sehr wie mit Infektionskrankheiten, mit Armut oder Hunger.

Was wir brauchen, ist ein viel stärkeres Bewusstsein dafür, dass Einsamkeit viele Menschen um uns herum tatsächlich betrifft. Das Thema muss besprechbar werden. Es muss raus aus der Tabuzone. Es muss rauf auf die Agenda nationaler wie internationaler Herausforderungen. Dies wäre ein wichtiger Schritt für die weitere Entwicklung moderner Gesellschaften. Ein großer Schritt, der im Kleinen beginnt. Wie sagen die Tuareg?

»Einsamkeit ist nicht traurig, sobald sie beachtet wird.«

Es wird ernst: Unverbundenheit macht krank

Um Einsamkeit als wahres Problem zu erkennen, müssen wir tiefere Zusammenhänge verstehen und die Mechanismen der Unverbundenheit offenlegen. Dann aber wird deutlich: Die moderne Welt hat uns von grundlegenden Erfahrungen entkoppelt und unsere Fähigkeit zu Intimität empfindlich gestört. Die gesellschaftlichen Folgen sind keinesfalls zu unterschätzen. Denn Isolation und Ausschluss machen uns Menschen krank, im schlimmsten Fall können sie sogar tödlich sein.

Manchmal dauert es, bis man begreift. Die Schleier lüften sich langsam, nur zaghaft werden die Zusammenhänge erkennbar, wie in sich auflösendem Nebel nach und nach sichtbares Land. Nun, leicht war es wohl nie, die Alchemie der Kausalitäten zu durchschauen. Den vertrackten Gang der Verflechtungen, die unersichtlichen Zutaten im Gefüge. Und wie ist das heute erst? Wie in der Gegenwart noch die Zusammenhänge erkennen, begreifen? Die großen, die kleinen? Alle jene Umstände, die letztlich auch zu dem führen, was uns ausmacht.

Aber ich will mich beruhigen und denke an Voltaire. Wie sagte er noch? In einer irrsinnigen Welt vernünftig sein zu wollen, ist wiederum ein Irrsinn für sich. Der arme Voltaire. Wenn er nur gewusst hätte. Das ist jetzt fast dreihundert Jahre her.

Neulich ging ich in eine Apotheke, Berlin, Ende Oktober

2020. Ich trug meine Maske, die anderen trugen ihre Masken, die Apothekerin stand hinter einer Plexiglasscheibe in diesen Zeiten der zweiten Corona-Welle, die sich im Herbst über Europa hermachte. Es waren drei, vier Kunden vor mir dran, der eine wollte Hustensaft, der Nächste schob ein Rezept unter dem Glas durch. Ich setzte mich auf den Stuhl neben der Waage, wartete und schielte auf eine kleine Broschüre, die auslag. Sie trug den Titel: *Positiv denken auch in Krisenzeiten.*

Ich blätterte die Broschüre auf. Ich las: »Das Coronavirus hat unser Leben massiv verändert. Viele Menschen arbeiten im Homeoffice, leben in Quarantäne oder sind sogar gänzlich isoliert. Diese Tipps können Ihnen das Leben in der schweren Zeit leichter machen.«

Es war jetzt also so weit. Ich las weiter: »Natürlich ist es wichtig, sich über den aktuellen Stand der Krise zu informieren. Aber lassen Sie sich von den vielen negativen Meldungen in den Medien auch nicht verrückt machen.«

Es stand dort jetzt also schwarz auf weiß, in der Apotheke, ziemlich offiziell also. Sich nicht verrückt machen lassen von den Nachrichten, von den Zeiten. Vom Zustand des Abstands zueinander, von der Isolation. Das Geflecht war also offenkundig auseinandergerissen, und nun wurde bereits in der Apotheke informiert, beraten, beruhigt. Und keineswegs nur, was das Virus selbst anbelangte, sondern auch in Hinblick auf seine Begleiterscheinungen. Was da gerade in der Welt los war, los ist, es scheint vielen auf die Gesundheit zu schlagen. Ein unsichtbarer Kollateralschaden, der die Gesellschaft in ihre Einzelteile zerlegt.

Struktur solle man sich schaffen, stand in der Broschüre. Seinen Tagesablauf sortieren und dabei per Telefon oder Videokonferenzen im regen Austausch mit den Kollegen bleiben. Man solle sich gesund ernähren, sich Mut machen und positiv denken. »Ich schaffe das«, »Kopf hoch«, »jetzt erst recht«. Ich konnte es nicht glauben. Aber ich las, was ich las. Las weiter: positive Tagesrückblicke vor Augen halten, die eigenen Akkus aufladen. Fenster regelmäßig öffnen, Tageslicht einsaugen, isometrische Übungen absolvieren, Wasserflaschen als Hantel nutzen, bewusst atmen.

Deutschland, Herbst 2020. Und dann las ich in der frisch ausgelegten Broschüre ebenfalls, dass man seine Einsamkeit bekämpfen solle. Das Wort »Einsamkeit« stand dort mit blau gefetteter Überschrift, ich denke mal in 16-Punkt-Schriftgröße. Ich las, dass man wenigstens telefonieren solle, chatten, mailen. Sollte das nicht reichen oder nicht möglich sein: Es bliebe, so der Rat, der Gang in die Kirche, der Anruf bei der Telefonseelsorge.

Irgendwann war ich an der Reihe, aber ich saß noch immer leicht apathisch auf dem Stuhl, die Broschüre in der Hand. Und ich dachte: Alles hängt mit allem zusammen. Undurchschaubar, unauslotbar. Aber hier war es jetzt überdeutlich formuliert, und das sogar in meiner Apotheke um die Ecke: Das Virus selbst war schlimm genug, doch nun schlugen uns augenscheinlich auch seine Randerscheinungen auf die Seele. Nichts akut Pathologisches, nichts erkennbar Symptomatisches. Kein Fausthieb und kein Autounfall, nein, nein, kein dingliches Malheur in diesem Stil. Die reinen Lebensumstände, die Bedingungen des neuen Alltags waren es, die uns ebenfalls krank zu machen drohten.

Ich lief nach der Apotheke ein Stück zu Fuß durch Berlin. Sah die Taxis im Stau, die Geschäfte, die bunte Reklame vor einem Dönerladen, aber all das vermochte mich nicht mehr von jenem Gedanken abzubringen, den die kleine Broschüre soeben wieder in meinem Kopf entfacht hatte und den ich ja eigentlich so gut schon kannte. Den Gedanken oder vielmehr das Wissen darum, dass uns in der Tat so vieles krank machen kann, das wir gar nicht sehen und nicht erkennen. Das wir nicht wahrhaben können und vielleicht auch nicht immer wahrhaben wollen. Der Kern des Gedankens war dabei ein einfacher, doch jetzt betraf er die ganze Gesellschaft, betraf die halbe Welt. Er ließe sich so formulieren:

Seien wir uns jener Zusammenhänge sehr bewusst, die wir nicht sehen, die jedoch allemal unter die Haut gehen. Sie können krank machen, im schlimmsten Fall können sie töten.
Und genau das wusste ich schon alles allzu gut.

Bereits als Säugling war ich an einer starken Neurodermitis erkrankt, unter der ich bis zu meiner Einschulung litt. Meine Haut rot und chronisch entzündet, es juckte fürchterlich. Danach allerdings verschwand die Hauterkrankung plötzlich, ich war wie durch ein Wunder geheilt. An mein Leiden als Kind erinnere ich mich dennoch sehr genau. Die Krankheit ist eigentlich nicht heilbar. Nur sporadische Therapien und Behandlungen dämmen den Juckreiz ein, der mich oft dazu nötigte, mich bis aufs Blut aufzukratzen. Wie viele andere Patienten und ihre Angehörigen waren auch meine Eltern schon sehr früh davon überzeugt, dass schädliche Umwelteinflüsse die Neurodermitis hervorgerufen hatten und die Symptomatik zusehends verschlechterten. Und was kam nicht alles in Frage, um die Haut eines Kindes zu malträtieren? Bestimmte synthetische Gewebe oder auch falsch behandelte Wolle konnten einem zusetzen. In Frage kamen Reinigungs- und Waschmittel, diverse Lebensmittelzusatzstoffe, in etlichen Produkten enthaltene Duftstoffe, daneben allerlei allergen wirksame Bestandteile in der Nahrung, ganz zu schweigen von Hausstaubmilben, Pollen, Tierhaaren.

Die Liste ließe sich unendlich fortsetzen, und entsprechend schwierig gestaltete es sich damals (und gestaltet es sich bei Betroffenen bis heute), einen Auslöser für das atopische Ekzem dingfest zu machen. Ich erinnere mich, dass mich das Leben mit der Neurodermitis schon früh prägte. Gewöhnliche Kuscheldecken und übliche Süßigkeiten verschlechterten meinen Zustand rapide. Dann wachte ich nachts auf, während mir meine Eltern die blutig aufgekratzten Arme mit Wickeln verbanden. Mein Kinderzimmer war steril. Staubfänger wie Teppiche oder Vorhänge gab es nicht, es war ein für mich bemüht milbenfreier Haushalt. Der Geruch von Reformhäusern ist eine meiner frühesten Kindheitserinnerungen. Vollkornprodukte als Therapie, Salben am Morgen, vor dem Schlafen. So war das einmal. Bis die Neurodermitis wie gesagt aus heiterem Himmel verschwand. Meine Eltern und ich schauten uns an. Es war wirklich wie ein Wunder. Weg war die elende Plage mit der Haut – und über 20 Jahre sollte sich die Krankheit bei mir nicht wieder bemerkbar machen. Die Medizin kennt dieses Phänomen. Weit verbreitet bei Säuglingen und Kleinkindern, verschwindet die Neurodermitis eines Tages, verschwindet scheinbar grundlos und taucht meistens nie wieder auf.

Nicht so bei mir. Der Tod meiner Mutter, meiner Großeltern und meiner Mentoren, das alles lag gerade erst wenige Monate hinter mir, als es nach zwei Dekaden wieder losging. Ich war auf den Philippinen gewesen, auch beruflich, war einmal mit dem Schnorchel zu den Korallen hinabgetaucht und hatte mir dabei eine kleine Wunde am Bauch zugezogen. Sie heilte nicht mehr. Ein erster Fleck, wie rosafarbenes Pergamentpapier. Der wurde dann rot, dann größer. Bis auch die Region um die Wunde bald wieder diesen unerträglichen Juckreiz ausstrahlte und meine Fingernägel sich unablässig in die Haut gruben.

Ich kratzte. Rieb den Bauch auf, bis es blutete. Es folgten Wochen der Muße und Geduld, um die Haut heilen zu lassen. Bis der Juckreiz alsbald jedoch wieder so heftig anschwoll, dass das Spiel von vorn begann. Nach zwei Monaten ging ich zum Arzt. Der Dermatologe lächelte müde. Eine oberflächliche Verletzung, sagte er. Etwas Wundsalbe darauf, dann würde es schon gehen. Er verschrieb mir eine kortisonhaltige Salbe, die ich von meiner alten Neurodermitiserfahrung her noch kannte. Sogleich verheilte die Wunde. Der Juckreiz blieb aus. Alles war gut.

Dachte ich.

Zwei Wochen später juckten auf einmal die Ellbogen. Ich rieb und kratzte, bis es blutete. Wann immer ich eine Hautstelle mit Kortison versorgt hatte und die Stelle zuheilte, wanderte der Juckreiz weiter. Es war wie eine Spur, die nicht enden wollte. Mit der Zeit wandelte sich das Einreiben mit der Salbe von der schnellen Heilmethode zum festen Bestandteil des gesamten Krankheitsprozesses. Mich machte das alles müde und gereizt zugleich, das Leben mit diesem altbekannten Leiden. Ich kannte es und ich hasste es. Und es war, wie es früher schon war: unheimlich. Doch ich war inzwischen eine erwachsene Frau und diesmal mündig genug, um irgendwann auch meine eigene Perspektive zu finden. Man musste dafür einmal einen Schritt zurücktreten, den Blick öffnen, ihn weiten. Doch das dauerte, es nahm Zeit und Mühe in Anspruch. Es bedurfte am Ende eines ganzen Jahres, bis ich die wahren Zusammenhänge durchschaute. Nicht jede einzelne Hautstelle war eine neue Krankheit, die immer wieder überwunden werden musste. Der anhaltende Juckreiz war vielmehr ein Symptom, das sich nicht aufhalten ließ.

Zum ersten Mal in meinem Leben ließ ich mich intensiver auf den Gedanken ein, dass zwischen Körper und Geist eine intime Verbindung besteht, dass physische und mentale Gesundheit in einem permanenten Zwiegespräch stehen. Und zum ersten Mal war ich mir bald sicher, dass kein Medikament der Welt meine Pein beseitigen würde, sondern dass mich hier etwas marterte, das weit unter der Haut lag. Der Juckreiz war lediglich das Symptom eines tieferliegenden Übels. Ein Jammern aus dem Untergrund, das auch ich zunächst so diensteifrig zu meiden verstand. Mir lag da wohl etwas ziemlich auf der Seele.

Denn unter welcher Art Stress ich auch gelitten hatte, Überforderung, Verdrängung, Trauerarbeit: Klar war, dass mein Körper mir hier gerade die Not meiner Seele kundtat. Das Kortison konnte nicht helfen. Das Kortison plättete immer nur kurz die oberflächlichen Schaumkronen, dann ging es wieder los. Ich grub, forschte weiter. Bis deutlich wurde, dass es die Trauer um den Tod meiner Mutter war, die sich hier auf verworrene Weise Bahn brach, die sich im wahrsten Sinne des Wortes: äußerte. Da war viel Unbesprochenes, viel Vermiedenes. Da waren stattdessen Überschattungstaktiken am Walten, Verdrängungsstrategien und eifriges Agieren. Das große, weiße aufgeschminkte Clownslächeln über den hängenden Mundwinkeln. Ich hatte mich in eine neue Welt gestürzt, neue Freunde erfunden, unterband gleichzeitig alles Verbindliche, durchschnitt Beziehungen wieder, wie man eine Sushirolle zerteilt. Das alles vermengte sich, irgendwie, irgendwo. Und im Verborgenen unserer komplizierten Menschenseele ballte sich diese Selbstvereinsamung über die Zeit zu einer Form von psychosozialem Stress, der sich seinen Weg nun an die Oberfläche suchte – als Neurodermitis, die mir schon als Kleinkind bekannt war.

Es war nicht so, dass sich das Problem nach dieser Erkenntnis sofort auflöste. Doch der wichtigste Schritt zur Heilung war getan. Und mehr noch: Meine Einsicht – und diese im wahren, im vielleicht besten Sinne des Worts – eröffnete mir neue Blickwinkel, neue Interessen, neues Wissen. Denn mehr und mehr begann ich zu recherchieren und zu lesen über jenes lehrreiche Feld, das sich mit der Erforschung der geheimnisvollen Zusammenhänge mancher, vielleicht sogar sehr vieler Dinge beschäftigt.

Kausalitäten, die uns peinigen. Krankmachergespenster und Seelensäuren, die oft genug ignoriert ihr Unwesen treiben.

In seinem internationalen Bestseller über die Ursachen von Depressionen begibt sich der britische Journalist und Sozialwissenschaftler Johann Hari auf eine ähnliche Entdeckungsreise. Sein Buch heißt: *Der Welt nicht mehr verbunden. Die wahren Ursachen von Depressionen – und unerwartete Lösungen.*

Johann Hari hatte einst einen medizinischen Notfall erlitten, der ihn beinahe das Leben kostete. Nierenversagen, ausgelöst durch einen von Pestiziden durchtränkten Apfel, den Hari in Vietnam gegessen hatte. Nicht lange nach dem Verzehr landete Hari in der Notaufnahme, wo er die vietnamesischen Ärzte bat, ihm ein Mittel gegen seine extreme Übelkeit zu geben. Die Ärzte aber antworteten: »Wir brauchen Ihre Übelkeit. Sie ist eine Botschaft. Sie wird uns sagen, was Ihnen fehlt.« Hari verstand nicht. Seine Übelkeit war akut, ein reales Leiden, gegen das sie doch bitte etwas unternehmen sollten. Die Ärzte aber lehnten ab und begaben sich auf die Suche nach einem Übel ganz anderer Natur. Wie ich verstand auch Johann Hari erst viel später, dass sein Leiden sich nicht auf das Sichtbare beschränkte. Die Übelkeit war lediglich Symptom. Und ein erster Schritt, sich einem ganzheitlicheren Gesundheitsbegriff zu nähern, lag genau darin: Symptome ausschließlich als Symptome zu begreifen. Nicht als die Krankheit an sich, schon gar nicht als die Ursache eines Problems – sondern vielmehr als Indikatoren tieferer Zusammenhänge.

Ein wichtiger Schritt. Denn er führt zu einem Gesundheitsbegriff, der in den fortschrittlichen Industriegesellschaften bis heute wenig ausgeprägt ist. Noch immer nämlich basieren hier viele Betrachtungsweisen von Leid und Krankheit auf einem historisch bedingten Muster. Und das ist verständlich: Denn über mehr als ein ganzes Jahrhundert stand in den Industrienationen, zu denen auch die unsere zählt, die physische Arbeit im Zentrum des alltäglichen Schaffens. Einst waren es vor allem Landwirtschaft und Feldarbeit, die alles dominierten, später kam die Fließbandarbeit in den Fabriken hinzu, der Straßenbau, die harte Arbeit in den Zechen, Gruben und vor den Hochöfen. Überall wurde geschuftet, mit Händen, Füßen und krummen Rücken. Aber auch im Autobau, bei der Eisenbahn, im Handwerk oder in Berufen wie etwa Bäcker, Metzger oder Gärtner bedeutete die Arbeit über Jahrzehnte einen beinharten Job, bevor moderne Maschinen, Geräte und später die Computer auch hier vieles erleichterten. Kurzum: In den klassischen Arbeitswelten der westlichen Nationen ging es sehr lange vor allem körperlich hart zu, was sich konsequenterweise auch auf die medizinische Theorie und Praxis auswirkte.

Noch heute steht bei Gesundheit wie Krankheit darum die Physis im Zentrum des Denkens und Handelns. Und es dauerte lange, bis neben den tradierten Kategorien der Knochenarbeit erstmals auch der Begriff der Kopfarbeit leise zu vernehmen war. Und irgendwann auch die Vokabel des Seelenleidens. Wir können es daran sehen, dass Depressionen oder Phänomene wie etwa der Burnout erst seit kurzem überhaupt als Krankheiten anerkannt und offen besprochen werden. Es bedurfte dafür allerdings eines anstrengenden gesellschaftlichen Diskurses, denn lange waren diese Themen tabu. Sie kamen gar nicht erst zur Sprache, wurden stigmatisiert oder gleich wieder unter den Tisch gekehrt. Infekte, Verstimmungen und Beschwerden aller Art reduzierte man auf körperliche Ursachen. Damit hatte es sich. Der Volksmund wusste zwar, dass uns gewisse Umstände auf den Magen schlagen, manche Dinge uns über die Leber laufen können oder an die Nieren gehen. Doch Geist und Seele wurden als Orte schwerer Krankheiten nie ernsthaft in Erwägung gezogen, sondern im Gegenteil lange sogar missachtet. Die Klischees halten sich hartnäckig, bis heute. Der mental Betroffene landet prompt beim Seelenklempner, hat einen an der Klatsche, gilt als Mimose oder esoterischer Spinner.

Bis heute ist die Seele kein wirklich anerkanntes »Organ«

des Leidens. Schon gar nicht, wenn es um Einsamkeit geht, geschweige denn um komplexe Versionen der Isolation. Auch hier wird es darum weiterer Wegbereiter bedürfen, um voranzukommen. Und die Gesellschaft wird Zeit brauchen, um zu begreifen, dass eben keinesfalls nur Rücken, Herzattacken, Krebs und Co. veritable Volksleiden sind.

Umso entschlossener geht Johann Hari den nicht so leicht dechiffrierbaren Zusammenhängen zwischen Leiden und mentalen Ursachen nach. Und er kommt zu erstaunlichen Einsichten. Nach allen Betrachtungen nämlich erkannte er irgendwann einen gemeinsamen Nenner, der sich inzwischen durch sämtliche Felder der menschlichen Existenz zieht. Ganz besonders die Unverbundenheit kristallisiert sich dabei als universelles Malum heraus, das unserem Seelengebinde offenbar nicht bekommt. Eine Entkopplung, die sich auf persönlichen Ebenen und Schauplätzen ereignet, sich im inneren Kosmos wie im äußeren Weltgeschehen abspielen kann, die irgendwann jedoch, bei einer akuten Steigerung der Fallzahlen, zu einer kollektiven Erfahrung zu werden droht.

Der Mensch, entbunden von sinnvoller und sicherer Arbeit. Der Mensch, abgeschnitten von stabilen Werten und Zielen. Der Mensch, durch die Techniken der maßlosen Vervielfältigung der Vielfalt beraubt. Der moderne Städter, der Natur entrissen und von elementaren Erfahrungen weitestgehend befreit. Der User, von der digitalen Welt entführt in einen rauschhaften Zustand der permanenten Ablenkung. Kinder, traumatisiert durch Trennung, Unsicherheit, Enttäuschung und langwierige Verdrängungsmechanismen. Da sind die weltweiten Migranten. Ihre Zahl hat sich seit 1990 von 150 auf gut 300 Millionen verdoppelt. Sie sind die offenkundig Unverbundenen, wenn wir das Wort in seiner konkretesten Lesart begreifen wollen. Die Heimatlosen, die Suchenden.

Doch die allgemeinen Entkopplungserfahrungen sind heute in Wirklichkeit weitaus subtiler und ausschweifender. Denn – ohne dies hier bewerten zu wollen – wir haben, wie man so schön sagt, den Bezug zu vielem verloren. Und wenn auch nicht in allen Fällen, so hängt dies doch sehr oft mit dem technischen Fortschritt zusammen.

Es beginnt im Supermarkt. Milch, Käse, Wurst, Fisch und Fleisch liegen dort nach Belieben bereit. Doch denken wir kaum mehr an die Tiere, von denen all diese Produkte stammen oder aus denen selbst sie meistens sind. Wir greifen zu, ohne einen Tropfen Blut zu sehen, ohne ein Filetiermesser vor Augen zu haben, das die Sehnen und Muskeln durchtrennt.

Ich erinnere mich an Australien, wo die Erwachsenen diesbezüglich zu einer äußerst anschaulichen Rückbesinnungsmethode griffen. Nach einem Wettbewerb im Hochseefischen vor der Küste des Ningaloo Reef lag vor dem Clubhaus der Fischergemeinde von Exmouth ein vier Meter langer, frisch erlegter Marlin der Länge nach auf einem Pickup-Truck. Es war schon abends und brütend heiß, als die Mütter mit ihren Kindern kamen, um ihnen den kapitalen Fisch zu zeigen. Die Töchter und Söhne machten große Augen und durften ganz nah an das Tier herantreten. Sie sollten es anfassen. Sollten die Augen des Tiers aus nächster Nähe betrachten, sollten die mächtige Rückenflosse, die wie ein gefächertes Leitwerk in einer Art Wulst ruhte, eigenhändig ausklappen. Die Kinder des Orts wuselten bald nur so um den riesigen Fisch herum. Streichelten ihn, fühlten seinen dunklen festen Leib, strichen über das scharfe, aus Knochen bestehende und über einen Meter lange Schwert, das der bildschönen Kreatur ihren Namen gab.

Die Hochseefischer und ihre Frauen waren keinesfalls Zyniker oder Tierschlächter. Alle anderen gefangenen Fische des Tages – dies war Pflicht und Ehrensache beim Wettbewerb namens *tag and release* – wurden lebendig wieder dem Meer übergeben (und für Schutzzwecke vorher zudem markiert und vermessen). Einen Schwertfisch aber bahrten sie wie jedes Jahr vor dem Clubhaus auf, denn die Mütter und Väter wollten, dass ihre Kinder es sahen, es mit eigenen Augen und Sinnen begriffen. Und darum sagten sie zu ihnen: »Das ist es, was im Supermarkt in den kleinen runden Dosen steckt, die wir dort immer kaufen. Ein großer, echter, schöner Fisch.«

Denn selbst die Eltern im kleinen Küstenort Exmouth, gelegen an der heißen und weiten Nordwestküste Australiens, wussten: Die Kinder hatten den Bezug zum Essen verloren. Sie wussten nicht mehr, woher es kommt. Sie hatten keine sinnliche Verbindung mehr zum Meer und zu seinen Tieren. Sie hatten es nicht anders gelernt, nicht anders erfahren. Sie konsumierten nur noch.

Das Beispiel steht repräsentativ für vieles, und wir können es uns alle auf die Stirn schreiben: Wir haben den Bezug zur Natur, zur Welt in vielerlei Hinsicht verloren. Wir wissen zwar, was los ist. Aber unsere Sinne sind nicht mehr wirklich mit den Kausalitäten der Realität verbunden. Und dies gilt für so manches, auch und vor allem für jene Bereiche, die zu den großen Säulen unseres Lebens zählen. Die Mobilität, die Kommunikation, die Ernährung. Durch den Fortschritt haben sich die Relationen zu vielen Dingen und auch Erfahrungen verändert, im Zuge der Digitalisierung zuletzt immer mehr, und dabei haben sich auch viele Erlebnisqualitäten verschoben.

Das Reisen um den Globus ist zur Selbstverständlichkeit geworden, schon lange die Geschwindigkeit, mit der wir über den Erdball sausen. Auch die Erreichbarkeit ist zum Dauerzustand geworden. Und dabei ist sie oft nicht mehr nur Option, sondern längst Zwang, womit auch hier eine Entwertung und Entfremdung zwangsläufig einhergeht. Ähnliches gilt für die Ernährung: Einst mit dem Merkmal des Überlebenswichtigen oder Besonderen ausgestattet, hat sie sich in unseren Gesellschaften zu einer allzeit verfügbaren, beziehbaren und konsumierbaren Kategorie gemausert.

Sagen wir es so: das Meer, das Boot, die Wellen, die Sonne, der dicke Angelhaken, das Blut, die lange Fahrt zurück in den Hafen, das Anlegemanöver, das Filetiermesser, die Kühltruhe, die Fahrt nach Hause, das Kochen, das Decken des Tisches und das Essen – heute ist es so, dass wir meist nur noch die letzten zwei, drei Schritte in dieser Kausalitätskette mitlaufen.

Und das gilt, übertragen, für viele »Unverbundenheiten«, wie Johann Hari sagen würde. Denn in der Tat haben inzwischen nicht nur die Dinge, sondern auch die Möglichkeiten einen inflationären Status erreicht, was uns vom wesentlichen Kern vieler Erfahrungen zwangsläufig entkoppelt.

Wissen wird heute einfach abgerufen, der Prozess des Denkens und Lernens zunehmend durch Klicken und einen Akt des beiläufigen, kursorischen Lesens und Schauens abgeleistet. Aus Erkenntnissen sind Verfallsdaten geworden, begreifen heißt heute googeln. Dass wir in diesem ganzen Tohuwabohu auf vielen Ebenen folgenschwer entwurzelt werden und dabei in einen Modus der permanenten Orientierungslosigkeit geglitscht sind, zeigt allein schon der Name jenes unsinnlichen Tools, dessen wir uns alle tagtäglich zigfach bedienen und ohne das wir nicht mehr auskommen. Die Suchmaschine: Geradezu musterhaft steht sie für den Menschen, der nicht mehr forscht, findet und ankommt, sondern im Meer der Optionen und Möglichkeiten unablässig Ausschau hält.

Wer suchet, der suchet. Und der suchet immer weiter. Es ist das Bild für eine moderne Verbindungslosigkeit, die sich selbst perpetuiert.

Auch der Bezug zu jeglicher Form der Spiritualität ist im Geflecht der Prozesse weitflächig zertrümmert worden. Der Blick in die Sterne, der Ausflug in die Pflanzenwelt wird heute per App erledigt. Die Schönheit des Unerklärlichen, der Brückenschlag zu Höherem: eine Farce. Der moderne Mensch navigiert nicht mehr durch so bedrohliche wie aber auch lehrreiche und vielversprechende Tiefen, er hastet über ausgetrocknetes Sediment. Die Welt und der Himmel selbst sind ihm zur Plattitüde geworden, womit er sich sogar von der größten aller Fragen verabschiedet hat: der Frage nach dem Sinn.

Eine Antwort auf sie zu finden, ist heute freilich so unwahrscheinlich wie eh und je. Doch liegt die Bedeutung dieser Frage vor allem im Fragen selbst. Das Fragen aber ist nicht mehr gefragt. Fragen und Staunen haben gleichermaßen ihren Stellenwert eingebüßt, die Demut vor dem Wunder der Existenz ist raumgreifend entsorgt worden.

Und ich frage mich: Wie einsam kann ein Mensch werden, wenn er aufhört zu fragen?

Zum ultimativen Symbol in diesem allgemeinen Entkopplungsprozess, den Johann Hari die »Unverbundenheit« nennt, ist das Smartphone geworden. Allein in Deutschland sind 70 Millionen Geräte dauerhaft in Nutzung. Das Smartphone ist Kommunikationsmittel, Ort der sozialen Netzwerke, Bühne der oberflächlichen Like-Kultur, Instrument der Organisation und Flexibilität, es ist Kalender, Uhrwerk, Wecker, Zeitmanager, das alles in einem Guss, und obendrein immer öfter auch Arbeitsgerät. In seiner ins Unendliche gesteigerten Welt der Angebots-, Informations- und Verbindungsmöglichkeiten produziert das Smartphone im selben Zuge das Gegenteil davon: die maximale Unverbundenheit durch maximale Absorbiertheit. Man muss keine Umfragen bemühen, um zu wissen: Nähme man es uns weg, viele – und nicht nur die jüngeren Generationen – würden das Gerät inzwischen vermissen wie ein Körperteil.

Und auch diese Frage hat sich wohl jeder schon einmal gestellt, mehr oder minder bewusst: Was würden wir ohne das Smartphone alles verpassen? Was wären wir heute ohne ständige Erreichbarkeit? Ohne Mails, ohne Chats, ohne Posts? Ohne schnelle Messages, schnelle Fotos, schnelle Anfragen, schnelle Abrufe? Würde das Leben überhaupt noch funktionieren?

Erst die Umkehrung der Frage führt uns hinter die Ebene der Symptome, hin zum tieferliegenden Problem: Was nämlich verpassen wir inzwischen alles *mit* und *durch* das Smartphone?

Wir reden von einem verführerisch schönen und funktionalen Objekt, umschwirrt von zahllosen Apps, Gadgets und Gimmicks. Seine Rundungen machen es sexy und begehrenswert, seine Glätte und flüchtige Bedienbarkeit zum Medium der Oberflächlichkeit und des Konsums schlechthin. Hinter dieser ganzen Tartüfferie aber ist das Smartphone vor allem der perfekte Gegenentwurf zu Intimität und Wahrhaftigkeit.

In Händen halten wir die rigoroseste Inflationsmaschine, die wir bisher erfunden haben. Ein Tool der Entfremdung von so ziemlich allem. Das Smartphone birgt alles in sich und erklärt somit alles zur Nichtigkeit. Wie nichts anderes steht es für die Antonyme von Beständigkeit und Erdung, unablässig fördert es das Flüchtige, verachtet jede Idee des Ankommens und Verweilens. Wie nichts zuvor hat es den Menschen derweil selbst zur Ware gemacht, zum wandelnden Profil. Und wie nichts anderes hält es uns das bestimmende Paradox dieser Zeiten vor Augen: die totale Abhängigkeit von der Unabhängigkeit.

Dabei ist es ja nicht so, dass das Handy die Kontrolle von sich aus übernommen hat. Wir gewähren sie diesem Medium, haben uns dafür entschieden und entscheiden uns immer wieder dafür. Denn die Möglichkeiten sind nicht nur zu verlockend. Sie nicht wahrzunehmen, schließt uns vom modernen Leben aus. Ein weiteres Paradox: Das Gerät zu nutzen reißt uns in eine Unverbundenheit – es nicht zu nutzen, lässt uns erst recht außen vor stehen.

Doch auch das liebe Smartphone ist letztlich nur die glatte Hülle, auf die wir starren. Und bisweilen frage ich mich, was darunter los ist. Frage mich, wie die Kausalitäten in den tieferliegenden Schichten wohl aussehen – im Großen und im Ganzen betrachtet.

Auch Johann Hari beschäftigt sich mit den möglichen Folgen einer breiter angelegten gesellschaftlichen Disruption. Denn wie bei einem durch Unsicherheit und Trennung traumatisierten Kind dürften auch die Dauerzustände einer – wenn auch zunächst abstrakten – Unverbundenheit innerhalb einer Gesellschaft irgendwann ans Tageslicht drängen, müssten sich bei den Menschen mental und auch physisch zunehmend konkret bemerkbar machen.

Dass uns die Auswirkungen der modernen Vereinsamungsmuster in irgendeiner Form treffen werden und schon jetzt treffen, steht außer Frage. Von Corona lediglich auf die Spitze getrieben, wird dabei spätestens jetzt ein Grundgefühl immer deutlicher. Man könnte es ein kollektives Magengrummeln nennen, ein bereits leicht nervöses Flattern vor dem Schritt ins Bodenlose. Der *Spiegel* beschrieb es kürzlich so: »Während die Politiker nicht müde werden, den gesellschaftlichen Zusammenhalt zu beschwören, da wird das Gefühl, dass ebendieser Zusammenhalt schwindet, immer stärker. Irgendetwas passiert, jeder spürt das, jeder erfährt das, und jeder wüsste gern: Was ist eigentlich los?«

Eine gute Frage. Wie schon lange nicht mehr sind darum auch die Soziologen wieder gefragt, um zu erklären, was da im Land, ja, was da in der Welt gerade abgeht.

Um sich einer möglichen Antwort wenigstens anzunähern, sind unter anderem auch jene Erkenntnisse hochinteressant, die man bei der Behandlung von mental belasteten Menschen längst gewonnen hat. Um Depressive oder Burnout-Patienten zu stabilisieren und weiteren Abstürzen vorzubeugen, sind erschreckenderweise all jene Attribute, Tugenden und Verhaltensweisen gefragt, die den wesentlichen Merkmalen der fragmentierten Moderne gegenüberstehen. Verbundenheit, Überschaubarkeit, Sinn, Balance, Routine und Selbstwirksamkeit dienen in allen Feldern als Halt gebende und präventive Maßnahmen im Umgang mit seelischen Problemen.

Anders formuliert: Viele Dinge, Modalitäten und Erfahrungen, mit denen wir es in der heutigen Welt zu tun haben, besitzen exakt jene Charakteristika, von denen man Depressive, Ausgebrannte und seelisch Verletzte befreien will.

Aus der Praxis mit seelisch belasteten Patienten weiß man, dass es sinnentleerte Tätigkeiten sind, die am Ende zu Perspektivlosigkeit und Angst führen können. Man weiß, dass es das Gefühl der Unverbundenheit zu sozialen Gruppen und sozialem Austausch ist, das Werte und Ziele verblassen lässt. Und man weiß, dass es ein Grundgefühl des Abgeschnittenseins ist, das zu Depression, Rückzug und weiterer Isolation führt. Lange hingegen aber wusste man vor allem eines nicht: nämlich ob und wie das Gefühl der Einsamkeit tatsächlich physische Reaktionen hervorruft und auch krank macht.

Einer der ersten Forscher, die den Zusammenhang von mentaler Gesundheit und Umgebungseinflüssen untersuchten, ist der US-Amerikaner John Cacioppo. Mitte der siebziger Jahre fragte er sich als junger Neurowissenschaftler: Was würde wohl passieren, wenn wir das Gehirn nicht mehr untersuchen würden, als wäre es eine von der Welt abgeschnittene Insel? Was, wenn wir es zwar als eine Insel betrachten würden – jedoch als eine, die mit der Außenwelt über hundert Brücken verbunden ist, Brücken, über die unablässig Dinge hin und her transportiert werden, während andersherum unzählige Signale aus der Welt eingehen?

Als Cacioppo seine Professoren damals mit diesem Ansatz konfrontierte, wiesen sie ihn ab. Noch in den nächsten hundert

Jahren, beteuerten sie, würde niemand diese Vorgänge auch nur ansatzweise verstehen können. Cacioppo aber gab seinen Gedanken nicht auf. Jahrelang dachte er darüber nach, bis ihm in den neunziger Jahren endlich eine Idee kam, wie er der Sache prinzipiell auf den Grund gehen konnte: nämlich über den Weg der Umkehr. Wollte man also herausfinden, wie sich Gehirn und Körper parallel zu den Gefühlen verhalten, während man mit dem Rest der Welt interagiert, könnte man sich zunächst einmal anschauen, was beim Gegenteil geschieht: also genau dann, wenn ein Mensch einsam ist und sich von der Außenwelt abgeschnitten fühlt.

Verändert ein solches Erlebnis das Gehirn? Hat es Einfluss auf körperliche Reaktionen?

Cacioppo begann mit dem einfachsten Experiment, das er sich vorstellen konnte. Gemeinsam mit seinen Kollegen der University of Chicago, wo er inzwischen arbeitete, wählte er nach dem Zufallsprinzip hundert Personen aus. Die Teilnehmer der Studie sollten ein paar Tage lang ihr Alltagsleben weiterführen, dabei allerdings ein kardiovaskuläres Überwachungsgerät bei sich tragen, das ihre Herzfrequenz misst. Außerdem gab er den Probanden kleine Signalgeber und einige Röhrchen an die Hand.

Am ersten Tag des Experiments mussten sie jedes Mal, wenn der Signalgeber piepste (neun Mal am Tag) ihre Alltagsgeschäfte unterbrechen und zwei Dinge erledigen. Sie mussten erstens einstufen, wie einsam oder verbunden sie sich gerade fühlten, zweitens sollten sie den Wert ihrer Herzfrequenz notieren. Am zweiten Tag sollten sie denselben Prozess durchlaufen, nur dass sie jetzt beim Piepsen des Signalgebers jedes Mal in eines der Röhrchen spucken, es versiegeln und ins Labor geben sollten. Cacioppo wollte auf diese Weise analysieren, wie »stressig« es ist, einsam zu sein.

Niemand war dieser Frage bisher empirisch nachgegangen.

Bekannt war lediglich, dass sich der Herzschlag bei Stress beschleunigt und der Speichel mit dem Hormon Cortisol überschwemmt wird. Mit diesem Experiment sollte nun endlich gemessen werden, wie groß dieser Effekt womöglich auch in Bezug auf Einsamkeit ausfallen konnte.

Cacioppo und seine Kollegen werteten die Daten aus und stellten erstaunt fest: Diejenigen, die in ihrem Leben tatsächlich unter Einsamkeit litten, wiesen einen erheblich höheren Cortisolspiegel auf – und dieser war teils so hoch wie sonst nur nach extremen Stresseinwirkungen, etwa einem körperlichen Angriff. Cacioppo hatte seine Probanden in der Zwischenzeit ausgiebig über ihre Lebenssituationen befragt. Und er kam zu dem Ergebnis: Tiefe Einsamkeit kann so viel Stress erzeugen wie ein Faustschlag bei einer Prügelei.

Cacioppo faszinierte der Gedanke, dass Einsamkeit tatsächlich derart krasse körperliche Auswirkungen hatte. Also setzte er seine Forschungen fort und stieß dabei auch auf die Arbeit des Sozialpsychologen Sheldon Cohen. Dieser hatte in einer Studie dokumentiert, wie viele Freunde und soziale Kontakte die Probanden einer Gruppe jeweils hatten. Mit ihrem Einverständnis rief er bei allen 276 Versuchspersonen gezielt eine Erkältung hervor: Er tröpfelte ihnen Grippeviren in die Nase. Cohen wollte herausfinden, ob die einsamen Versuchsteilnehmer eher krank wurden als jene mit guten sozialen Kontakten. Seine Ahnung bestätigte sich nicht nur. Cohen fand heraus, dass die Wahrscheinlichkeit, an einer Erkältungskrankheit zu leiden, bei jenen, die wenig Kontakt zu Freunden, Verwandten und Mitmenschen hatten, dreimal so hoch war. Sheldons Schlussfolgerung: Ob jemand anfällig für Krankheiten ist, hängt mit vielen Faktoren zusammen – einen immensen Einfluss aber hat der Grad der sozialen Eingebundenheit.

Auch die Epidemiologin Lisa Berkman hatte isoliert lebende Menschen und im Gegenzug Personen mit vielen sozialen Bindungen über einen Zeitraum von neun Jahren beobachtet. Sie wollte herausfinden, ob sogar die Sterbewahrscheinlichkeit in der einen Gruppe höher ausfiel als in der anderen. Wie sich zeigte, lag auch diese Wahrscheinlichkeit im Studienzeitraum bei den isolierten Menschen um das Dreifache höher als bei den anderen. Und nicht nur das: Fast jede Erkrankung erhöhte die Sterbewahrscheinlichkeit vor allem für jene Personen, die einsam lebten. Krebs, Herzleiden, Atemwegserkrankungen: Wer mit diesen Problemen konfrontiert war und obendrein sozial isoliert lebte, hatte deutlich schlechtere Karten. Cacioppo, der sich auch mit diesen Ergebnissen beschäftigte, kam letztlich zu einem für seine Zeit revolutionären Fazit: Das Abgeschnittensein von anderen Menschen im näheren Umkreis hat dieselbe Auswirkung auf die Gesundheit der Betroffenen wie Fettleibigkeit – was bis dahin immerhin als größte Gefahr für Leib und Leben in der westlichen Welt gegolten hatte.

All dies sind Schlussfolgerungen, die aktuelle Zahlen und Studien inzwischen weiter untermauern. Die US-amerikanische Psychologin Julianne Holt-Lunstad hat 2015 eine Metaanalyse enormen Umfangs veröffentlicht. Sie führte 70 Studien zusammen, die insgesamt 3,4 Millionen Teilnehmer berücksichtigten. Ziel der Untersuchung: Holt-Lunstad wollte wissen, wie sich soziale Isolation, Einsamkeit und Alleinwohnen auf die Sterblichkeit der Teilnehmer auswirken. Die Ergebnisse sind eindeutig, auch nachdem viele Einflussfaktoren statistisch herausgerechnet wurden. Hier also noch einmal die in der Tat erschreckenden Zahlen: Die Sterbewahrscheinlichkeit steigt demnach um 26 Prozent bei subjektiver Einsamkeit, um 29 Prozent bei objektivierbarer Isolation und sogar um 32 Prozent, wenn die Teilnehmer allein lebten.

Erstaunlich: Das Ergebnis war zudem unabhängig vom Alter, vom sozialen Status der Probanden, von der Beobachtungsdauer und anderen sozialen Faktoren, die eine Rolle spielen könnten. In einer anderen Metaanalyse hatte Holt-Lunstad bereits fünf Jahre zuvor ermittelt, dass soziale Isolation das Sterblichkeitsrisiko sogar deutlicher erhöht als etwa Rauchen, Fettleibigkeit oder Alkoholmissbrauch.

Bis heute kommen also viele Ergebnisse zusammen und die Experten inzwischen zu einer klaren Aussage: Soziale Isolation darf mittlerweile zu den wirkstärksten negativen Prädiktoren und Prognosefaktoren gezählt werden, die der Gesundheitsforschung bekannt sind.

Julianne Holt-Lunstad und Timothy Smith von der Brigham Young University im US-Bundesstaat Utah schrieben erst jüngst im wissenschaftlichen Fachmagazin *PLOS Medicine*: »Sozial aktive Menschen können sich im Schnitt über ein längeres Leben freuen als Einzelgänger.« Sich vollkommen allein zu fühlen, sei hingegen eines der erdrückendsten Gefühle, die Menschen überhaupt empfinden können. Und oft sind diese Emotionen einer der ausschlaggebenden Auslöser für Depressionen und andere psychische Erkrankungen. 140 Studien mit Daten von mehr als 300 000 Menschen vor allem aus westlichen Ländern haben die Forscher analysiert und daraus das Sterberisiko abermals statistisch errechnet. Auch hier sprechen die Zahlen für sich: Die Überlebenswahrscheinlichkeit laut diesen jüngsten Erhebungen kann gegenüber sozial weniger aktiven Menschen sogar um 50 Prozent höher liegen, wenn man einen guten Freundes- und Bekanntenkreis hat.

Holt-Lunstad und Smith verglichen das Risiko mit anderen Einflüssen, um die gesundheitsschädlichen Folgen einmal zu veranschaulichen: Einsamkeit ist demnach so schädlich wie der Konsum von 15 Zigaretten am Tag. Einsamkeit schadet so sehr wie Alkoholmissbrauch. Einsamkeit ist laut den Forschern schädlicher als keinen Sport zu treiben. Einsamkeit ist doppelt so schädlich wie Fettsucht.

Die Erkenntnisse beruhen dabei nicht auf schnellen Erhebungen. Im Schnitt hatten alle Studien die Teilnehmer über einen Zeitraum von 7,5 Jahren beobachtet. Bei der Metaanalyse stellten die Forscher zudem fest, dass die beobachteten Effekte keineswegs nur für bestimmte Gruppen innerhalb der Gesellschaft gelten, sondern für Menschen jeden Alters, jeden Geschlechts, aller Berufsgruppen und über sämtliche sozialen Status hinweg.

Interessant ist dabei auch hier vor allem das Verständnis des Einsamkeitsbegriffs. Am wenigsten nämlich wirkte sich am Ende die Tatsache aus, ob die Menschen nun allein oder mit anderen in einem Haushalt zusammenlebten. Der größte Effekt auf die Sterblichkeit wurde vielmehr in Bezug auf die allgemeine soziale Integration beobachtet – auch wenn sich diese nicht immer gleich so symptomatisch definierte.

Die Forscher glauben, dass sich das soziale Umfeld mitunter deshalb auf die Gesundheit auswirkt, weil man als sozial aktiver Mensch ein höheres Verantwortungsbewusstsein hat. »Wenn jemand mit einer Gruppe sozial vernetzt ist und sich auch für andere Menschen verantwortlich fühlt, überträgt sich dieses Gefühl auch auf einen selbst«, erklärt Holt-Lunstad. »Man passt besser auf sich auf, geht weniger Risiken ein.« Und der positive Einfluss, den Freunde oder Familie auf die eigene Gesundheit haben können, ist breit gefächert. Einige Studien haben beispielsweise gezeigt, dass Kontakte sogar das Immunsystem stärken (ein Umstand, der in Zeiten von Corona vielleicht den falschen Argumenten in die Hände spielen könnte, in nichtpandemischen Zeiten aber von hoher Relevanz sein dürfte).

Mit ihren Ergebnissen fordern die Autoren der Studie nun ein Umdenken, das gesellschaftliche Tragweite hat. Ihre Analyse schließen sie mit einer Feststellung, die wir vom Umgang mit Themen wie Depressionen oder etwa Burnout nur zu gut kennen. Und dabei geht es um weit mehr als betroffenes Schweigen oder gezieltes Wegschauen. Die Wissenschaftler schreiben: »Die Idee, ein schwaches soziales Umfeld als Risikofaktor für Sterblichkeit zu betrachten, wird von den meisten Gesundheitsbehörden und der Öffentlichkeit noch nicht anerkannt.« Im Klartext: Das Thema Einsamkeit und Unverbundenheit ist bei den allermeisten noch überhaupt nicht angekommen. Es wird als Problem noch nicht einmal registriert.

Ein Waldbrand um die Ecke also, dessen Rauch die Gemeinde noch nicht riecht? Die Forscher jedenfalls stufen das Phänomen als allgemein relevant ein, weil eben keineswegs nur Senioren betroffen sind, wie viele vorschnell denken könnten, sondern sehr viele Menschen. Die Erfahrung einer diversifizierten sozialen Isolation nämlich machen immer mehr Menschen: Kinder, Teenager, Twens. Studenten, Berufseinsteiger, Manager. Männer, Frauen, Singles. Und sicher all jene, die eh schon unter dem fragwürdigen Rubrum der Randgruppe laufen.

Ärzte, so ein weiteres Fazit, sollten ihren Blick also nicht nur auf die Lebensszenarien von Rentnern und Senioren werfen. Noch einmal Timothy Smith: »Beziehungen sind in jedem Alter wichtig.« Und sie wirken sich auf die Gesundheit aller aus – im guten wie im schlechten Sinne. Die Autoren kommen darum uneingeschränkt zu dem Schluss: Moderne Gesellschaften müssen endlich und verstärkt auch das soziale Befinden der Menschen in Betracht ziehen.

Denn Einsamkeit ist keine Lappalie. Sie ist eine verkannte Thematik.

Dass es dabei mitnichten nur die klassische Einsamkeit ist, die auf die Gesundheit schlägt, sondern dass sich auch alltägliche Erfahrungen des sozialen Ausschlusses negativ auswirken, zeigt schon die Sprache. Denn auch solche Erlebnisse können, wie wir sagen, regelrecht wehtun. Sie können einen runterziehen, verletzen, niederschmettern. Das wissen auch die Hirnforscher.

Gemeinschaft macht Freude, haben sie einerseits festgestellt – ausgeschlossen zu sein oder ausgegrenzt zu werden, ist hingegen eine regelrecht schmerzhafte Erfahrung.

In seinem 2018 erschienenen Bestseller *Einsamkeit* beschreibt der deutsche Psychiater und Hirnforscher Manfred Spitzer ein frühes Experiment, das den sozialen Ausschluss tatsächlich als wahrgenommene Kränkung und Verletzung enttarnt.

Die Situation ist einfach: Drei Menschen spielen. Auf einmal wird eine Person übergangen. Nur noch zwei spielen miteinander. Der Dritte kann nur noch zusehen. Wie aber fühlt er sich? Und was geschieht dabei wirklich?

US-amerikanische Wissenschaftler haben bereits vor fünfzehn Jahren genau diese Situation in einem Magnetresonanztomographen stattfinden lassen und nahmen dabei dreizehn Probanden unter die Lupe.

Das Szenario spielte sich wie folgt ab: Die Probanden liegen in der Röhre und nehmen an einem virtuellen Ballspiel auf dem Bildschirm teil. Sie haben jeweils 25 Dollar bekommen und wissen, dass sie an einem Experiment teilnehmen. Allerdings glauben sie, dass sich die Wissenschaftler lediglich dafür interessieren, was beim Ballspiel im Gehirn vor sich geht. Und dafür müssen sie gleich mit zwei anderen Versuchspersonen, die sich außerhalb des Labors aufhalten, ein paar »Bälle« wechseln.

Als die Probanden spielbereit in der Röhre liegen, wird ihnen mitgeteilt, dass es mit der Verbindung vom MRT zu den anderen beiden Spielern noch technische Schwierigkeiten gibt. Auch wird ihnen mitgeteilt, dass die anderen bereits mit dem Spiel begonnen haben. Die Probanden liegen also in der Röhre und schauen zu, wie sich auf dem Bildschirm zwei virtuelle Figuren einen Ball zuwerfen. Die beiden anderen Spieler haben also schon mal losgelegt. Da die Probanden aber noch nicht »verbunden« sind, können sie nichts anderes tun als zusehen. Und nun schauen wir einmal, was geschieht.

Phase eins: Auf einmal steht die Verbindung. Phase zwei: Die Versuchspersonen im MRT können nun mitspielen. Sie bekommen den virtuellen Ball zugeworfen und können ihn zu einem der anderen beiden Spieler werfen. Das ungezwungene Spiel geht los: ein munteres Hin- und Herwerfen. Nach einer Weile jedoch geschieht Folgendes: Plötzlich werfen sich nur noch die beiden anderen Spieler den Ball zu, ohne den jeweils dritten Spieler im MRT noch mit einzubeziehen. Der jeweilige Proband wird also kurzerhand aus dem Spiel ausgeschlossen, obwohl die Verbindung noch steht und er durchaus mitspielen könnte. Phase drei.

Die Forscher wollen vor allem herausfinden, was sich im Gehirn im Vergleich zu Phase eins abspielt: Wie hat sich die emotionale Verfassung der Versuchsperson verändert? Offenkundig fühlt sich diese in Phase drei nämlich auf einmal ausgestoßen, denn kein technisches Problem unterbindet mehr die Teilhabe am Spiel, ganz offenbar schließen die beiden anderen Spieler den Dritten im Bunde aus. Mit anderen Worten: Der Proband liegt nicht nur in der Röhre, er schaut jetzt auch in die Röhre – weil die anderen ihn nicht mehr mitspielen lassen!

Die indirekte Befragung gleich nach dem Experiment ergab (ohne auch jetzt den wahren Grund des Versuchs zu verraten): Die jeweiligen Versuchspersonen erklärten tatsächlich, sich ausgestoßen gefühlt zu haben – je nach Temperament in unterschiedlichem Maße. Einige sprachen von einem »unangenehmen, schmerzlichen« Gefühl, andere fühlten sich nach einer gewissen Zeit des Ausgeschlossenseins »verlassen« und »einsam«.

Als die Probanden entlassen waren, schauten sich die Versuchsleiter die Bilder an, die im MRT während des Experiments aufgezeichnet worden waren. Sie wollten das Gefühl des Ausschlusses im Hirn lokalisieren. Wollten genau sehen, was im Kopf geschieht, wenn der Mensch plötzlich ausgegrenzt wird und eine akute Erfahrung der Unverbundenheit durchlebt.

Was also geschah im Gehirn während Phase eins? Was während Phase drei? Wichtig bei dem Vergleich ist, dass die Gehirnaktivitäten, die beim Ballspielen auftreten, in beiden Situationen nicht zum Tragen kommen, das Ergebnis also nicht verfälschen können. Sichtbar werden nur jene Auswirkungen, die einerseits das Gefühl der Partizipation auslöst, andererseits die Erfahrung des Ausschlusses.

Die Forscher studierten die Aufnahmen bis ins Detail, konnten sich sozusagen ein Bild machen vom inneren Erleben der Einsamkeit und der Ausgrenzung. Und sie erkannten eine deutliche Aktivierung in zwei Bereichen des Gehirns: einmal im anterioren singulären Kortex (ACC) und einmal im rechten ventralen präfrontalen Kortex – beides Areale, die sonst vor allem bei einer klassischen Schmerzerfahrung aktiv sind. Auch dieser Versuch also zeigte am Ende sehr deutlich: Wird Einsamkeit als Ablehnung und Ausschluss erlebt, wirkt sie auf uns, als würden uns Schmerzen zugefügt.

Wie viel schlimmer schließlich sogar eine Steigerung solcher Einsamkeitserfahrungen ausfallen kann, zeigen andere Studien. Und es kann schon früh losgehen, wie man seit langem von Kindern weiß, die unter den Auswirkungen von geschiedenen, getrennten oder gar nicht mehr vorhandenen Eltern leiden.

Bereits in den vierziger Jahren beschrieb der amerikanische Psychologe René Spitz in einer Studie, wie kleine Kinder in Waisenhäusern bei zu wenig Nähe und sozialer Interaktion mental und auch körperlich regelrecht verkümmerten. Einige Kinder starben sogar unter den Folgen des Alleingelassenseins – obwohl sie ausreichend Essen und Trinken bekamen. Nach den auch für ihn traumatischen Beobachtungen kam Spitz zu dem Schluss, dass Kontakt und Geborgenheit so wichtig sind wie Essen, Trinken und Schlafen.

In den fünfziger Jahren hatte er in US-amerikanischen Kliniken und Waisenhäusern ebenfalls festgestellt, wie wichtig sozialer Kontakt für Kleinkinder in den ersten Lebensmonaten ist. Ihm war aufgefallen, dass all die Kinder, denen in den ersten Lebensmonaten eine feste Bezugsperson fehlte, starke körperliche und geistige Schäden davontrugen. Ein Drittel der Kinder, die vollständig auf eine feste Bezugsperson verzichten mussten, starben sogar danach. Auf geradezu beklemmende Weise dokumentieren also auch diese Beobachtungen, wie drastisch sich Einsamkeit und Unverbundenheit auswirken können.

Dies ist bereits für sich eine zentrale Erkenntnis. Doch es ergeben sich daraus viele Fragen. Und nicht nur die Verhaltensforschung muss sich diese Fragen stellen, sondern auch die Politik, die Gesellschaft, ein jeder von uns. Denn wir müssen uns nicht nur der Symptomatik bewusst werden, sondern uns auch klar machen, wohin soziale Isolation führen kann. Ob wir nun von Mobbing sprechen, von Ausgrenzung, von klassischer Einsamkeit oder von einer der vielen modernen Subformen der Unverbundenheit.

Und auch darüber sollten wir uns im Klaren sein: Wenn wir uns hier aus der Tabuzone hinauswagen, werden die anstehenden Fragen keine leichten sein. Sie zu stellen kann unangenehm werden und uns gerade dort berühren, wo wir alle allzu schnell einen Schutzpanzer anlegen. Wie verhalte ich mich selbst nach Ausschluss und Trennung? Traue ich mich, Bindung zu suchen, Intimität zuzulassen, wo sie gerade schmerzlich zunichte gemacht wurde? Und: Wie reagiere ich nicht nur mir selbst, sondern vor allem auch anderen gegenüber? Wie spüre und registriere ich die Verlassenheit anderer? Wie lege ich meine Blindheit ab – und schalte meine Antennen an? Und wie wage ich anschließend das so heikle wie menschliche Manöver, der Verlassenheit der anderen zu begegnen? Sie abzufedern?

Genau diese Bereitschaft und Sensibilität wird am Ende zu den entscheidenden Membranen gehören. Zu jenen Faktoren und Fähigkeiten, um der gesellschaftlichen Auseinanderdrift insgesamt entgegenzuwirken. Und genau hier wird es zudem wichtig und wegweisend sein, das Thema auch politisch als Herausforderung zu begreifen und anzugehen. Denn Anti-Einsamkeit entsteht nicht von allein. Sie entsteht auch nicht, weil Menschen einfach zusammenkommen. Sie entsteht, wenn wir uns bewusst, aktiv und mit einem bedachten Plan um sie bemühen.

Es sind dafür Analysen gefragt, noch viel bewusstere und gezieltere Fragestellungen. Es wird dafür ferner das Ermöglichen sozialer Bindungen vonnöten sein, Plattformen und Umfelder, die den Boden für Verbundenheit bereiten. Deutlicher und ungeniert formuliert: Wir müssen in Intimität investieren. Und auch hier wahre Kausalitäten von irreführenden Symptomen unterscheiden lernen. Forscher und Psychologen, aber auch Philosophen oder Ärzte wie Vivek Murthy sind sich jedenfalls weitgehend einig, und sie gehen noch einen Schritt weiter, wenn sie sagen: Sehr wahrscheinlich gibt es psychologische Ursachen für das Nichteingehen von Bindung.

Doch was, wenn es in unseren kurzatmigen Mosaikgesellschaften für Prävention längst zu spät ist? Wie also einsame Menschen wieder einbinden und teilhaben lassen? Wie unser Leben anti-einsam gestalten? Dies wird eine komplexe Aufgabe sein. Und darum werden auch jene Politikkonzepte nicht ausreichen, die ausschließlich auf soziale Orte und Nachbarschaftstreffen setzen. Solche Bemühungen liegen zwar nahe, sind aber noch lange kein Garant für neue Intimität und wirkliche Bindung.

Denn neue Parks in den Städten, durchmischte Wohnviertel oder alternativ erdachte »Begegnungsstätten« aller Art können die Menschen zwar räumlich zusammenführen, sie aber noch lange nicht miteinander verbinden. Und genau an dieser Stelle wird das Thema der neuen Einsamkeit so spannend wie tiefgründig – aber leider auch: erschreckend. Denn wir sind längst in einer Phase der systematischen Verbindungslosigkeit angekommen, die perverse Züge angenommen hat. Es geht dabei keinesfalls nur um die physische Abwesenheit von Bindung, sondern um, sagen wir, die abgründig moderne Unfähigkeit, sich Intimität überhaupt noch zu trauen, Bindung zuzulassen und Nähe auszuhalten.

Doch worüber sprechen wir hier eigentlich genau?

Spätestens jetzt kommen wir zu jener hochaktuellen Version durchtriebener Einsamkeit, die bei oberflächlicher Betrachtung immerzu vernachlässigt wird. Weil sie so schwer zu erkennen ist. Weil sie sich so perfekt hinter den heutigen Alltagsritualen versteckt und längst zum integralen Bestandteil des Zeitgeschehens geworden ist. Diese neue Einsamkeit ist unser Modus Operandi.

Das Abendessen unter zig Freunden, das gesellige Ausgehen, das Umgebensein von Followern und Likes, die Inszenierung in den sozialen Medien und die Darstellung von Romantik und Begehren: All dies sind in Wirklichkeit keine Symptome von Verwurzelung, Einbindung und sozialem Austausch – in ihrem heutigen Kontext zeugen solche sozialen Riten oft genug vom exakten Gegenteil. Erkennbar wird in ihnen die zwanghafte Ausstellung, dass etwas da ist, was nicht da ist. Zu tun haben wir es dabei mit nichts anderem als der kapitalisierten Form sozialer Anerkennung. Schaut her: Ich habe Freunde, ich werde begehrt.

In dem 1994 erschienenen Roman *Ausweitung der Kampfzone* des französischen Romanciers und inzwischen zum Enfant terrible avancierten Michel Houellebecq geht es um die Übertragbarkeit solcher wirtschaftlichen Kämpfe und Verwerfungen auf liberalisierte Sexualität. Nicht nur Bildungsabschluss und dem Arbeitsmarkt dienliche Fertigkeiten markieren dabei den menschlichen Wert auf den Skalen heutigen Humankapitals. Im modernen Begehrlichkeitsranking zählt heute auch weitaus

Persönlicheres: Charakter, Haltung, Aussehen, Fitness. Auch Alter und Selbstbewusstsein positionieren den Menschen, machen seinen Wert aus, Stichwort »Selbstoptimierung«. Und sogar die Beziehungen selbst zielen auf einen Marktwert ab, denn das wirtschaftliche Prinzip der Gewinnmaximierung hat sich über persönliche Grenzen erhoben.

Das Privateste des Privaten – Nähe, Zuneigung, Intimität – ist also nicht länger privat. Es funktioniert nach den gleichen Spielregeln wie der Arbeitsmarkt. Die Internetseite *Lookism*, die die Normierung von Körpern entlang von Schönheitsidealen erforscht, beschreibt es so: »Der Kapitalismus durchdringt mit seinem wirtschaftlichem Prinzip des Marktwertes alle Bereiche.« Mit anderen Worten: Die kapitalistischen Grundprinzipen sind aufs Leben übergesprungen. Und dabei fordern sie Oberflächlichkeit und Ausstellung rabiat ein. Metrifizierbar, quantifizierbar, objektifizierbar.

Der namenlose Ich-Erzähler in Houellebecqs Roman, Informatiker in einem Software-Unternehmen mit spärlichen sozialen Kontakten, und dessen Arbeitskollege blicken auf ein unbefriedigtes bis nicht existentes Sexualleben zurück. Weil sie immer Ablehnung erfahren, ziehen sie sich immer weiter in sich selbst zurück, spalten Machtphantasien und Rachegelüste von sich ab. Zu einem angekündigten Sexualmord kommt es nicht. Mit dem Erzähler geht es daraufhin auch bergab, er sitzt tagelang nur noch in seiner Wohnung. Nachts hat er Alpträume. Silvester will er im Heimatdorf seiner Eltern in Südfrankreich verbringen. Er kommt bis Lyon, wo er die Nacht im Bahnhof zwischen Junkies und Obdachlosen verbringt. Am nächsten Morgen fährt er zurück nach Paris. Schließlich begibt er sich in psychiatrische Behandlung, eine Depression wird diagnostiziert. In der letzten Szene des Romans fährt er unter Aufbietung all seiner Kräfte mit dem Fahrrad in den Forst von Mazas, der im Gebirge liegt. Das Ende dieser Reise bleibt offen.

Trennung, Einsamkeit sind also nicht nur Stresssymptome und damit Ergebnis von fehlendem sozialem Austausch oder mangelnder Verwurzelung. Schmerz sowie Angst durch Bindungsverlust und Isolation können genauso Ursachen dafür sein, Bindung zu vermeiden. Diese dann umso marktschreierischer ausstellen zu müssen, erscheint nur logisch. Ein plakativer Umkehrmechanismus, um sich von jeglichen Vorwürfen und Versäumnissen freizusprechen – den eigenen und denen anderer.

Das Vakuum aber bleibt.

Derweil stelle ich mir selbst noch ein, zwei weitere Fragen, die im Dickicht der Kausalitäten fast schon schmerzen. Wie und warum konnten wir uns nur derart kastrieren? Wie zum Himmel konnten wir uns die Bereitschaft zu Nähe und Verbindung so begeistert und bereitwillig austreiben lassen? Ja, warum konnte so viele von uns die Angst vor Intimität schier überwältigen und zu jenen Wesen machen, die unsere Gesellschaften heute so modern wirken lassen?

Doch so stehen wir nun da. Wie falsch programmierte Solisten. Wie Duckmäuser, die am Ende ziemlich traurig vor sich hin leiden.

Was aber bleibt vom Menschen übrig, wenn seine Gefühlswelt derart durchkonditioniert ist? Ist er dann nicht zwangsläufig entmenschlicht? Zeit meines Lebens habe ich mich persönlich mit dieser Frage konfrontieren müssen. Warum war auch ich vor Liebesbeziehungen immer davongelaufen? Spätestens dann jedenfalls, wenn wirkliche Intimität begann? Zeugten Experimente und Abenteuer, die ich nach beendeten Beziehungen erlebte, am Ende also nicht von Befreiung – sondern waren vielmehr Symptome der Feigheit, der Kompensation?

Und auch das frage ich mich: Warum ist die Angst vor Intimität heute so gigantisch geworden? Wenn es nach Houellebecq geht, lautet die Erklärung so: Meine Vermeidungsmanöver bedeuteten keinen pauschalen Menschenzustand, sie hatten mit der ökonomischen Aufstellung, mit den Spielregeln der Macht in unserer kapitalistischen Gesellschaft zu tun. Die neue Einsamkeit ist demnach eine seelische Entsprechung des geheiligten ökonomischen Prinzips. Letzten Endes also nichts anderes als das Produkt des aktuellen Gesellschaftssystems.

Dies dürfte denn auch die entscheidende Erkenntnis sein, wenn wir uns mit den wahren Kausalitäten der Unverbundenheit beschäftigen. Und damit, wie sie uns treffen und verletzen. Eine aktive und aussichtsreiche Anti-Einsamkeitspolitik muss das verstehen. Und muss mit der Prävention an gänzlich anderer Stelle beginnen als auf den Reißbrettern für neue Grünanlagen und bunte Lebensräume.

Schmerzliche Erfahrungen, etwa in der Kindheit oder in einer verwundbaren Phase des Lebens, sind von enormer Bedeutung für die psychische Entwicklung eines jeden Menschen. Neue Formen der Unverbundenheit und Intimitäts-Ferne aber dürften ähnliche Folgen haben. Und drastisch wird es, wenn wir dies hochskalieren müssen: auf ganze Gesellschaften.

Das Wissen um solche Erfahrungen sowie ein bewusster Umgang damit gehören zu den Schlüsseln, um mit diesen Phänomenen umzugehen. Einer anständigen Anti-Einsamkeitspolitik kann es darum auch nicht nur um Prävention gehen. Sie muss Bindungsängste aktiv angehen. Sie muss alles tun, um die mentale Resilienz, die psychische Widerstandsfähigkeit in einer Welt der Unwägbarkeiten zu stärken. Und bei dieser Art der Heilung sollte es zunächst einmal vor allem um eines gehen: um einen emanzipierten Blick auf die eigene Seele.

Generation Lost

*Die jungen Generationen, die Millennials und die nach-
folgende Gen Z, sind die ersten, die es mit Scheinwelten zu
tun haben, die sich immer schneller drehen. Verführt von
digitaler Oberflächlichkeit und einem nach Flexibilität
gierenden Kapitalismus, kommen diese Jungen nicht nur ins
Schleudern und werden verhöhnt: Sie werden auch immer
unverbundener und einsamer. Der »Way Out« wird nicht
einfach, aber könnte spaßig werden. Gefragt sind: Trotzig-
keit und Mündigkeit.*

Kommen wir zu einem theatralischen Thema, der Jugend von
heute. In den letzten fünf, sechs Dekaden stellte sie in zunehmender Weise ein wundersames Phänomen dar, betrachtet
mit gemischten Gefühlen, unverstanden von Eltern, Soziologen,
Politikern, nicht verstanden oft genug von sich selbst. Ein dif-
fiziles Alter, eine erratische Mischpoke. Der Einfachheit halber
verpackt in Generationentypisierungen, die inzwischen von X
bis Alpha reichen. Dennoch bleibt die Frage: Die Jugend, ja,
mit wem haben wir es da zu tun?

Mal kommt sie faul daher, hysterisch, verwirrt. Dann wieder
gilt sie als weich, hypersensibel, heimgesucht von Borderline,
Magersucht und anderen Störungen. Schon aber vollzieht sie
die Wandlung, tritt konsumgeil auf, schrill, aufmüpfig, energisch. Oder auch dies: Entsagend, vegan und freitags die Welt
rettend.

Vor allem aber werden die aktuelleren Nachwuchsgenera-
tionen als zukunftsweisend betrachtet. Umgarnt von Trendfor-

schern, ausgeweidet von Weltmarken und Werbetreibenden, weil die Jugend in den letzten Jahrzehnten auch zu einer wachsenden Kundschaft geworden ist, zur Kundschaft von morgen. Damit ist die Jugend der letzten Generationen in doppelter Hinsicht bemitleidenswert: Noch nie wurde sie ihrer Unbehelligtheit so gnadenlos beraubt, stattdessen so sehr zur Zielscheibe kapitalistischer Geldmachphantasien. Dumm nur, dass es so einfach nicht ist mit der Vorhersagbarkeit der jugendlichen Marschrichtungen. Die Teens und Twens laufen mal hierhin, mal dorthin, den Erwachsenen gern einen Schritt voraus.

Zurück bleiben staunende Zuschauer, die sich in Erklärungsmustern versuchen und um Worte ringen. Am Ende bleibt ihnen meist nur Nachgestammeltes, zum Beispiel die Jugendworte der letzten zehn Jahre. Sie lauten, beginnend mit Einberufung dieser Kür 2008: Gammelfleischparty. Hartzen. Niveaulimbo. Swag. YOLO. Babo. Läuft bei dir. Smombie. Fly sein. I bims. Ehrenmann / Ehrenfrau.

2019 fiel die Wahl aus.

2020 lautete das Jugendwort des Jahres: *Lost*.

Die Jury führte drei deutsche Lesarten des Worts an: ahnungslos, verloren, verschollen. Womit wir mitten im Thema sind.

Die Jugend in ihrer ausgesprochenen *Lostness* heute zu verstehen, ist allerdings keine leichte Aufgabe. Wer die junge Lebenswirklichkeit ergründen, wer junge Bedürfnisse und den jungen Blick auf die Welt nachvollziehen will, sollte sich darum nicht allein mit den klassischen Gegenwartsstudien der Sozialwissenschaft befassen. Sie hinken gelegentlich hinterher. Zu erhellenden Erkenntnissen kommt auch nicht, wer die Jungen etwa nach ihrer favorisierten Partei fragt. Der progressive Aktivismus hat dann meist längst schon neue politische Räume erobert, und seien es nur Hashtagwelten.

Wann immer ich Jugend verstehen will, meide ich also zunächst etablierte Milieustudien. Lieber blicke ich auf die Popkultur. Hier strömen mir die unvoreingenommenen Stimmen entgegen, hier kann ich den grellen, ironischen und zuweilen widersprüchlichen Tönen lauschen, die mehr preisgeben als alle Sozialstudien. Wie viel mehr sagt schließlich der kommerzielle Erfolg der Emporkömmlinge in den Billboardcharts aus? Wie viel mehr verraten die Geschichten neuester Netflix-Eigenproduktionen? Und wie aufschlussreich sind die Modesoziologien etwa auf Instagram, wo sich Angepasste und Aufmüpfige darbieten wie offene Bücher? Oftmals sind diese Performances als albern verschrien. Sie sind es nicht – denn sie offenbaren uns den Zustand einer Generation.

Ein weiteres Instrumentarium, das Einsichten lieferte, war das Jahr 2020, als die Pandemie ihren Anfang nahm. Auch auf die Jugend wirkten diese Zeiten wie eine Zentrifuge. Kapitalistische Routinen schleuderten sie davon, rissen globale Lieferketten nieder und verordneten den absoluten Bewegungsstopp. Der kontrollierte gesellschaftliche Lockdown hob nicht nur Grund- und Freiheitsrechte aus den Angeln, sondern setzte auch kulturelle Gewissheiten aus. Der Shutdown ließ die Welt wieder zu einem gefühlten Dorf schrumpfen. Die Weiten der endlosen Möglichkeiten schienen auf einmal zu implodieren, und man konnte neben vielen anderen neuen Hobbys besser denn je auch der spannenden Frage nachgehen, ob die Jugend und sämtliche anderen Generationen überhaupt noch in einem Boot sitzen.

Zu Recht erklärte man zuerst das medizinische Personal, schließlich andere Berufsgruppen zu systemrelevanten Instanzen. Danach konnte man die Museen, Kinos, Theater, Bars und Clubs schließen. Kunst, Kultur und Szene hatten dem wenig entgegenzusetzen, was auch an einem verschlafenen Lobbyismus lag. Es gab jetzt also Wichtigeres als Spaß, so zumindest lautete das politische Credo.

Ob man das Jahr 2020 mit all seinen Entschlüssen aber nun für einen groben Fehler hält oder nicht: Einsichten und lehrreiche Schlüsse ließen sich allemal gewinnen. Corona ionisierte die Gesellschaft wie ein Teilchenbeschleuniger und setzte ihre Einzelteile frei – auf dass sich fundamentale Wechselwirkungen zwischen den Strukturen gänzlich neu erforschen ließen. Wie selten zuvor öffnete sich der Blick zwischen die Zeilen und machte eine beinahe seismographische Bestandsaufnahme eines neuen Miteinanders (und Auseinanders) möglich. Als die unhygienische Kontaktfreude nämlich unterbunden war, flammte dahinter auch eine ungeahnte Kreativität auf. Ans Tageslicht drang dabei unter anderem eine zunehmend spürbare Angst – allerdings auch der Humor, mit dem man diese Verlorenheit gleich wieder zu verschleiern suchte (am eindrücklichsten zu beobachten auf der Plattform TikTok). Am Ende aber konnte man fast mitschreiben, so offenkundig gaben die neuen Zeiten Auskunft über die urmenschlichsten Gefühle, Bedürfnisse und Prioritäten. Aktuelle Sentimente insbesondere auch der Jugend, die von der Popkuktur nun regelrecht in die Welt hinausgesungen wurden.

Und wie verrückt wirkte da das neue Album von Taylor Swift, das mitten im blühenden Juni plötzlich erschien? Entgegen allen saisonalen Trends war darauf eine melancholische Indiemusik zu hören, untermalt von vorzüglich unpassenden Bildern: Swift singt sich durch einsame Wälder, schreitet über nebelverhangene Felder und Wiesen. Herbstdepressionen – mitten im Sommer. In einer Blockhütte brennt der Kamin, das Klavier von Moos und Modder verklebt, bis Swift durch eine Kiste hinübersteigt in eine vor Natur überfließende Traumwelt. Und sie singt: »When you are young they assume you know nothing.«

Swift, eine der erfolgreichsten Popsängerinnen ihrer Generation, gab dieses Album fast ohne Ankündigung heraus, ohne groß geplante Kampagne und ohne Tour. Spontan war es entstanden, geschrieben und produziert binnen weniger Wochen. Gänzlich aus der Zeit der Isolation und Quarantäne kommend, existierte dieses Album auf einmal einfach. Und es verstörte. Ob des Brimboriums, das ein solches Popalbum normalweise begleitet, aber auch ob der Musik und der visuellen Anmutung konnte Swifts *Folklore* inmitten der Frühsommerlaune eigentlich nur eines: Reichlich befremdlich daherkommen.

Dennoch wurde das Album innerhalb weniger Stunden zum Ausdruck eines internationalen Kollektivgefühls einer ganzen Generation. Was war das für ein Gefühl, was brachte die Musik zur Sprache? 2020 canceln. Decke über den Kopf. Lichterkette an, Cottagecore. Dank Corona und womöglich auch noch des einen oder anderen Phänomens unserer Zeit verzog sich die Jugend in eine Herbstdepression. Ein nahezu masochistisches Gefühl, diesem elenden Jahr machtlos ausgesetzt zu sein, hatte mit Swifts Album sein kulturelles Ventil gefunden.

Denn was war geschehen?

Typischerweise von jungen Menschen ausgeübte Jobs in Gastronomie und Einzelhandel waren von heute auf morgen weggebrochen. Die Sturm-und-Drang-Phase der Schulabsolventen fiel aus, und viele der jungen Leute mussten ihre Studentenwohnung kurzerhand wieder aufgeben und den Ort ihres Studiums verlassen. Leben, Studium und absehbare Zukunftspläne waren annulliert – dafür fristeten viele ihr Dasein wieder im alten Kinderzimmer. Es gab keinen Sex mehr, keine Drogen. Partys waren verboten, Tinder hatte seinen Sinn verloren. Keine Spur also von Befreiung, Emanzipation und Grenzübertritten. Dem Wagemut der Jugend wurde jäh der Wind aus den Segeln genommen, denn ein Virus hatte die natürlichsten menschlichen Triebe zum tödlichen Treiben erklärt. Nun also:

Boredom statt Freedom, Stubenhocken statt Superspreaderdasein.

Kurzum: Die Jugend war ausgeschaltet.

Und was tat Taylor Swift? Das Mädchen aus Pennsylvania, das erst Countrystar wurde, dann zum begehrtesten Popidol ihrer Peergroup, besang auf einmal keine Romanzen mehr, keine Affären und Coming-of-Age-Themen – sie wechselte mitten in dieser Zeit das Genre. Und sie tat das intuitiv und instinktiv, wie es einem derart von Luxus und Kommerz umrankten Popstar wohl niemand zugetraut hätte.

Gemeinsam mit Folksänger Bon Iver ließ sie inmitten des frohlockenden Sommerbeginns eine Herbstdepression zum Leitmotiv der Jugend werden. Wie passend! Und das dachte wohl nicht nur ich. Die sozialen Medien wurden denn auch prompt überschwemmt. Man verkroch sich in einen soften Seelenblues, igelte sich ein anstatt sich in Daytona Beach auszuziehen. Swifts einzige Kampagne zum neuen Album: Ihre Freunde bekamen ostentativ einen kuscheligen Wollcardigan zugeschickt. Ein November-Album also hatte sie einfach in den Juni geschoben. Und das passte brillant.

Es passte, weil hier auf einmal ein tief gespeichertes Grundgefühl aus den Seelen trat. Aus Swifts eigener offenbar, aber auch aus den Seelen ihrer zig Millionen Fans.

Nur wenige Monate später, in den Wochen vor der US-amerikanischen Präsidentschaftswahl, meldete sich die zweite der bekanntesten globalen Popsängerinnen mit einer Single zurück. Mit »Commander In Chief« sang Demi Lovato eine Ballade, die von Ohnmacht handelt, von Schmerz und Aufbegehren. Ein Flehen wider die Trump'sche Corona-Performance. Lovatos Hymne wurde ein massiver Erfolg. Und mir erschloss sich deutlich der Bezug zu Swifts Album. Während bei Swifts *Folklore* allerdings noch der Schock der Pandemie verarbeitet werden wollte, war der im Herbst erschienene Disstrack »Commander In Chief« die gereifte Evaluation der Mächtigen in dieser Zeit der Unwägbarkeiten.

Die Kritik sprach von einem peinvollen Song, der den Schmerz der Ära Trump zusammenfasst. Hochinteressant dabei: Lovato hat allein auf Instagram über 93 Millionen Follower. Und die meisten ihrer Fans – »Lovatics« – sind mit ihr aufgewachsen, einst präadoleszente Teens, die heute um die 20 sind. Mit anderen Worten: Um Lovato schart sich konzentrisch eine Ansammlung der globalen Jugend von heute. Doch im Pophimmel geschahen während Corona noch mehr bemerkenswerte Dinge.

Zur gleichen Zeit erstrahlte genauso plötzlich der vermutlich größte junge Popstar unter der Sonne: Justin Bieber. Und auch was er der Welt bot, war vor allem inhaltlich ungewohnt. Die Musikwelt brach unter Biebers neuer Ballade schlichtweg zusammen. Sie trug den Titel: »Lonely«. In ihr besingt der kanadischstämmige Justin Bieber sein eigenes Schicksal. »What if you had it all but nobody to call? Maybe then you'd know me, I'm so lonely.«

Nie zuvor hatte man Justin Bieber derart verletzlich und schmerzvoll gehört, was Rezensenten und Fangemeinde aufhorchen ließ. Bieber stellte hier in gestochen ehrlicher Weise sein eigenes Schicksal aus. Schon als Kind drastisch exponiert, hatte jeder sehen können, wie krank er war. Doch alles Geld und aller Ruhm vermochten ihn bis heute nicht von seiner Einsamkeit zu befreien, wie nun eindeutig zu vernehmen war. Und: Auch der Song »Lonely« wurde zum Riesenerfolg. In 26 Ländern schnellte der Song im Herbst 2020 in die Charts, rangierte in diversen Nationen unter den ersten zehn Plätzen, kletterte in drei Ländern auf Platz eins. Allein in den USA luden sich in der ersten Woche über 16 Millionen vorwiegend junge Fans den Titel namens »Lonely« herunter; Millionen sollten folgen, in aller Welt. Zahlen, die unmissverständlich zeigen, dass auch dieser Erfolg irgendwie einem generationellen Gefühl geschuldet sein muss.

Auch wenn Biebers einsame Höhenflüge für sich stehen und seine jungen Zuhörer sich wohl kaum in die abgehobene Abgeschottetheit eines Megastars hineinfühlen können, so scheinen seine Zeilen doch in die Herzen einer Generation zu treffen. Einer Jugend, die sich mit den Augen der Instagramwelt betrachtet. Einer Jugend, die wie nie zuvor sich selbst so öffentlich ausstellen und zelebrieren kann. Einer Jugend also, die das Gefühl nur zu gut kennt, in den Paradigmen der Glätte, Oberflächlichkeit und vollständigen Erreichbarkeit eben auch Einsamkeit zu erfahren.

Justin Bieber schrieb später über den Song, dass es ihm nicht leicht fiel, die Zeilen zu singen. Aber er hätte gespürt, wie wichtig es sei, diese Story zu erzählen. »Ich bin der festen Überzeugung, dass es von großer Stärke zeugt, seine Verletzlichkeit nicht zu verstecken, sondern auszudrücken.« Das Stück »Lonely« kommt nicht umsonst mit einem minimalistischen Arrangement aus, einer traurigen Pianomelodie. Und es geht darin, wie schon in so vielen Songs, zu denen die junge Generation tanzt und wimmert: um Unverstandenheit, um Isolation. Um die Schwierigkeit, einen Menschen zu finden, der einem das gibt, was Bieber »emotional support« nennt.

Die Single »Lonely« also schoss in die Charts, ähnlich wie schon Taylor Swift und Demi Lovato zu Stimmen ihrer Generation wurden. Doch was einte alle drei in diesem verrückten Jahr 2020?

Da ist der 1994 geborene Justin Bieber, der im Alter von 13 Jahren den ersten großen Plattenvertrag unterschrieb, dem schließlich in Sekundenschnelle der internationale Durchbruch gelang. Da ist die 1989 geborene Taylor Swift, die einen Plattenvertrag mit 14 unterschrieb und ebenso schnell Karriere machte. Und da ist die 1992 geborene Demi Lovato. In Disney-Produktionen avancierte sie zum Kinderstar, geriet in einen Strudel aus Alkohol- und Drogensucht, starb vor einigen Jahren beinahe an einer Überdosis. Lovato war dann auch diejenige, die gleich im zweiten Monat der Pandemie einen Mental Health Fund für Jugendliche ins Leben rief: Fünf Millionen US-Dollar sammelte sie ein, die zugunsten der seelischen Gesundheit in Zeiten von Corona investiert wurden. Die Probleme, die anstanden und die eben nicht nur Lovato aus ihrer Jugend kannte, hießen: Angststörungen, Depressionen, Isolation, Einsamkeit, häusliche Gewalt, Substanzenmissbrauch, Essprobleme, Schulden, Schuld.

Lovato, gern auch als Anwältin ihrer Generation gesehen, entwickelte sehr früh ein Bewusstsein für die Umstände, mit denen die Jungen und Nichteingerichteten in dieser Gesellschaft konfrontiert sind. Jene, die in der Pandemie als die Resistentesten herhalten mussten, obwohl sie in unserer schönen, neuen Welt womöglich besonders verletzlich sind.

Lost eben. Ein englisches Wort, das ausgerechnet zum deutschen Jugendwort des Jahres 2020 wurde, natürlich aber auch ein globales Attribut ist. Weil es recht gut beschreibt, wie die neue Einsamkeit der Jugendlichen in weiten Teilen der Welt beschaffen ist.

Verloren. Unsicher. Allem ausgesetzt.

Swift, Lovato und Bieber taugen mit ihren Werken des vergangenen Jahres auch darum besonders gut als Seismographen ihrer Generation. Ihre Botschaften und Stimmungen treffen Aussagen, noch bevor soziologische Studien diese formulieren können. Sicher, die emotionale Gemengelage aus Songs, Stars und Fans kann keine Studien ersetzen. Allerdings bin ich vehement der Meinung: Die Popkultur kann verdammt gute Thesen aufstellen, denen nachzuspüren sich unbedingt lohnt.

Ein wenig voreilig nämlich sprechen Politiker und gesellschaftliche Beobachter heute gern von einer wohlstandssatten, privilegierten und nahezu ignoranten Jugend. Kaum eine Generation erntet dabei so viel Spott wie die Millennials. Sie gelten als verzogen und verweichlicht, haben wenig mit den Babyboomern und dem yuppiehaften Getue der Generation Golf zu tun und stellen Unternehmen mit ihrem Wunsch nach Work-Life-Balance, Gleichberechtigung und frischem Obst immer wieder vor bizarre Fragen. Eine Generation, zwischen 1981 und 1998 geboren, deren Alltag von Medienkonsum und Smartphones geprägt ist. Und das gilt besonders für jene, die vor 1990 in Westdeutschland geboren sind. Deren Leben zwischen Fitnesstracker und Selbstinszenierung heute als ewige Krise im Verwirklichungswahn erscheint – immerzu verbunden mit der Welt, immerzu in Kontakt mit anderen und stets offen gegenüber allen Möglichkeiten, die ihnen die Moderne bietet.

Viele Erwachsene reduzieren die Jugend dabei generell auf eine Generation, die weder Krieg noch Hunger gesehen hat. Diffamieren die Jungen, weil sie sich mit Sottisen in den digitalen Welten beschäftigen, weil sie der Beauty frönen und den Influencern followen. Ältere sehen gelegentlich noch weitaus höhnischer auf die Jugend herab. Auf eine saturierte Altersgruppe, die, statt harte Lohnarbeit zu verrichten, auf Sabbaticals und Auslandsjahre schielt. Junge Menschen, die vor den Mühen demokratischer Verantwortung zurückschrecken und lieber chatten und chillen als zu arbeiten und zu wählen.

Solchen argwöhnischen Betrachtungsmustern möchte ich im mildesten Fall skeptisch begegnen. Am liebsten jedoch möchte ich sie entlarven. Denn sie sind viel zu einfach gestrickt. Ich möchte versuchen, einer Generation nachzuspüren, deren Teil ich war, bin – die im Verborgenen jedoch, zwischen den Zeilen und hinter den Fassaden, eine ganz andere ist, als auch ich bisher dachte und begriff. Und was also sehe ich, wenn ich über die landläufigen Urteile mal ein aktuelles Virenprogramm laufen lasse? Ich sehe eine ohnmächtige, eine überforderte und eine verzweifelte Generation. Und ganz sicher auch dies: eine ziemlich einsame.

Doch nein, bei meinen ersten Blicken war auch ich blind. Vielleicht wie die Generation selbst, wenn sie von ihrem eigenen Wesen spricht und dabei beiläufig postet:

Stressed, depressed, but still well dressed.

Zwischen Praktikum und Selbstsedierung

Wer sind die »Jungen« überhaupt? Berufseinsteiger, Studienabsolventen, Studenten, Schüler? Ist die Generation Y gemeint, auch Millennials genannt? Zählt die jüngere Generation Z dazu, die Teens, die noch nicht volljährig sind? Die Sozialwissenschaft kennt verschiedene Begrifflichkeiten und Abgrenzungen, wenn es um die jungen Generationen geht. Betrachten wir die »Jugend« jedoch im Kontext der Einsamkeit, ist es zunächst sinnvoll, alle unter 40-Jährigen von den Boomern und schließlich von den Alten und Hochaltrigen abzugrenzen. Denn genau hier verläuft eine entscheidende Trennlinie, die auch für eine Zeitenwende steht.

Wer heute unter 40 ist, hat meist eine längere und diversifiziertere Bildungsstrecke hinter sich, der hat das moderne Nomadenleben kennengelernt zwischen unbezahlten Praktika und typischer Kettenbefristung im Job. Das bedeutet, dass die meisten dieser Generationen es inzwischen als normal empfinden, wenn sie über Jahre hinweg verschiedene Jobs ausüben, ohne jemals einen Arbeitsvertrag in Händen zu halten, der ihnen eine Sicherheit gibt. Feste Arbeitsverhältnisse sind hier meist auf zwei, oft nur auf ein Jahr befristet. Das gilt auch für traditionelle Ausbildungsberufe: Lehrlinge wissen oft bis zur letzten Minute nicht, ob sie nach der Lehre vom Betrieb übernommen werden. Das Resultat bekommen viele heute zu spüren. Denn obwohl die unter 40-Jährigen oft studiert, eine abgeschlossene Ausbildung oder gar beides haben und obwohl sie schon Jahre im Beruf stehen – in vielen Fällen verdienen sie immer noch nicht mehr Geld als die zehn Jahre Jüngeren. Selbst zehn oder gar fünfzehn Jahre im Berufsleben haben sie ökonomisch kaum unabhängiger und auch sozial nicht privilegierter gemacht.

Dennoch gibt es bekannte Unterschiede zwischen der älteren Generation Y und der jüngeren Generation Z. Im Gegensatz zu den Millennials hat die jüngere Gen Z nur wenige weltweite Krisen bewusst erlebt. Nun müssen sie mit ansehen, wie vieles, das lange als normal und selbstverständlich schien, zu zerbrechen droht. Das Klima wandelt sich, rechte Stimmen erstarken, politische Systeme bröckeln, eine Pandemie legt die Welt lahm. Die Gen Z wird erwachsen in einer Welt, die ihr nichts mehr versprechen kann – außer Unsicherheit.

Auf der Plattform TikTok ist zu verfolgen, wie die Gen Z darauf reagiert. Unter dem Hashtag *#cottagecore* träumen diese noch Jüngeren unter den Jungen inzwischen von einem idyllischen Landhausleben zwischen Kamin und Pferdeflüsterer. Die Bilder trügen nicht, sie zeugen von Selbstberuhigung. Ausgestellt ist die Sehnsucht nach einem *simple life*, der Wunsch nach einem ursprünglichen Leben in Autarkie und Harmonie. Eine digital plakatierte Sicherheitskapsel, in der man sich durch die harsche Wirklichkeit bewegt.

Schon bei den Millennials ist eine populäre Ästhetik lesbar geworden: Wohnungen werden hier heller gehalten, gern Holzparkett, Korbgeflecht, gemütliche Beigetöne, dazu gesunde Pflanzen. Ein Style der Ausgewogenheit und Naturnähe inmitten des digitalen Rauschs. Ich muss mich dafür nur in meinem eigenen Bekanntenkreis umschauen. Gleich mehrere meiner Freunde sind reich geworden mit entsprechenden Neugründungen. Im progressiven Berliner Szeneviertel Prenzlauer Berg bieten sie Kreativblumensträuße an, verkaufen designte Pflanzentöpfe, edel gerahmte Moosbilder und kreative Blumenboxen. Die Dienstleistungen dieser Geschäfte reichen von Event- bis Balkon- und Hochzeitsfloristik, ihre Namen sprechen Bände. Prinzenpott. Bloom & Wild. Frau Rose.

Die Gen Z übertrumpft das mit Leichtigkeit: Auf TikTok gehen heute Videos viral, in denen das Einkochen von Marmelade erklärt wird.

Was erzählen uns solche Trends? Spricht aus ihnen eine Sehnsucht nach Entschleunigung, nach einer Flucht vor der Beschleunigung? Sind es Zeichen der Überforderung, gar Resignation? Immerhin, wir reden hier nicht etwa von Nischentrends, von Moden einiger Städter. Während sich die Millennials noch in die Zauberwelten von Harry Potter flüchteten, wickelt sich die Gen Z zurzeit in die heimeligen Stimmungen des Landlebens ein, und zwar massenweise. TikTok war im ersten Quartal 2020 die am häufigsten heruntergeladene App der Welt. Das Unternehmen, das die App entwickelt hat, gehört zu den wenigen Gewinnern der Pandemie. Der Jahresumsatz von ByteDance liegt im zweistelligen Milliardenbereich. Weltweit verzeichnet TikTok fast 700 Millionen monatlich aktive Nutzer und Nutzerinnen. Und die Demographie der User liest sich so: In Deutschland sind 65 Prozent der 12,4 Millionen Nutzer und Nutzerinnen unter 24.

Wir können also schon jetzt ahnen: Obwohl neue Einsamkeitsformen am Ende jede Generation treffen, sind die verschiedenen jungen Generationen vergleichsweise stark betroffen. Nicht nur, was das Ausmaß eines Isolationsempfindens angeht, sondern auch seine neuen Nuancierungen. Am Ende sind es jedoch vor allem die Millennials, die als eine Art Blaupause zu begreifen sind, wenn ich in diesem Kapitel über die »Jugend« schreibe. Denn die Millennials sind es, die zu den Digital Natives zählen, die ab dem Teenageralter mit Smartphone und Internet großgeworden sind und die viele Strömungen im Netz selbst losgetreten haben. Sie sind gleichermaßen Hauptbetroffene wie Hauptakteure der digitalen Umwälzungen und neuen Zeiten – und was sie heute erleben und erfahren, werden die Jüngeren der Gen Z nur noch vehementer erleben und erfahren. Eben auch, was die Ausprägungen der neuen Einsamkeit betrifft.

Und dabei sind es keineswegs nur die moderne Popkultur und die digitalen Inszenierungen, die der jugendlichen Unverbundenheit Ausdruck verleihen. Es liegen inzwischen handfeste Zahlen von Soziologen und Meinungsforschern vor, die ab jetzt weiterhelfen. Denn auch die Wissenschaft hat längst hinterfragt, wie es um die jungen Generationen bestellt ist.

Traurige Statistiken: Mehr Likes als Freunde

Nach einer Auswertung aus dem Jahr 2019 tritt Einsamkeit bei der jungen Altersklasse besonders häufig auf. Die Studie beruht auf Daten, die zwischen 2013 und 2017 gewonnen wurden, basierend auf den jüngsten verfügbaren Erhebungen dieser Art. Ermittelt hat sie das Sozio-ökonomische Panel (SOED), eine unabhängige Forschungsstelle des arbeitgebernahen Instituts der Deutschen Wirtschaft (DIW) in Köln, das regelmäßige Telefonbefragungen in Deutschland durchführt.

Tatsächlich hat das subjektive Einsamkeitsempfinden ausgerechnet in den jungen Altersgruppen demnach am stärksten zugenommen. In der Auswertung geben etwa 9 Prozent aller Befragten zwischen 20 und 29 Jahren an, sich »sehr oft« oder »oft« einsam zu fühlen. Tendenz zunehmend: Denn 29 Prozent sagten, sie seien einsamer als noch bei der letzten Befragung. Die Autorinnen der Studie sind die beiden Ökonominnen Theresa Eyerund und Anja Katrin Orth. Und sie fragten sich nach der Studie auch, worauf diese Zahlen zurückzuführen seien.

Eyerund und Orth gehen davon aus, dass besonders die Umbrüche in der jungen Lebensphase schuld daran sind, dass sich junge Leute einsam fühlen. Ein von Transitivität, Wechseln, Anpassung geprägtes Lebensalter also. Die beiden erklären das so: »Viele ziehen von zu Hause weg, um zu arbeiten oder zu studieren. Das heißt, alte Freundeskreise brechen weg, Kontakte verschwinden – die jungen Leute müssen sich erst wieder ein neues soziales Umfeld aufbauen. Am schwierigsten ist das laut unserer Untersuchung übrigens für Azubis und Lehrlinge, obwohl sie ja Kolleginnen und Kollegen um sich herum haben.«

Auch Zahlen von 2019 bestätigen, dass es um die Jugend eher einsamer wird. Laut einer Befragung von Statista im Januar 2019 fühlen sich 36 Prozent der 18- bis 29-Jährigen »manchmal« einsam. 23 Prozent gaben sogar an, »häufig« einsam zu sein. Insgesamt bestätigten die Ergebnisse, was zunächst wohl niemand erwartet hätte: Keine andere untersuchte Altersgruppe fühlt sich demnach so einsam wie jene späten Teenager, die aus den gewohnten Bahnen der Schule entlassen werden und sich in den nächsten zehn Jahren auf dem offenen Ausbildungs- und Berufsmarkt zurechtfinden müssen.

Entsprechend werden jene Mädchen und Jungen gern beschrieben, die nun zu Frauen und Männern reifen sollen und früher oder später flügge werden. Der Mitteldeutsche Rundfunk brachte ein Feature mit dem Titel: »Generation allein:

Warum junge Menschen einsam sind« Die *Stuttgarter Zeitung* schrieb: »Eine ziemlich einsame Generation.« Und Deutschlandfunk Nova resümierte: »Twentysomethings: Gemeinsam einsam.«

Nein, die jungen digitalen Generationen haben es wahrlich nicht leicht. Viele werfen ihnen von vornherein vor, sich nicht kritisch mit den Medien auseinanderzusetzen, statt zum Buch lieber zur Fernbedienung zu greifen oder gleich am Smartphone kleben zu bleiben. Und nun kommt es noch dicker für die gebeutelten Altersgruppen: Umfragen allerorten, die angeblich belegen, dass sich die Jahrgänge 1981 bis 1996 einsamer als alle anderen fühlen.

So auch laut des Meinungsforschungsinstituts YouGov. Hier gaben sogar 30 Prozent der Millennials in einer Umfrage an, sie würden sich »häufig« oder sogar »immer« einsam fühlen. Zum Vergleich: Bei der Generation X (1964 bis 1980) waren es nur 20 Prozent und bei den Baby-Boomern (1946 bis 1964) nur 15 Prozent. Ferner hat YouGov herausgefunden, dass sich besonders viele junge Digital Natives in den USA einsam fühlen – und dass nur wenige von ihnen wahre Freunde haben. Genauer: 30 Prozent gaben an, keinen besten Freund zu haben; 22 Prozent sagten, dass sie keine Freunde hätten; 25 Prozent beteuerten, sogar gar keine Bekanntschaften zu haben.

Zugegeben: Diese Ergebnisse zu den Millennials können erst mal nur überraschen. Denn gerade den Digital Natives der Generation Y wird nachgesagt, perfekt vernetzt zu sein. Doch obwohl die Möglichkeiten, mit anderen in Kontakt zu treten, heute nahezu grenzenlos sind, fühlen sich viele gerade dieser jungen Menschen offenbar allein. Enge Freunde und Freundinnen? Bei fast einem Drittel könnte man inzwischen sagen: Fehlanzeige.

YouGov befragte insgesamt 1 254 US-Amerikanerinnen und Amerikaner über 18 Jahren gezielt zu ihrem Freundschaftsverhalten. Wieder war es die Gruppe der Millennials, in der die meisten auch hier angaben, keine Freunde zu haben: 25 Prozent. Leider lässt die Studie offen, weshalb es den Millennials so geht. Lediglich auf alle Altersgruppen bezogen kam man zu möglichen Erklärungen. Schüchternheit gehört demnach mit 53 Prozent zum häufigsten Grund für die Einsamkeit. 27 Prozent hingegen erklärten, dass sie keine neuen Bekanntschaften benötigten. Und für 20 Prozent der Befragten würden Freundschaften zu viel Arbeit bedeuten.

Versteckt hinter diesen Antworten vermuten die Wissenschaftler jedoch noch andere Ursachen. Auch aufgrund älterer Studien kommen sie zu dem Schluss, dass soziale Medien und das Internet einen großen Einfluss auf das Empfinden haben. Die Psychologin Melissa G. Hunt etwa stellte anhand einer Studie an der University of Pennsylvania fest: »Soziale Medien weniger als normalerweise zu nutzen, führt zu einem signifikanten Rückgang von Depressionen und Einsamkeit.« Der Grund? Möglicherweise sei es das Vorleben perfekter Welten auf Instagram und Facebook, das die selbst empfundene Einsamkeit und Isolation verstärkt. Auch eine allgemeine Reizüberflutung sowie die grenzenlosen Möglichkeiten der sozialen Kontakte machten es am Ende womöglich nur umso schwerer, enge Freunde zu finden. Hinzu kommt, dass die Millennials jene Generation bilden, die sich am vehementesten selbst verwirklichen will. Ihre typischen Vertreter stecken ihre Zeit und Energie mit Vorliebe in die Karriere, sie sind ständig unterwegs, ziehen gern ins Ausland und surfen nahezu unentwegt durch die heutigen Ozeane der Optionen – und auch diese Faktoren könnten sich laut den Experten durchaus auf das persönliche Empfinden von Einsamkeit auswirken.

Die Studien mögen im Detail zu verschiedenen Ergebnissen kommen, sie verwenden verschiedene Methoden und befragen verschiedene Gruppen. Insgesamt jedoch, untermalt von den Projektionen der Popkultur, zeichnet sich hier ein mehr als nur in Umrissen erkennbares Bild ab. Die jungen Generationen scheinen von einer großen, seltsamen Entwurzelung erfasst zu sein. Die jungen Generationen, ausgerechnet, mehr als alle anderen. Woran mag das liegen?

Womöglich sind sie die Ersten, die gerade aus einem Paradies vertrieben werden, das gerade zerfällt. Womöglich sind sie die ersten Astronauten, die es jetzt wirklich mit Scheinwelten zu tun haben. Ihre Raumkapseln haben sich vom Mutterschiff bereits gelöst. So treiben sie jetzt im Orbit, der Heimatplanet schwindet unter ihnen; über ihnen und um sie herum der offene Raum, ausreichend Platz für Angst und Ohnmacht. Denn sie wissen nicht mehr, was sie sehen. Wissen nicht mehr, was sie sehen wollen. Und wissen auch nicht mehr, was sie sehen sollen.

Sie sahen – nur ein Beispiel –, wie vier Jahre lang der mächtigste Mann der Welt die ganze Welt belog. Sie sehen heute die Welt, die langsam Feuer fängt. Sie sehen die Fake News, lesen die Shitstorms, schauen Erwachsenen zu, deren eigene Verwirrung in einer womöglich auch noch gefährlichen Groteske namens QAnon gipfelt. Eine Studie von Ende 2019 weist nach: 76 Prozent der 14- bis 24-Jährigen werden mindestens einmal pro Woche mit Falschnachrichten konfrontiert, ein Anstieg von 50 Prozent innerhalb von zwei Jahren. Gleichzeitig fühlt sich ein Drittel (34 Prozent) nicht kompetent im Umgang mit Fake News und Verschwörungserzählungen. »Das Coronavirus gibt es nicht« oder »Bill Gates hat es erfunden«: Die allermeisten jungen Menschen haben bereits gängige Falschaussagen und Verschwörungserzählungen in Zusammenhang mit der Pandemie wahrgenommen. 64 Prozent der jungen Menschen geben an, dass es ihnen bei Corona-Nachrichten noch einmal schwererfällt als bei anderen Themen, glaubwürdige von unglaubwürdigen Informationen zu unterscheiden. Und tatsächlich: Auch mein viele Jahre jüngerer Cousin meldete sich in diesem Jahr zum ersten Mal seit unserer gemeinsam verbrachten Kindheit wieder. In seiner Instagram-Message die Frage: »Du Diana, sorry, dass ich nerve. Aber: Wie siehst Du das mit Corona eigentlich?«

In diesem ganzen Gemenge ist es nicht mehr ganz einfach, zu wissen, was man glauben soll. Und so wissen sie ebenfalls nicht mehr, was sie tun sollen. Sie wissen nur, dass sie sehr viel werden arbeiten müssen. Wissen, dass sie sehr viel Kraft werden aufbringen müssen, um irgendwo hinzukommen.

Vielleicht fühlt es sich im Inneren so an.

Derweil loten die Jungen die neuen Koordinaten aus, zappeln losgelöst durch die Gegend und werden dabei auch noch munter der Last der Lastlosigkeit bezichtigt. Das analoge Pleistozän kennen sie nur noch aus verstaubten Geschichten, derweil vor ihnen das digitale Anthropozän glitzert. Sie kennen das Wort noch nicht so richtig, aber es stülpt sich so langsam über sie. Gern würden sie jemanden nach dem Weg fragen. Aber in dem Raum, in dem sie jetzt sind, ist niemand mehr außer ihnen. Die Alten, Erwachsenen und Eltern, ihre Stimmen können sie noch leise hören. Ihre Ratschläge aber erreichen sie im Gesamtgefüge wie sinnloses Flüstern. Denn die Ratschläge wirken zunehmend dumpf, fragwürdig und hilflos. Und nun verhallen sie allmählich.

Ja, vielleicht fühlt es sich ein ganz kleines bisschen so an.

Ursachenforschung
und erste Strategieansätze

Die Lage zu beschreiben, so konfus und kompliziert, wie sie sich darstellt, das ist das eine. Die Ursachen zu ermitteln das andere. Also: Worin liegen nun die wahren und tieferen Gründe für diese bizarre und vielleicht auch bedenkliche Entwicklung?

Eine Phase des Umbruchs allein kann kaum schuld am traurigen Befinden derer sein, die ich hier einmal vorsichtig die gerade die Zeiten überschreitende Jugend nennen möchte. Schließlich kann Umbruch auch für Aufbruch stehen, für Neuanfang, für alle Reize, die ein neuer Lebensabschnitt mit sich bringen kann – und besonders doch dieser!

In deutschen Artikeln und Kommentaren zur jugendlichen Tristesse aber teilen die meisten Autoren die Ansichten der Experten, auch die der beiden Ökonominnen Eyerund und Orth. Schulabschluss, Studium, Auslandssemester, Praktikum, erste Jobs, weitere und meist befristete Jobs, dazu unzählige Wohnortwechsel: Vor allem die Brüche speziell dieser Lebensphasen seien es, die nicht nur zu einem reduzierten, sondern immer mehr auch zu einem zeitlich begrenzten sozialen Umfeld führen würden. Denn auf diesen neuen Lebensabschnitten werden heutzutage alte Freundschaften oft nicht mehr mitgenommen. Anschließend fehlt die Zeit, neue Verknüpfungen zu finden und zu vertiefen. Obendrein mangelt es offenbar auch am Vertrauen, dies zuzulassen.

Könnten hier also einige der Hauptursachen liegen für die neue Unverbundenheit, die gerade ein, zwei komplette Generationen befällt?

Entsprechend sehen nicht nur die Diagnosen, sondern auch die Empfehlungen der Experten aus, um der Situation zu begegnen. Die Ökonomin Anja Katrin Orth etwa nimmt besonders Arbeitgeber und Universitäten in die Pflicht. Sie müssten den Neueinsteigern mehr Angebote machen, mit denen diese in die Lage versetzt werden, neue soziale Kontakte knüpfen zu können. Orth: »Hier sehen wir eine lange To-do-Liste bei Arbeitgebern, aber auch bei Universitäten, um gegenzusteuern und Hilfe anzubieten in Form von Patenschaften oder weiteren Freizeitangeboten.«

Aber reichen solche Ansätze, um den Disruptionen in den jungen Generationen entgegenzuwirken? Kommen solche Ideen dem Wunsch nach einer modernen und beweglichen Form der Einbindung wirklich nach? Mir jedenfalls kamen solche Strategien bekannt vor. Auch ich hatte schon von Patenschaften im Arbeitsalltag gehört, hatte ja selbst Mentoren an meiner Seite, die mich auf dem Weg ins Berufsleben begleiteten. Und ich wusste, wie so etwas funktioniert – wenn auch in Bezug auf ein anderes Themenfeld.

Nach sinkenden Mitgliederzahlen bei den alten Volksparteien verabschiedete Bundeskanzlerin Angela Merkel in ihrer Funktion als Parteichefin der CDU gemeinsam mit dem Bundespräsidium die Einsetzung einer Kommission. Ziel: Die Erneuerung der Parteiarbeitsstrukturen. Und das war auch wirklich nötig geworden. Im Wesentlichen nämlich funktionierte Parteiarbeit noch immer über Stammtische, Zettelwirtschaft und all die alten Mechanismen, die man schon in der Bonner Republik kannte. Die Jungen aber verweigerten sich dieser Arbeitsweise. Sie passte nicht mehr in ihre Denke und auch nicht mehr zu ihrer Lebensweise.

Mit Klaus Hurrelmann, einem der bekanntesten deutschen Soziologen und Autor der jährlichen Shell-Jugendstudie zur Analyse junger Lebenswirklichkeit, arbeitete ich darum an einer »Bedürfnisabfrage« hinsichtlich der Parteiarbeit. Was also würde die Jungen anspornen, wieder mehr und engagierter mitzumachen? Wo lagen ihre Wünsche? Wie könnte man sie wieder mehr einbinden?

Die Ergebnisse, die wir zusammen erarbeiteten, erinnern an die Empfehlungen der Ökonominnen Eyerund und Orth. Um junge Menschen an Parteien zu binden und verbindliches Parteiengagement attraktiver zu machen, werden demnach »agile Neuansätze« gebraucht. Im Klartext: Die Mitarbeit muss unabhängig vom Wohnort möglich werden, gefragt ist Flexibilität anstatt eines über Jahre eingefahrenen Kreispartei-Engagements vor Ort. Auch müsste das parteiliche Arbeiten für den jungen Nachwuchs themenspezifischer und kampagnenorientierter ausfallen. Und zu den zähen und oft ebenfalls noch immer ortsgebundenen Abstimmungsprozessen müssten endlich digitale Instrumente und Methoden eine Alternative bieten.

Generell kamen wir zu dem Schluss: Zur flexiblen Jugend passt kein statisches Handwerk mehr. Auch die Parteiarbeit müsste flexibler werden, dynamischer, pluralistischer. Die Jungen also da abholen, wo sie sind.

Ich las das Papier, auf dem die Schlussfolgerungen schließlich zusammengefasst waren. Einerseits leuchtete das alles ein. Aber ich hatte doch irgendwie ein ungutes Gefühl im Bauch. Denn hier ging es letzten Endes um etwas sehr Grundsätzliches. Und ich fragte mich im Stillen: Taugten diese neuen und so modern wirkenden Ideen nun wirklich dazu, Verbindlichkeit und Einbindung wiederherzustellen – oder würden diese Maßnahmen am Ende eines langes Tages sogar nur die weitere Abkehr von einem echten Zugehörigkeitsgefühl fördern? Vielleicht bedeutete »abholen, wo sie sind« auch: Die Abkehr von Verbindlichkeit zu akzeptieren. Der Erste, mit dem ich die Dimension und Tiefe dieser Frage diskutieren konnte, war der Philosoph Martin Hartmann von der Universität Luzern. Ich traf ihn im vergangenen Sommer, inmitten der Pandemie, in einer einsamen Blockhütte nahe des Tiroler Alpendorfs Alpbach. Hartmanns Fachgebiet: Eine Philosophie des Vertrauens. Bauten wir demnach auf eine Bindungsqualität, die vielleicht gar keine Zukunft mehr hatte?

Zurück zur CDU. Von diesen Gedanken unberührt kam das Papier zur Parteireform zu einem Abschluss und fand danach seinen Weg durch die politischen Gremien. Ich aber stand anschließend ein wenig allein da – allein mit meinen Gedanken und Zweifeln. Wir hatten die Tür aufgestoßen zu einem großen und komplexen Thema. Aber dies hier war gerade einmal die Oberfläche. Ich wusste das, spürte es innerlich regelrecht. Denn ich war Teil der Generation, um die es hier ging. Die Jugend, die keine mehr war. Die Jugend aber auch, die die Verbindung zu den Älteren und Alten irgendwie verloren hatte und die gerade durch eine Erfahrungswelt taumelte, die niemand sah und die sie selbst noch gar nicht so richtig begriff.

Ich packte meine Gedanken nicht weg. Ich parkte sie nur. Ab und zu schlich ich in die Garage, um ein wenig zu grübeln. Dann begann ich, mehr über dieses Thema zu lesen und mehr zu recherchieren. Die Jugend, die Einsamkeit und überhaupt: Dieser ganze Wahnsinn, den alle irgendwie spüren, den aber keiner so wirklich greifen kann. Dann begann ich, weitere Erfahrungen zu sammeln. Sprach mit vielen Leuten, die das Thema ebenfalls nicht in Ruhe ließ. Und dann kam Corona.

Die folgenden Monate würden nun ein neues Guckloch öffnen, um die tieferen Ursachen der Einsamkeit vielleicht noch ein wenig besser zu verstehen.

Während der Einschränkungen des öffentlichen Lebens und der Kontaktbeschränkungen, die im April 2020 galten, wurden weitere Umfragen zum Thema unternommen. Und das lag natürlich nahe: Denn nun war Einsamkeit von oberster Stelle quasi verordnet worden. Die gezielte persönliche Kontaktvermeidung – so absurd und unmenschlich kann es wohl nur ein

Virus treiben – wurde zum Tool, um die Volksgesundheit zu sichern. Und somit zum Thema Nummer eins.

Und wen wundert es, dass die neuen Restriktionen laut Umfragen prompt zu einem auffälligen Anstieg der subjektiven Einsamkeit unter den Deutschen führte? Man hatte Vergleichsaussagen von 2017 und konnte es deutlich ablesen: Die Werte stiegen – die Menschen fühlten sich tatsächlich immer einsamer. Und sie brachten dies nun auch offen zum Ausdruck.

Zwar fühlten sich laut den Befragungen sowohl Frauen als auch Männer während des Lockdowns im April 2020 einsamer als in den Vorjahren. Bei Frauen aber nahm die Einsamkeit nun deutlich stärker zu als bei Männern. Betrachtet man die unterschiedlichen Altersgruppen, zeigte sich generell: Fast alle Menschen fühlten sich während des Lockdowns einsamer als in den Vorjahren. Dies war nachvollziehbar. Doch dann staunte ich vor allem über eine Feststellung: Denn ganz besonders einsam fühlte sich während der Corona-Kontaktsperren die jüngste aller befragten Gruppen – alle unter 30 Jahren. Und auch dies gab zu denken: Es stieg während der Lockdowns auch die durchschnittliche Depressions- und Angstsymptomatik am meisten unter den jungen Menschen. Im April 2020 lag sie bei 2,4 (auf einer Skala von 0 bis 12) – und damit deutlich höher als 2019, als der Wert bei 1,9 lag.

Es ließe sich also durchaus sagen: Ein Gefühl aus Angst und Isolation nahm während Corona bei den Jungen auffallend zu. Und auch das überrascht. Es überrascht angesichts der öffentlichen Bilder, die das Thema Einsamkeit wieder einmal stereotyp bedienten – und vorrangig mit den Hochaltrigen in Verbindung brachten. Ging es um die Jugend, zeigten die Fernsehsender in der Krise gern Nachbarschaftsprojekte, in denen Studentinnen und Studenten Einkäufe für die alten Risikogruppen erledigten. Reportagen und Beiträge porträtierten die Jungen als eifrige Träger der Solidarität, während die Alten nur noch plakativer in die bekannte Schublade gesteckt wurden. Wir blickten auf Szenen aus den Altersheimen und Pflegeheimen. Wir sahen die Alten, abgeschnitten vom Leben, getrennt von Enkeln, Kindern, Verwandten.

Nur legten Zahlen und fundierte Befragungen eigentlich das Gegenteil offen.

Während Corona nämlich konnten viele der Alten auf eine ihnen bekannte Resilienz zurückgreifen. Mit Einsamkeit kannten sie sich in gewisser Weise schon aus; eine Erfahrung, mit der viele der alten Bürger schon lange vor Corona zu tun hatten. Die Jungen aber wurden vom Lockdown regelrecht überfallen. Denn ihre gesellschaftlichen und turbulenten Routinen waren auf einen Schlag ausgehebelt. Isolation und Einsamkeit übermannten sie, wie sie es bisher nicht einmal in Erwägung hätten ziehen können.

»Auch uns hat das überrascht«, sagt Theresa Entringer vom DIW. »Wir vermuten aktuell, dass junge Menschen einsamer geworden sind, weil sie vor der Pandemie ein sehr aktives Sozialleben und ein großes Umfeld hatten. Ältere Menschen hingegen besinnen sich öfter auf Partnerschaft und Familie, Sozialleben findet bei ihnen eher in den eigenen vier Wänden statt.«

Es sind Sätze mit Tragweite. Man muss sie zweimal lesen. Dann erst offenbaren sie die Falltür.

Einen besonderen Moment markierte ein Interview mit einer jungen Frau im ZDF im Oktober 2020. Nach einem halben Jahr Partyausfall erklärte die junge Frau wörtlich: »Ich war jetzt seit März nicht mehr feiern und davor war ich dreimal die Woche irgendwo. Das ist schon traurig, ich brauche das nämlich eigentlich, ich bin darauf angewiesen. Und darauf zu verzichten, geht mir schon echt ab. Deswegen wird die zweite Welle auch so schwierig sein, und deswegen werden auch wieder mehr Partys gefeiert, weil so viele das mittlerweile krass vermissen.«

Der schmerzliche Gesichtsausdruck, die weinerliche Stimme entlockten Tausenden in den sozialen Netzwerken Häme und Spott. Während Kinder ihres sorglosen Spiels mit Gleichaltrigen beraubt wurden und viele Kinder im Ausland nicht einmal mehr die enge Familienwohnung verlassen konnten, während die Alten krank und zwangsisoliert in Heimen hausen mussten, beschwerte sich die wohlstandsbesoffene, ignorante Partyjugend, sich nicht in Sex und Rausch hineinwerfen zu dürfen.

Auch Twitter war sich schnell einig: *First World Problem*.

Erst nach und nach und mit zunehmender Solidarität insbesondere von einigen Wissenden unter den älteren Menschen drehte sich die Debatte. Und dann wurde die junge Lebenswirklichkeit auf einmal doch ernst genommen. Auch die Öffentlichkeit erkannte, dass die Jugend ein Bedürfnis nach Abgrenzung, Abrieb und Sexualität hat. Und nach einigen Diskussionen begriff man, dass es hier nicht nur um das Unterbinden von Leichtsinn ging, sondern – vor allem auf längere Sicht betrachtet – um das Unterdrücken eines natürlichen und substanziellen Verhaltensmusters junger Menschen. Widernatürlich wäre, auf den Raub der Lebendigkeit nicht mit Schmerz zu antworten.

In einigen Runden, die das Thema vertieften, kamen diesbezüglich schließlich noch andere Folgen auf den Tisch, mit denen die Jugend durch Corona konfrontiert wurde. Und auch hierbei geht es zunächst vielleicht weniger um die Wucht der einzelnen Probleme, sondern darum, diese überhaupt erst einmal zu erkennen – und schließlich auch anzuerkennen. Denn erst dann lässt sich der Fokus auf die Konsequenzen legen. Und das ging schon bei den Erwachsenen los.

Laut einem Bericht im Deutschlandfunk über die »psychologischen Folgen der Corona-Krise« fielen die Reaktionen äußerst unterschiedlich aus. Einige genossen die verordnete Zeit der Distanz zunächst, viele aber konnten schon nach kurzer

Zeit nicht mehr. Bei den landesweiten Telefonseelsorgen gingen auf einmal täglich bis zu 50 Prozent mehr Anrufe ein als zuvor.

Eine Online-Studie der Klinik für Psychiatrie und Psychotherapie der Berliner Charité unter Leitung des wissenschaftlichen Mitarbeiters Moritz Petzold befragte im März und April 2020 über 6500 Menschen. Demnach haben 60 Prozent der Menschen Ängste vor sozialen Konsequenzen, 45 Prozent hingegen vor ökonomischen Folgen der Krise entwickelt. Und auch das erstaunte die Experten: Mit sorgenvollen Themen beschäftigen sich Menschen im Schnitt eine halbe bis eine Stunde am Tag – während Corona aber sagten viele, sie würden sich vier oder gar sechs Stunden am Tag damit beschäftigen.

Als nach dem Sommer der zweite Lockdown nahte, drohte der Verlust von geschätzt 600 000 Arbeitsplätzen. Bei den Stellen der Telefonseelsorge riefen nun deutlich mehr Männer als Frauen an, in Hamburg sprach man von einem Verhältnis von zwei Dritteln zu einem Drittel. Denn es waren vor allem die Männer, die sich große Sorgen um die Zukunft und um ihren Arbeitsplatz machten. Die Experten rechneten zu diesem Zeitpunkt auch mit einem signifikanten Anstieg der Suizidrate sowie mit überfüllten Psychologiepraxen, wo die Wartezeiten auch vor Corona bereits erheblich waren.

Und was die Erwachsenen erwischte, sollte sich auf die Jugend nicht weniger dramatisch niederschlagen. Im Hamburger Universitätsklinikum wollte man anhand der COPSY-Studie (»Corona und Psychologie«) darum herausfinden, was die Folgen hier im Einzelnen wären. Nach der Online-Befragung von 1000 Jugendlichen zwischen 11 und 17 Jahren sowie 1500 Eltern kam man zu mehreren Schlüssen.

In vielen Fällen schlug sich die Angst der Eltern auf die Kinder nieder. Die Jugendlichen machten sich Sorgen um ihre Zukunft. Sie fragten sich, ob sie die Ausbildung und den Beruf, den sie sich vorgenommen hatten, noch erreichen könnten. Ob die neue Zukunft noch halten würde, was die alte versprochen hatte. Zudem spürten viele Jugendliche die Last, nun auch Verantwortung für die Eltern und innerhalb der Familie zu übernehmen.

Dörte Peters, eine Kinder- und Jugendpsychotherapeutin in Hamburg, erlebte, was solche Situationen auslösen können. Einige Jugendliche wurden während Corona in ihrer Entwicklung zurückgeworfen. Sie verhielten sich wieder kindlicher, verfielen in eigentlich längst abgelegte Verhaltensmuster. Die Psychologen sprechen von einer Regression, was während Corona in einigen Fällen so weit führte, dass Kinder wieder ins Bett nässten. Doch die Folgen der Situation konnten noch ganz anders ausfallen.

Homosexuelle Studenten zum Beispiel, die nach ihrem Outing zurück im Kinderzimmer im erzkonservativen Elternhaus wohnen sollten: Sie würden einen traumatischen Rückschritt erleben. Und das gilt, übertragen, für viele junge Menschen, egal ob homosexuell oder nicht, egal, ob Frau oder Mann. Denn gerade die Lebensphase nach der Schule ist eine empfindliche und prägende Etappe auf dem Weg zu Emanzipation und Persönlichkeit. Doch für die Abnabelung vom Elternhaus, für den Gewinn sozialer und kultureller Individualität braucht es Begegnung, Kultur, Kunst und auch Partys. Auf die Frage an einen der bekanntesten deutschen Sozialpsychologen, wieviel das Feiern ihm in jenem Alter bedeutete, antwortete Harald Welzer: alles. Kein Wunder also, dass ausgerechnet die junge Generation von der offiziell verhängten Einsamkeit während Corona besonders betroffen war. Und dies in vielerlei Hinsicht.

Denn obwohl dies kaum einer sah und kaum einer sehen wollte: Man hatte ihnen gerade das Sprungbrett ins Leben abgesägt.

Und die Erhebungen während Corona brachten noch ein weiteres Ergebnis ans Tageslicht. Eine Erkenntnis, die weniger auf psychologischen Mustern basiert, sondern vielmehr auf der blanken ökonomischen Realität. Denn laut sämtlichen Befragungen hingen die empfundenen Belastungen unter Jugendlichen immer auch stark von den sozialen Verhältnissen ab. Und Jugendliche aus sozial schwachen Verhältnissen litten während dieser Zeiten psychisch deutlich mehr als ihre Altersgenossen aus gut situierten Familien. Und dann förderten die Umfragen während Corona auch noch dies zutage: Nämlich dass die gesellschaftliche Schere Jugendliche aus soliden und jene aus sozial schwächeren Umfeldern immer weiter auseinander treibt.

Erste Experten, vornehmlich die zweite Gruppe im Visier, hatten während der zweiten Corona-Welle bereits einen neuen Namen für diese Jugend von heute ersonnen. Einen Namen, der diesmal ohne Buchstaben und Kürzel auskam. Sie nannten die Jungen der Corona-Zeiten: Die verlorene Generation.

Auf die Frage, wie der Mensch mit psychischen Belastungen wie etwa während Corona nun umgehen soll, formulierten die Experten schließlich verschiedene Antworten. Sie reichten von tumben Alltagstipps wie »öfter lüften« oder »positiv denken« bis hin zu hilflosen Aufrufen, etwa mehr Sport zu treiben.

Eine ganz andere, eine besonders eindringliche Antwort hingegen gab Babette Glöckner, Pastorin und Leiterin der Telefonseelsorge der Diakonie Hamburg. Eindringlich klang ihre Antwort darum, weil die Methodik, die sie ansprach, eigentlich so sehr auf der Hand liegt, weil sie so menschlich wie alterprobt ist – und weil sie genau darum heute erschreckenderweise fast schon befremdlich klingt.

Um mit psychischen Belastungen umzugehen, sagte also Babette Glöckner, müsse man sich daran erinnern, dass Menschen Beziehungswesen seien. Es zähle darum vor allem eines. O-Ton Glöckner: »Beziehung, Beziehung, Beziehung. Und dazu gehört auch Beziehungspflege, und nicht erst, wenn man in eine Krise gerät. Man muss an dieser Stelle gut für sich sorgen. Und man muss in Beziehung bleiben, Freundschaften pflegen. Genau das fördert unsere seelische Gesundheit und unsere Stabilität.«

Da also wurde sie endlich einmal in klaren Worten angesprochen und auch ausgesprochen. Die Verbundenheit untereinander. Die Fähigkeit zu Intimität und Vertrauen. Das Können, Freundschaft zu schließen. Sie zu pflegen, zu ertragen und letztlich zu genießen. Dahinter steht freilich ein Rat, der ziemlich alt ist. Ein menschliches Urbedürfnis – das heute allerdings zur Diskussion steht wie wohl nie zuvor.

Dabei weiß man schon aus der Evolutionsbiologie, dass Kontakt und Berührungen im Prinzip den zentralen biochemischen Klebstoff ausmachen, der den Menschen am Leben erhält. Bereits in den fünfziger und sechziger Jahren hatte dies der US-amerikanische Psychologe und Verhaltensforscher Harry Harlowe an Affenkindern deutlich erkennen können. Das Fazit seiner Versuche und Beobachtungen ist inzwischen berühmt. Es geht so: Die Affenkinder würden lieber verhungern als auf die Nähe und körperliche Bindung zu ihrer Mutter zu verzichten. Harlowes Studien gelten bis heute als grundlegender Nachweis dafür, dass soziale Beziehungen für die emotionale Entwicklung und das menschliche Wohlbefinden ausschlaggebend sind.

Und nun bedurfte es erst einer Pandemie, um sich wieder vorsichtig jene Frage zu stellen, deren Antwort so alt ist wie die Menschheit selbst.

Die Einsichten während Corona, aber auch die neuesten Studien decken letztlich jedoch verschiedenste Gründe auf, die zu Einsamkeit führen können. Zu einem Schluss aber darf man uneingeschränkt kommen: dass noch immer viel zu wenig über das generelle Syndrom der Einsamkeit geredet wird.

Das findet auch die britische Wohltätigkeitsorganisation Co-op Foundation und ist der Meinung, dass das Phänomen der Einsamkeit besonders in Bezug auf Jugendliche von den Restgenerationen kaltschnäuzig und unwissend unterschlagen wird. Genau das will die Organisation ändern, zusammen mit Jugendinitiativen und zusammen auch mit der britischen Regierung. Das Projekt »Belong« soll Betroffene verbinden, soll helfen, Einsamkeitsgefühle offen zu überwinden.

Die Mitarbeiter von Co-op nämlich wissen, dass gerade Jugendliche sich selten jemandem wirklich anvertrauen. Und spätestens, wenn dafür kein intaktes Elternhaus da ist, keine nahen Verwandten oder enge Freunde zur Verfügung stehen – dann sieht es düster aus. Einsamkeit in jungen Jahren kann genau dann zu einer haltlosen Erfahrung werden. Und nicht selten tragen die Betroffenen Spuren davon, die sie kaum je wieder loswerden.

Doch das Leid besonders der jungen Einsamen gilt eben noch immer nicht als Leid. Es wird heruntergespielt, verniedlicht, verschwiegen. Oft von den Einsamen selbst. Einsamkeit steht nun einmal nicht auf der Liste. Es kommt meist nicht einmal zur Sprache. Und wenn, dann heißt es: *Die* doch nicht! *Der* doch nicht! *Ich* doch nicht!

Um dem entgegenzuwirken, so die Organisation Co-op, muss Einsamkeit allerdings nicht nur sichtbarer, sondern auch verständlicher werden. Deshalb befragten die Mitarbeiter von Co-op 2001 junge Menschen zwischen 16 und 25 nicht nur, ob sie sich einsam fühlen – sondern auch, wie sie mit ihrer Einsamkeit umgehen.

Die Ergebnisse zeigen, dass Einsamsein nicht nur ein negatives Gefühl ist, sondern als Makel empfunden wird. Über die eigene Einsamkeit zu sprechen, fällt 81 Prozent der Befragten schwer, weil sie befürchten, von anderen für schwach gehalten zu werden. Gleichzeitig möchten sie niemanden belasten oder enttäuschen, wenn sie sich einer vertrauten Person mitteilen. Denn wenn sie dieser Person sagen, dass sie sich einsam fühlen, bedeutet dies im Umkehrschluss schließlich auch ein Versagen der Vertrauensperson.

Krasser jedoch: Nur 19 Prozent haben den Eindruck, ihr Umfeld und die Gesellschaft würden Einsamkeit bei jungen Menschen überhaupt ernst nehmen. Ziel des Projektes ist es deshalb auch, den Begriff der Einsamkeit umzudeuten und von seinem Stigma zu befreien. Junge Erwachsene sollen Einsamkeit nicht mehr als Krankheit begreifen, sondern als eine normale menschliche Emotion. Das allerdings ist nicht einfach. Denn allzu oft ist das Wort »einsam« in rein negativ besetzten Kategorien angesiedelt. Seite an Seite steht es mit: krank, schwach, kraftlos, invalide, teilnahmslos. Und das liegt auch daran, dass viele bis heute an alte Menschen denken, sobald es um Einsamkeit geht. Und somit auch an die gesundheitlichen Begleiterscheinungen, die im Alter oft auftreten.

Genau das aber ist Unsinn. Es ist schlicht falsch, wie wir allein an den Zahlen sehen können. Einsamkeit betrifft nicht nur die Alten. Im Gegenteil: Sie ist in der gesamten Gesellschaft zu verorten.

Perspektivwechsel

Ich muss zugeben: Auch ich musste erst mal begreifen, welche Trugschlüsse und Vorurteile sich in meinem Kopf festgesetzt hatten. Denn auch ich landete immer wieder bei den gleichen Gemeinplätzen, wenn ich der Einsamkeit in einer ihrer vielen Erscheinungsformen begegnete. Ich konnte fast gar nicht anders, als automatisch immer wieder in die gleiche Schublade zu greifen. Dabei ist es ein bisschen wie beim Necker-Würfel, wie bei Kippfiguren oder Vexierbildern. Es stecken andere Bedeutungen in ihnen, andere Ansichten. Man muss allerdings seine Perspektive ändern, alles einmal auf den Kopf stellen – und plötzlich sieht man die Welt mit anderen Augen.

Solch eine Umkehrung der Betrachtungsweise ist auch bei der Einsamkeit nötig, wie ich bald lernte. Also beschäftigte ich mich immer weiter mit dem Thema, stieg immer tiefer ein, und das schon lange vor Corona. Und es zeigte mir nicht nur, wie sich Denkweisen tatsächlich einnisten können, wie sehr wir uns doch immer wieder zu schnellen Schlüssen verleiten lassen. Es zeigte mir auch, welche Welten sich eröffnen, wenn wir die Anstrengung unternehmen, die Dinge zu hinterfragen und anders zu sehen. Und genau dann wird die Einsamkeit zu einem immer vielschichtigeren Thema. Ein Thema, das fast alle Felder unseres Daseins streift. Es öffnet Blicke auf die Menschen, in die Menschen. Es öffnet den Blick auf die Gesellschaft. Darauf, wie sie strukturiert ist. Wie sie tickt, wie wir ticken. Denn Einsamkeit ist am Ende nichts anderes als ein existenzielles Gefühl, das unser aller Leben bestimmt – ob wir wollen oder nicht.

So führte mich meine Reise durch die Einsamkeit eines Tages auch nach England. Und während meiner ersten Fachkonferenzen und Gremiensitzungen in Großbritannien lernte ich die Psychologin Rebecca Nowland kennen. Auch sie erforscht, wie sich Einsamkeit auf die körperliche und geistige Gesundheit auswirkt. Und nicht nur das. Rebecca Nowland erforscht ebenfalls, welchen Einfluss Einsamkeit und Isolation auf die Gesellschaft haben, gerade auf die junge.

In Großbritannien hat sie dafür Studien durchgeführt, um die Wechselwirkung zwischen sozialen Medien und Einsamkeit besser zu verstehen, um der Einsamkeit als Phänomen des modernen Lebens überhaupt nachzugehen. Ihre Ergebnisse beziehen sich auf Großbritannien, aber sie hält die Lebensumstände in anderen westeuropäischen Ländern für vergleichbar. Und schon früh wies mich Nowland darauf hin, welche Rolle soziale

Medien spielen und nach welchen Prinzipien sie funktionieren. Sie sagte das so:

»Auf der einen Seite bauen Plattformen wie Instagram eine falsche Welt auf, in der alle perfekt wirken wollen. Gerade bei Teenagern haben wir in Studien außerdem festgestellt, dass Freundschaft quantifiziert wird – man ist mehr wert, je mehr Freunde man zum Beispiel auf Facebook hat. Aber 800 Facebook-Freunde zu haben, macht nicht unbedingt weniger einsam, wenn zu keinem dieser Freunde eine enge Bindung besteht.«

Nowland, die sich hauptberuflich damit befasst, wie sich junge Menschen austauschen und wie sie zueinander stehen, hatte inzwischen nicht nur viele Studien durchgeführt, sondern in Forschungsgruppen, aber auch in Gesprächen mit Jugendlichen, Eltern und diversen Experten reichlich Erfahrung gesammelt. Und ich erinnere mich noch gut, was sie mir über die Lebenseckpunkte der heutigen Millennials erzählte.

»Das Lebensalter um die 20 und 30 ist eine Zeit, die mit Erwartungen vollgepackt ist. Anfang 20: Du hast ein aufregendes Studentenleben mit rauschenden Partys, Dutzenden Freunden, philosophischen Diskussionen und knisterndem Liebesleben. Mitte 20: Du bist auf dem Sprung zu einer ersten Karriere, angelst erste Jobangebote und bleibst dabei innerlich jung und wild. Ende 20: Die Karriere nimmt Form an, gleichzeitig geht die Familienplanung los. Um die 30 solltest du glücklich verheiratet sein.«

Nowland schaute mich nach diesen Worten eine Weile an und sagte nichts. Sie wollte wohl sehen, wie ich reagiere, als sie mir diese Lebensjahre wie eine Art Bilderbuchshow darlegte. Dann setzte sie plötzlich wieder an:

»Das jedoch sind alles Klischees und Stereotypen, und sie werden uns immer wieder farbenfroh ausgemalt, nicht zuletzt in den sozialen Netzwerken. Die Erwartungen an uns selbst sind dabei enorm gestiegen. Das führt einerseits dazu, dass wir schneller das Gefühl haben, mit uns stimme etwas nicht. Auf der anderen Seite sind wir so sehr damit beschäftigt, unser Leben zu optimieren, dass wir uns immer weniger Zeit für echte soziale Kontakte nehmen. Bis wir dann abends auf dem Sofa sitzen und uns fragen, wann wir das letzte Mal ein ernsthaftes Gespräch hatten mit jemandem, bei dem wir uns aufgehoben fühlen.«

Ich nahm Nowlands Sätze mit, ließ sie auf mich wirken. Ich hatte es nun schon so oft gehört und auch gelesen, dass die Digitalität als Ursache der Einsamkeit junger Menschen ausgemacht wurde. Immer ging es in diesem Kontext um überhöhte Erwartungen, um millionenfach verbreitete Traumwelten wie auch um persönliche Luftschlösser, die sich auf den Plattformen ein jeder nach Belieben designen konnte. Und das ja auch tat. Aber machten das nicht auch Kinder, wenn sie zum Beispiel malten oder sich ein Schlumpfdorf bauten? Wenn Mädchen mit Barbiepuppen und Jungen mit kleinen Soldaten spielten? Die Welt projizieren? Wünsche visualisieren? Träume spielen?

Auf der anderen Seite dachte ich an die futuristische Dystopie im Film *Her*, sozusagen eine maximale Steigerung von Nowlands Theorien. In dem Film verliebt sich die Hauptfigur Theodore nach ihrer Scheidung in Samantha: eine weibliche, auf Theodores Rechner installierte Software. Der Film spielt mit der wahrscheinlich gar nicht mehr so irrwitzigen Idee, dass menschliche Partner durch Algorithmen ersetzt werden. Und im Film wird Realität, was sich absurd anhört: Theodore wie auch seine alte Freundin Amy bauen tatsächlich enge und vertraute Beziehungen zu Betriebssystemen auf. Stimmen lediglich, die jedoch warm und mitfühlend mit ihnen sprechen und sich in ihre Welten und auch Seelen hineindenken.

Ja, eine in schönen Farben gedrehte Dystopie ist der Film *Her*. Mit der heutigen Wirklichkeit aber hat er wenig zu tun.

Denn dort verhält es sich bei den Jungen eher so: Datingplattformen wie Tinder, Bumble, OkCupid, Grindr oder Her haben die Möglichkeiten, andere Menschen schnell und geräuschlos kennenzulernen, massiv vervielfacht. Als Resultat können wir jedoch nicht wirklich beobachten, dass die meisten dadurch gute Freundschaften finden und stabile Beziehungen aufbauen. Eher das Gegenteil scheint der Fall zu sein. Niemals zuvor hatten junge Menschen derart viele Sexualkontakte und Datingerlebnisse, wobei sich die Verhältnismäßigkeiten zwischen Quantität und Qualität inzwischen auf inflationäre Weise verschoben haben: Sexualität und Dating werden zunehmend nicht mehr mit selektierter Intimität verbunden, sondern dienen als Konsumeinheit. Man baut keine Freundschaften mehr auf, wie man früher noch herzergreifend sagte; man sammelt sie. Man knüpft auch keine Freundschaften mehr; sie kommen als »request«.

Die Tochter einer guten Freundin von mir, gerade mal 20, führte uns das sehr bildhaft vor Augen. Sie hatte die Namen ihrer Flirts auf einen Zettel geschrieben, versehen mit Nummern und einem Ranking.

Zum Symbol dieser neuen Schamlosigkeit avancierte im vergangenen Jahr der Song samt Musikvideo »WAP« der US-amerikanischen Rapperin Cardi B. Über 300 Millionen Mal wurde der Hit auf YouTube angeklickt. Auf der Plattform TikTok ist er Stichwortgeber für Szenen der Konfrontation: Eltern wird das Musikvideo, in dem es um eindeutige sexuelle Praktiken geht, vorgespielt. Ihre verschämte, überforderte Reaktion wird per Video mit anderen auf der Plattform geteilt. Ein Lacher für die Gen Z. »WAP« zeigt auf: Da ist eine Schlucht zwischen sittengehorsamer Elterngeneration und sexuell freizügiger jüngerer Generation. Aber ob freizügiger auch für ehrliche Offenheit steht? Eine andere Frage.

Der Song der Band DNCE mit der Rapperin Nicki Minaj mag

eine Vorstellung davon vermitteln, mit welch flüchtigen Zwischenmenschlichkeiten die jungen Generationen inzwischen zu tun haben. Das Video zum Song namens »Kissing Strangers« beginnt mit einem verwaisten Vorstadthaus, irgendwo in den USA. Zwei schiefe Palmen stehen im Vorgarten, ein Hund steigt aus dem Bett, putzt sich sein Gebiss mit einer Zahnbürste. Dann geht der Song los: »Hey, jemand da? Ich suche Kontakt in diesen Two-thousand-somethings. Aber: nicht einfach.«

Worum geht es noch in dem Song? Um Speeddating, um Desinformation, um falsche Interpretationen. Es geht um eine hyperventilierende Suche, um Lippen, um den Wunsch, einen anderen Menschen zu schmecken. Und dann geht es letztlich auch hier um Konsum: Nehme gleich sechs, kann gar nicht aufhören damit – »kissing strangers«!

In dem ganzen Video ist nicht ein Mensch zu sehen. Nur Hunde. Rosafarbene Riesenpudel, gefärbte Dackel, die am Ende verloren an einem Gartentisch sitzen und sich küssen. Das Video und der Song fassen zusammen, wie die Seelenwelten der Teens und Twens heute gestrickt sein müssen, wenn es um menschliche Verbindung geht. Eine Smartphone-Ästhetik, die ins Innerste vorgedrungen ist. Eine Glätte und eine Oberflächlichkeit, an der Intimität und Verbindung regelrecht abgleiten und keinen Halt mehr finden – obwohl sich die Jugend gerade danach sehnt.

Warum ist das so? Wie um Himmels willen konnte uns – und offenbar besonders der Jugend – die Fähigkeit zu Vertrauen und anhaltender Gemeinschaft so grundlegend verlorengehen?

Ich ahnte, dass selbst die gesammelten Studien noch keine befriedigende Antwort gaben. Ahnte, dass die wahren Gründe für diese hochmoderne Form der sozialen Inkompetenz noch weitaus tiefer liegen würden.

Willkommen im
flexiblen Kapitalismus

Dann vertiefte ich mich in die Arbeiten des Soziologen Richard Sennett. Er hatte sich einen Namen gemacht als pointierter Beschreiber urbanen Lebens, beschäftigte sich ausgiebig mit dem Phänomen der Vereinzelung und mit den modernen Entkopplungsmechanismen heutiger Individuen. Sennett, aufgewachsen in Chicago, dachte bei seinen Ausführungen jedoch stets eine Dimension weiter. Und es ging ihm dabei vielleicht auch um das, was ich bisher lediglich spürte: Nämlich, dass sich hinter der Orientierungslosigkeit besonders der Jugend noch viel tiefer sitzende Hebel befinden müssten. Verborgene oder zumindest nicht gleich erkennbare Mechanismen, die letztlich auch zu dem führen, was wir heute zu Recht eine neue Einsamkeit nennen dürfen.

In seinem Buch *Der flexible Mensch* beschreibt Sennett einen Generationenbruch im Licht des angloamerikanischen Kapitalismus. Der Auslöser: An einem Flughafen trifft Sennett den Sohn eines alten Bekannten. Sennett unterhält sich mit dem Sohn – und erkennt alsbald einen gigantischen Graben, der sich zwischen den Generationen des Vaters und des Sohns aufgetan hat. Und dabei ging es ja keineswegs nur um eine amerikanische Geschichte.

Der alte Bekannte, der Vater des Sohns, war immer ein fleißiger, sparsamer Traditionalist gewesen. Einer, der sich über viele Stationen hochgearbeitet hatte. Einer, der sein Ziel stets vor Augen hatte, der daran festhielt und geduldig darauf hinarbeitete. Und dann war da sein Sohn – und der Wunsch des Vaters, dass es dieser einmal anders haben sollte als er. Besser.

Ein hehrer Wunsch, den wohl viele Eltern bis heute haben:

Alles für ihre Kinder zu tun, damit sie es gut haben werden. Damit sie eine solide Grundlage haben, um sich ein gutes und sorgenfreies Leben leisten zu können. Sennett kannte natürlich auch ein paar Zahlen. Er wusste nur allzu gut um die Realität, die sich hinter diesem Wunsch verbirgt. Werfen wir also einen kleinen Blick auf einige dieser Zahlen. Zum Beispiel auf die Preise für Immobilien in Großbritannien.

In den neunziger Jahren lag der durchschnittliche Preis für ein Haus in England bei 58 000 Pfund – das jährliche Einkommen eines Haushalts bei rund 20 000 Pfund. Heute, 2020, sehen diese Zahlen so aus: Ein Haus in England kostet inzwischen im Schnitt 237 000 Pfund – während das durchschnittliche Einkommen pro Haushalt gerade mal auf 37 000 Pfund gestiegen ist. Man könnte es auch so sagen: Während der Vater beharrlich arbeitete und für sich und die Familie in absehbarer Zeit ein Haus finanzieren konnte, müsste der Sohn heute sein halbes Leben lang arbeiten, um auch nur in die Nähe einer eigenen Immobilie zu kommen. Er müsste während dieser langen Reise zudem in Kauf nehmen, keinen sicheren Job zu haben, seine Jobs häufig wechseln zu müssen und wahrscheinlich – je nach Arbeit – auch mehrfach den Wohnort.

Diese Situation in der heutigen Realität ist hinlänglich bekannt, nicht nur in England. Wohnungsnot, horrende Preise in den Städten, die Flucht vom Land. Der Blick auf Deutschland ist ebenso aufschlussreich. Laut dem Statistischen Bundesamt lag das durchschnittliche Nettoeinkommen pro Arbeitnehmer 1995 bei 1330 Euro (umgerechnet aus damaligen D-Mark-Zeiten). Vierzehn Jahre später, 2019, lag es bei 2079 Euro. Im Verhältnis zur Inflation ein – gelinde gesagt – überschaubarer Anstieg. Wohingegen die Immobilienpreise auch bei uns massiv in die Höhe kletterten. Schon 2013 schrieb das *Manager Magazin*: »Deutschland erlebt derzeit den vierten Aufschwung auf dem Immobilienmarkt. Auch in diesem Jahr werden die Preise wohl weiter kräftig zulegen. Und beim aktuellen Boom ist noch kein Ende in Sicht.«

So sollte es kommen. Die Kosten für ein eigenes Heim schnellte weiter in die Höhe. Allein im ersten Quartal 2020 legten die Kaufpreise für deutsche Wohn- und Gewerbeimmobilien gegenüber dem Vergleichsquartal 2019 noch einmal um 6,3 Prozent zu. Der vdp-Immobilienpreisindex erreichte damit einen neuen Höchststand von 165,1 Punkten.

Anders die Löhne, die allerhöchstens dahindümpelten. Ernüchterndes Ergebnis acht Jahre nach der Einführung des Euro und zwei Jahre nach der Bankenkrise: 2010 zitierte der *Spiegel* eine Studie, laut der die Real-Löhne nicht gestiegen, sondern seit 1990 kontinuierlich gesunken waren – und zwar um bis zu 50 Prozent. Der Artikel begann damals so: »Ein großer Teil der Beschäftigten verfügt heute über eine geringere Kaufkraft als vor 20 Jahren. Das geht aus einer Untersuchung der Gehälter in den hundert häufigsten Berufen hervor. Die Einbußen im Vergleich zu 1990 liegen bei bis zu 50 Prozent.«

Auf einem Foto im Artikel war das T-Shirt eines Busfahrers zu sehen, darauf gedruckt die Worte: »Gute Leute. Gute Arbeit. Gutes Geld.« Die Bildunterschrift kommentierte das Foto so: »Für immer mehr Beschäftigte ist die Parole nur noch ein frommer Wunsch.«

Das war 2010. Seit der Schuldenkrise und nun spätestens seit Corona haben sich diese Verhältnisse noch einmal markant verschoben – ins Negative, besonders für die jungen Generationen. Von finanzieller Unabhängigkeit und prosperierenden Aussichten sind sie weit entfernt. Weiter als viele Generationen vor ihnen. Die Jungen sind dabei auf seltsam gefeierte Art und Weise in eine Art Strudel hineingeraten, in dem man sich erst einmal zurechtfinden muss. In dem man sich anpassen muss. Und in dem man ohne die Ausbildung gewisser Fähigkeiten (oder wohlhabende Eltern) kaum eine Chance hat.

Wie darf man sich das genauer vorstellen?

Der österreichische Schriftsteller und Essayist Franz Schuh fühlt sich in seiner Besprechung von Sennetts Buch *Der flexible Mensch* an amerikanische Fernsehsehserien erinnert, insbesondere an *Ally McBeal*. Filme, die seiner Ansicht nach sehr anschaulich vorführen, welche Talente und Fertigkeiten gefragt sind, um in den modernen Zeiten mitzuspielen. Um sich ihnen förmlich anzuschmiegen, damit man nicht aus dem Karussel hinausgeschleudert wird.

Reibung und Haftung sind hier nicht mehr gefragt, auch Tugenden wie Stabilität oder Kontinuität wirken eher als Bremsen. In den prophetischen Serien dieser Zeit, so Franz Schuh, sei vielmehr herauszulesen, wie »buchstäblich alles an einer Oberfläche abgleitet«. Und diese glänzende Oberfläche, so Schuh weiter, sei charakteristisch für die auch in Sennetts Buch charakterisierte Mittelschicht, die der Kapitalismus keineswegs unangetastet lässt. Im Gegenteil: Vielmehr hindere die ökonomisierte Gesellschaft die nachkommenden Generationen hochaktiv dabei, innezuhalten, einen Kurs zu verfolgen und eine eigene Geschichte auszubilden.

Die angloamerikanische Form des Kapitalismus nämlich fordere in erster Linie Flexibilität. Eine Biegsamkeit und Dehnbarkeit, die alle Probleme sofort zu lösen versucht und die ferner suggeriert, man könne »Macht ausüben, ohne Verantwortung zu tragen«. Es war der Beginn einer Ära, die man à la Harald Welzer so betiteln könnte: Alles immer, immer alles – und das so schnell wie möglich und ohne Rücksicht auf Verluste. Die jungen und langsam erwachsen werdenden Millennials rasselten mit Schmackes in diese Zeit hinein. Und damit direkt ins offene Messer.

Bereits im Laufe der achtziger Jahre wurde nämlich eine wirtschaftliche Neujustierung vorgenommen, deren Auswirkungen wir heute mit aller Macht zu spüren bekommen. Margaret Thatcher und Ronald Reagan waren es damals, die eine Deregulierung der Märkte maßgeblich vorantrieben. Der gemäßigte und von Gesetzen im Zaum gehaltene »Rheinische Kapitalismus«, der in Deutschland in Form von sozialer Marktwirtschaft herrschte, kam somit zunehmend unter den Einfluss einer angloamerikanisch geprägten kapitalistischen Marktwirtschaft. Es ging um eine Entstaatlichung des Wirtschaftslebens, wobei unzählige Vorschriften und Richtlinien außer Kraft gesetzt wurden und zunächst vor allem die US-amerikanische Wirtschaft fundamental veränderten. Banken zum Beispiel mussten sich bei Darlehen nicht mehr an feste Zinsen halten, Telekommunikationsriesen oder Versorgungsunternehmen durften ihre Produkte und Preise mehr oder weniger beliebig dem Markt anpassen. Dies sollte eine neue Konkurrenz auf dem Markt entfachen, einerseits das Wachstum fördern, den Verbrauchern anderseits faire und niedrige Preise bescheren.

Nach Jahren stagnierenden Wachstums war nun von der Öffnung der Märkte die Rede, vom freien Wettbewerb ohne restriktive Spielregeln. »Deregulation« galt als das neue Zauberwort, und die Losung machte sich bald in Europa und natürlich auch in Deutschland bemerkbar. Es war die Zeit, als in den größeren Unternehmen die ersten Controller auftauchten, die Worte Outsourcing und Synergie-Effekt bekannt wurden und bald auch die ersten Zeitarbeitsfirmen ihre Dienste anboten – und vor allem günstige Arbeitskräfte. Begriffe wie Lean Management machten die Runde, die Budgets Hunderter Firmen wurden immer mehr auf die Interessen der Shareholder zurechtgestutzt und hochpoliert. Ein Stresstest für die soziale Marktwirtschaft, der mit der Globalisierung und später der Digitalisierung noch einmal deutlich härtere Bandagen anlegte. Eine kapitalgetriebene Revolution, die sich zunehmend auch in kleinen und kleinsten Firmen bemerkbar machte und die letztlich zur heutigen globalen Weltwirtschaft geführt hat, die spätestens seit 2000 verlässlich von einem Krisenloch zum nächsten Wachstumsgipfel galoppiert.

Diesen heiteren Rummelplatz der Monetenmacher – Treiber der Wirtschaft einerseits, ewiger Zankapfel der Politik anderseits – betrachten Schuh und Sennett nun mit ihren Augen und teilen dabei eine Grundhaltung. Schuh ist derselben Meinung wie der Soziologe Richard Sennett: Eine »pragmatische Skepsis« sei überaus angebracht. Eine Skepsis, die man berücksichtigen sollte, will man das moderate Kapitalismusmodell durch das knallharte angloamerikanische Prinzip ersetzen.

Im Klartext: Wir sollten vielleicht ein bisschen auf der Hut sein, wenn wir Neoliberalismus und Turbokapitalismus allzu freien Lauf lassen. Es könnte Folgen haben. Für die Gesellschaft, für die Umwelt – und womöglich sogar für unser aller Seelenwohl.

Die Diskussion darüber, ob uns eine frei rotierende Wirtschaft nun bekommt oder nicht, ist dabei schon lange ein alter Hut. Routiniert scheiden sich hier die Geister. Die verschiedenen Lager debattieren nach vorhersagbaren Mustern, emsig psalmodieren und agieren die jeweiligen Protagonisten in immergleicher Tonart. Neu ist seit einiger Zeit etwas ganz anderes: Niemand weiß mehr, wohin die Reise geht. Nicht die Politik, nicht die Wirtschaft, nicht einmal die Chefprotagonisten der größten aller Akteure. Zu schnell und zu unvorhersehbar greifen die neuen Technologien inzwischen in die eh schon rasanten Prozesse ein. Mehr noch: Längst sind sie Teil der Prozesse selbst geworden und damit maßgebliche Treiber des Markts. Kapitalismus und Digitalisierung beschleunigen sich seither gegenseitig, und selbst die ausgebufftesten Piloten sitzen heute nur noch staunend am Steuerknüppel, während sie dabei zuschauen, wohin ihr Jet als Nächstes schießt.

In Anbetracht der Tatsache, dass derartige Marktmechanismen keinen geringen Einfluss auf unsere Gesellschaften haben und somit letztlich auch auf unsere Seelenverfassung, ist es angebracht, sich die Wechselwirkungen zwischen Markt und Menschenherz präziser anzuschauen. Und ganz besonders sollte das die Jugend tun: die Millennials und ihre nachfolgenden Generationen – denn sie werden gerade am heftigsten mit den Auswirkungen dieses Shifts konfrontiert und werden bald auch das Erbe dieses bunten Treibens schultern müssen. Nichts anderes machen darum Hinterfrager wie Richard Sennett und einige seiner Kollegen: Sie versuchen zu verstehen, was die moderne Welt und ihre taktgebenden Instrumente in Wahrheit mit uns veranstalten.

Die aktuelle Wandlung des herrschenden Wirtschaftssystems vom alten »industriellen« zum neuen »flexiblen« Kapitalismus stellt für Sennett dabei weit mehr dar als eine bloße »Mutation«. Denn es haben sich im Zuge dieses Tuningverfahrens schon jetzt viele Dinge substanziell verändert. Und sie verändern sich weiter – so schnell, dass wir kaum hinterherkommen.

Was ist geschehen?

Der »flexible Kapitalismus« zeichnet sich durch einige wesentliche Merkmale aus. Dazu gehört unter anderem der »diskontinuierliche Umbau von Institutionen«, wie Sennett es nennt. Sprich: In vielen Unternehmen wird die Produktion immer spezieller und individueller, obendrein muss sie sich rasend schnell an die sich ebenfalls ständig wandelnde Nachfrage anpassen. Wir kennen das beispielsweise vom guten alten Nokia-Handy. Eine Runde nur setzte das führende finnische Unternehmen beim Karussellfahren aus. Weg war es.

Im Zuge dieser Prozesse ist, wie Sennett schreibt, obendrein eine »Konzentration der Macht ohne Zentralisierung« zu beobachten. Was ist damit gemeint? Wir sind in den letzten Jahren Zeuge davon geworden, wie traditionelle Hierarchien und selbst dezentralisierte Firmenorganisationen zunehmend in

»lockere Netzwerke« umgewandelt worden sind. Bis vor gar nicht so langer Zeit gab es noch »kompakte Institutionen«, also Firmen und Unternehmen, die sich zumindest noch einer gewissen Kontinuität und Solidarität rühmen durften. Und auch die Mitarbeiter konnten sich daran festhalten. Man war angestellt, konnte sicherlich nicht ewig darauf bauen, aber sich doch immerhin noch in einer gewissen Verbundenheit mit Job und Arbeitgeber wiederfinden.

Solche lethargischen Verhaltensmuster allerdings mag der neue Marktgeist gar nicht. Sie entsprechen nicht seinen Gepflogenheiten und auch nicht seinen Geschwindigkeiten. Gefragt sind darum flinke Firmen und flinke Menschen. Sie müssen flink denken, flink ticken und flink handeln. Sie müssen flink umdenken, flink umschwenken und noch flinker umsatteln. So sieht es der Markt schon lieber. Und die Flinksten dürfen dabei gewinnen.

Ich fühlte mich unwillkürlich an den Geschäftsführer eines großen Verlags erinnert, den ich mal traf und der immerhin die Zeit fand, mit mir circa vier Minuten lang »in Ruhe« einen Kaffee zu trinken. Er hatte gerade die so schöne wie knifflige Aufgabe, eine Methode zu ersinnen, mit der der Verlag mit seinen Zeitschriften am schrumpfenden Printmedien-Markt wenigstens noch eine Weile Gewinne abwerfen würde. Die Methode stand nun längst, und sie trug den Namen: »Try hard, fail fast.«

Auf gut Deutsch: Für ein neues Projekt alle Hebel in Bewegung setzen. Wenn es nicht sofort klappt, sofort aufhören, alles in die Tonne treten und sofort wieder neu und anders loslegen. Das Prinzip dahinter war einfach: eine Art Wegwerfwirtschaft, in der nichts länger als eine Sekunde überleben darf, wenn es mit Beginn der zweiten Sekunde noch keinen Gewinn abgeworfen hat.

Man kann sich jetzt fragen, was das alles mit der Jugend zu tun hat. Mit jener Generation der Millennials und ihren noch jüngeren Nachfolgern. Es hat sehr viel mit ihnen zu tun – wenn nicht gar alles. Denn sie sind genau diejenigen, die dieses rasante Spiel gerade mitmachen, es ertragen und überhaupt erst ermöglichen. Schließlich beherrschen sie eines besonders gut: Sie sind schnell, biegsam und flexibel und dabei auch noch billig. Der Markt liebt sie darum. Er umgarnt sie. Er sagt ihnen, dass sie die Zukunft sind. Denn sie sind nicht mehr das Schmieröl in einst langsamen Getrieben. Sie sind jetzt die volatilen Teilchen, die alles am Flimmern halten.

Im erlebten Alltag freilich werden die Prozesse unter anderen Namen vollstreckt. »Re-engineering« nennt sich die Methode der permanenten Effizienzsteigerung, realisiert durch innerbetriebliche Rationalisierungen unter der Ägide professioneller Consultingbüros. Diese formen aus den alten, »an ihren Betrieb gebundenen« Belegschaften eine Kalkulationsmasse menschlicher »Ressourcen«, die nach Belieben umstrukturiert, verschoben oder eben auch »freigesetzt« werden kann.

Immer neue Absatznischen dominieren derweil das Tagesgeschäft. Eine wohldefinierte Produktpalette gibt es nicht mehr, sie hat schon lange vor Ablauf ihrer Halbwertszeit ausgedient. Möglich macht das auch die computerisierte Hochtechnologie: Die Maschinen können jederzeit umprogrammiert werden, je nach Bedarf, je nach Dauer der Nachfrage. Entsprechend unterliegen auch die Aufgaben der Arbeitnehmer einem ständigen Wechsel. Und diese Wechsel vollziehen sich, wie Sennett beobachtet hat, »innerhalb einer Woche, manchmal von einem Tag auf den anderen«. Die Mitarbeiter werden für diese flott getakteten Zyklen darum oft auch gar nicht mehr eingestellt. Sie werden zeitschlank und geldsparend eingekauft.

Ich ließ das alles sacken. Ließ die Parameter dieser schönen neuen Arbeitswelt einmal eine Zeit lang auf mich wirken. Und dabei versuchte ich mir vorzustellen, was sich im Äußeren und auch im Inneren abspielen würde. Man musste sich dieses neue Grundrauschen einmal plastisch und sinnlich vergegenwärtigen. Vielleicht begriff man dann, was da draußen wirklich los war. Und was sich zwangsläufig ja irgendwann auch auf unsere Gemüter niederschlagen müsste. Auf die Art und Weise, wie wir selbst programmiert sind. Und wie man uns entsprechend auch würde konditionieren können. Und vielleicht schon längst konditioniert hatte.

Es dauerte eine Weile. Ich hörte auf zu lesen. Begann dafür, die neuen Ideen und Gedanken mit der Realität abzugleichen. Ich legte die theoretischen Betrachtungen wie Millimeterpapier über das, was ich selbst wusste und erfahren hatte, über das, was ich von anderen gehört hatte, über das, was ich sah, wenn ich einmal die Augen öffnete.

Und dann ergab und verfestigte sich ein Bild. Ein beängstigendes Szenario.

Ich erinnerte mich plötzlich wieder an das Gespräch mit einem Ingenieur, der gerade mal Mitte 20 war und bei einem großen deutschen Automobilhersteller arbeitete. Wir hatten in der Pause eines Vortrags nebeneinander gesessen, und er erzählte mir, dass er gerade die Felgen für eine neue Modellserie designen würde. Ich staunte und sagte zu ihm: »Nicht schlecht. Noch so jung, und schon einen so guten Job bei einem der bekanntesten Autohersteller der Welt.«

Der junge Ingenieur sah mich an und sagte: »Naja, geht so. Die Felge muss in einer Woche fertig sein, so lange haben sie mich gebucht. Danach muss ich mal sehen, wohin und wie es weitergeht.«

Ein deutscher studierter Ingenieur, der für ein deutsches Weltunternehmen Autoteile designte. Eine Sahnesituation. So weit die Fassade, so weit der Mythos, der aus der alten Arbeitswelt noch immer in unseren Köpfen herumgeistert. Ich sprach danach noch weiter mit dem jungen Ingenieur, quetschte ihn regelrecht aus. Und ja, er war das alles wirklich: ein deutscher studierter Ingenieur, der für ein deutsches Weltunternehmen Autoteile designte. Doch wie sich herausstellte, war er nun aber ein Freelancer, der von Job zu Job tingelte, der in Berlin noch immer in seiner alten Studenten-WG lebte und der lachte, als ich fragte, was er selbst für ein Auto fahren würde.

»Ich fahre Fahrrad«, sagte er. »An ein Auto ist nicht zu denken.«

Ich fragte ihn auch, wie er sich seine Zukunft vorstellte. Es seien doch gerade gute Zeiten, die Wirtschaft gerade wieder im Aufschwung, die Exporte gut. Rosige Aussichten.

Er sagte: »Keine Ahnung. Aber so habe ich mir den Job nach sechs Jahren Studium ehrlich gesagt nicht vorgestellt. Meinen Eltern darf ich die Bezahlung gar nicht verraten, mein Vater würde ausrasten.«

Ich erinnerte mich an eine weitere Szene. An einem lauen Sommerwochenende in Berlin hatte ich mich kürzlich mit mehreren Freundinnen in einem Restaurant getroffen, und es kamen bald noch mehr Leute hinzu. Neben mir saß ein junger Mann, der als Journalist arbeitete. Auch er war Freischaffender, schrieb für Tageszeitungen und Magazine. Er hatte sich durch diverse Praktika und ein Volontariat gearbeitet, danach noch zwei Jahre an einer Journalistenschule absolviert. Jetzt war er froh, immer bessere Kontakte in die Szene zu knüpfen und Aufträge zu bekommen. Er war jetzt 25 und sagte: »Ja, Journalist, schon ein Traumberuf.« Allerdings war er neulich kurz skeptisch geworden, nachdem er sich abends mit einem älteren Kollegen auf ein paar Bier getroffen hatte.

Der Kollege war inzwischen 60, schrieb nebenbei noch ein paar Artikel, hatte seine Schäfchen aber im Trockenen. Die beiden unterhielten sich über die Arbeit, über die Auftraggeber, über die Entwicklung der Branche. Und dann hatten sie ganz offen auch einmal über die Textmengen und Honorare gesprochen, mit denen es der alte Kollege in den letzten 35 Jahren und der junge Journalist heute zu tun hatte.

Sie sprachen über Zeichenzahlen, Seitenzahlen, Recherchezeiten und kamen abschließend auf folgendes Verhältnis: Der junge Kollege musste heute in etwa die sechsfache Menge an Texten schreiben und verkaufen, um am Ende doch noch immer mit weniger Honorar dazustehen als sein Kollege in Zeiten, die noch gar nicht so lange her waren. Zudem musste der junge Kollege heute mit dem Smartphone kleine Filme für die Online-Redaktion drehen und obendrein kleine Texte dazu schreiben, die nicht extra vergütet wurden.

Das Verhältnis, zu diesem Schluss kamen die beiden Schreiber, lag am Ende tatsächlich eher bei − 7 : 1. Sie konnten es beide nicht fassen. Denn der Ältere wusste nicht, wie gut es ihm über viele Jahren ergangen war. Und der Jüngere ahnte nicht, in welcher Mühle er steckte. Zu mir sagte er zum Schluss diesen Satz: »Normal, ist heute nun mal so.« Doch dann fügte er noch einen entlarvenden kleinen Satz hinzu, unter jungen Journalisten inzwischen übrigens durchaus gängig: »Musst heute 'ne Schreibnutte sein.«

Ich traute mich kaum zu fragen. Aber dann fragte ich ihn doch, ob er eine Freundin habe. Er wackelte kurz mit der rechten Hand und sagte: »So lala.«

Vielleicht war ich der Sache jetzt auf der Spur. Und vielleicht war dieser Ausflug in die nicht ganz leicht zu verstehende heutige Arbeitswelt nötig, um auch dem Innenleben der jungen Generationen auf die Schliche zu kommen. Über Arbeit und Karriere schließlich definieren sich auch die jungen Menschen heute sehr intensiv. Die Männer, die Frauen. Die jungen Väter, die jungen Mütter. Sie haben ja die Kitas. Und dann wunderte ich mich über noch etwas: mit welcher Selbstverständlichkeit der inzwischen herrschende Speed offenbar hingenommen wird. »Normal heute.«

Aber war es wirklich normal? Und war es gesund?

Ich musste an Sennett denken. Was hatte er geschrieben? Dieser neuartige, flexible Kapitalismus würde den Menschen in extreme Turbulenzen stürzen und irgendwann seinen Charakter bedrohen. Eine Gefahr für die Identität, eine Gefahr für die sinnstiftende Tastatur unserer Seele. Denn dies bringen die Kräfte der offenen Märkte offenbar auch mit sich: einen Deformations- und Destruktionsdruck, dem der moderne Mensch schlichtweg ausgeliefert ist. Und darum sei, so Sennett weiter, eine »kritische Anthropologie« überfällig, die jenes freie kapitalistische System als das entlarvt, was es ist: einen Moloch, der jeden verschlingt, der ihm zu nah kommt.

Und dann wurde mir plötzlich klar, was auch mit der »Konzentration von Macht ohne Zentralisierung« gemeint war. Eine sperrige Formulierung, die nichts anderes sagen wollte, als dass antiquierte Machtstrukturen längst abgebaut worden waren. Denn auch hier verlangt die neue Ökonomie des Dritten Millenniums andere, elastische und wohl getarnte Strukturen.

Ich überlegte.

Viele Entscheidungskompetenzen waren in den heutigen Arbeitswelten offenbar auf untere Ebenen verschoben worden. Und das klang alles wunderbar modern und weltoffen. Man musste ja nur an das ständig bemühte, längst aber abgenutzte Wort »Teamarbeit« denken. Auch das war in jeder modernen Firma längst zum Zauberwort geworden, und es durfte in keiner Ausschreibung und in keiner Bewerbung mehr fehlen. Wer keine Teamarbeit mehr anbot und wer nicht zu dieser Teamarbeit fähig war, der brauchte gar nicht erst anzutreten.

Dabei waren viele dieser selbstständig agierenden »Teams« letztlich nur dazu ersonnen, um bürokratische Vorgänge zu verschlanken, um Zeit und Raum zu sparen, um Entscheidungen scheinbar demokratisch zu treffen, Risiken zu delegieren und Überwachung auf viele Schultern zu verteilen. Der Eindruck, dass es in zahlreichen Unternehmen deswegen demokratischer oder partizipativer zugeht, ist jedoch grundfalsch. Die Macht der Konzernleitungen und Managementeliten wird lediglich weniger durchschaubar. Die Macht wird unpersönlicher, abstrakter – während sich die Team-Mitarbeiter Netzwerken fügen müssen, die sich abermals vor allem durch die große Maxime des neuen Markts auszeichnen: Eine höchstens flüchtige und zudem ständig austauschbare Verbundenheit.

Team.

Ich ließ mir das Wort auf der Zunge zergehen. Es war kurz. Es klang gut. Es wirkte wie ein Garant für gemeinsam erarbeitete Ziele, für eine Zukunft, die man zusammen mit anderen gestaltete und an der man auch gemeinsam teilhaben würde. Meistens kam uns das Wort heute in seiner englischen Verpackung entgegen: *Teamwork. Teamplayer. Teamspirit.*

Aber dann ließ ich die Zweifel zu, die mich bei diesem Wort schon immer leise beschlichen hatten. Irgendwie hatte ich diese Worte noch nie gemocht. Sie haben einen Beigeschmack.

Ich sah noch genauer hin und mir fiel auf, wie oft diese Worte tatsächlich gebraucht werden – und was sie uns verkaufen wollen. Sie zählen zu den perfidesten Euphemismen, die mir je untergejubelt wurden. Das Wort *Teamarbeit* und alle Begriffe aus seinem semantischen Umfeld waren dabei jedoch auch ein Schlüssel, um die Seele des Markts und noch einiges darüber hinaus zu kapieren.

Ich dachte zurück das, was mir viele ältere Kollegen erzählt hatten und was sich dann auch in den Köpfen der späteren Generationen eingenistet hatte. Denn blickten wir nicht alle voller Hoffnung auf die schönen neuen Welten, die dieses Wort *Teamarbeit* so milde, so modern und so stellvertretend verhieß? Auf den Tablets erschienen alsbald die neuen Gebote einer dynamischen, aufs Globale gerichteten Betriebsorganisation – und das hörte sich wirklich gut an. Es klang nach Abenteuer, nach gemeinsamem Aufbruch.

Und wirkte das alles nicht auch – gerade das Wort *Team* –, als hätten die Achtundsechziger die Revolution durch raffinierte Vermittlung der Management-Consultants und Beraterfirmen doch noch hingekriegt? Schluss also endlich mit der Diktatur des einen allmächtigen Chefs! Hinfort mit der Autorität einer Vaterfigur an der Spitze! Und: Welche wertvollen menschlichen Ressourcen hatten über Jahre einfach nur brachgelegen? Das Sekretariat, die Damen in der Sachbearbeitung, die Herren in der Pförtnerloge. Nunmehr aber durften, konnten und sollten alle ihren Beitrag leisten, um die erfolgreiche Penetration des Marktes mit dem heiligen Produkt herbeizuführen.

»Schön wär's«, sagt Richard Sennett zu diesem Hokuspokus. Ja, schön wäre es, wenn sich in der Betriebsorganisation wirklich etwas getan hätte. Und dann legt Sennett es offen: »In Wirklichkeit ist das mit der Teamarbeit eine Lüge. Und eine Zumutung für alle, die mitmachen müssen.«

Am Ende geht es hier eher um eine Art erzwungene Schauspielerei, »eine Maskerade der Kooperation«. Die Regeln des Spiels: Tue so, als ob Arbeitnehmer und Vorgesetzte keine Gegenspieler wären. Als ob die Kollegen untereinander nicht mehr konkurrieren würden, sondern zum Wohle des Produkts zusammenarbeiten. Tue so, als ob alle untereinander offen sind für neue Ideen und sich gegenseitig unterstützen. Es klingt nobel. Sennett sagt dazu: »In Wirklichkeit ist Teamwork ein Weg, Leute unter Kontrolle zu halten. Denn meistens ist es so, dass ein Team als Gruppe für ein Projekt verantwortlich ist. Anstatt sich am Vorgesetzten zu orientieren und sich über ihn abzusichern, übt die Gruppe den Druck selbst auf ihre Mitglieder aus. Motto: Wenn du das jetzt nicht tust, dann geht's unserem Team schlecht.«

Und was ist aus dem kleinen und freundlichen Wort *Team* heute geworden? Schließlich markierte es nur den Beginn einer globalen Besänftigungsstrategie, die überall ein warmes »Wir«-Gefühl verströmen wollte. Und genau das auch tat. Aus dem Team wurde ein Netzwerk, aus den Netzwerken wurden Think Tanks, aus den Think Tanks Plattformen, aus den Plattformen Communities. Das World Wide Web. Eine Familie, ein Dorf. Und bald tummelten sich dort überall Gemeinden der Seligen, die den Markt mit roten Bäckchen der Begeisterung bedienten. Und wieder raste allen voran die Jugend ins offene Messer – mit blinkenden Smartphones in den Händen und bunten Pixeln im Hirn.

Auch das Duzen kam bei diesem gekonnten Sprung über die Schmerzgrenze ganz groß in Mode. Ikea mag damit einst begonnen haben, weil man lieber die Geschäfte ankurbelte, als die Kunden mit Höflichkeit zu langweilen. Heute duzen sich alle. Google duzt dich. Facebook duzt dich. Tinder duzt dich. Der Baumarkt um die Ecke duzt dich. Neue, hippe, junge Bäckereien duzen dich. Ich war neulich einmal kurz im niedersächsischen Stade. Dort hatte eine kleine Kette neuer Coffeeshops eröffnet, zwei, drei Filialen in schönem Holz-Ambiente, hier und da eine Pflanze, der Boden ländlich gefliest. Alle duzen sich hier. Alle müssen sich hier duzen. Und die Bedienungen müssen auch die Kunden duzen.

Ich beobachtete eine junge Frau, sie war, wie ich später erfuhr, gerade 19 Jahre alt und arbeitete nach der Schule als Aushilfe dort, um ihr erstes Geld zu verdienen. Ich unterhielt mich kurz mit ihr, während sie die Maschine hinter ihr einen Caffè Crema aus »Glücksbohnen« zubereiten ließ. Sie duzte mich. Sie musste mich duzen. Sie musste aber auch die Dame duzen, die eben noch vor mir dran gewesen war und einen Käsekuchen bestellt hatte. Diese Dame war etwa Mitte 70 und hatte ganz kurz gestutzt in diesem sonderbaren Moment, als eine junge

Abiturientin, deren Kundin die ältere Dame war, sie einfach, sagen wir: reichlich nonchalant duzte.

Die Gerade-eben-noch-Schülerin, die mit ersten Schritten gerade dabei war, in die Sphären des hypermodernen Berufslebens hineinzugleiten, sagte mir, dass es ihr schon irgendwie unangenehm sei, die älteren Kunden einfach so zu duzen. Aber sie musste das tun. Und sie hatte sich circa nach der ersten Woche daran gewöhnt; und inzwischen war es eh so, dass sogar die älteren Kunden es nicht mehr übelnahmen, einfach so geduzt zu werden. Auch die älteren Kunden hatten sich nämlich an das flächendeckende, wohlgemeinte Du längst gewöhnt.

Doch das war nur die eine Seite.

Denn natürlich merkte die junge Frau nicht, dass sie bereits während dieser ersten Schritte ins Berufsleben gnadenlos entmündigt worden war. Die eigene Entscheidung, ob sie älteren Menschen noch eine gewisse Form des Respekts entgegenbringen sollte, wurde ihr kurzerhand abgenommen. Auch nahm man ihr die durchaus persönlichkeitsstiftende Erfahrung ab, gewisse Schritte und Situationen im Leben zu durchlaufen, in denen es darum geht, mit der Dosierung von Respekt zu experimentieren, den Umgang mit anderen Menschen am eigenen Seelenkleid zu erproben und sich in der Verbindung zur Gemeinschaft zu orientieren; gemeinhin nicht ganz unwichtige Schritte auf dem komplizierten Weg zum Erwachsenwerden.

Und das war nur die zweite Seite.

Denn nebenbei, zack, hatte man der armen Deern, wie sie im Norden sagen, noch einer weiteren Verhaltensmodalität entledigt: Ein Kapitel im Wertekanon, den ihre Eltern ihr während der letzten 19 Jahre wahrscheinlich mehr oder weniger mühevoll vermittelt hatten, wurde im megamodernen Berufsleben einfach gestrichen. Fremde, besonders ältere Menschen, siezt man erst mal höflich. Ach ja? Ab auf die Resterampe damit!

Heute wird geduzt. Heute duzt dich sogar der Chef und

Gründer von Airbnb, Brian Chesky, einer der reichsten Jung-
unternehmer der Welt, gut durchtrainiert, 2020 geschätzte
3,1 Milliarden Dollar schwer. In Berlin schaute ich während
Corona einer Freundin über die Schulter, die ab und zu ihre
Wohnung über das Portal vermietet. Es war gerade eine Rund-
mail an die weltweit vier Millionen Vermieter eingegangen, mit
denen Airbnb sein Geld verdient. Ich wollte die Email einmal
sehen. Und so las ich die Botschaft an die liebe Gemeinde, die
mit dem Betreff überschrieben war: »Eine wichtige Mitteilung
von unserem Gründer«. Und die E-Mail des Brian Chesky begann schon mit einer amerikanisch-persönlichen Anrede, die
längst zu uns herübergeschwappt ist, auch wenn man sich keineswegs kennt: »Beate.«

In der Mail selbst hagelte es nur so vor innigen Anreden und Gemeinschaft heischenden Floskeln. Gastgeber-Community. Partner. Superhost. Die Kunst und Wissenschaft, sich auf die kleinen, persönlichen Dinge zu konzentrieren. Die Gäste sollen
sich besonders fühlen. Man wolle sich kümmern. Die Gäste wie
Familienmitglieder betrachten. Verbindung aufbauen. Lebens-
lange Freundschaften. Dann war von einer Stiftung die Rede.
Und vom geplanten Gang an die Börse. Aktiengesellschaft.
9,2 Millionen Aktien. Re-Investment ab einer Milliarde Dollar.
Euer Brian.
    Es ist schon erstaunlich, welche Karriere das kleine Wort
Team hingelegt hat. Das kleine Wort *Team*, mit dem es leise begann und dessen inhaltliche Realität heute zu einem weltumspannenden Grundton des Wir-Feelings geführt hat.
    Doch sei bemerkt, denn ganz so schnell lassen wir uns doch
nicht ins Koma versetzen: Das Wort *Team* – sowie alle seine modernen Ableger und Konnotationen – steht bei genauerer Betrachtung exakt für die Kernkompetenzen, die der neue Markt
verlangt. Kontrolle bei gesteigertem Speed. Geldsparende Grup-

pendynamik bei gegenseitigem Händchenhalten. Vorgetäuschtes Vertrauen und gespieltes Delegieren bei rigorosem Durchschreiten – das keiner mehr als solches bemerkt.

Ich musste an die Worte eines befreundeten Rechtsanwalts denken, der die neuen Strategien der Unternehmen auf seine Weise einmal zusammenfasste und dabei letztlich die Methodik des gesamten Marktgeschehens auf den Punkt brachte. Seine Pointe ging so: »Die hohe Kunst der Personal- und Menschenführung besteht heute darin, die Angestellten so schnell über den Tisch zu ziehen, dass sie dabei entstehende Reibungshitze als Nestwärme empfinden.«

Dies aber war nur die eine Kehrseite der weitreichenden Bedeutung der generellen *Teamwork*-Idee. Die zweite und noch weitaus perfidere Eigenschaft dieses neuen Basiskonzepts war noch etwas schwieriger zu durchschauen und auch komplizierter zu verstehen. Doch würde gerade dieser versteckte Mechanismus nun maßgeblich mit dem zu tun haben, was am Ende auch unser Gemeinwesen anbelangt und unser Verständnis menschlicher Verbundenheit.

Im Konstrukt des Teams nämlich steckt letztlich nicht das sozial Verbindende, schon gar nicht das Potenzial für wahre Verbundenheit und Intimität. Es lauert darin das exakte Gegenteil. Eine Verhaltenstechnik, die viel mit dem digitalen Zeitalter zu tun hat. Die sich im beruflichen Alltag längst wie ein Mantra etabliert hat und die inzwischen dabei ist, auch die Gesellschaft zu verändern. Und zwar ganz besonders die Jugend.

Von Triaden und nützlichen Unverbundenheiten

Der US-amerikanische Soziologe und Wirtschaftswissenschaftler Mark Granovetter stellte bereits in den siebziger Jahren eine spannende Hypothese auf. Und diese beschäftigte sich ganz grundsätzlich mit der Beschaffenheit menschlicher Beziehungen. Granovetter sprach von »verbotenen Triaden«, von »weak« und »strong ties« – also von schwachen und starken Bindungen. Eine »verbotene«, anschaulicher gesagt: eine unwahrscheinliche Triade stellt dabei nichts anderes als folgende Situation dar. Nehmen wir an, es gibt drei Personen: A, B und C. Wenn nun die Person A eine starke Beziehung zur Person B (strong tie) sowie ebenfalls eine starke Beziehung zu Person C hat – dann ist es sehr wahrscheinlich, dass auch die Personen B und C eine starke Beziehung zueinander haben werden. Andersherum gesagt: Dass B und C in der Folge keine gute Beziehung zueinander haben, ist mit hoher Wahrscheinlichkeit ausgeschlossen.

Granovetters Annahme stützt sich dabei auf die Eigenschaft der »Transitivität«, die starke Bindungen auszeichnet. Die Akteure B und C sind jeweils zu A ähnlich und somit auch zueinander, was eine Beziehung zwischen ihnen eben wahrscheinlich macht. Granovetter betont jedoch, dass es sich bei der Transitivität nicht um eine generelle Eigenschaft sozialer Strukturen handelt, sondern dass sie als eine fundamentale Funktion der Beziehungsintensität interpretiert werden kann. Anders gesagt: Netzwerke, in denen die Beziehungen zwischen den Akteuren aus »strong ties« bestehen, sind stark integriert und intensiv miteinander verknüpft. Wir alle kennen das: aus der eigenen Familie, aus dem engen Freundeskreis.

Was zunächst selbstverständlich klingt, hat Granovetter jedoch mit einem grundlegenden Modell erst sichtbar gemacht. Denn schon lange, bevor wir alle Computer und Smartphones vor der Nase hatten, erkannte er ein generelles Prinzip, wenn es um menschliche Verbindung geht: nämlich jenes der Netzwerke.

Und dabei stellte er den Beziehungen, die sich innerhalb dieser Netzwerke durch starke Bindungen (strong ties) auszeichnen, jene gegenüber, die weniger intensiv sind, also etwa flüchtige Bekanntschaften oder auch Kollegen. Diese nannte er: *weak ties*. Und genau diese schwächeren Beziehungen sind nicht – oder zumindest mit geringerer Wahrscheinlichkeit – transitiv. Also nicht wirklich beziehungsintensivierend.

Doch besitzen diese weniger engen Verbindungen eine andere Funktion. Sie sind wie Brücken. Und so nannte sie Granovetter auch: *local bridges*. Die Funktion dieser Brücken ist durchaus wichtig. Sie dienen dazu und sind letztlich der einzige Weg, um Informationen oder andere Ressourcen zwischen A und B auszutauschen – wenn diese keine engen, also starken Beziehungen zueinander haben. Und dabei fand Granovetter schon früh etwas Hochinteressantes heraus.

Denn bereits in seiner Doktorarbeit von 1970 behandelte er eine der ersten explizit netzwerktheoretischen Studien, die sich mit beruflicher Mobilität beschäftigte. Und dabei kam heraus, dass nicht etwa die starken, sondern gerade die schwachen Verbindungen unter den Akteuren in Netzwerken dafür sorgten, erfolgreich zu sein.

Es war ein durchschlagender Gedanke, den Granovetter da formuliert hatte. Auch ihn muss man etwas sacken lassen, um seine Tragweite einzuordnen. Denn dies war eine völlig neue Sicht auf die Qualitäten menschlicher Verknüpfungen. Sein Aufsatz *The Strength of Weak Ties* wird nicht umsonst mit knapp 50 000 Erwähnungen bis 2018 in der Soziologie mit am häufigsten zitiert. Und sein Text ist mit großem Abstand auch der meistzitierte in netzwerktheoretischen Zusammenhängen.

Und was hat das nun mit dem Charakter zu tun? Mit der Seele? Mit der Jugend? Mit uns allen?

Denken wir nur einmal an die Verbreitung von Netzwerken und »Communities« heutzutage. Sie sind zur flächendeckenden Methode geworden, zu einem nicht mehr wegzudenkenden Modus unseres Lebens schlechthin: im Beruflichen – längst aber auch im Privaten. Die *Networks* sind tatsächlich überall. Sie durchziehen – ganz im Sinne des Wortes – unser Leben wie ein Netz. Im Leben der jungen Generation blinken sie inzwischen 24 / 7. Die Jungen leben in diesen Netzwerken.

Da sind zunächst die beruflichen Netzwerke. Xing, LinkedIn und wie sie alle heißen. Kein Karrierist, kaum ein arbeitender Zeitgenosse ist heute nicht dort angemeldet. 2015 schrieb die *Süddeutsche Zeitung*: »Auch im Beruf geht es heutzutage nicht ohne soziale Netzwerke.« Der Karrierecoach Tom Diesbrock führte fleißig weiter aus: »Das Profil auf Plattformen wie LinkedIn und Xing ist wie eine Visitenkarte. Um sich potenziellen Arbeitgebern zu präsentieren, aber auch zur Kommunikation im eigenen Netzwerk.« Und der Karrierecoach fügte noch begeistert hinzu: »Um sich selbst im bestmöglichen Licht darzustellen, sollten sich Nutzer der speziellen Funktion dieser Netzwerke bewusst sein.«

Und dann sind da heute natürlich all die privaten sozialen Netzwerke und Plattformen. Facebook, Twitter, Instagram, Pinterest, Flickr, Snapchat, TikTok, YouTube. Ein Geflecht aus digitalen Nebenwelten, in denen die Verbindungen heutzutage maßgeblich und tagtäglich abgewickelt werden. Ein weltweites, milliardenfach verzweigtes Maschenwerk, in dem allein jene Bindungen zählen und praktiziert werden, die Granovetter die »weak ties« nennt: die schwachen Bindungen.

Das Resultat dieser omnipräsenten Entwicklung schoss mir

regelrecht ins Mark. Und ich musste nicht mehr lange überlegen, um nun einen der großen unheimlichen Nährböden für das zu erahnen, was ich die neue Einsamkeit nenne. Die Verbindlichkeit war dabei, ihr Testament zu schreiben.

Die erste Abrissbirne konzentrierte sich dabei vor allem auf die heutige Berufswelt, dort, wo sich die Millennials tummeln und wo hinein sich die nachfolgende Generation Z bald stürzen wird. Und ich kannte und kenne diese Welt recht genau. Nun sah und sehe ich sie mit anderen Augen.

Die Akteure kommen mir vor wie Fische im Netz des flexiblen Kapitalismus. Ihre höchste Qualifikation besteht darin, loslassen zu können. Sich bewusstlos zu befreien von Produkten, Werten und Ideen, die gestern noch neu und gut waren und heute schon wieder antiquiert und alt sind. Das globale Netzwerkdenken haben sie verinnerlicht. Denn eines ist längst Standard: Virtuelle Unternehmensphilosophien sind zum Gebot des rasenden Zeitgenossen geworden. Lebenslanges Lernen wird in den inzwischen fast schon klassisch gewordenen Unternehmenskonzeptionen beschworen wie nichts Gutes. Übersehen wird dabei lediglich, dass nicht neues Wissen auf altes gesetzt wird, sondern dass die Software meist jedes Mal komplett ausgetauscht werden muss.

Bloß weg mit dem Alten, her mit dem Neuen. So geht das neue Perpetuum mobile.

Welche schönen Gesetze gelten noch in der Neuen Ökonomie? Die Loyalität zu einem Unternehmen ist zum raren Gut geworden, das sich keiner mehr leisten kann. Umgekehrt erst recht; es rufen die Renditen. Darum ein Muss: soziale Mobilität und die Bereitschaft, sich beruflich hurtig neu zu orientieren – diese Qualitäten stehen auf dem Forderungskatalog ganz oben. Und auch diese Tatsache können wir bezeugen, wir müssen ja nur einmal die Wirtschaftsnachrichten überfliegen. Unternehmen entstehen und vergehen, wachsen und schrumpfen, so schnell können wir kaum mehr hinterherschauen. Nur ein Beispiel: Als im November 2020 bekannt wurde, dass sehr bald wahrscheinlich ein Impfstoff gegen das Corona-Virus zugelassen würde, brach die Aktie des Video-Dienstes Zoom binnen weniger Stunden um mehr als zwölf Prozent ein. Die Leute würden wieder mehr auf die Straße gehen, würden sich vielleicht schon bald wieder öfter persönlich treffen und weniger Online-Meetings abhalten. Allein diese Eventualität reichte, um das eben noch raketenhaft emporgeschossene Unternehmen auf jähe Talfahrt zu schicken.

Und noch ein Beispiel, die allgemeine Flexibilität betreffend, die Vorzüge einer austauschbaren Masse aus vereinzelten Kräften. Zu den größten Arbeitgebern weltweit gehören inzwischen die Zeitarbeitsfirmen. Randstad. Adecco. Manpower. Recruit. Die Allegis Group. Die ersten beiden schlagen sich derzeit um den ersten Platz. Er wird in diesen Zeiten belohnt mit einem Jahresumsatz von über 25 Milliarden Euro. Die in dieser Preisklasse sowie in der Schweiz angesiedelte Zeitarbeitsfirma Adecco gehört zu den Fortune-Global-500-Unternehmen, ist an der Schweizer Börse SIX Swiss Exchange notiert, ist ferner inzwischen in über 60 Ländern vertreten: mit über 34 000 Mitarbeitern in rund 5300 Niederlassungen.

Richard Sennett kommentiert das lakonisch: »Das Job-Wunder in den USA besteht aus kleinen schlechtbezahlten Jobs, Kurzzeitarbeit ohne Zukunft. Uns darum zu beneiden, ist nicht nötig.«

Nun, es ist der Modus der Zeit. Modus der Wirtschaft, Modus der Gefühlswelten. *Easy come, easy go, anyway the wind blows.*

Zurück bleiben Orientierungslose, die sich sofort wieder neu ausrichten müssen. Strandgut des hyperflexiblen Kapitalismus. Die jungen Protagonisten aber schert das wenig. »Heute ganz normal.«

Wie aber kann das generell funktionieren? Wie erträgt der Mensch das? Verantwortungsbewusstsein und Arbeitsethos sind den jungen Generationen nie beigebracht, die Fähigkeiten, auf sofortige Befriedigung von Wünschen zu verzichten und Ziele langfristig zu verfolgen, stattdessen abtrainiert worden.

Der innere Druck auf den Einzelnen steigt dabei immens. Und dann ist da noch dieser Konflikt, er wirkt fast schon lästig. Es ist jener zwischen den Werten, die Eltern ihren Kindern noch weitergeben möchten, und jenen Direktiven, die im Berufsleben heute herrschen.

Die zweite Abrissbirne ist nicht in den modernen Arbeitswelten am Wüten; altertümliche Tugenden wie Kontinuität, Verlässlichkeit und Bindungsstärke zertrümmert sie in den digitalen Netzwerken. Das Episodenhafte und Momentane ist auch hier Programm, die Sequenzierung Teil der DNA. Flüchtige Formen von Gemeinsamkeit sind hier zum Maß der Dinge geworden, zum Tool schlechthin, um sich auszutauschen. Und besonders die sozialen Medien haben dem User eingeimpft, dass lose Verknotungen weitaus nützlicher sind als langfristige starke Verbindungen.

Kommen wir aber nun langsam zu dem, was geschieht, wenn beide Welten uns mehr und mehr beeinflussen. Wenn die eine wie die andere Lebenswirklichkeit die maximale Flexibilität zur Benchmark erklärt hat und die schwachen gegenüber den starken Verbindungen zu den uneingeschränkten Siegern. Wenn das eintritt, was Richard Sennett in weiser Voraussicht schon 1998 zum Originaltitel seines Buchs erkor: *The Corrosion of Character* – die Zersetzung des menschlichen Charakters.

Ja, was geschieht gerade?

Tugenden bremsen, also: bitte löschen!

Die neuen Ideale setzen unsere Natur und unser Wesen enorm unter Stress. Denn der menschliche Charakter ist noch lange nicht in einem Science-Fiction-Film angekommen, sondern von seiner Grundausstattung noch immer eher auf Langfristigkeit, Beständigkeit und im besten Fall sogar Ehrlichkeit angelegt. Und ich muss gar nicht lange schauen, um diesen Konflikt im Alltag zu finden. Ich muss nur in den Supermarkt um die Ecke gehen. Dort sprach ich gestern mit der Kassiererin, während sie eine neue Kasse besetzte und hektisch die Geldkassette einsetzte. Die Kassiererinnen müssen, dürfen das Geld heute nicht mehr selbst abzählen. Es dauert zu lange und es öffnet Wege zum Betrug.

Die automatischen und elektronischen Kassen wiegen das Geld. Das geht schneller, ist sicher und effizient. Die in die Kasse eingebaute Waage ist exakt auf das Gewicht der einzelnen Münzen und Scheine eingestellt. Und da sie direkt an das Kassensystem angeschlossen ist, genügt ein Knopfdruck, um den Tagesumsatz zu ermitteln. Die Abweichungen liegen dabei höchstens bei einem Cent, und das auch nur, weil das Geld unterschiedlich verschmutzt ist und im schlimmsten Fall nicht korrekt gelesen wird.

Das genügte mir, um traurig zu werden. Denn als ich die Kassiererin sah, sie war etwa Mitte 20, wusste ich, dass ihr in ihrem noch recht jungen Leben bereits Dinge abgesprochen worden waren, die für das Menschsein ganz entscheidend sind. Vertrauen, Ehrlichkeit, Zeit. Aber sicher, der Supermarkt. Er ist ja nur eine Bagatelle. Ein winziges Symbol für das Spiel im Großen und Ganzen.

Was also, meine Damen und Herren, haben wir noch im Angebot, das den Charakter verdirbt? Da wären zum Beispiel gewisse Wertvorstellungen, nehmen wir Treue, Nachhaltigkeit, Beharrlichkeit, Besonnenheit, Mäßigung, Weisheit (von Gerechtigkeit einmal ganz zu schweigen). Wenn die Jugend von heute diese Tugenden noch kennt: Die superelastische Lebenswirklichkeit, in der sie derzeit weilen, agieren und weiter großwerden müssen, reduziert diese Tugenden zu Nichtigkeiten. Die superelastische Lebenswirklichkeit hat diese Tugenden umgedeutet zu Untugenden. Und schließlich dürfen ruhig noch einmal die sieben Todsünden erwähnt werden. Stolz. Habsucht. Neid. Zorn. Unkeuschheit. Unmäßigkeit. Überdruss. Über zwei ließe sich eventuell noch reden. Über den Zorn und über den Stolz. Der Rest: *re-engineered*. Vom Senat der Kasinobetreiber kurzerhand zu Supertugenden umprogrammiert.

Und ich frage mich nun, ob das einsam macht. Ob es uns am Ende als verlorene Seelen dastehen lässt. Ja, natürlich tut es das!

Der Mensch mag es nun mal nicht, ohne eine grundsätzliche Gewissheit, ohne einen halbwegs verlässlichen Wertekompass in die Zukunft zu steuern. In eine Zukunft, in die man so schnell reinrutscht, dass die eigene Seele nicht hinterherkommt. Auch mag er es nicht, durch eine Gegenwart zu driften, deren Speed vertraute Verhaltensmuster und bekannte Wegepunkte zerfetzt, noch bevor sie sich so richtig gefestigt und bestätigt haben.

Der moderne und gefügige Mensch aber muss mithalten. Und in der Evolution der Anpassung kommt es gerade zu bedenklichen Nebenwirkungen.

Soziologen jedenfalls sind sich relativ einig, dass sich die Strategien und Gepflogenheiten des flexiblen Kapitalismus so langsam auch auf den Charakter auswirken. Der Neoliberalismus, die global vernetzte Welt und Wirtschaft, sie haben das menschliche Maß verloren. Stabile soziale Kontakte, der Aufbau kontinuierlicher Freundschaften und Beziehungen, all das ist ihnen ein Dorn im Auge, es ist geschäftsschädigend – obwohl das menschliche Wesen doch wesentlich darauf basiert.

Und ich frage mich nun, ob Vereinsamung und Isolation auch hier die Folgen sein könnten. Aber ja, und wie!

Denn in dieser ganzen, neuen, schönen und schnellen Architektur des Lebens steckt letztlich ein fundamentales anthropologisches Defizit: nämlich die irrtümliche Vorstellung, der Mensch könne auf seine Mitmenschen verzichten. Dass die schwachen Verbindungen über die starken siegen könnten. Dass uns Oberfläche genügt. Dass wir Tiefe nicht mehr brauchen. Dass wir unmündig glücklich werden.

In der euphorischen Management-Beschwörungsliteratur wird unterdessen weiterhin ein ungebrochenes »Positive Thinking« propagiert – in Wahrheit der Auftakt des Abgesangs. Denn die Fetische des neoliberalen Kapitalismus haben das so Angestrebte wie Unvermeidliche längst geschürt: die Ungleichheiten. Zurück bleibt, wir schauen jeden Tag dabei zu, eine immer kleiner werdende Gruppe von Siegern und ein immer größer werdendes Heer ausgebrannter Verlierer. Und die Scheren öffnen sich immer mehr. Damit wächst die Verunsicherung. Die Gefühle von Angst, Hilflosigkeit und Instabilität. Auch dies ein altes Dilemma.

Doch ganz besonders die Jugend, sie weiß es nur nicht, steckt bis zum Hals in diesem Dilemma.

Irgendwann wachte ich auf. Und es war, als sei ich im richtigen und nicht im falschen Film angekommen. Mir schwirrte noch leicht der Kopf. Denn all die Betrachtungen, Studien und Gedanken, die sich mit dem beschäftigten, was heute da draußen, aber eben auch bei uns in den Herzen los ist, waren keine einfachen. Diese Gedanken kreisten noch ein wenig, flogen über Bande durch die Gegend. Und es hallten noch die Stimmen der

Soziologen und Experten nach, der Pastoren und Auguren, die hier und da einen tiefen Blick wagten und mitten in den Komposthaufen stachen. Und was sie da einmal benannten und per Befund decodierten, machte es natürlich nicht besser, sondern leerer, kälter, trauriger. Wie Pixel selbst rasten die Diagnosen durch meine Synapsen, wie ein heruntergeladener *Stream of Loneliness.*

Und die Atteste für die Gegenwart, die Welt im Jahr 2021, sie hatten es in sich. Bedeutungsverlust von Loyalität und gegenseitiger Verpflichtung. Ein ständiges dem Risiko Ausgeliefertsein. Aktivität um jeden Preis. Die dynamische Gesellschaft, die den Stillstand hasst wie den Tod. Server. Server, Server, Server. Die Menschen unter dem Regime der kurzfristigen Zeit und dem bedingungslosen Informationsfluss. Und was hatten sie bisher gelernt? Sie hatten sich inzwischen eine ironische Sicht des Ichs angeeignet. Die phantastische Fähigkeit, sich selbst nicht mehr ernstzunehmen. Am Ende ging es um nicht weniger als die Kastration der menschlichen Gefühlswelt, die wahre Vervollständigung des Kapitalismus. Die Verzwergung, Erniedrigung und Entwertung zum Homo oeconomicus, zum gewünschten Berechenmodell, statt das auszuleben, was wir in Wahrheit sind: triebvoll, umtriebig, entgrenzt. Neugierige, forschende, liebende Sozialwesen.

Ich begann es schon langsam selbst zu lieben, das Spiel. Denn es war äußerst verlockend, oberflächlich zu lieben, während man innerlich austrocknete. Mir kam ein revolutionärer Gedanke. Vielleicht müsste man sich ja entscheiden: für die eine Seite oder die andere. Die eine Entscheidung würde dabei sanft fallen, federleicht. Die Entscheidung für das andere aber würde schwer ausfallen.

Man müsste lernen, sein eigenes Leben wieder als eine linear-chronologische Erzählung zu begreifen und nicht als einen flott reprogrammierbaren Datensatz. Man müsste lernen, einen Widerhaken in die glatten Oberflächen zu rammen. Müsste lernen, sich nicht mehr umjubelt zu verbiegen. War ich ich? Oder ein Bückling der Algorithmen? Ein beliebig austauschbarer Gegenstand im Zustand des Dahindriftens? Ein Bitcoin im Markt?

Ja, der Gedanke, diese gewissen Anstrengungen zu unternehmen, machte Angst. Aber noch viel mehr Angst machte die mir Vorstellung, die Kultur der Oberfläche irgendwann nicht mehr zu verkraften.

Ich war jetzt nicht mehr ganz jung, ich gehörte nicht mehr wirklich zu der ganz jungen Generation. Ich bin jetzt 30 Jahre alt.

Gott sei Dank.

Der Way Out

Genug gemeckert, konstatiert und schwarzgesehen. Es ist längst an der Zeit, nach vorn zu schauen und über Lösungen nachzudenken. Was also können wir tun, um uns gegen die Drangsalierung des Markts zu stemmen? Um die Hüllen und Schalen zu zerkratzen, an denen wir uns so reibunglos ergötzen? Was können auch die jungen Generationen machen, um ihrer bunten Traurigkeit zu entkommen?

Fragwürdig, geradezu lächerlich wäre es wohl, einen Kulturkonservativismus auszurufen, um bedrohte Identitäten zu sichern. Es wäre nicht mehr als rückwärtsgewandtes Gezeter. Sinnlos, chancenlos. Und ziemlich unsexy. Auch kommt nicht in Frage, den Weg zurück zu patriarchalischen und behütenden Unternehmen zu verordnen oder dem internationalen Großkapital gar den Kampf anzusagen.

Dennoch muss es Wege aus dem ruinösen Kasinokapitalismus geben. Doch weder der haltlose Neoliberalismus noch eine autoritäre Wirtschaftsdiktatur erscheinen geeignet, eine global vernetzte Wirtschaft wieder auf Menschenmaß einzurichten. Richard Sennett sagt das so: »Ein Regime, das Menschen keinen tieferen Grund gibt, sich umeinander zu kümmern, kann seine Legitimität nicht lange aufrechterhalten.« Um Legitimität oder gar Honorigkeit aber schert sich das System herzlich wenig. Es macht einfach. Und funktioniert dabei ja weitestgehend im Rahmen der Regeln – die in Europa zwar ebenfalls drastisch gelockert sind, aber noch lange nicht US-amerikanische Dimensionen der Freizügigkeit erreicht haben.

Aber das spielt ohnehin keine Rolle mehr. Der Markt ist längst global, und Firmen und Produktion folgen den Pfaden in ausländische Traumziele wie die Neohippies, die mit ihren Rucksäcken stetig um den Globus tingeln, bis das letzte billig zu habende Paradies erschöpft in sich zusammensackt. Natürlich bekommen die Folgen dieser maßlosen Internationalität abermals die Jungen besonders zu spüren. Gerade sie müssen hier mitpilgern, mitziehen, mitmischen – sonst sind sie draußen, bevor sie eingestiegen sind.

Ich kenne Töchter und Söhne von Bekannten, die sich schon nicht mehr vollwertig fühlen, nur weil sie kein Work-and-Travel-Jahr in Australien vorzuweisen haben, keine Lebenserweiterungserfahrung im costa-ricanischen Busch oder im tibetischen Hochland, die heute unter dem Kürzel FSJ zum Programm geworden ist: Freiwilliges Soziales Jahr.

Vielleicht aber machen jene Verzichter gerade exakt das Richtige. Und sind genau dabei wirklich modern und mündig obendrein. Sie pfeifen drauf. Lassen sich nicht von den blinkenden Oberflächen bezirzen. Müssen nicht bei jeder Dehnübung mitmachen. Umso schöner, umso kratzbürstiger und umso menschlicher wäre es, wenn diese Entscheidung zum

Neinsagen auch noch ganz (selbst)bewusst und aus vollem Herzen käme. Und darum würde ich heute, nach allen Betrachtungen und Überlegungen, ganz besonders die Jugend mit Nachdruck und Überzeugung dazu auffordern, dem verlogenen Schein- und Community-Kapitalismus zu sagen: *fuck you.*

Ich würde einfach wieder siezen.

Es müsste sich phantastisch anfühlen. Befreiend. Bestärkend. Vertiefend. Und würde dabei noch dem eigenen Ich Mut zusprechen. Mut entfachen somit auch für starke Verbindung und Verbundenheit. Mut machen ebenfalls für einen fundierten, echten Gemeinsinn.

Vielleicht könnten politische Maßnahmen solche Sinneswandel und Bewusstseinserweiterungen unterstützen. Durch eine regional kontrollierte Wirtschaft, durch eine anhand von Kultur, Bildung und Besinnung ermutigte und emanzipierte Jugend, der man zuhört und die eines Tages vielleicht ohne ein Blatt vor den Mund zu nehmen sagt: Wir haben die Nase voll. Wir machen nicht mehr mit.

Ein Teil der Jugend sagt das schon. Und ein Teil der Jugend tut es sogar schon. Ein Richard Sennett formuliert das übrigens so: »Der Way Out wäre – für die Ideologen des schnellen Wirtschaftens natürlich unerträglich – die Nichtbereitschaft, sich auf eine wildgewordene Wirtschaft einzulassen.«

Nun, es könnte die Korrosion stoppen. Könnte den Charakter stärken. Und letztlich auch der angstvollen Einsamkeit im modernen Moloch wundersam entgegenwirken.

Welche Methoden hätten wir noch, um diesen Zustand aus Ohnmacht und Unmündigkeit zu durchbrechen? Um, bitte, bitte!, wieder Herr des eigenen Lebens zu werden?

Spätestens an diesem Punkt machte meine Reise durch die Einsamkeit eine Kehrtwende: und zwar um 180 Grad. Denn endlich war ich in der Anti-Einsamkeit angekommen. Und das bedeutete, Menschen nicht weiter zu entmündigen. Es hieß darum eben auch, sie nicht mehr »proaktiv« aus ihrer Einsamkeit befreien zu wollen, ihnen Bindung anzuweisen und ein neues Vertrauen aufzudrücken. Der Weg zur Anti-Einsamkeit bedeutete jetzt etwas ganz anderes: nämlich das Individuum in seiner Freiheit und Mündigkeit zu stärken. Auf dass es wieder fühlen würde. Auf dass es sich trauen würde, sich endlich wieder auf das so ungeheuer menschliche Abenteuer der Intimität einzulassen. Die Lösung der Einsamkeitskrise besteht darum auch nicht in einem Staat, der zu organisierter Bindung drangsaliert. Es wäre nur ein Echo. Lediglich eine weitere Variante, sich den Methoden der Kameltreiber hündisch zu unterwerfen.

Das wirksame Gegenteil solcher Aktionen liegt vielmehr darin, wieder eine Basis zu schaffen für Selbstbestimmung, Eigenverantwortung und Unabhängigkeit. Genau dann nämlich wären wieder Antworten möglich, die schon der Protagonist in Herman Melvilles Erzählung *Bartleby, der Schreiber* 1853 so wundervoll stur und eigensinnig gab.

Die Geschichte erzählt von einem Kopisten, der seine neue Arbeitsstelle in einem kleinen Büro in New York antritt, umgeben von den wachsenden Wolkenkratzern der Wall Street. Zunächst geht der Kanzleischreiber noch emsig und still seiner Arbeit nach. Unermüdlich kopiert er Tag für Tag Verträge und überträgt in einsiedlerischer Ruhe die Zahlenkolonnen, die ihm sein Boss auf den Tisch legt. Doch dann beginnt er plötzlich, die Arbeit auf seltsame Weise einfach abzulehnen. Er tut dies mit milden, höflichen und darum tödlichen Worten; den einzigen, die seinen Arbeitgeber am Ende entwaffnen und restlos ratlos dastehen lassen. Diese Worte des Bartleby sind inzwischen berühmt und in die Literaturgeschichte eingegangen.

Bartleby sagt wiederholt und unbeirrt immer nur diese Worte:

»I prefer not to.« Ich möchte lieber nicht.

Diese kleine große Geschichte lege ich der Jugend ans Herz. Sie sollte sie lesen. Mindestens dreimal und in aller Ruhe. Und dabei das Smartphone einfach mal ausschalten. Ich weiß nicht, ob die Jugend das noch hinkriegt. Aber es wäre ein Anfang.

Die Literatur allerdings ist dabei die eine Sache. Also: Wie könnte so etwas im Alltag aussehen? Heute, im Jahr 2021?

Ich muss an die junge Abiturientin denken, die man in der schönen neuen Bäckerei neben den Weizenbrötchen »Rustiko« dazu erniedrigte, ausnahmslos alle Kunden zu duzen. Sie könnte den Chef zum Beispiel in einer stillen Minute zur Seite nehmen und fragen, warum sie alte Damen eigentlich auf einmal duzen soll. Sie könnte ihn fragen, wie er auf diese Idee gekommen ist. Auch könnte sie ihn höflich fragen, ob ihn womöglich jemand auf diese Strategie gebracht hat. Ein Webinar? Ein Marketingkurs? Ein Coaching? Oder hat es sich längst verselbstständigt, verinnerlicht? Als Nächstes könnte sie ihn schließlich fragen, ob er sich einmal überlegt hat, was dieses Du eigentlich bedeutet.

Ob er wüsste, womit er da hantiert?

Vielleicht würde der Chef diese Fragen einmal auf sich wirken lassen. Und vielleicht würde er der jungen Frau und allen anderen Angestellten daraufhin sagen, sie mögen doch am besten selbst entscheiden, wen sie duzen und wen sie siezen. Vielleicht bringen sie ja genug Lebenserfahrung mit, um diese außerordentliche Entscheidung eigenständig zu treffen.

Und vielleicht könnten sie ja dann, nach ein, zwei Monaten einmal gemeinsam einen Kassensturz machen, um zu schauen, ob das Siezen womöglich zu Einbußen geführt hat. Oder ob die Gewinne weiterhin im normalen Bereich liegen. Oder sich gar verbessern?

Es wäre diesen Versuch wert. Im Sinne der empirischen Forschung. Im Sinne der hochaktiven Hinterfragung des Mammons.

Es wäre diesen Versuch vor allem jedoch noch aus einem anderen Grund wert. Denn vielleicht würden beide, die Abiturientin und der Chef, in diesem Zuge auch an jener spiegelglatten Oberfläche kratzen, an der Werte, Traditionen und gesunder Menschenverstand einfach abgleiten. An der Grundfertigkeiten wie Kommunikation sowie die Abwägung von Meinungen und Einstellungen keinen Halt mehr finden. Und an der obendrein Kategorien wie etwa Selbstbestimmung, Achtung sowie die Option zu echter Gemeinschaft schlichtweg verloren gehen.

Und dabei fällt mir ein: Könnte es am Ende nicht auch an diesem nicht ganz unerheblichen Verlust liegen, weshalb sich die Jugend von heute so *lost* fühlt?

Studien haben solche Zusammenhänge übrigens bereits nachgewiesen. In individualistischen Gesellschaften liegen die Gründe für ein erhöhtes Vereinsamungsrisiko demnach genau dann vor, wenn eine einzelne Person das Ideal eines engagierten und gut integrierten Gruppenmitglieds gar nicht mehr erfüllen muss. Der Aufwand nämlich, enge Beziehungen zu knüpfen, ist dann nicht mehr nötig. Er fällt weg. Er stört die Oberfläche.

Und darum bedeutet »engagiert« und »gut integriert« im Urzutand auch nicht kuschen, sondern mündige und eigenständige Entscheidungen in einem fairen und sinnvollen Rahmen zu treffen und zuzulassen. Und mehr noch: Sie zu fördern.

Es gibt politisches Interesse, Vereinzelung zu fördern, Segregation zu bestärken, Mobilisierung zu verhindern, Solidarität zu zerschlagen. Nur den Vielen gelingt der Aufstand. Erst wenn Millionen Schüler ihre Schulpflicht bestreiken, statt dass jeder Einzelne sein Pausenbrot in wiederverwendbares Altpapier packt, wird der Wunsch nach Umweltschutz zur politischen Angelegenheit. In dieser postindustriellen Dienstleistungsgesellschaft braucht es einen neuen Arbeiteraufstand. Ich bin noch immer Christdemokratin genug, dass ich nicht an eine sozialistische Umkehr glaube. Sicher ist aber: Arbeitnehmervertretung, Gewerkschaftsaufgabe, Tarifautonomie können in dieser fragmentierten Vertretungskultur neuer Wirtschaft nicht mehr funktionieren. Es braucht neue Modelle der ökonomischen Partizipation.

Nicht umsonst schrieb schon Niklas Luhmann, einer der wohl wichtigsten Soziologen des 20. Jahrhunderts, 1994 eine Art Aufruf in genau diese Richtung: »Das personale Element in echten sozialen Beziehungen kann nicht extensiviert, sondern nur intensiviert werden.« Der Studie, in der diese Formulierung zu finden ist, hat Luhmann übrigens zu Recht den ungeheuer mutigen Titel gegeben: *Liebe als Passion*. Und darum wird, so bitter es ist, letzten Endes auch diese Vorgehensweise gefragt sein, um voranzukommen: Statt Kompensation ein leichtes Anheben der Belastungsgrenze.

Wie sagte das schon der deutsche Philosoph Theodor W. Adorno? »Es gibt kein richtiges Leben im falschen.«

Das Feld liegt nun vor mir, weit und klar. Und es ist alles in allem nicht mehr so schwer und verworren. Die nebulöse Einsamkeit der Jugend in diesen Jahren des Dritten Millenniums manifestiert sich, ist jetzt deutlich zu sehen und auch zu spüren. Und so auch die Chancen, irgendwie mit ihr umzugehen. Und vielleicht sollte das alles doch am Ende möglich sein.

In den Beziehungen und Verbindungen unter den Menschen zueinander zählt am Ende, was schon immer zählte und was wohl immer zählen wird. Nur stimmt heute die Umgebung für diesen so wichtigen chemischen Prozess nicht mehr. Die Rahmenbedingungen lassen die Reaktion in uns nicht mehr so richtig stattfinden. Dabei muss diese Reaktion in unseren Seelen stattfinden können. Sodass Tiefe entsteht und keine Flachheit. Qualität statt Quantität. Reibung statt Glätte.

Reibung, die auch das erzeugt, wonach sich die jungen Generationen heute vielleicht am meisten sehnen: Wärme.

Gefragt: Digitale Mündigkeit

Noch nie haben neue Technologien einen so grundlegenden Wandel ermöglicht. Doch Internet, Smartphone und soziale Netzwerke verändern nicht nur die Welt, sondern auch den Menschen. Der digitalen Gesellschaft bieten sich damit viele Chancen, aber sie läuft auch Gefahr, einem neuen Totalitarismus zu unterliegen. Damit Polarisierung und Zersplitterung nicht weiter voranschreiten, ist vor allem eines dringend nötig: Ein kultureller Kompass zur Besinnung. Sonst stehen wir am Ende allein da.

Es ist ein Novemberabend in den USA, als die Sendung *The Oprah Conversation* landesweit ausgestrahlt wird, die Talkmasterin Oprah Winfrey und Altpräsident Barack Obama in einem hellen Salon eintreffen und es sich vor brennendem Kamin gemütlich machen. Die beiden sitzen keine zwei Meter auseinander, eine Nähe, die nicht ganz dem angeordneten Corona-Abstand entspricht. Winfrey und Obama lehnen sich in ihren Sesseln zurück, wippen manchmal vor, sehen sich tief in die Augen. Das Feuer knistert. Dann beginnt das Gespräch. Es ist ausgelassen, warm und vertraut. Zwei Menschen auf Tuchfühlung.

Nach wenigen Sekunden wird die Illusion der realen Begegnung zerschlagen. Winfrey und Obama sitzen einander nicht gegenüber. Sie sitzen nicht voreinander, nebeneinander, sie sitzen auch nicht in demselben Raum, ja nicht einmal in demselben Bundesstaat. Beide sitzen in Greenscreen-Studios, dreidimensional ausgeleuchtet von Fresnel-Spots sowie von Kopflichtern zwecks sauberer Stanze – Obama in Washington D.C. an der Ostküste, Winfrey in Kalifornien an der Westküste. Zwischen ihnen liegen viertausend Kilometer, der ganze weite republikanische Mittlere Westen. Mithilfe technischer Möglichkeiten werden die beiden nebeneinander in einen fiktiven Raum gebeamt, der Hintergrund beliebig, austauschbar per Tastendruck. Heute also dieses helle, warme Wohnzimmer. Ein Kronleuchter hängt im Raum, Gemälde an den Wänden, der Kamin lodert. Es wirkt täuschend echt.

Nun, es ist echt. Aber eben anders echt. Es ist lediglich in der analogen Wirklichkeit nicht mehr das, was unsere Augen sehen, was unser Geist denkt, zu registrieren.

Das Fernsehgespräch, das beide miteinander aufnahmen, suggerierte das Ambiente, gaukelte das intime Gespräch perfekt vor. Somit auch die vertraute Beziehung, die Nähe, die beide offenbar sehr entspannt aushielten. Doch die Situation hat so nie stattgefunden. Es ist der Schritt über eine Schwelle. Realitäten, Scheinrealitäten. Da verwischen Welten, da wird Zauber vor Millionenpublikum angewandt, von dem altgediente Magier und Trickbetrüger nur träumten.

Bei uns werden Live-Schalten meist als solche ausgewiesen und eingeordnet, auch die Tatsache, wenn sie erst eine halbe Stunde später gesendet werden. Wir kennen das von Marietta Slomka, Claus Kleber. Auch nachrichtenrelevante Zusammenkünfte oder Interviews etwa bei Zoom werden meist noch ungeschönt übertragen und eingeblendet. Seit Corona sehen wir dabei so manchen Politiker, Virologen, Arzt oder Schriftsteller, der real und leicht verzerrt vor seinem Bücherregal zu Hause sitzt und so auf unseren Bildschirmen erscheint.

In der Neuen Welt ist man in dieser Hinsicht einen Schritt weiter. Hintergründe, Situationen, Szenen werden kurzerhand vermischt, verfremdet, designt. *What you see* ist schon lange nicht mehr *what you get*, der wesentliche Gedanke des WYSIWYG längst auch im übertragenen Sinn ausgehebelt. Das ist die eine Sache. Die andere: Für viele Sender und auch Zuschauer ist die Praxis der Illusion normal geworden. Sie ist sogar gefragt. Der eingespielte Applaus bei Comedy-Witzen, heute der Torjubel aus der Konserve in leeren Fußballstadien, das ist gewünscht. Die virtuelle, überhöhte, verstellte und oft auch verkannte Realität ist Usus geworden. Alles schon fast normal heute. Erst recht im Internet, auf den Seiten zahlloser Netzwerke, Shops und Plattformen.

Mit anderen Worten: Würden unsere Hände nach dem greifen wollen, was unsere Augen sehen und Ohren hören – wie oft würden wir in Wahrheit ins Leere greifen? Auf blanke Stellagen? Auf Automatismen? Ins elektronische Vakuum der Projektionen? Auf Menschen, die den geschönten Fotos in den sozialen Netzwerken und Dating-Räumen kaum mehr entsprechen? Aber hey, *it looks good. It's fun.*

Eine Frage sollten wir bei diesem Spiel jedoch nicht ganz aus den Augen lassen. Hätten Winfrey und Obama bei einer realen Zusammenkunft und direktem Augenkontakt genauso im Sessel gesessen? So entspannt? Mit derselben Mimik und Gestik? Hätten sie dieselben Worte gewählt, die eine Pointe mit derselben Wirkung in dem einen Moment gebracht? Hätte das Parfüm des anderen, die Aura, das Charisma nicht auch einschüchtern, verführen oder herausfordern können? In Übertragungen dieser Art werden Natürlichkeit und Ausgelassenheit suggeriert, wo in Wahrheit keine sein müssen. Es wird eine soziale Dynamik gezeigt, die bei wirklicher Begegnung eine ganz andere hätte sein können.

Und wie leicht lässt sich so ein – im wahrsten Sinne des Worts »verrücktes« – Kamingespräch auch noch auf ganz andere Realitäten übertragen? Und eben auch auf Scheinrealitäten?

Szenen aus Kriegen. Reporter vor zertrümmerten Gebäuden. Kinder in Krankenhäusern. Diktatoren vor Armenhäusern. Geiselnehmer und Gefangene in entsprechenden Umgebungen, Szenen, Rahmen. Stimmt das alles noch? Findet es so statt, wie wir es präsentiert bekommen? Wie wir es sehen und hören? Was ist womöglich herausgeschnitten, was hineinmontiert? Welche Tatsachen sind verändert, welche überdeckt, überspielt? Welche Sätze werden vielleicht gar nicht mehr ausgesprochen? Welcher vielleicht nur eine Sekunde eingeblendete Untertitel sagt auf einmal alles?

Fest steht: Die ungeschminkte Wahrheit ist im heutigen Informationssturm ein rares Gut. Öffentlich wie privat.

Dabei gilt eines unumstößlich: Die Macht der Bilder ist gewaltig. Verantwortungsvolle Fotografen wussten schon immer um das Potenzial der Manipulation, und im besten Fall hielten sie sich an Regeln, an ein Berufsethos, an die eigene Moral. Nicht umsonst sind der Bildethik ganze Studiengänge und Professuren gewidmet, denn bestimmte Bilder und Szenen haben schon Epochen geprägt, unsere Wahrnehmung, unser Denken und auch unsere politische Gesinnung.

So weit, so gut. Und noch halbwegs überschaubar. Die technologische Moderne aber hat in dieser Hinsicht zu inflationären, geradezu irrwitzigen Möglichkeiten und Methoden geführt. So leicht, perfekt und rasend schnell können vermeintliche Realitäten heute verändert, wir dabei so galant, perfide und unbemerkt um den Finger gewickelt werden, dass wir oft schon mehr über die Kunst des Täuschungsmanövers staunen als noch über den Fakt, um den es eigentlich gehen sollte.

Wenn wir die Bauernfängerei 3.0 überhaupt noch mitbekommen.

Photoshop. Virtual Reality. Augmented Reality. Fake News. Personalisierte Filter und Lenses bei Snapchat. Wir haben inzwischen viele Techniken und auch Begriffe ersonnen, um Kategorien für all die neuen Praktiken der Realitätsverzerrung zu schaffen. Um diese somit erst einmal einordnen und begreifen zu können. Und dabei sollten wir uns einer Sache zwingend bewusst sein: Der Mensch hat den inneren Drang, die Realität zu verändern!

Es scheint in seine DNA eingeschrieben zu sein, so könnte man meinen, dass er sich verstellen und überhöhen und damit den Kontext seines Auftritts verfälschen will. Ja, der Mensch liebt es, zu spinnen und vorzugaukeln, er liebt die Verkleidung, das Spiel, das Schauspiel, er ist fasziniert von Trug und Zauber, von Maskerade, vom Irrealen. Und: Ebenso lässt er sich selbst nur zu gern verführen, verzaubern und in andere Welten versetzen.

Es mag mit dem historischen Karneval in Venedig einen frühen Höhepunkt gefunden haben, ebenso in der Commedia dell'arte, mit der die Maskerade zur Kunst erhoben wurde, das Theater zum kulturellen Stilmittel avancierte. Seither nimmt es kein Ende mehr: Frühes Kammerspiel, Shakespeares Bühnenstücke, der berühmte Deus ex machina, später Opern, Film, Kino, Zeichentrick, Science-Fiction, Fantasy, Star Wars und danach Serien wie etwa *X-Factor: Das Unfassbare*.

Die Genres sind zahlreich. Und überall wird ersichtlich, welch lange Tradition das Faible für Show und Fiktion hat. Es scheint, als gehöre das Spiel mit der Realität zu unseren Wesenszügen. Und das geht ja schon früh los. Mädchen in Ballkleidern und Prinzessinenkostümen, Jungen mit Ritterrüstung oder Kochschürze. Natürlich sind da die Schauspieler, die Hollywood-Stars. Die bestbezahlten und vergötterten Zeitgenossen sind – keineswegs erst seit Computer und Co. – ausgerechnet jene, die sich ständig und professionell verwandeln.

Und wieder war es die Neue Welt, das gelobte Land der unbegrenzten Möglichkeiten, das den Budenzauber zum Markenzeichen einer ganzen Kultur erhob.

It's showtime, Gentlemen. There is no business like show business.

Und wir? Haben uns köstlich amüsiert. Vor kurzem jedoch ist etwas Entscheidendes geschehen. Eine Zeitenwende. Wann immer wir nämlich Darbietungen und Inszenierungen jedweder Art genossen, wussten wir bis vor noch gar nicht allzu langer Zeit in der Regel, wie, wo und warum wir dies taten. Wir gingen ins Kino, ins Theater, zum Konzert, schauten fern oder waren vielleicht sogar gerade in Las Vegas. In der Regel aber waren sämtliche Vorstellungen bis hierhin zeitlich limitiert und räumlich definiert.

Genau damit ist spätestens seit dem Smartphone, seit den sozialen Netzwerken und medialen Plattformen Schluss. Die Bühnen haben sich verlagert, verschoben und millionenfach geöffnet. Das Leben selbst ist zu einer Art Bühne geworden. Die alte Lust an der Illusion, das Spiel mit Verwandlung und Verführung ist geblieben – dank der Technologien inzwischen jedoch in die Nervenbahnen des Alltags diffundiert. Und somit ist auch sie hier längst mit Leichtigkeit angekommen: die Praxis der Manipulation und Verfälschung. Waren Inszenierungen bis vor kurzem noch als solche gekennzeichnet und fanden meist unter der Hoheit dazu Berufener oder Abgestellter statt, kann sie heute ein jeder produzieren und verbreiten. Überall und zu jeder Uhrzeit. Die Rekordplattform TikTok zum Beispiel fasziniert gerade darum: Sie ist eine Art professionelles Schnittstudio für jedermann. Jeder Post eine Großproduktion im Handumdrehen.

Es sind maximal goldene Zeiten. Dem Reiz am Falschen und am schönen Schein ist heute hemmungslos und schrankenlos nachzugehen. *There is no business like my business.*

Und vielleicht sollten wir genau an dieser Stelle einmal ganz kurz auf den Pausenknopf drücken. Denn wir wissen noch gar nicht richtig, was wir hier eigentlich tun. Wissen nicht, womit wir es zu tun haben. Und wissen auch nicht, was dieses ganze neue Spektakel am Ende mit uns veranstalten wird.

Denn steht nicht auch unsere Seelenverfassung in einem sehr unmittelbaren Verhältnis zu dem, was wir Realität und Wahrheit nennen und uns darunter vorstellen? Lügen machen krank und einsam, wissen Psychologen. Dabei bedienen wir uns oft falscher Entschuldigungen, heucheln Interesse, überhöhen, reden schön, fabulieren und stellen die Dinge in ein Licht, das uns passt und gefällt. Mit den neuen Medien funktioniert gerade das verlockend leicht. Doch so harmlos ist es nicht. Lügen gefährden die Gesundheit und zerstören Beziehungen.

Ach, Wahrheit und Realität! Was ist nicht schon alles über diese beiden hehren Worte geschwätzt worden! »Wer den Weg der Wahrheit geht, stolpert nicht«, sagte Gandhi. »Im Krieg ist die Wahrheit das erste Opfer«, sagte Aischylos, einer der ältesten Dichter der griechischen Tragödie. Nietzsche meinte: »Nein, gerade Tatsachen gibt es nicht, nur Interpretationen.« Und die Journalisten von heute können sich noch so aufrichtig an den Vorsatz halten, zu »sagen, was ist«, mit der Bedeutung dieser Weisheit werden auch sie früher oder später ringen müssen: »Der Bildschirm ist das Präservativ der Realität.«

So weit, so vieldeutig. Die Frage nach Wahrheit und Wirklichkeit bringt einen schnell zum Philosophieren. Wenn jedoch Millionen, nein Milliarden Menschen heute dazu in der Lage sind, sich in der Kunst der Selbstausstellung zu üben, und mit dieser heute massenweise praktizierten Kulturtechnik bisweilen auch die Grenzen der Realität bis ins Groteske dehnen, dann sollten wir uns zumindest einiger Funktionsweisen bewusst sein, die dieser Technik prinzipiell innewohnen. Genießen wir darum an dieser Stelle drei Zitate bekannter Schauspieler:

In der Schauspielerei geht es darum, vorzugeben,
jemand zu sein, und eine Geschichte zu verkaufen.
HENRY CAVILL

Als Schauspieler lasse ich Menschen glauben, dass etwas
echt ist, obwohl sie genau wissen, dass es das nicht ist.
JOHN LITHGOW

Ich glaube, ich bin Schauspieler geworden,
um mich vor mir selbst zu verstecken.
Man kann sich in seine Rolle flüchten.
JOHN CANDY

Flüchten. Verstecken. Verkaufen. Vorgeben. Glauben lassen. Es liest sich wie eine der inneren Codierungen des digitalen Zeitalters. Und dabei ist etwas Wesentliches geschehen: Das reine Spiel mit der Realität hat empfindliche Grenzen überschritten – denn längst geht es bei heutigen Inszenierungen auch um die Auslegung der Wirklichkeit. Mehr noch: Um das Schreiben und Formulieren neuer Wirklichkeiten, die den Schritt von den Bühnen ins konkrete Leben längst geschafft haben.

Als mit Ronald Reagan damals ein ehemaliger Leinwandheld ins Weiße Haus einzog, mochte ein Teil der Welt sich noch kurz erschrocken haben, der Rest schmunzelte oder jubelte. Inzwischen sind über drei Dekaden vergangen. Was während der letzten US-Präsidentschaft heute nicht nur möglich, sondern auch haltlos exerziert wurde – erstmals in diesem Maßstab mit dem digitalen Sprachrohr der Tweets –, nun, wir haben es erlebt. Mit Trump hat eine Verdrehung der Wirklichkeit auf höchster Ebene so real, offen und hemmungslos stattgefunden, dass Politiker, Historiker, Soziologen, Philosophen und wir alle noch Jahre brauchen werden, um diese Show und ihre Folgen einzuordnen.

Dabei hatte der britische Drehbuchautor Charlie Brooker schon im Jahr 2013 einen populistischen Cartoon-Bär zur Wahl antreten lassen – in der gefeierten Science-Fiction-Produktion *Black Mirror*. Diverse Artikel, unter anderem von Chris Cillizza in der *Washington Post*, verglichen Donald Trumps Wahlkampagne 2016 mit der der Cartoon-Figur Waldo. Im September 2016 äußerte sich auch Charlie Brooker dazu und prophezeite, dass Trump die Wahl gewinnen würde. Am Tag nach der Wahl twitterte der *Black Mirror*-Account: »This isn't an episode. This isn't marketing. This is reality.«

Der Münchner Soziologe Armin Nassehi hat längst damit begonnen, diese neue Welt zu dechiffrieren. In seinem Buch *Muster* widmet er sich dabei einer Erkenntnis, die zunächst logisch erscheinen mag, die wir aber oft vergessen und deren Tragweite wir nicht einschätzen können: Nämlich dass das Digitale nicht bloß eine Eins-zu-eins-Übersetzung der Dynamiken und Mechanismen des Analogen ist. Nassehi weist vielmehr auf ein zentrales Defizit hin. Der Begriff der Digitalisierung ist zwar allgegenwärtig – ein profundes Verständnis der Digitalität aber haben wir noch nicht entwickelt.

Doch genau darum geht es: Um eine Kultur der Digitalität. Um das genauere und tiefere Verständnis einer neuen globalen Praxis und um ihre Handhabung. Um es plakativ zu sagen: Mit den neuen Technologien und Möglichkeiten ist der Menschheit ein Raketenauto an die Hand gegeben worden, obwohl sie noch im Golf-Tempo denkt, fühlt und handelt. Nun schießt sie dahin, weiß nicht, wie auf die Bremse treten, wie bei Fullspeed die Kurve kriegen und an welche Gepflogenheiten sie sich in diesem digitalen Highspeed-Panoptikum halten soll.

Es fehlt ein Manual, ein Knigge. Es fehlt der kulturelle Kompass zur Besinnung.

Nassehi erkennt die Unzulänglichkeiten, mit den neuen

Umständen umzugehen, im Alltäglichen. Und dabei geht es schon im Kleinen los. Wer etwa in einem digitalen Video-Call anwesend ist, kann dem sprechenden Gegenüber unverhohlen ins Gesicht starren. Er kann dabei unbeobachtet dessen Pickel zählen, dessen Kinnlänge ausmessen, kann ungeniert dessen Mimik und Augensprache studieren, ohne einmal an eine Hemmschwelle zu geraten. Verhaltensweisen, die im Analogen undenkbar wären. Wenn uns auf der Straße oder im Büro ein Kollege oder Fremder zu nahe kommt, fühlen wir uns auf der Stelle bedrängt.

Man hat diese »persönlichen Distanzzonen« gut erforscht und auch definiert, weil wir sie alle haben. Bei einem Abstand von 3,60 Meter und mehr »empfinden« wir uns demnach in einer öffentlichen Zone. Die soziale Zone beginnt, wenn eine gesellschaftliche Distanz von 1,20 bis 3,60 Meter eingehalten wird. Die persönliche Zone wird erreicht, wenn sich uns jemand auf 1,20 bis 0,60 Meter annähert. Darunter beginnt die intime Zone. Dann rückt uns jemand auf die Pelle, und das mögen wir gar nicht, wenn es nicht der Lebenspartner ist oder eine andere sehr vertraute Person. In bestimmten Situationen verlieren diese unsichtbaren Grenzen ihre Gültigkeit. Im Flugzeug, im Kino, in der Warteschlange. Doch wir ertragen dies nur für eine bestimmte Zeit. Dann fühlen wir uns unwohl. Angegriffen.

Das Digitale sprengt diese Grenzen auf bisher unbekannte Weise. Es hebt sie auf. Und das ist neu, sagt Nassehi. Denn hier geht es auch um eine neue Art des menschlichen Umgangs miteinander. Das Digitale bricht dabei prinzipiell mit einem alten Gebot, das der Mensch braucht, um seine Persönlichkeit zu schützen: die Abstandswahrung.

Heute zerschießen Phishing-Mails diese Mauer, Werbung, die uns traktiert, sobald wir eine Internetseite öffnen oder online nur einen Flug buchen wollen. Nachrichten und Botschaften erreichen uns, nach denen wir nie gefragt haben. Auch wissen wir, dass Kameras uns beobachten können, dass das Handy unsere Nachrichten, Daten und Profile ausliest und weitergibt, auch wenn wir dem nie zugestimmt haben. Gehackte, virusinfizierte und ausspionierte Computer sind dabei die eine Sache. Doch um eine mehr oder weniger freiwillig akzeptierte Offenlegung unseres Lebens kommen wir kaum mehr herum. Das Smartphone ist mit uns. Eine permanente Schnittstelle zur Außenwelt, die wir nicht mehr loswerden. Wir bekommen die Tür hinter uns nicht mehr zu.

Der Weg in dieses Stadium der Dauerverfügbarkeit, Daueraufmerksamkeit, Dauerberieselung und Dauerbeobachtung war ein kurzer und schneller. Wir haben kaum bemerkt, wie wir ihn entlangliefen. Wir klatschten Beifall, standen Schlange, kauften und sicherten uns die leuchtende Entmündigung sogar per Flatrate.

Hausfriedensbruch ist bis heute strafbar. Der digitale Persönlichkeitsfriedensbruch ist es nicht. Wir zahlen sogar dafür. Und tätigen inzwischen selbst Kontaktanfragen, obwohl wir auch das gar nicht wollen. Auf das Wort »Hosentaschenanruf« musste erst mal einer kommen.

Was in diesem digitalen Tohuwabohu unterschwellig aber wirklich geschieht, sollten wir uns unbedingt klarmachen. Es werden ständig Grenzen überschritten, Hüllen fallen gelassen, Barrieren unterlaufen. Da wird fundamental an einem Frieden gerührt, der uns ja eigentlich sehr kostbar ist. Ein Sein mit uns selbst, das im Zustand des permanenten Anschlusses durchaus gestört werden kann.

Und ich frage mich, ob uns das am Ende in einer bestimmten Form auch vereinsamen lässt. Ich fürchte schon. Eine alte Weisheit, menschliche Beziehungen betreffend, bringt es auf den Punkt: Nähe braucht Abstand.

Doch das grundsätzliche Phänomen, mit dem wir es zu tun haben, kennt noch andere Facetten, weitaus subtilere Versionen und Vorgehensweisen. Ebenfalls neu nämlich ist, dass wir zum Beispiel nicht mehr nur distanzierte Fans und Groupies von einer Boyband oder von Popidolen sind. Wir können ihnen heute erschreckend nahe kommen, können sie uns in unsere Privatsphäre herunterladen. Nicht selten schlummern die Idole mit uns ein, wir können ihre Stimmen hören und ihre Gesichter sehen, während das Smartphone noch neben dem Kopfkissen liegt. Neu ist auch der Umstand, dass uns vor allem jugendliche Influencer heute auf Schritt und Tritt mit durch ihren Alltag nehmen. Das geht längst so weit, dass sich Follower ihren Influencern tatsächlich nahe fühlen und ihnen gegenüber eine Vertrautheit empfinden. Vom flimmernden Gegenüber fühlen sie sich wahrgenommen und sogar verstanden. Die Projektionen flimmern ja auch schon lange nicht mehr. Neue Handy-Generationen haben LCD-Bildschirme längst durch selbstleuchtende organische OLED-Displays (Organic Light Emitting Diode) ersetzt. Die Weltmarken werben gezielt mit »überzeugender Schärfe« und »extrem hoher Auflösung«, was den Schein von realem Dasein noch verstärkt.

Aber bauen die User heute auch qualitativ andere Bindungen zu ihren Idolen auf als Fans und Groupies in den Neunzigern, die auf Konzerte gingen und sich Poster an die Wand pinnten?

Und wie verhält es sich mit dem anderen Ende dieser Grenzaufhebungen – mit dem neuen, permanent anwachsenden Hass im Netz? Dass auch hier Barrieren und Hemmschwellen weitgehend gefallen sind, mussten schon viele selbst erleben. Private Nutzer, Politiker, Publizisten, Prominente. Beleidigungen und Bedrohungen haben in den digitalen Räumen derart zugenommen, dass ein neues Wort der Wutflut erst einmal Ausdruck verleihen musste: Als es über das »Haten« hinausging, kam der Shitstorm.

Nähe also einerseits, Distanzierung andererseits. Immerhin

haben wir es dabei mit zwei großen Säulen zwischenmenschlicher Beziehung zu tun, denen das Digitale völlig neue Dimensionen und Qualitäten verliehen hat. Und wichtig ist, das »neu« hier auch als »neu« zu begreifen. Denn diese Formen des menschlichen Miteinanders (und Auseinanders) sind nicht nur digitale Abbilder oder Erweiterungen analoger Beziehungs- und Verhaltensmuster – sie beeinflussen und prägen uns auf eine Art und Weise, die tatsächlich disruptiv ist: Das Digitale bricht mit Altbekanntem, schafft komplett neue Kategorien. Und rührt dabei auch an unserem grundsätzlichen Verständnis von Mensch-zu-Mensch-Verbindungen.

Auch analoge Verhaltensweisen, die direkt aus dem Digitalen erwachsen, sind davon betroffen. Wer sich einmal selbst beobachtet, merkt das schnell. Beginnt zum Beispiel eine junge Frau neben mir, mit lolitahaft geschürzten Lippen zu posieren, drehe ich mich schon automatisch weg, weil ich sonst womöglich auf einem Film oder Foto mitgepostet werde. Denn würde diese Person öffentlich so posieren, hielte sie nicht gerade ein Smartphone zur Live-Übertragung hoch? Doch es muss gar nicht bis in den öffentlichen Bereich gehen. Befragungen haben es erwiesen, und wir können es selbst beobachten. Wie oft ist das Smartphone das Letzte, das wir vor dem Einschlafen berühren? Und das Erste, nach dem wir noch vor dem Aufstehen greifen? Wir berühren nicht mehr einen uns lieben Menschen als Erstes, sondern ein Ding. Einen Gegenstand, der jedoch kein Buch ist, kein Wecker, keine Nachttischlampe – sondern eine Allzweckwaffe im Dienst der Digitalität, gegen die Aladins Wunderlampe ein Witz ist.

Gewissermaßen als modernes Zauberwerkzeug konnte das Smartphone zum bedeutendsten Objekt des modernen Alltags werden. Es beschert Unterhaltung und Ablenkung, ermöglicht Information, Wissen, Austausch. Das Smartphone ist obendrein politisch. Es ist eine tragbare Infrastruktur, über die wir demokratische Grundrechte wahrnehmen und Freiheiten ausüben. Eine Maschine, der wir in totaler Intimität Phantasien und Perversionen anvertrauen, auf der wir Doktorarbeiten, Vorträge und unser abfotografiertes Leben speichern. Wir beginnen und beenden Partnerschaften mit dem Smartphone. Beerdigungen und Hochzeiten werden gestreamt, Bilder vom Neugeborenen mit aller Welt geteilt, bevor das Neugeborene selbst das erste Mal die Augen öffnet. Von den sozialen Profilen Verstorbener werden auch nach ihrem Tod noch automatisierte Botschaften versendet. Das Smartphone, das Internet, das Leben in der Digitalität, es macht sich gleich mit Gott: Es ist gegenwärtig beim Erblicken des ersten Lichts und noch immer da, wenn wir schon nicht mehr sind.

Bei einem Abendessen mit Vorstandsmitgliedern von Samsung durfte ich Zeugin werden, wie weit die Phantasien reichen und wohin sie uns noch tragen können. Die Herren träumten von winzigen, kaum spürbaren Kappen, die wir auf dem Augapfel tragen, Kappen, bei denen ein menschlicher Wimpernschlag genügen würde, um eine winzig kleine Kamera zum Auslösen zu bringen. Jedes Zwinkern ein Foto, jeder Augen-Blick ein Abbild der Welt. Es würde eine weitere Metamorphose bedeuten: die Umwandlung einer menschlichen Geste in Momente der digitalen Selbstausstellung, dies rund fünfzehnmal in der Minute, jedes Mal, wenn wir unseren Augapfel befeuchten müssen.

Doch muss man nicht erst solche Ideen bemühen, um zu erkennen, wie sehr uns die Digitalität schon jetzt beeinflusst. Dies zeigt am Ende allein die Zeit, die wir heute vor Computern und Smartphones verbringen. Auch die »Bildschirmzeit« ist zu einer feststehenden Kategorie geworden, zu einer Größe, die aus dem modernen Leben nicht mehr wegzudenken ist.

Forscher des Cheo-Instituts an der Universität von Ottawa und der Carleton University verfassten 2018 in der britischen

Fachzeitschrift *The Lancet* einen Bericht, laut dem schon Kinder im Alter von acht bis elf Jahren im Schnitt 3,6 Stunden mit Handys, Computern und Fernsehern verbringen. Eine Studie der Postbank ging dem Nutzungsverhalten und den Vorlieben deutscher Jugendlicher nach. Wenn sie nicht gerade arbeiten, in der Schule sind oder schlafen, vergeht kaum eine Stunde, in der sie nicht online sind. Laut der Studie sind deutsche Jugendliche 58 Stunden pro Woche im Netz; das übertrifft sogar die gesetzlich erlaubte 48-Stunden-Arbeits-Woche.

Doch selbst das dürfte untertrieben sein. Viele, besonders Jugendliche, legen das Smartphone gar nicht mehr weg. Sie schlafen mit ihrem Smartphone.

Und das war schon vor Corona so. Doch im Corona-Jahr 2020 haben Jugendliche in Deutschland noch einmal deutlich mehr Zeit mit digitalen Medien verbracht. Dies ergab eine Studie der Landesanstalt für Kommunikation in Stuttgart im Dezember 2020. Die tägliche Internetnutzungsdauer stieg demnach im Vergleich zum Vorjahr von 205 auf 258 Minuten – also auf mehr als vier Stunden pro Tag. Ein Drittel davon entfiel auf den Bereich der Unterhaltung. Den geringsten Anteil der Onlinezeit hat mit elf Prozent die Informationssuche. Mit digitalen Spielen verbringen Jungen laut Umfrage durchschnittlich 159 Minuten pro Tag, Mädchen 81 Minuten. Auch das Fernsehen gewann in der Gunst der Jugendlichen: In der Selbsteinschätzung der 12- bis 19-Jährigen stieg die werktägliche Fernsehdauer auf durchschnittlich mehr als zwei Stunden an. Zur Kommunikation untereinander bleibt WhatsApp der wichtigste Online-Dienst. 94 Prozent der Jugendlichen verwenden den Messenger-Dienst mehrmals in der Woche, um sich mit anderen auszutauschen. 87 Prozent der Schülerinnen und Schüler haben eine WhatsApp-Gruppe mit ihrer Klasse. Instagram wird von 72 Prozent der Jugendlichen mehrmals in der Woche genutzt – mit steigender Tendenz. Die regelmäßige Nutzung der chinesischen

Rekordplattform TikTok wuchs 2020 um 19 Prozentpunkte; jeder vierte Junge und zwei Fünftel der Mädchen kommunizieren regelmäßig über TikTok. Also auf Plattformen, in denen die Eltern abwesend und die Jungen unbehelligt sind – zensiert, kontrolliert oder reguliert wird bei TikTok nichts. Für die Aktivitäten in den privateren Messengerkanälen gilt dasselbe: Abgeschieden, ausgeschlossen von öffentlicher und halb öffentlicher Beobachtung ist dort zumindest dem Anschein nach das Briefgeheimnis gewahrt. Tatsächlich aber erfreuen sich die dort besprochenen Inhalte keineswegs mehr einer Privatsphäre wie früher vielleicht beim Schreiben eines Liebesbriefs. Oftmals landen auf den Kanälen und Plattformen Kettenbriefe von Extremisten, die Botschaften von Verschwörern, gezielt lancierte Fake News. Eine Tatsache, die der ganzen Sache spätestens jetzt eine gesellschaftliche Relevanz verleiht.

Doch das Gerät »Smartphone« ist enorm verführerisch, innen wie außen. Längst mehr in Mode als alle Highheels und geschlitzten Jeans sind heute bunte Crossbody Cases, Handykordeln, schicke Necklaces und roséfarbene Popsockets, damit man das Gerät besser (und länger) halten, damit man es sich um den Hals hängen kann, um es gar nicht mehr ablegen zu müssen. Eine poppige Form der Entmüdigung, mit denen die Verkäufer dieser Accessoires gutes Geschäft machen. Allein von den Popsockets – kleinen Gummisockeln, die sich an der glatten Handy-Oberfläche festsaugen, damit es griffiger in der Hand liegt – verkaufte der Erfinder David Barnett in einem Jahr mehr als 35 Millionen Stück in 40 Ländern; wobei Stars und Influencer fleißig mithalfen. Doch Barnett ist nur ein winziger Fisch. In Wahrheit geht es um Bildschirmzeit, um Profile und Daten. Je mehr, desto besser. Hier dreht sich das große Rad.

Dass das Kleben am Handy schon physisch nicht gesund sein kann, belegen aussagekräftige Statistiken. Fußgänger und Autofahrer sind immer häufiger in Unfälle verwickelt, weil sie ihre Augen selbst dann nicht mehr vom Smartphone nehmen können, wenn sie sich dringend auf etwas anderes konzentrieren müssten. »Inzwischen piept ein Smartphone ständig wegen irgendetwas oder hat vermeintlich Interessantes zu bieten«, sagt Uwe Janssens, Präsident der Deutschen Interdisziplinären Vereinigung für Intensiv- und Notfallmedizin. »Das ist eine unglaubliche Ablenkung für alle Verkehrsteilnehmer.« In Deutschland habe bei den tödlichen Unfällen im Autoverkehr die Ablenkung durchs Smartphone wahrscheinlich den Alkohol als Hauptursache eingeholt.

Eine Analyse in den USA kommt zu dem Ergebnis, dass seit zwei Jahrzehnten auch mehr und mehr Kopf- und Nackenverletzungen auf die Dauernutzung des Mobiltelefons zurückgehen. Die häufigsten Verletzungen seien Platzwunden, Prellungen und Schürfwunden, schreibt das Fachjournal *JAMA Otolaryngology – Head & Neck Surgery*, und vor allem seien es Jugendliche und junge Erwachsene, die sich vom Bildschirm ablenken lassen, selbst wenn sie die Straße überqueren.

Die Techniker Krankenkasse beauftragte das Meinungsforschungsinstitut Forsa mit einer Studie zur Gesundheit und Mediennutzung von Jugendlichen. Befragt wurden tausend Eltern von 12- bis 17-jährigen Kindern und Jugendlichen. Und hier ging es nun schon mehr um die seelische Verfassung. Bereits vor einigen Jahren, vor Corona, lauteten die wichtigsten Ergebnisse: 50 Prozent der Jugendlichen surfen nach Ansicht ihrer Eltern zu viel. Nur sechs von zehn Eltern haben mit ihrem Kind ein Limit für den Onlinekonsum abgesprochen. In 30 Prozent der Familien gibt es keine Absprachen, auf welchen Seiten das Kind im Internet unterwegs sein darf. Durchschnittlich jeder siebte Jugendliche zwischen 12 und 17 Jahren in Deutschland leidet unter Kopfschmerzen. Extremsurfer sind mit 26 Prozent mehr als doppelt so häufig betroffen.

Weiteres Fazit: Fast jeder achte Elternteil gab an, dass das

Kind bereits Anzeichen von Onlineabhängigkeit erkennen lässt. Besonders betroffen sind die 14- und 15-Jährigen. Hier zeigt jeder sechste Jugendliche suchtähnliches Verhalten.

Die kanadischen Wissenschaftler des Cheo-Instituts unterzogen 4520 Kinder gezielt verschiedenen Tests, die in den Bereichen Sprache, Erinnerungsvermögen, Reaktionsfähigkeit und Konzentration angesiedelt waren. Dabei zeigte sich, dass die geistige Entwicklung der Kinder schon ab zwei Stunden täglicher Bildschirmzeit beeinträchtigt wurde und die Kinder zudem weniger schliefen. Für das Erziehen von Kleinkindern sprachen die Forscher Eltern anschließend einen guten Rat aus: nämlich diese nicht vor Bildschirmen zu parken. Der »digitale Babysitter« würde die weiße Gehirnmasse schrumpfen lassen und sich negativ auf die sprachlichen Fähigkeiten auswirken.

Als Grund führten die Wissenschaftler übrigens keine komplizierten medizinisch-biologischen Sachverhalte an, sondern nannten eine Ursache, die auf der Hand liegt, die einen Wesenszug des Digitalen beinhaltet und die auch unmittelbar verknüpft ist mit dem menschlichen Miteinander und somit auch mit der Einsamkeit.

Der schlichte Grund: Wer auf den Bildschirm blickt, hat weniger Zeit, mit realen Menschen in seiner realen Umgebung zu sprechen.

Nicht umsonst hat die gemeinnützige englische Organisation Internet Matters eine sogenannte Screen-Time-Kampagne gestartet, um schon Kindern bei der Entwicklung einer »gesunden digitalen Ernährung« zu helfen. Die Organisation arbeitet branchen-, schul- und regierungsübergreifend mit dem Ziel, Tools und Ressourcen zu erschließen, damit Kinder intelligent und sicher von vernetzter Technologie profitieren können.

Die Idee gefällt mir: sich digital gesund zu ernähren – intelligent, bewusst und wissend. In der Idee steckt, was fehlt. Ein aufgeklärter und kritischer Blick auf das, was gerade um uns herum, aber zugleich auch mit uns und in uns selbst geschieht. Gefragt ist dafür ein besseres Verständnis der technologischen sowie der wirtschaftlichen Zusammenhänge und Hintergründe. Die Basis, um einen informierten Diskurs über Digitalität überhaupt erst führen zu können. Um die spannenden, wegweisenden, aber auch gefährlichen Phänomene dieser neuen Sphären erkennen, deuten, hinterfragen und notfalls auch ablehnen zu können.

Eigentlich nichts Neues. Es geht um Emanzipation. Um einen mündigen Umgang mit der Welt, den Menschen und uns selbst. Verzichten wir darauf, laufen wir Gefahr, uns von jenen Tendenzen beherrschen zu lassen, die das digitale Zeitalter schon jetzt mit sich gebracht hat: soziale Brüche, Machtverschiebungen, Abhängigkeiten, Konflikte, Manipulationen. Insgesamt Strömungen, die unsere Gesellschaften bisher nicht geselliger gemacht haben.

Die Chancen der Digitalität

Welches Potenzial hingegen in der Digitalität steckt und wie schnell sich dieses Potenzial für gute Zwecke nutzen lässt, zeigte ebenfalls das Jahr der Pandemie. Denn vor allem bei der Digitalisierung wirkte Corona wie ein Beschleuniger. Den Menschen, besonders den Kindern, wurde dabei zunächst verwehrt, einem grundlegenden Bedürfnis nachzukommen: sich zu treffen und auszutauschen, Zeit miteinander zu verbringen und intuitiv Nähe zu suchen. Ausgerechnet der menschliche Kontakt in der realen Welt wurde auf einmal zur Bedrohung. Damit verschwanden Rituale menschlichen Verhaltens. Händeschütteln wurde zum Risiko, selbst eine Umarmung in der Familie ziemte sich nicht mehr, auch Singen oder lautes Lachen standen plötzlich auf der Liste der neuen Untugenden. Die Welt hatte es mit einer bitterbösen Symbolik zu tun: Das Lächeln von Millionen verschwand hinter Masken.

Über die sozialpsychologischen Auswirkungen der Pandemie kann nur spekuliert werden. Noch lange werden wir brauchen, um zu verstehen, was die Lockdowns mit uns machen, wie sich viele Dinge verschieben und womöglich elementar verändern könnten. Kurzfristig, womöglich langfristig. Eine Verlagerung aber vollzog sich sofort, und wir alle konnten dabei zusehen: Weil die analoge Nähe zur Gefahr geworden war, verlagerten sich viele Bereiche des Lebens in die digitalen Räume. Die Pandemie wurde zum Treiber der Digitalisierung, und es flammte ein neuer Enthusiasmus für die Chancen des Internets auf. Diese Chancen nutzten auch jene, die Einsamkeit als gesellschaftliches Thema bereits erkannt haben und sich entsprechend engagieren. So wurde das Digitale auch für viele Senioren zu einer sozialen Hilfestellung, gerade für jene, die nicht mehr so mobil sind.

Dagmar Hirche, selbst Seniorin und Gründerin des Vereins »Wege aus der Einsamkeit«, kennt die Potenziale der neuen Technologien. Zudem war sie eine der ersten Lobbyistinnen überhaupt, die sich für das Thema Einsamkeit stark machten. Nun beschritt sie neue Pfade, damit auch Hochaltrige an der Kommunikation im Netz teilhaben konnten. Und damit packte Dagmar Hirche mit Mut und Elan keine geringere Aufgabe an, als einen gigantischen Graben zu schließen. Oder besser gesagt: eine Brücke zu bauen zwischen großen Teilen der Gesellschaft, die die Digitalisierung bisher eher voneinander trennte. In Deutschland leben rund 17,5 Millionen Menschen, die 65 Jahre oder älter sind und somit um die 21 Prozent der Bevökerung ausmachen. Ein Viertel der Deutschen, die alles andere als Digital Natives sind und die an den digitalen Welten in deutlich geringerem Maße teilnehmen als die jüngeren Generationen. Vor allem unter den Hochaltrigen dürfte es viele geben, die von sozialen Plattformen und Echokammern, von Streaming-Diensten und Chatrooms nur gehört haben.

Auf der Seite von »Wege aus der Einsamkeit« ist eine eigene Rubrik eingerichtet: »Internet verstehen«. Dort werden Begriffe und Funktionen erklärt, hier können Senioren nachlesen, welche Betriebssysteme es gibt, was ein Appstore ist, was Bluetooth kann. Auch hat der Verein *Das Mutmachbuch* herausgebracht, mit dem das Netz »versilbert« werden soll. Es wird darin erzählt von neugierigen, aufgeschlossenen Menschen »65 plus«, die die digitale Welt erobert haben oder gerade erobern. Das Buch soll dazu anspornen, auch im Alter den Mut zu fassen, die digitale Welt zu betreten. Und dabei ist auch dieser Satz zu lesen: »Ohne geht es nicht mehr, und das wird sich auch nicht mehr ändern.«

Corona lieferte nun einen akuten Anlass, um das Internet auch wirklich zu (be)nutzen. Nicht aus Neugier, nicht, um bei den modernen Zeiten mitzumischen – sondern um die Einsamkeit zu lindern. Omas und Opas konnten ihre Kinder und Enkel dank Internet wenigstens auf dem Bildschirm sehen und hören, konnten einen virtuellen Rundgang durch das Haus der Familie mitmachen, die sie nun nicht mehr persönlich besuchen durfte. Junge Leute spielten mit den Alten auf einmal Stadt, Land, Fluss via Zoom, teilten Fotos, sagten auf digitalem Weg gute Nacht. Die Aktivistengruppe »Omas gegen Rechts« koordinierte sich nun verstärkt in Facebook-Gruppen, in Altenheimen wurden Bildschirme aufgestellt, um sich mit Senioren in anderen Altenheimen auszutauschen.

Viele ältere Menschen entdeckten das Netz. Routinierte Nutzer entdeckten es neu. Während Corona hielten Geschäftsleute Meetings via Internet ab, es trafen sich dort Musiker, Schauspieler, Verleger, Autoren, erstmals fand die Frankfurter Buchmesse zu großen Teilen digital statt. Jugendliche nutzten YouTube vermehrt als Suchmaschine, die US-amerikanische Abgeordnete Alexandria Ocasio-Cortez hielt Bürgersprechstunden digital ab, während sie auf Twitch zockte.

Es ist ein gewinnbringender Trend, keineswegs nur finanziell und auch nicht nur für die bekannten Netzplatzhirsche Amazon, Google, Facebook oder Zoom. Speziell seit Corona begegnen sich viel mehr Menschen im Internet, Subkulturen finden hier ihre Orte, Räume werden diverser, viele Prozesse partizipativer. Es entstehen neue demokratische Flächen für Petitionen, neue Memes, neue Sprachcodes.

Die digitalen Kommunikationswege eröffnen generell neue Wege, sich zu informieren – erstmals seit den mittelalterlichen Bibelhütern und modernen Lebensinterpreten ohne Filter. Alte Medienhoheiten haben ihre Macht verloren, Journalisten und Chefredakteure sind binnen weniger Jahre von ihren Predigerkanzeln geholt worden. Heute ist von der redaktionellen Gesellschaft die Rede, in der jeder publizieren kann. Geschriebenes, Gesprochenes, Gefilmtes, Fotografiertes – im Nu ist es produziert, gepostet, veröffentlicht, verfügbar und abrufbar in aller Welt, rund um die Uhr. Eine wahrgewordene Utopie, für deren Ausmalung man vor 30 Jahren noch als Drehbuchautor in der Science-Fiction-Abteilung gelandet wäre.

Die neue demokratische Online-Realität heute: Zwischen Publizist (Sender) und Konsument (Empfänger) müssen keine Ordner mehr stehen, keine Zensoren, keine Welterklärer. Und das hat gleich zu einem kunterbunten Strauß neuer Phänomene geführt, die inzwischen jeder auf sich wirken lassen darf, die jeder aber auch mehr denn je für sich interpretieren muss. Eine Schmu- und Schmähkultur ist dabei entstanden, phantastische Verschwörungsfabeln machen die Runde, auf der anderen Seite wissen wir plötzlich aber auch den direkten Draht zu vielen Experten zu schätzen. Während Corona kam der Virologe Christian Drosten von der Berliner Charité ungewohnt zu Wort. Über Twitter vermeldete er die letzten Zahlen der Pandemiesituation, erklärte, klärte auf. Die Zahl seiner Follower schoss in die Höhe – denn noch nie hatten sie Informationen so schnell und so direkt aus erster Hand erhalten. Die Wissenschaft, die Politik, die traditionellen Medien, aber auch die Konsumenten setzt das gehörig unter Druck. Einen Druck, der ebenfalls neu ist. Da sitzen jetzt auf einmal alle an einem Tisch. Jeder darf etwas sagen, jeder kann zuhören. Und die Kommentare kommen keine Sekunde später.

Auch in der Kommunikation eröffnen sich auf diese Weise völlig neue Wege und Dimensionen. Wie wir diese ausschöpfen, wie wir mit ihnen umgehen, auch das gilt es, erst einmal zu ertasten, zu erlernen. Vielleicht ist es ein bisschen wie mit dem Lottogewinn. Die Million aus heiterem Himmel ist eine schöne Sache. Manche Gewinner verstehen es dabei, Reichtum in zuträgliche Formen der Bereicherung umzuwandeln. Andere Glückskinder stürzt es ins Unglück. Und in die Einsamkeit.

Und dann ertönte während Corona plötzlich die Musik. Nach fünf Wochen Lockdown setzte sich in seinem Berliner Apartment der Pianist Igor Levit in Socken an seinen Flügel, drehte seinen Kopf in Richtung zweier iPhones, die auf zwei Stativen montiert waren. Und nun spielte er, live auf Instagram, live auf Twitter. Ein Kammerkonzert in Echtzeit, dargeboten von einem Starpianisten, verfolgt bald von Hunderttausenden Menschen in aller Welt. »Okay, ihr Lieben«, hatte Levit noch in die Handys gesagt, bevor er sich über die Tasten beugte, Beethovens Waldsteinsonate spielte und gleich am nächsten Abend das Stück *The People United Will Never Be Defeated* des amerikanischen Komponisten Frederic Rzewski. Levit kündigte das Variationenwerk so an: »Eine Hymne, ein Kampflied, ein Lied über Hoffnung, über Gemeinsamkeit, über Ängste, über Glück, über Unsicherheit. Ich dachte mir einfach, das passt zur heutigen Zeit.«

Es dauerte nicht lange, bis die Kommentare blinkten. »Hello aus Nairobi«, »Gracias aus Barcelona«, »Hallo aus Washington«. Andere tippten in Levits Wohnzimmer und somit in alle Welt: »Wer braucht schon Bundesliga?« oder auch nur »Friedensnobelpreis!« Rote Herzen und begeisterte Daumen-Emojis säumten den Reigen. Und da geschah nun etwas. Die Schwellen im Netz wurden zu Membranen, der oft gescholtene virtuelle Raum entwickelte sich zu einem realen Begegnungsfeld. Es wurde eine Verbundenheit spürbar, eine Intimität und Nähe, die nicht mehr digital, sondern echt war. Dies alles geschah dank der Musik, dank des Genies, dank der Zuhörer, dank Corona. Und dank der neuen Technologien.

Das Digitale und Corona führten aber noch auf ganz anderen Schauplätzen zu Innovationen. Die Arbeitszeit wird seither nicht mehr nur nach Bürostunden gemessen, in einer neuen Arbeitskultur wird dem Homeoffice stattdessen deutlich mehr Spiel eingeräumt, was ohne das Internet und die modernen Technologien ebenfalls gar nicht möglich wäre. Im besten Fall führt das letztlich zu mehr Kreativität und einer gezielteren Produktivität, auch wenn das Miteinander ein gänzlich anderes sein wird. Tatsächlich hat Corona die halbe Arbeitswelt auf den Kopf gestellt, weshalb auch Arbeitnehmervertretungen umdenken, der Gesundheitsbegriff und der Arbeitnehmerschutz neu betrachtet werden müssen.

Auch Schüler, Lehrer und Eltern haben die Chancen des Digitalen noch einmal mehr und deutlicher kennengelernt. Doch was sich so hübsch »projektorientiertes«, »crossmediales« und »interdisziplinäres« Lernen nennt, hat auch heftige Diskussionen hervorgerufen, die sich nicht nur um schulische Leistungen drehen, sondern um Folgen ganz anderer Art. Und hieran sieht man besonders deutlich, inwiefern die digitalen Zeiten unser Leben aufmischen und heftig verändern, im Guten wie im Schlechten. Auch das ließ sich am Schulalltag während Corona deutlich ablesen: wie es um Gemeinschaft und Familie im Jahr 2020 bestellt ist, warum sozialer Kontakt zu den menschlichen Grundnahrungsmitteln gehört und welche einsamen Verhältnisse bisweilen zutage treten, wenn ein Virus die Blenden des Alltags einmal niederreißt.

Beim Homeschooling während des harten Shutdowns vermissten viele Schüler schon nach zwei Wochen ihre Schulfreunde, nicht wenige auch die Lehrer. Andere hingegen fanden es super, länger schlafen und zu Hause bleiben zu können. Inmitten dieses umgeschmissenen Schulalltags taten sich nun gleich mehrere Gräben und Missstände auf, die vorher vielleicht nicht unbemerkt waren, aber keine auffällige Präsenz hatten. Die schlagartig nötige Digitalisierung legte offen, welche Schulen bereits in Tablets und Laptops investiert hatten und welche nicht. Eine weitaus schonungslosere Kluft offenbarte sich in den sozialen Verhältnissen. Schüler aus wohlhabenden Familien kamen mit dem Homeschooling besser zurecht, während Kinder aus sozial schwächeren Familien oft keinen Zugang zu einem Computer hatten. Lehrer kommunizierten mit den Schülern mithilfe von Mails, übermittelten Aufgaben und Material über Whatsapp, Zoom, Skype oder Schulplattfomen wie Mebis, WebUntis oder IServ. In vielen Fällen lief das gut. In vielen ging es katastrophal schief.

Corona, das Digitale und die Schule: Es war ein empfindliches, ein heikles Experiment. Noch ist völlig unklar, welche Folgen es haben wird. Eine Elternbeirätin aus München drückte die neuen Sorgen und Nöte so aus: »Für mich geht es in der ganzen Diskussion viel zu viel um Noten. Vom seelischen Zustand unserer Kinder, die in ihrem bisherigen behüteten Leben keinerlei Erfahrungen gesammelt haben, wie man mit Krisen umgeht, ist nirgends die Rede. An unserer Schule gibt es einige Schüler, die vollkommen abgetaucht sind. (...) Manche Familien haben Existenzsorgen, in anderen leben Familienmitglieder, die einer Corona-Risikogruppe angehören oder die erkrankt sind, nicht jeder Schüler hat ein eigenes Zimmer, einen eigenen Computer oder kann sich selbst strukturieren. Manche entfliehen den Sorgen, indem sie sich in ihre Computerwelt oder in die Sucht verkriechen. Ich habe Angst, dass die sozial benachteiligten, die schwierigen und leistungsschwachen Schüler und Schülerinnen auf der Strecke bleiben.«

Betroffen mussten auch die vielen Meldungen über eine Zunahme häuslicher Gewalt machen. Noch gibt es keine Untersuchungen, die die Gründe hierfür differenzieren und sicher benennen können. Doch in vielen Familien wurde es offenbar nicht gerade gemütlicher, als sich plötzlich alle Mann wochenlang auf der Pelle saßen. Niedersachsen und Nordrhein-Westfalen konnten zum Glück rückläufige Zahlen vermelden, was häusliche Gewalttaten betrifft. Während Corona registrierte man hier von März bis Mitte Mai 11,7 Prozent weniger Fälle, in Nordrhein-Westfalen sogar 21.

In Berlin hingegen kam es zu einem deutlichen Anstieg von häuslichen Gewalttaten. Die Berliner Gewaltschutzambulanz verzeichnete im Juni einen Anstieg von 30 Prozent der Fälle im Vergleich zum Vorjahreszeitraum. Auch in Hamburg vermerkte die Polizei in den Monaten Januar bis Juni 2020 eine höhere Zahl an Delikten von sogenannter Beziehungsgewalt: 2252 Fälle im Vergleich zu 1812 im selben Zeitraum des Vorjahres. Zu einem starken Anstieg der Fallzahlen kam es in Mecklenburg-Vorpommern. Im April 2020 wurden im Vergleich zum Vorjahreszeitraum doppelt so viele Taten häuslicher Gewalt gemeldet, berichtete die Landesregierung in Schwerin. Und fast überall füllten sich die Frauenhäuser.

Bundesweit ergibt sich ein uneinheitliches Bild. Unverkennbar jedoch ist, dass ein Leben, welches sich durch ein Virus oder das digitale Homeoffice mehr in die eigenen vier Wände verlagert, ein anderes sein wird. Scheren zwischen arm und wohlhabend, zwischen »sozial schwach« und »sozial stabil« werden sich immer stärker öffnen. Und noch ein Dilemma schälte sich heraus, als für viele Eltern das verordnete digitale Homeoffice auch zum schwer erträglichen analogen Zwangsoffice wurde. Die moderne, schnelle Gesellschaft ist inzwischen von einer mit Buntstiften, Luftballons und geduldigen Erziehern ausgestatteten Institution abhängig, ohne die heute gar nichts mehr geht – der Kita.

Die Schließung der Kindertagesstätten, wer hätte es gedacht, wurde zur Zerreißprobe. Ausgerechnet etwas derart Persönliches, Menschliches und Analoges wie die Betreuung der noch jungen Kinder stellte sich als Achillesferse der wirtschaftlichen, gesellschaftlichen und digitalen Powerwelt heraus. Die Gründe lagen auf der Hand. Die Eltern haben immer weniger Zeit, mit den Kindern zu spielen, zu lesen, zu lernen. Sie müssen arbeiten. Alleinerziehende sind dabei auch noch ganz auf sich gestellt. Viele Paare mit Kind aber standen kaum besser da. Oft nämlich, besonders in den Städten, müssen beide einem Job nachgehen, um das Leben finanzieren zu können oder um die eigene berufliche Identität nicht zu kurz kommen zu lassen.

Etwas eigentlich Wunderschönes und höchst Privates wurde zum Absurdum: Die Eltern hatten die eigenen Kinder auf einmal zu Hause – und gleichzeitig an der Backe (und die Kinder ihre Eltern).

Corona legte es binnen weniger Wochen offen: Die moderne Gesellschaft funktioniert ohne Kitas nicht. Kultusminister, Landesminister und Bundesregierung hielten beim zweiten Lockdown darum bis zuletzt eisern daran fest, die Kitas und auch die Schulen, insbesondere die Grundschulen, in Betrieb zu halten. Denn das Digitale hatte während Corona längst an einer weiteren Grenze genagt. Und dabei riss es gleich an einer ganzen Kette diffiziler Zusammenhänge. Das Digitale trug Arbeit, Unterricht und Präsenz räumlich nach Hause, schlich sich damit noch einmal auf einer ganz anderen Ebene ins Private, ins Persönliche. Es schaffte damit große Chancen und öffnete Türen. Aber es schloss auch Türen. Es unterminierte noch einmal Kategorien, die wesentlich sind für starke Beziehungen. Zeit, Hingabe, Tiefe, Aufmerksamkeit, Mühe, Besinnung. Im selben Zug schob es solche Rubriken weiter an, die Beziehungen schwächer werden lassen. Flexibilität, Dehnbarkeit, Verfügbarkeit, Geschwindigkeit, Produktivität, Oberfläche, Konsum.

Die Digitalität grätschte in unsere innigsten Triaden hinein, wie der Soziologe Mark Granovetter sagen würde. Kinder und Eltern allein zu Haus, getrieben von den Möglichkeiten der Moderne. Leicht hektisch, leicht überfordert im zeitgenössischen Stress.

Aber zum Glück gibt es ja die Kitas.

Insgesamt gesehen übergab uns Corona am Ende eine große Lupe, unter der wir Chancenpotenzial wie auch mögliche Folgen der voranschreitenden Digitalisierung einmal etwas näher betrachten durften. Damit wir eine leise Ahnung von den Neuerungen und Aufgaben bekommen, die in jenen Zeiten auf uns warten, die wir gerade auf vollen Touren zusammenprogrammieren. Die Schüler und Jugendlichen werden damit auf prekäre Weise zu tun haben. Seit Corona sollen auch die Schulen noch rapider digitalisiert werden – während wir doch wissen, dass die neuen Technologien gerade bei sehr jungen Menschen Aufmerksamkeit stehlen, sinnliche Erfahrungen unterbinden und auch die Qualität der Zwischenmenschlichkeit nicht immer fördern. Es wird darum ein mediales Training gefragt sein, sinnvolle und gute Umgangsformen mit den neuen Möglichkeiten.

Bedingung dafür ist auch hier ein neues Bewusstsein. Eine Kultur und eine Moral, damit das alte Gegensatzpaar Mensch und Technik irgendwie miteinander klarkommt. Wohl noch nie standen die beiden vor einer derartigen Herausforderung. Denn mit Digitalisierung, Data Science und Totalvernetzung gehen Mensch und Technik gerade ein ziemlich kühnes Bündnis ein. Und diesmal wird es sich um mehr als ein Nebeneinander handeln. Vielmehr um eine Art der Verschmelzung, die in ihren Grundfesten neu ist.

Wie rasant, wirkmächtig und enthusiastisch wir hier tatsächlich auf dem Vormarsch sind, zeigen Zahlen des Bundesministeriums für Wirtschaft und Energie. Eine Studie misst regelmäßig, wie weit die Digitalisierung in den deutschen Unternehmen aktuell fortgeschritten ist und wie sie sich in den nächsten fünf Jahren verändern wird. Der Wirtschaftsindex »Digital« gibt dafür Zahlen zwischen 0 und 100 Punkten an, die den Digitalisierungsgrad der deutschen Wirtschaft, ihrer Branchen und Teilbereiche abbilden.

Im *Monitoring-Report Wirtschaft Digital* waren 2018 unter anderem solche Aussagen zu lesen: »Der Digitalisierungsgrad der deutschen Industrie hat sich erneut verbessert und ist seit 2016 von 39 auf aktuell 45 Punkte deutlich angestiegen.« Es war zu lesen: »Gaben 2016 nur 46 Prozent der Industrieunternehmen an, über hoch digitalisierte interne Prozesse zu verfügen, sind es 2018 bereits 58 Prozent.« Der Verband der Elektrotechnik (VDE) schreibt in der Studie *Digitalisierung 2020*: »Digitalisierungsgrad der Dienstleister bleibt überdurchschnittlich« – »Deutschland auf dem Weg in die Digitalisierung«. Das Resümee zur digitalen Lage der Nation klingt inzwischen so: »Die Digitalisierung schreitet mit schnellen Schritten voran und das

Internet der Dinge (IoT) dringt zunehmend in unseren Alltag vor bzw. ist in weiten Bereichen schon angekommen. Das Potenzial zeigt sich auf vielen Feldern – von Industrie 4.0 über Energie und Mobilität bis zu Gesundheit und Wohnen.«

Am Ende wird es goldig. Zitat aus der VDE-Studie: »Das ›Internet of Things‹ (IoT) sorgt für digitale Goldgräberstimmung. Führende IT-Konzerne und Unternehmensberatungen prognostizieren 50 Milliarden vernetzte Dinge weltweit bis 2020 und einen globalen wirtschaftlichen Mehrwert von bis zu 11 Billionen US-Dollar bis 2025 – rund ein Zehntel der geschätzten globalen Wirtschaftsleistung.«

Man will sich fast die Augen reiben. Während Corona, Klimakrise und dem einen oder anderen gesellschaftlichen Dissens schreitet die Digitalisierung mit einem Affenzahn voran. Derweil hinter dem digitalen Vorhang messerscharfe Verteilungskämpfe um technologischen und wirtschaftlichen Fortschritt toben, hält auf der Konsumentenebene allerdings eher eine bedenkliche Naivität Einzug, was den Umgang mit eben dieser Moderne betrifft. Die Folgen sind schon jetzt kaum mehr zu überschauen. Diversität, Partizipation und neue soziale Räume entstehen, sie verändern und verlagern die zwischenmenschlichen Beziehungen, und fast täglich bringen das Internet und seine Plattformen neue Geschäftsmodelle hervor. Und hier bieten sich völlig neue Wege auch zur Selbstständigkeit und Ermächtigung.

Bella Thorne, 23-jähriges Model, Schauspielerin und Sängerin aus den USA, bot im August 2020 erotische Fotografien auf dem Webdienst OnlyFans an, der auf den selbstständigen Verkauf pornographischer Inhalte setzt. Thorne brach damit Rekorde: In nur zwei Wochen nahm sie über zwei Millionen US-Dollar ein. Durch ihre Online-Darbietungen um etliche Taler reicher, gab Thorne nur zwei Monate später eine Single heraus. Titel: »Lonely«. Thorne singt darauf: »I only check my phone when I'm lonely and horny, I only check my phone when I feel all alone.«

Das Internet offenbart sich einmal mehr als immer neues Neuland, immer mehr auch als reales Traumland. Mehr denn je wird es zu einem Verheißungsraum der unbegrenzten Möglichkeiten und Unmöglichkeiten. In sich selbst, aber auch in seinen Folgeerscheinungen. Einsamkeit und Sex, Geld und Gefühle, Musik und Liebe, Bildung und Hass, Politik und Pop, Business und Magie, alles geht, alles gibt's. Und inmitten dieses digitalen Jahrmarkts sollten wir wahrscheinlich beides tun: einerseits staunen, uns informieren und begeistern. Andererseits aber auch nicht ganz die Tatsache vergessen, dass das Wort »digital« im Englischen lediglich für eine nackte Zahl (»digit«) steht und seine Bedeutung im Wesen eine kalte ist, eine unmenschliche.

Digital

1. Auf der Umwandlung von Signalen in Folgen binärer Zeichen beruhend; die entsprechende Technik verwendend
2. Nicht real, virtuell, vom Computer oder im Internet simuliert
3. Ohne Ziffernblatt oder Skala, nur eine Zahl anzeigend

Neue Welten also, die letztlich auf Maschinensprache und Maschinenprogrammen fußen. Auf dem Prinzip der Binärcodes bringen diese jedoch nichts anderes zu Wege, als zwei Symbole in exorbitanter Geschwindigkeit voneinander zu unterscheiden: 0 und 1.

Und bevor wir weiter darüber nachdenken, ob die daraus inzwischen resultierenden Welten ein gesellschaftliches Miteinander eher stärken oder schreddern, sollten wir bis hierher vier Tatsachen erneut festhalten. Erstens: Die Digitalität ist gewaltig auf dem Vormarsch. Zweitens: Sie dringt mehr und mehr in unseren Alltag ein. Drittens: Sie verändert das Leben, verändert auch die Strickmuster menschlicher Beziehungen. Viertens: Es ergeben sich daraus viele neue Möglichkeiten – und vor allem eine Frage.

Wie gehen wir mit ihnen um?

Hier scheiden sich die Geister, und ihre Stimmen psalmodieren wie eh und je vornehmlich in zwei Richtungen. Die einen verfallen ins Lamento, wollen zurück zu altbekannten Strukturen, wollen die Ordnung und Gewissheit bewährter Institutionen zurück. Vertraute Verhältnisse möchten sie nicht aufgeben, das Neue ist ihnen spinnefeind. Sie wünschen sich Sicherheit, Stabilität, Überschaubarkeit und verharren in der Beschreibung recht schnell erkennbarer Probleme. Tunlichst erwünscht: Techniken und Verfahrensweisen, mit denen die Navigation durch die Lebensrealitäten bisher doch halbwegs gut funktionierte.

Die anderen rufen, aufgeregt wie beim Topfschlagen, die Zukunft aus. Beschwören in der Krise die Chance zu Aufbruch und Neuanfang. Den modernen Technologien wenden sie sich zu wie neuen Ölquellen. Die Propheten der Start-up-Ära fordern, Grenzen zu verschieben, Altlasten zu entsorgen. Die Surfer auf der Silicon-Valley-Welle träumen derweil von neuen Gesellschaftsmodellen, neuen Weltmodellen, natürlich von neuen Geschäftsmodellen. Es ist ein drangvolles Wunschkonzert. Wir vernehmen unerhörte Sounds, bekommen die Moodboards möglicher Zukunftsversionen präsentiert.

Die Stimmen beider Lager sind wichtig und wertvoll. Sie beide zu vernehmen, lässt nachdenken und abwägen, verführt optimalerweise dazu, eigene Standpunkte immer wieder zu prüfen. Und auch dies beherrschen nur beide Stimmen zusammen: Sie beschleunigen und bremsen gleichzeitig. Ein durchaus demokratischer Prozess, der zu einem gesunden Speed führt, bei dem man die Landschaft um sich herum noch halbwegs erkennen kann. Wünschenswert wäre so ein besonnener, nicht einsilbiger Rück- oder Fortschritt. Und vielleicht liegt hierin sogar eine evolutionsbiologisch erwachsene Dichotomie des Sippenhaushalts. Ein Vorteil durch Ergänzung, Nivellierung, komplementäre Kräfte. Die einen machen, was die anderen nicht können. Die wiederum können, was die anderen nicht machen. Equilibrium. Überleben.

Eine solche kluge Dualität wird mit darüber entscheiden, wie wir die digitale Gesellschaft gestalten. Wichtig wird sein, sie gemeinsam vor Fehltritten zu bewahren, die zu Bevormundung statt Bildung führen, zu Desinformation statt Information, zu Einzelkämpfertum statt zu einer Verantwortungsgemeinschaft. Eine Kultur der Digitalität wird auch nicht damit auskommen, den Dialog anzuregen und zu führen. Sie wird ihn suchen, gestalten und anschließend gemeinsam im Streit aushalten müssen und aushalten wollen. Von einer redaktionellen Gesellschaft ist also längst die Rede, wenn wir »die revolutionäre Öffnung des kommunikativen Raums verarbeiten« wollen, wie der Medienforscher Bernhard Pörksen schreibt. Dazu wird gehören, eine infantile Begeisterung gegen eine reflektierte Hinterfragung der vernetzten Welt auszutauschen, ein souveränes Antennensystem auszubilden beim Flug durch die Pferdekopfnebel und Dunkelwolken der digitalen Galaxien. Ein jeder muss sich also ein anständiges Radar auf den Kopf schnallen, sich in der Kunst der Irrtumsentlarvung üben und sich auch gegen seine eigene Manipulationsanfälligkeit rüsten. Der Philosoph Edgar Morin sagt das so: »Das Wissen um dieses Wissen sollte die entscheidende Voraussetzung bilden, um unseren Geist auf die ständige Bedrohung durch den Irrtum und die Täuschung vorzubereiten, der er ausgesetzt ist.«

Gefragt ist also Verantwortung. Eigenverantwortung. Nicht nur ein gesunder, sondern wirklich auch ein eigener gesunder Menschenverstand. Den Grund dafür beschreibt Bernhard

Pörksen so: »Das Ethos des Einzelnen ist heute so bedeutsam wie nie, weil auf einmal alle zu Beteiligten geworden sind. Das ist die große, noch unverstandene Bildungsaufgabe der digitalen Zeit.« Denn was Marshall McLuhan, kanadischer Philosoph, Geisteswissenschaftler, Literaturprofessor, Literaturkritiker, Rhetoriker und eine Art Papst der Medientheorie, schon 1964 ausmalte, ist heute real: »Wir sind von den Nerven der gesamten Menschheit umgeben. Sie sind nach außen gewandert und bilden eine elektrische Umwelt.«

Es ist das Wesen des Internets. Es verbindet. Uns alle. Mehr und mehr. Was für ein irres Geflecht. Ein nicht mehr verhallendes Gewitter aus Posts und Pixeln, Shares und Likes, Bits und Bytes. Algorithmen durchflirren es, namenlose Server sammeln Big Data, während das Selbstbild zum Selfie geworden ist, das Ich metrifiziert wird, das Micro-Targeting Werbung und Politik beherrscht, während Blasen einen umfangen und Klickzahlen die Währung der Stunde sind.

Und dies ist eben nicht nur das Wesen des Netzes: Es ist die Programmiersprache unserer Zeiten. Und so sehr uns die Möglichkeiten heute verbinden und vernetzen, so sehr fragmentieren sie auch das Ganze, zerfasern bekannte Bezugssysteme und können uns am Ende auch vereinsamen lassen.

Vereinsamen darum, weil wir aktuell keine erprobten ethischen Maßstäbe, noch keine bewährte Kultur, kein Gewissen und keine Moral ausgeprägt haben, um mit der Sache umzugehen. Wir sind ein bisschen wie Seefahrer ohne Kompass, ohne Sextant. Verloren. Und fühlt es sich nicht so auch an – wenn wir einmal wirklich rausschauen, hinschauen und hinhören?

Unbedingt falsch allerdings wäre es jetzt, anderen als uns selbst das Ruder zu übergeben. Anderen die Macht über die Interpretation der Wahrheit zu überlassen. Und andere in diesen leicht konfusen Gewässern den generellen Kurs abstecken zu lassen. Ein wenig Wahrnehmungsschulung sollten wir darum trainieren. Schärfe entwickeln in der Urteilsfähigkeit. Und am Ende die Lust an der Verantwortung, gewissen Phänomenen nicht auf den Leim zu gehen.

Es geht dabei nicht darum, auf altbekannten Problemen herumzutreten. Es geht auch nicht darum, das Neue schlechtzureden, das Digitale zu verteufeln oder die Hohepriester des schnellen Geldes an den Pranger zu stellen. Potzblitz: Es macht Riesenspaß, Raketenauto zu fahren! Und das größte Vergnügen wäre es, die Algorithmen so zu drillen, dass sie den Krebs besiegen, gleichzeitig das Klima retten und uns obendrein eine verdammt gute Show bieten.

Das ist es nicht. Wohl aber geht es im digitalen Zirkus namens Zukunft darum, jene Tendenzen, Methoden und Machenschaften zu enttarnen, die unsere Vielfalt und Willensfreiheit vernebeln, die die Demokratie abzocken und am Ende unsere Fähigkeit zu echter Gemeinschaft abschaffen.

Der Neo-Konformismus in sozialen Netzwerken

Von welch schönen Welten doch immer die Rede ist, wenn wir von den digitalen Möglichkeiten sprechen. Stimmenvielfalt, Individualität, Austausch, Pluralismus, insgesamt ein kunterbuntes Dasein, in dem jeder seine eigene Persönlichkeit einbringt und vielleicht sogar entwickelt. In dem auch Randgruppen oder Menschen mit seltenen Hobbys oder Krankheiten andere mit gleichen Erfahrungen finden. Wenn es um den Austausch auf den vielen Plattformen geht, mit denen wir uns heute verbinden, wird oft auch von demokratischen Prinzipien gesprochen: Meinungsbildung, Offenheit, Freiheit, Vielgestaltigkeit.

Studien allerdings widerlegen die These, dass die Diversität im Internet zunimmt. In vielen Fällen scheint das Netz das genaue Gegenteil zu bewirken. Als wolle es Vielfalt unterdrücken, als wolle es glätten und gleichmachen.

Die Instagram-Ästhetik zum Beispiel, inzwischen globales Sprachmittel des Austauschs, wird zunehmend homogener. Besonders gut sehen kann man dies an den Jugendlichen zwischen 16 und 23. Für viele scheint es bei ihren Social-Media-Auftritten kein Ziel mehr zu sein, als Persönlichkeit aus der Masse hervorzustechen oder gar anzuecken. Im Gegenteil: Auf Instagram und Co. zeigt sich die Generation Z überraschend einheitlich und konform. Hinsichtlich Ästhetik und Posen unterwirft man sich hier scheinbar freiwillig etablierten Normen und Regeln – solchen, die von der Social-Media-Community am meisten Zustimmung erhalten. Es ist ein flächendeckendes Phänomen.

Dies ist auch das übergreifende Ergebnis einer Studie, deren Titel die Brisanz des Themas schon andeutet: *Digital Self vs. Real Self – die Gen Z in den Sozialen Medien.* Die repräsentative Studie der Gesellschaft für Innovative Marktforschung in Heidelberg untersuchte, wie 16- bis 23-Jährige sich in den sozialen Medien präsentieren. Und man konnte deutlich erkennen, dass im Netz inzwischen ein Neo-Konformismus herrscht, der die Träume und Schönheitsideale der Gen Z immer ähnlicher werden lässt. Wie sieht das konkret aus?

Die 16- bis 23-Jährigen versuchen mit allen Mitteln, in ihren Posts möglichst gestylt und erfahren zu wirken. Um diese Effekte zu erzielen, nutzen 66 Prozent von ihnen Apps zur gezielten Bildbearbeitung. Diese digitalen Filter modifizieren Gesichter und nutzen AR-Effekte (Augmented Reality), die sich live auf Erscheinungsbild und Umgebung legen. Diese Art der »Face Modification« kann vieles bewirken. Gesichter können damit zu lustigen Fratzen werden, beim Gender Swap wandeln sich binnen Sekunden Männer zu Frauen, Frauen zu Männern, und dann können die Filter auch optisch verjüngen, straffen, glätten. Im Nu sieht eine 40-Jährige aus wie eine 20-Jährige, eine 20-Jährige wie eine minderjährige Lolita. Mädchen greifen bei ihren Ausstellungen auch zu immer eindeutigeren Beauty-Maßnahmen, Gelnägeln etwa oder künstlichen Wimpern.

Die Gründe für diese Verwandlung haben viel mit dem Wunsch nach sozialer Anerkennung zu tun. Wer sich im Netz Gen-Z-konform präsentiert, erhält viele Likes von Gleichaltrigen. Und hier geschieht etwas Wesentliches, und zwar nicht nur zum Spaß: Denn diese Anerkennung durch die Peergroup wird von der Gen Z schon als Leistung angesehen. Als eine Art des Erfolgs.

Entsprechend würden sich viele 16- bis 23-Jährige auch beruflich am liebsten in der Social-Media-Welt verorten. Ein Drittel dieser Jugendlichen gibt inzwischen an, dass es ihr größter Traum wäre, mit Posts und eigenen Kanälen in sozialen Medien Geld zu verdienen. Von Worten wie YouTube-Star oder Snapchat-Ikone geht ein unwiderstehlicher Reiz aus, mehr als vom fast schon vergilbten Hollywood-Star. Denn auf den neuen Plattformen kann jeder mitmachen, sich jeder im Meer der Sternchen und Digital-Diven präsentieren. Anders als zu alten *Bravo*-Zeiten, in denen die Jugend noch mit analogen Methoden der Fan-Verehrung auskommen musste, ist aus dem bloßen Reiz ein kaum auszuschlagender Imperativ geworden: Man braucht heute nicht mehr bloß anhimmeln und anbeten – du mischst jetzt selbst mit! Die Verlockung ist ultimativ. Es ist, als könne man sich heute selbst auf die *Bravo*-Seiten layouten, sich mittenhinein projizieren in die Welten der Schönen und Erfolgreichen.

Ein, zwei Wischs, und du bist wer.

Unterschwellig hat sich dabei ein hoher Performancedruck entwickelt, der auf der Zielgruppe lastet. Den Idealen der Sozialen Medien zu entsprechen, ist darum als Maxime bereits verinnerlicht.

Die GIM-Studie analysierte die Rolle sozialer Medien auch in Bezug auf das Verhalten beim Produktkauf. Mädchen lassen sich demnach vor allem in den Bereichen Mode und Kosmetik inspirieren, Jungs hingegen bei Sport, Gaming und Technik. Als Inspirationsquelle für einen konkreten Produktkauf dient vor allem Instagram. Für den Bereich Mode geben 68 Prozent der Befragten an, sich auf dieser Plattform im letzten halben Jahr Ideen abgeholt zu haben, um etwas zu kaufen. Dabei sind soziale Medien bei Produktkäufen tendenziell für jüngere Menschen ausschlaggebend. Für die Studie wurden 600 Personen zwischen 18 und 24 Jahren online befragt. Zudem wurden die Darbietungen auf den Plattformen gezielt beobachtet, Interviews mit Usern und Experten geführt.

Dass sich Konsumenten beeinflussen lassen, ist ein alter Hut. Die Werbung nutzt entsprechend ausgebuffte Tricks schon lange, und die Raffinessen nehmen kein Ende. Neu aber ist, dass sich die Welten auf den sozialen Plattfomen selbst generieren, dass die Konsumenten das Umfeld, in dem sie umgarnt werden, selbst erschaffen. Für Marken und Werbetreibende das blanke Paradies. Früher mussten solche Welten und »Umfelder« erst noch mühsam, kreativ und enorm kostenaufwändig ersonnen und erschaffen werden. Marlboro-Country, der Surfstyle, der MTV-Hype oder heute die PS-starken SUV-Paraden in den Städten, all das fiel nicht vom Himmel. Diese Stilwelten wurden minutiös komponiert, choreographiert und für Millionensummen inszeniert.

Genau das allerdings erledigen die Konsumenten inzwischen selbst. Man muss sie dort heute nur noch »abholen«.

Das ist eine der Neuerungen, die das Netz wahr gemacht hat. Eine weitere Innovation, sozusagen eine verschärfte Folgeerscheinung der heutigen Projektionsfreiheiten, gilt zwar noch als Extrem – ist aber durchaus schon zu beobachten. Und zwar dann, wenn Jugendliche sich nach dem Vorbild ihrer gefilterten Snapchat-Auftritte operieren lassen wollen. Als Krankheitsbild ist dies schon länger bekannt, die Rede ist von einer Dysmorphophobie oder auch Körperdysmorphie. Gemeint ist ein Entstellungssyndrom: eine Störung bei der Wahrnehmung des eigenen Körpers. Die Betroffenen messen sich dabei häufig an unrealistischen, virtuell generierten Schönheitsidealen und sind nicht mehr zufrieden mit ihrem natürlichen Äußeren.

In den vergangenen Jahrzehnten waren es zumeist Stars und Idole, an denen man sich orientierte. Und das ist im Grunde seit den Goldenen Zwanzigern so, als Schauspielerinnen wie die »Blonde Venus« Marlene Dietrich erstmals weltberühmt wurden, als Modedesignerinnen wie Coco Chanel den Damen Hosen verpasste und aus dem Korsett befreite. Später waren es Typen wie Cary Grant, James Dean oder Don Johnson, die den Style vorgaben, Frauen wie die Monroe, die Bardot, Madonna. Der Rest ist bekannte Stilgeschichte. Bis heute. Fast bis heute. Denn auch hier hat das Internet zu einem höchst interessanten Novum geführt. Was wäre schließlich das digitale Zeitalter ohne eine weitere Radikalkur?

Die meist jugendlichen Nutzer designen sich ihre Ideallinien und *Face Shapes* inzwischen nämlich selbst. Das klingt zunächst nach einer überaus mündigen und selbstbewussten Aktion – würden die neuen Vorbildraster heute nicht durch noch weniger durchschaubare, perfidere und technisch ausgeklügeltere Methoden generiert als je zuvor. Kämen sie nicht so massenkonformistisch daher und auch nicht derart manipulativ. So manipulativ, dass sich daraus inzwischen ein leicht beunruhigender Trend namens »Snapchat-Dismorphie« entwickelt hat.

Auch Dr. Neelam Vashi, Direktorin im Ethnic Skin Center

des Boston Medical Centers, glaubt, dass Teenager heute maßgeblich die Schönheitsideale bestimmen – und zwar weltweit. »Eine kleine Anpassung der Gesichtsdetails kann die Haut weicher, Zähne weißer und die Augen und Lippen größer wirken lassen. Diese Filter sind zur Norm geworden«, erklärt Vashi in einem Aufsatz für das Journal der American Medical Association. Auch *The Next Web* berichtet, dass ebendiese vermeintlich selbstgeschürten Ideale gerade zu einem ernsten Problem werden. *The Next Web* besteht aus einer Website und einer jährlichen Reihe von Konferenzen, die sich den neuen Technologien und Start-up-Unternehmen in Europa widmen.

Die Betrachtungen kommen zu dem Ergebnis, dass sich die moderne Körperdysmorphie heute auszeichnet durch eine »übermäßige Beschäftigung mit einem wahrgenommenen Schönheitsfehler, klassifiziert nach dem Zwangskomplex«. Und die Resultate sind in der Realität längst angekommen. Schon 2017 gaben rund 55 Prozent der Schönheitskliniken an, dass Patienten sie aufsuchen würden, weil sie »besser auf ihren Selfies aussehen« wollen. Das ergab eine Erhebung der American Medical Academy of Facial and Reconstructive Plastic Surgery.

Es ist ein extremes und schrilles Phänomen, das allerdings weiter zunimmt und die wirtschaftlichen Nutznießer längst auf den Plan gerufen hat. Ein bemerkenswertes Phänomen jedoch vor allem, weil es einen Rückkopplungseffekt offenbart, mit dem eine weitere heikle Schwelle überschritten wird. Das Digitale findet seinen Weg nicht nur in die Realität, es überträgt seine Künstlichkeit erstmals unmittelbar auf den Menschen.

Auch laut einem Artikel im Fachblatt *JAMA Facial Plastic Surgery* berichten Schönheitschirurgen zunehmend von Patientinnen, die so aussehen möchten wie auf ihren via Snapchat-Filter getunten Selfies. Sie wünschen sich Haartransplantationen, wollen Nase oder Augenlider operieren, Korrekturen vornehmen lassen, die das Gesicht symmetrischer machen. Die

Autoren des Artikels schreiben, dass die »Beauty-Filter« inzwischen einen besorgniserregenden Einfluss hätten auf die Selbstwahrnehmung der User. Das Digitale hat hier zu einem weiteren Novum geführt, das man von den Nachahmungsritualen aus analogen Zeiten so noch nicht kannte: Die sozialen Netzwerke haben Schönheitsideale geschaffen, die der Realität absolut fern sind. Das geht so weit, dass dem Ideal eigentlich schon längst das reale Vor-Bild abhandengekommen ist.

Mit anderen Worten: Solche Wimpern, solche Nägel, solche Augen kann es in der Realität, d. h. als naturgegebenen Zustand, selbst beim schönsten Menschen nicht geben. Das »Ideal« orientiert sich nicht mehr am Menschen selbst, sondern an einem virtuell produzierten Bild.

Der Artikel ist Teil einer Studienreihe, deren Ergebnisse insgesamt noch einen ganz anderen, übergeordneten Trend abbilden. Einen Trend, in dem die Schönheitskorrekturen nur Symptom sind für eine Entwicklung ganz anderer Art. Und nun kommen die Autoren zu einem wirklich tragischen Schluss: nämlich, dass junge Menschen immer weniger zwischen dem echten Leben und der virtuellen Welt unterscheiden können. Das Digitale und das Reale vermischen sich sozusagen, vermengen sich in der Wahrnehmung. Anschaulicher formuliert: Pixel und Pose legen sich über Pickel und Haltung – bis das Trugbild zur wahrhaftigen Assoziation mit dem Ich wird.

Wie sich dies auf das Wohlbefinden der Social-Media-User auswirkt, muss erst noch genauer erforscht werden. Zu frisch, zu befremdlich und weitreichend wirkt allein der Gedanke. Der Soziologe Dalton Conley ist diesbezüglich immerhin zu einem ersten Ergebnis gekommen, das er so in Worte zu kleiden versucht: Beim oben beschriebenen Prozess der Wahrnehmungsverschiebung sei das Individuum durch das »Intraviduum« ersetzt. Das Resultat sei anschließend eine Gestalt, die vom sozialen Netzwerk »durchdrungen« ist.

Es ließe sich von einem neuen Darwinismus sprechen, bei dem der Mainstream immer stärker wird. Und dieser Mainstream ist am Ende so brutal, dass Vergleich und Wettbewerb derart stark werden, dass wir bei gewünschten Gesichtsoperationen nach Snapchat-Filtern angelangt sind. Experten haben den Begriff für diesen Meta-Trend bereits formuliert: ein Neokonformismus, bei dem es nicht mehr um Kennenlernen und Gefallen geht, sondern um Triumph und Erniedrigung.

Dass die sozialen Kanäle dabei seit langem durchblutet sind von Werbung, Manipulation und Propaganda, weiß man. So eifrig wird hier gebrainwasht, dass nicht nur das Oxford Internet Institute die Demokratie in Gefahr sieht. Die Einflussnahme von außen ist undurchschaubar geworden. Einer Studie zufolge reichen bereits wenige »Social Bots«, um in einem Netzwerk die Stimmung zu lenken. Dies fand unter anderem auch ein interdisziplinäres Team der Universität Duisburg-Essen bei Forschungen zum Einfluss dieser Softwareroboter in sozialen Medien heraus. Veröffentlicht wurden die Ergebnisse im *European Journal of Information Systems*.

Die Social Bots sind Computerprogramme, die in sozialen Medien wie echte Nutzer agieren und automatisiert Botschaften verbreiten. Sie simulieren Zustimmung oder Ablehnung, formen und befeuern so Debatten und helfen dabei, Stimmungsbilder, Moden, Stile und auch politische Strömungen zu festigen.

Constanze Kurz, Sprecherin des Chaos Computer Clubs, sagt, die Bezeichnung »Soziale Medien« sei längst als Euphemismus zu verstehen, in Wahrheit seien diese Netzwerke weitestgehend zu Werbeplattformen mutiert. Kurz sagt: »Dass ein Großteil unserer Kommunikation, Nachrichtenverbreitung, aber auch Unterhaltung und natürlich jede Form von Flirting über Werbenetzwerke stattfindet, hat unsere Gesellschaft verändert.«

Das Absurde: Die Manipulierer sitzen oft unmaskiert unter

den Usern. Blogger, Vlogger, Influencer. Längst aber auch Stars aus Fernsehen, Film und Sport, die sich auf den sozialen Kanälen tummeln und hier die Styles formen, die Richtungen vorgeben. Und sie weilen dabei nicht mehr ausgewiesen auf anderen Ebenen, schweben nicht mehr in anderen Sphären. In den Netzwerken sind sie wie die User. Die User sind wie ihre eigenen Manipulierer. Auch hier verschmelzen reale und digitale Welten, verschmelzen Wahrnehmungen. Ein Schlaraffenland für offenen Trug, der sich nicht einmal mehr die Mühe machen muss, eine Maske aufzusetzen.

Der Konsument macht mit, er wird Teil der Show, gestaltet sie. Er ist die Show.

Und dies ist nun ein wahrlich revolutionäres Stadium, ein gelobtes Land mit ungeahnten Möglichkeiten des Schröpfens. Übertragen aus alten Zeiten ließe sich folgendes Bild entwerfen: Die Cowboys aus der Marlboro-Werbung sind endlich von der Leinwand gestiegen und haben sich ins Publikum gesetzt. Dort knistert jetzt das Lagerfeuer, dort tragen sie jetzt alle Cowboystiefel, dort rauchen sie jetzt alle zusammen die kleine Stange Tabak. Gleichzeitig sind die Kinozuschauer durch die Leinwand ins Marlboro-Country gestiegen, sitzen dort mit den Cowboys in der Steppe, sitzen vor dem wärmenden Feuer, vor den Pferden, am Fuße der schneebedeckten Kuppen der Rocky Mountains.

Der Effekt ist genial. Die Inszenierung ist Wirklichkeit geworden, die Wirklichkeit Inszenierung. Und beides können wir nicht mehr voneinander unterscheiden.

Das Seelenempfinden dürfte sich dadurch irgendwann leicht irritiert zeigen. Womöglich sogar selbst getäuscht. Bis wir schließlich einem äußerst bitteren Dilemma gegenüberstehen: der Angst und Flucht vor der eigenen »Enttäuschung« – was ja nichts anderes bedeutet, als der Täuschung beraubt zu werden. Das Prinzip beruht auf dem klassischen Dreiklang der Lüge.

Erst belügst du andere. Dann belügst du dich selbst. Und am Ende glaubst du an deine eigene Lüge.

Eine besonders schmerzliche Form der Einsamkeit, weil sie sich selbst aus dem Weg geht. Es ließe sich mit dem vergleichen, was in der Psychologie als paranoide Psychose bekannt ist. Eine Person mit einer solchen Psychose hat eine falsche Wahrnehmung der Realität, von der sie trotz Gegenbeweisen nicht abgebracht werden kann. Häufig liegt hierbei ein paranoider Persönlichkeitstyp vor, der von Misstrauen geprägt ist, der Handlungen anderer schnell als feindlich oder abwertend interpretiert und sehr leicht kränkbar ist.

In den neuen Pixel-Kosmen ist es ähnlich, nur andersherum. Das digitale Intraviduum ist nicht von Misstrauen geprägt, sondern von einer tiefen Sehnsucht. Dies äußert sich in einem Verhalten, das bei den Nutzern der neuen Kanäle unverkennbar ist: kritikloses Wohlwollen, glatte Hingabe.

Das soziale Dilemma

Wir schreiben das Jahr 2020. Die Faktenlage: 59 Prozent der Weltbevölkerung haben Zugang zum Internet, 49 Prozent nutzen die sozialen Netzwerke. Das sind 3,8 Milliarden Menschen, die tagtäglich scrollen, posten, swipen, liken, kommentieren, teilen und weiterleiten – und das durchschnittlich 144 Minuten am Tag pro Kopf. Dieser globale Faktor ist enorm. Vor allem eingedenk der Tatsache, dass digitale Technologie exponentiell funktioniert. Die Verbreitung rast, die Vervielfältigung überschlägt sich. Es ist wie mit der Popcornmaschine: Lange passiert nichts – dann schießt das Resultat plötzlich durch den riesigen Glaskasten, bis der Deckel davonfliegt.

Dieser Mechanismus in der realen Welt führt zu Verkettungen und Schwarmereignissen, die nicht mehr vorherzusagen sind und sich auf keine eindeutigen Verfügungsgewalten mehr zurückführen lassen.

Ich stelle mir einen Vogelschwarm vor. Sagen wir: eine Schar Graugänse. In eleganten V-Formationen migrieren sie von Nord nach Süd über die Erde, wechseln im Flug aerodynamisch günstig und kraftsparend die Positionen untereinander und kommen so in wenigen Etappen über 6000 Kilometer weit. Ein Musterbeispiel der Vernetzung, wie auch immer die hübschen Vögel das hinbekommen.

Und nun stelle ich mir das vor: Alle Vögel dieser Erde sind auf einmal vernetzt. Die Enten, Spatzen, Adler, Sittiche, Rotkehlchen, die Kaiserpinguine und die Blaufußtölpel. Sämtliche Arten, sämtliche Größen. Die Jungen, die gerade flügge geworden sind, die Älteren, die immer länger im Windschatten fliegen müssen. Alle kommunizieren miteinander, alle sind vernetzt.

Was tun sie? Welche Formationen bilden sie? Wohin fliegen sie? Und nun stelle ich mir auch noch dies vor: Sämtliche Tiere der Erde sind miteinander verdrahtet. Die Gänse mit den Walen, die Ameisen mit den Elefanten, die Elritzen mit den Löwen, die Pinguine der Antarktis mit den Eisbären Grönlands.

Ein phantastisches Bild, das aber auch Phantasie bleibt. Auf den Menschen hingegen bezogen trifft es in gewisser Weise schon zu, wenn wir an die weltweite Verknüpfung durchs Internet denken. Überall auf den fünf Kontinenten können wir uns heute austauschen, können an Informationen gelangen, Ideen teilen und auch auf Missstände hinweisen.

Über einen Kollegen kenne ich einen Deutsch-Österreicher, der seit über 20 Jahren in Marokko lebt. Er spricht fließend Arabisch, hat eine marokkanische Frau geheiratet und wohnt mit seinen Kindern in Ait Ben Haddou, am Fuße der berühmten Kasbah. Als im September 2015 an einem einzigen Tag 12 000 Flüchtlinge am Münchner Hauptbahnhof ankamen, erlebte er mit eigenen Augen, was in Marokko, was im gesamten Maghreb und darüber hinaus geschah. Er musste nur vor seine Haustür gehen, musste nur auf sein eigenes Smartphone und die vielen Displays in der Menge schauen.

Ich höre noch seine Worte. »Der Wahnsinn, der Wahnsinn.« Die Willkommensbilder aus München verbreiteten sich wie ein Lauffeuer. Nein: Sie verbreiteten sich um ein Vielfaches schneller als jedes Lauffeuer – denn sie verbreiteten sich exponentiell, viral. Es dauerte wenige Tage, vergrößerte sich, schwoll an, potenzierte sich binnen weniger Wochen zu einem flächendeckenden Aufruf in ganz Nordafrika und vielen Teilen Westafrikas. Die Message war in kürzester Zeit auf Millionen Smartphones zu lesen, zu sehen und zu hören, vermillionenfachte sich noch einmal auf Zigtausenden Plattformen und Social-Media-Seiten. Und so schoss es im Nu durch halb Afrika: Auf nach Europa, auf nach Deutschland!

Es war der Flurfunk der modernen Zeiten. Die News, einmal durch den digitalen Reaktor gejagt.

Die derartige Verbreitung von Nachrichten und Botschaften aller Art ist längst ein integraler Teil unserer modernen Informationsgesellschaft. Nicht mehr wegzudenken. Was aber hat das mit der Einsamkeit zu tun? Mit einer gefühlten Isolation, mit einer bestimmten Form der Angst? Offenbar eine ganze Menge, und ein Begriff benennt dieses neue Gefühl sogar: FOMO – »fear of missing out« –, die Angst, etwas zu verpassen.

Die Professorin für Psychologie Jean Marie Twenge von der San Diego State University sieht einen Zusammenhang zwischen solchen Ängsten und der Kommunikationsgeschwindigkeit beziehungsweise dem Kommunikationsdruck in sozialen Netzwerken. Denn so sehr besonders jüngere Generationen an

dieser Art des Informationsflows teilhaben, so sehr leiden ausgerechnet sie zunehmend an Depressionen und anderen psychischen Belastungen. Experten haben die Entwicklungen einmal
verglichen: Die Kurven zeigen erstaunliche Parallelen – mit der
Verbreitung der sozialen Netzwerke in den letzten zehn Jahren
stieg in einem sehr ähnlichen Verhältnis auch die Fallzahl der
seelischen Belastungen bei jungen Usern.

Ob und wie soziale Netzwerke dabei die Entwicklung speziell von Kindern beeinflussen, untersucht die Studie *Adole-
scent Brain Cognitive Development*, in Auftrag gegeben von der
US-Gesundheitsbehörde NIH. Die Untersuchung begleitet rund
12 000 Kinder über zehn Jahre und führt dabei fortlaufend psychologische und neurologische Tests durch. Eine Antwort auf
die Frage, warum wir alle, besonders die Jugendlichen, so sehr
mit den Smartphones verwachsen sind, können die Experten
schon jetzt geben. Und die Antwort hat tatsächlich direkt mit
unseren Gehirnen zu tun.

Sicher spielen Funktionen, Möglichkeiten und die Optik
der Geräte eine Rolle. Entscheidend aber ist etwas anderes. Die
Ursache für den Drang, Stunden vor den Phones und Tablets zu
verbringen, liegt in den ausgefeilten Algorithmen der großen
Technologiefirmen. Ihr einzig heiliges Ziel: Aufmerksamkeit
maximieren. Die Zeit am Schirm mit allen Mitteln der Kunst zu
steigern.

Eine der führenden kritischen Stimmen im Silicon Valley,
die sich gegen »Big Tech« ausspricht, ist Ex-Google-Mitarbei-
ter Tristan Harris. In der neuen Netflix-Produktion *The Social
Dilemma* von Jeff Orlowski berichtet Harris, dass viele Nutzer
sich nicht im Klaren darüber seien, »dass ganze Teams von Ent-
wicklern daran arbeiten, ihre Psychologie gegen Sie einzuset-
zen«. Die Strategie also ist es, uns mit unseren eigenen Waffen
vor die Geräte zu locken. Facebook, Google und Co. befänden
sich dabei in einem regelrecht »Krieg um Aufmerksamkeit«, im

Wettstreit darum, wer die Nutzer dazu bringt, sich Inhalte — und somit auch Werbung — am längsten anzuschauen.

Nach Neugier, Zeit und Interesse von potenziellen Kunden zu gieren, ist in der Werbung ein alter Hut. Allerdings muss die Zielgruppe dafür heute nicht mehr erst den Fernseher einschalten, ins Kino gehen, ein Magazin kaufen oder an der Tankstelle auf ein Leuchtplakat starren. Wir halten die Werbeplattform in Händen. Sie ist mit uns. Und sie ist unser Liebstes. Willkommen im siebten Werbehimmel. Es ist, als hätte Onkel Dagobert eine Galaxie geortet, in der alle Planeten aus purem Gold sind.

Und die Strategien, um die aufmerksamkeitssteigernden Maßnahmen auf die Spitze zu treiben, gehen in der Tat auf. Laut einer Studie von Gallup schauen 52 Prozent aller amerikanischen Smartphone-Nutzer zwischen 18 und 29 mehrmals pro Stunde auf ihr Handy. Jeder Fünfte gab sogar zu, alle paar Minuten auf sein Smartphone zu schauen.

Sind am Ende ganze Generationen fixiert aufs Handy? Oder besser: systematisch fixiert worden?

Jaron Lanier, einer der führenden Entwickler im Bereich Virtual Reality, spricht von »Algorithmen (...), die die Sucht im Menschen befeuern«. Und wenn Insider Tristan Harris vom »Wettrennen bis ans Ende unseres Hirnstamms« spricht, dann meint er damit einen der grundlegenden und primitivsten Abläufe in unserem Gehirn: das Dopamin-System.

Unser Gehirn besteht mehrheitlich aus Nervenzellen, den sogenannten Neuronen. Diese kommunizieren über chemische Botenstoffe, sogenannte Neurotransmitter. Sie ermöglichen die Interaktion zwischen verschiedenen Hirnarealen, die an unterschiedlichen Funktionen beteiligt sind. Der Neurotransmitter Dopamin sorgt im Gehirn für das Empfinden von Vergnügen und Belohnung und folgt einem bestimmten Pfad: dem mesolimbischen System.

Wir darf man sich das vorstellen? Vielleicht so: das Gehirn

als ein Netzwerk aus Datenautobahnen, die unsere Hirnareale für einen effizienteren Informationstransport verbinden. Das mesolimbische System wird in diesem Prozess stets aktiv, wenn es um Vergnügen und Gewohnheitsbildung geht, zum Beispiel beim Essen, beim Sex und auch bei sozialen Interaktionen. Was passiert also, wenn wir eine neue Nachricht auf unserem Smartphone erhalten? Ein rotes Symbol aufblinken sehen? Wenn neue Likes, Kommentare oder Nachrichten eintrudeln? Sofort wird Dopamin ausgeschüttet in einem Bereich des Mittelhirns, der als »Ventral Tegmental Area« (VTA) bezeichnet wird. Über die bereits erwähnten Neurotransmitter-Autobahnen wird prompt Dopamin an die Amygdala weitergegeben. Diese wiederum ist für starke emotionale Reaktionen wie Angst und Vergnügen verantwortlich.

Die Verbindung zum Hippocampus, in dem Erinnerungen entstehen, führt andererseits dazu, dass wir uns an die Situationen erinnern, bei denen wir viel Dopamin ausgeschüttet haben. Zudem ist die VTA mit dem Nucleus Accumbens (NAcc) verbunden, der an motorischen Prozessen beteiligt ist – beispielsweise wenn wir tippen, mit dem Finger wischen oder das Smartphone nur in die Hand nehmen.

Diese Assoziationen zwischen verschiedenen Hirnarealen und unseren Erinnerungen verstärkt unser Verlangen, unser Verhalten zu wiederholen. Und mit jedem Like wird unser Gehirn effizienter programmiert – wir werden in eine sogenannte Zwangsschleife eingebunden. Evolutionstechnisch hat dieser Mechanismus unser Überleben gesichert. Wir empfinden Vergnügen, wenn wir an manche Ereignisse nur denken. Das Wasser läuft uns im Munde zusammen, wenn wir uns Essen vorstellen, sind erregt, wenn wir an Sex denken. In der Natur hatte das schon immer einen Sinn. Es geht um Nahrung, um Fortpflanzung. Und wir merken uns sehr schnell, welche Reize und Umstände mit diesen »Erfolgserlebnissen« verbunden sind.

Am Ende ist es ein archaisches Belohnungssystem. Es funktioniert bei Hunden, Katzen, Affen, Fischen. Und beim Menschen. Mach dies, und du bekommst das. Siehst du jenes, wird das dich belohnen. Dieser Mechanismus kann sehr positiv wirken. Je mehr Sport wir treiben, desto besser fühlen wir uns. Desto eher bleiben wir bei der Stange oder wollen mehr. Dummerweise stimulieren uns jedoch nicht nur gesunde Dinge und Aktivitäten. Auch, was uns schadet, kann uns derart konditionieren. Bei Suchtproblemen ist genau das Fall.

Interessanterweise wirken Apps wie Instagram und TikTok, die unsere Aufmerksamkeit erregen sollen, ähnlich auf unser Gehirn wie beispielsweise Kokain und Amphetamin, die ebenfalls zur Ausschüttung von Dopamin führen. Zudem wird Dopamin nicht nur nach einer Belohnung freigesetzt, sondern auch davor, in dem Zeitraum, in dem wir aufgrund früherer Erfahrungen eine Belohnung erwarten. Spielautomaten sind ebenfalls so konzipiert: In den Kasinos drehen sich ihre mit bunten Dollarnoten, Erdbeeren und Diamanten bedruckten Walzen – damit der Spieler Dopamin aus purer Vorfreude ausschüttet. Und sein Gehirn pariert: Es aktiviert die das interne Belohnungssystem.

Wir wittern Glück!

Dasselbe passiert, wenn unser Smartphone vibriert und wir, getrieben von unserer Dopamin-Gier, eine kleine Belohnung in Form einer Nachricht oder einer E-Mail erwarten. App-Entwickler und User-Experience-Designer sind sich dieser neurobiologischen Grundlagen sehr bewusst. Jaron Lanier spricht von einer »Feedback-Schleife zur sozialen Validierung (…), die eine Schwachstelle in der menschlichen Psychologie ausnutzt«. Die langfristigen Auswirkungen der sozialen Netzwerke auf das Gehirn, insbesondere bei jungen Menschen, sind dabei nur schwer vorherzusagen.

Begeben wir uns von der Mikroebene nun auf die Makroebene. Denn wenn schon der einzelne Mensch derart beeinflusst werden kann, wie sieht es dann mit der Gesellschaft aus? Krass gesagt: Was geschieht, wenn Millionen Menschen gezielt einer Sucht zugeführt werden?

Es kann nicht gesund sein. Schon gar nicht für eine demokratische Gesellschaft, die von Austausch und Vertrauen lebt. Deren Grundlage es ist, der Welt und den anderen Menschen mit Offenheit, eigenem Willen und Verstand zu begegnen. Es geht für solche Gesellschaften vor allem um zwei Dinge: Vielfalt und Zusammenhalt. Der schrankenlose Datenkapitalismus mit seinen Zielen befeuert allerdings etwas anderes: die Zersplitterung in Teilöffentlichkeiten und deren Polarisierung.

Was dabei am Ende eines langen Tages geschieht, kann jeder beobachten, der mal einen Junkie-Treff besucht hat oder durch die Hinterstraßen der Hauptbahnhöfe gewandelt ist. Dort tummeln sich vielerorts die Süchtigen, alle auf einem Haufen, alle in der einen Straße mit ihren Stiegen. Aber dennoch kämpft dort jeder für sich und seine Sucht. Rücksichtslos, gnadenlos. Mit kaltem Herz und am Ende fürchterlich einsam.

Ein bisschen kommt es mir tatsächlich so vor, wenn ich dem Hate Speech dieser Zeiten lausche. Dem rücksichtslosen Verbreiten von Fake News, der Propaganda im Netz, der haltlosen Hatz nach Aufmerksamkeit, Klickzahlen und Gewinn. Besonders hinter den Fake News steckt ein egomaner Zug: die Vielfalt der Deutungsmöglichkeiten von Wahrheit und Fakten rigoros für seine Zwecke nutzen. Ohne Objektivität, ohne Rücksicht und Weitsicht. Genau dies bringt am Ende zwei Säulen ins Wanken, die für eine Gesellschaft so wichtig sind. Eben: Vielfalt und Zusammenhalt.

Auf Telegram-Kanälen grassiert derweil die Radikalisierung der Querdenker, die es bis auf die Stufen des Reichstags schafften, die von AfD-Abgeordneten in die Räumlichkeiten des Bundestags hineingeschleust wurden, die zu Hunderttausenden im Internet an Corona zweifeln. Und nicht mehr nur dort, sondern längst offen und lautstark auf den Straßen.

Dass soziale Gruppen zerfasern, sich überwerfen und zu unerbittlichen Feinden werden, erleben wir immer öfter in letzter Zeit. Und dann stehen sich auf einmal Lager und Gesinnungstrupps gegenüber, die keinerlei Sprechfähigkeit mehr miteinander teilen. Während Corona wurde dies überdeutlich, ebenfalls beim letzten US-Wahlkampf und sogar noch nach der bestätigten Wahl von Joe Biden. Donald Trump wollte die Wahlniederlage partout nicht anerkennen, weshalb Plattformen wie Twitter seine Aussagen und Tweets mit Anmerkungen, Warnungen und faktischer Gegenüberstellung kommentierten. Auf den Straßen zeigte sich das gleiche Bild, denn auch die Polarisierung hat die Schwelle in die Öffentlichkeit lange überschritten.

Da marschierten keine Republikaner und Demokraten mehr, da gingen nicht mehr die Bürger der Vereinigten Staaten Seite an Seite, auch wenn sie verschiedener Meinung waren. Da rüsteten sich Kohorten. Die Waffenläden leerten sich, einige sprachen offen von einem Bürgerkrieg. In Portland, Oregon, schritten sie mit einem Banner durch die Straßen, auf dem stand: »Wir wollen nicht Joe Biden, wir wollen Rache.« Darunter hatten die Protestler ein Maschinengewehr gemalt.

Als Treiber dieser Trends gilt auch Donald Trump. In die Geschichtsbücher wird er darum auch unter diesem Etikett eingehen: als der erste »Social-Media-Präsident« der Welt.

All diese Phänomene kommen nicht aus dem Nichts. Sie haben Bezüge, fußen auf bestimmten Kräften und Ursachen. Doch ist es nicht ganz einfach, die Zusammenhänge zu erkennen. Die tieferliegenden Mechanismen entziehen sich wie so oft, offenbaren ihre wahren Strukturen und Gesetze nur zögerlich. Man muss schon ziemlich genau hinschauen.

Einer Legende nach soll Newton gesehen haben, wie der Apfel vom Baum fiel. Tatsächlich aber hat er etwas ganz anderes gesehen: nämlich die unsichtbare Kraft, die den Apfel anzog. Wäre er heute ein Ingenieur im Silicon Valley oder ein Ökonom gewesen, hätte ihn das fallende Objekt vermutlich fasziniert. Er hätte vermutlich ein Traktat über die aerodynamischen Eigenschaften fester Körper geschrieben, einen Algorithmus entwickelt, der die Bewegung simuliert oder die effektivste Flugbahn berechnet. Newton aber sah und tat anderes. Allen Vorwürfen mittelalterlichen Glaubens zum Trotz formulierte er das allgemeine Gravitationsgesetz. Er hatte damit jene unsichtbare Kraft entdeckt, die über Abermillionen Kilometer auf jeden Körper einwirkt, ohne sichtbare Mechanismen und Übertragungswege. Jene Kraft, die auf jeden Planeten im Sonnensystem wirkt und auf jede Münze, die bei uns auf der Erde zu Boden fällt, wenn sie uns aus den Händen gleitet.

Wer die digitale Welt verstehen will, sollte es wie Newton machen. Denn unsichtbare Kräfte wirken auch auf die digitalen Technologien ein und bestimmen, wie sie in unsere Volkswirtschaften, in unsere Jobs und in unsere Leben einfallen.

Wir müssen diese Kräfte analysieren und benennen, wollen wir ihnen nicht ausgeliefert sein. Und wir werden mit Erstaunen feststellen, dass es gezielte Absichten und Ziele sind, die hinter den Technologien und Dynamiken stehen, mit denen wir es heute zu tun haben. Auch Einsamkeit und die soziale Segregation, die von und in der Digitalität geschürt werden, sind demnach kein Zufall. Sie sind bewusst herbeigeführt. Sie sind das Resultat des Strebens, durch Polarisierung und Entmündigung ein Geschäftsmodell etablieren zu wollen.

Es gibt Protagonisten, die diese Einsamkeit bewusst entworfen haben, Geister, denen die Segregation gerade recht kommt. Die gesellschaftlichen Bedingungen, denen wir momentan begegnen, sind keine Zeugnisse einer natürlichen Umwelt. Sie sind nicht vom Himmel gefallen, treffen uns nicht zufällig und willkürlich. Es gibt Architekten dieses undurchsichtigen Systems, die nicht demokratisch legitimiert sind. Sie sind keine Repräsentanten des Öffentlichen und Allgemeinen, und darum geschieht gerade etwas, das uns sorgen sollte. Das Primat der Politik wird aufgehoben. Das Credo einer freien Gesellschaft.

Willkommen im technologischen Totalitarismus

»Gerade erleben wir in Echtzeit, wie eine Gesellschaft die Fundamente ihres Weltbilds ändert.« Das ist einer der Sätze, in deren Einfachheit das Bombastische schillert. Ein anderer lautet so: »Google und Apple sind nur Start-ups im Vergleich zu der neuen sozialen Software, die gerade ins Gehäuse unserer Gesellschaften implementiert wird.«

Beide Sätze hat Frank Schirrmacher geschrieben. Der rastlose ehemalige Mitherausgeber der *Frankfurter Allgemeinen Zeitung* und verspielte Machttaktiker erspürte diese Sachverhalte vielmehr, als er tief ins Zeitgeschehen hineinhorchte. Er tat dies gegen Anfang und gegen Ende jener Debatte, die er so weitsichtig orchestrierte, und die sich von allen als die nachhaltigste erweisen wird: Die Debatte über die Digitalisierung unserer Lebenswelt und wie sie unser Denken verändert.

Und es ist tatsächlich spürbar, fühlbar und erfahrbar, wie die technischen Entwicklungen der vielzitierten »digitalen Revolution« schon jetzt den privaten Alltag prägen, bis hinein in die feinsten Verästelungen von Zeit und Raum. Und viele dieser Entwicklungen kommen uns inzwischen wahrscheinlich sogar näher, betreffen uns unmittelbarer als solche Aspekte der

Digitalisierung, die sich in juristischen oder politischen Fragen auflösen, wie etwa der Urheberrechtsschutz, die Vorratsdatenspeicherung oder die NSA-Affäre, während der es Lauschangriffe sogar auf Angela Merkels Handy abgesehen hatten.

Wir kennen die kritischen Momente, die längst im Privaten stattfinden und unser Handeln lenken. Die Kaufentscheidungen, bevor wir zahlen. Das Fahrverhalten, um dem Stau zu entkommen; blind vertrauen wir dem Navigationssystem des Smartphones. Da ist das Restaurant, das wir googeln, das Hotel, das uns Airbnb vorschlägt. Da ist die Partnerwahl, der per Smartphone selektierte Flirt.

Reiner Zufall? Freier Wille? Freie Entscheidung? Wählen wir hier wirklich noch aus Möglichkeiten aus, deren Vielfalt wir selbst bestimmt, deren Grenzen wir selbst abgesteckt haben? Oder klicken wir uns nur noch wie Hühner durch einen Stall, der für uns präpariert und auf uns zugeschnitten wurde? Ist die Truman Show im Begriff, wahr zu werden? Nur noch schlauer, und nicht zu entlarven? Digital?

Vor zehn oder auch noch vor fünf Jahren klangen »denkende Dinge« einer Smart Technology noch nach Science-Fiction und Utopie. Gleiches galt für Begegnungen, die von Apps berechnet sein würden. Inzwischen sind sie in unser Leben gewoben, mit dem glimmenden Versprechen, sie selbstlos, im Sinne der Umwelt und des Gemeinwohls zu verbessern. Und daraus haben sich längst Megatrends ergeben, an denen ganze Wirtschaftszweige tüfteln, designen und programmieren. Sie sollen, sie werden Teil unserer nahen Zukunft sein. Und schleichen sich immer mehr in unsere Gegenwart.

Häuser können in Abwesenheit nach unseren Gewohnheiten vorausschauend beheizt, Autos in Gefahrensituationen fürsorglich abgebremst werden. Armbänder messen unseren Puls, unseren Herzschlag, die Handys unsere Schritte. Die Daten, die dabei gesammelt werden, sind ein Abdruck unseres Verhaltens.

Sind digitale Schattenbilder unseres Istzustands. Doch diese Pausbilder gehören in der Regel nicht uns, dem Kunden. Sie fließen in die Unternehmen, die die Technologien bereitstellen und besitzen, sie strömen in die Server, in die Rechenkapazitäten, in die Software und in das Wissen um den letzten Stand der digitalen Möglichkeiten.

Was mit diesen Daten jedoch wirklich geschieht und wofür sie genutzt werden, ist nicht offen erkennbar. Wir können es höchstens erahnen.

Denn längst geht es um weit mehr, als nur unsere Schritte im Internet zu verfolgen. Darum, unsere Suchanfragen zu scannen. Die Profile, die mithilfe der Daten von uns erstellt werden, ergeben mehr als nur Raster und grobe Eckdaten. Die gesammelten Daten eines jeden Smartphone-Besitzers, eines jeden Computer-Benutzers, der online ist, ergeben inzwischen detaillierte Abbilder unseres Lebens. Man könnte sagen: Diese Daten kennen uns. Mathematisch, algorithmisch genau. Und damit in gewisser Hinsicht präziser als wir selbst.

Eric Schmidt, bis 2015 Executive Chairman von Google, beschrieb es so: Das Unternehmen, sagte er, wisse, wo wir sind, und könne mehr oder weniger sagen, was wir gerade denken.

Doch die Philosophie, die hinter dem ungeheuren Sammeleifer von Daten steht und diese Daten abschöpft: Sie bleibt verborgen und unergründet. Wonach also berechnet sich, was als vorausschauend einzustufen ist? Als fürsorglich? Als für uns wichtig und bewegend oder auch unausstehlich und verhasst? Welches sind die Kriterien für diese moralischen Wahrscheinlichkeitsberechnungen? Und warum scheint es unmöglich, sich dem holistischen Menschenbild der Maschine zu entziehen? Und wo bleibt der freie Wille? Jener wirklich und absolut freie Wille, zu dem es wesensmäßig gehört, auch etwas entscheiden oder riskieren zu können, das sich am Ende als Fehler erweist? Als nicht gut?

Wir wissen um die zunehmende Algorithmierung unseres Alltags. Wissen, dass dieser Prozess unsere Privatsphäre, unser Leben weniger selbstbestimmt und wohl auch weniger privat werden lässt. Auch an diese Dynamik haben wir uns bereits gewöhnt, sie regt nicht mehr wirklich auf. Und wenn, dann höchstens durch ein kurzes Staunen darüber, dass das Smartphone wieder aufgezeichnet hat, wieviel wir uns am Tag bewegt haben, warum sich plötzlich eine Seite öffnet, uns ein Song auf die Ohren gegeben wird, uns die zehnte Werbe- oder Trugmail am Tag erreicht – ohne dass wir darum gebeten haben. Und vielleicht verspüren wir gerade noch das: Ein komisches sphärisches Unbehagen, dass wir kaum Selbstverteidigungsmittel besitzen im digitalen Dickicht. Denn die haben wir nicht. Es sei denn, wir heißen Edward Snowden oder halten uns an die Devise eines alten Weltumseglers, den ich einmal kennengelernt habe.

Nach Jahren allein unterwegs auf See und vor Anker an fernen Ufern, sagte er zum Thema Computer: »Ich weiß nicht, wie man die Dinger einschaltet. Ich weiß nur, wie man sie ausschaltet. Mit der Axt.« Doch wissen Sie was? Der alte Segler hat längst selbst einen Computer, auch besitzt er ein Smartphone, und er sendet damit inzwischen Nachrichten und Bilder, selbst wenn er gerade vor einer einsamen Insel im Golf von Thailand liegt.

Sendungssucht. Umnetztsein. Konsumgehorsam. Das Smartphone als unablehnbarer Alltagsschnuller. Die verlinkte Welt. Literatur, Kunst und Popkultur verarbeiten die damit einhergehenden Phänomene auf ihre Weise, beschäftigen sich mit absurden Kehrseiten des neuen Hintergrundrauschens oder breiten großangelegte Szenarien aus. 2017 kam der Film *The Circle* nach dem Roman von Dave Eggers in die Kinos. Tom Hanks spielt die Hauptrolle in der Dystopie, in der einige wenige Lenker eines Tech-Imperiums die Welt so gerissen und scheinheilig ausnehmen, dass selbst die Studenten Schlange stehen, um einen Job in der gottgleichen Firma zu ergattern. Es gibt die NSA-Fotografien von Trevor Paglen, die »Secret Power«-Aufnahmen von Simon Denny. In den Museen zu sehen sind Installationen verschiedenster kritischer Künstler, täglich zu lesen in den Zeitungen Artikel über die Diktatur der Daten und zu hören schließlich unsere eigenen Stimmen, die dem digitalen Reigen um uns herum routiniert einen ganz normalen Irrsinn zusprechen.

Digitalkritik ist heute Common Sense. Doch damit hört es auf. Ende. Und damit stehen wir wieder allein da. Einsam und allein unter vielen.

Schirrmachers Buch *Technologischer Totalitarismus* ist auch darum eine seltene Ausnahme. Eine Debatte verschiedener Autoren, die sich der Aufgabe dieser Zeiten mit mehr Ausdauer nähern und wie Schirrmacher wissen: »Es ist höchste Zeit, sich dem Versuch einer Programmierung der Gesellschaft zu widersetzen.«

Es ist ein wichtiges, durchschüttelndes Buch. Denn es gibt preis, an welcher Epochenschwelle wir gerade stehen. Und zwar egal wo: ob nun in Mountain View, London, Tokio, Frankfurt, Boltenhagen oder Berlin. Auch verrät das Buch, wie unzureichend dieser Epochenschwelle allein mit politischen, wirtschaftlichen und juristischen Mitteln zu begegnen ist.

Damit die Technologien, die in der letzten Dekade in Kalifornien aufgekeimt sind, sich verdaulich weiterentwickeln, ist mehr gefragt als schriftliche Regelwerke und zeitgenössisch liberale Handhabung. Damit die digitalen Märkte, die den neuen Technologien erwachsen, wirklich freie sind, braucht es auch keine Codes hoodietragender Informatiker, sondern Antworten mit historischer Haltung. Gefragt ist eine europäisch geprägte Denktradition. Eine, die gerade wieder hochaktuell und eben das gerade nicht ist, was ihr viele so zeitkonformistisch vorhalten: veraltet, technologiekritisch, kulturpessimistisch.

Denn die neue Technologie marschiert totalitär auf uns zu. Zumindest jedenfalls so entschlossen und herrschsüchtig, dass schon Martin Schulz als Präsident des Europäischen Parlaments ausrief, »warum wir jetzt kämpfen müssen«. Schulz skizzierte das Schauerbild einer »alles durchdringenden Technologie«, deren Datengier eine »antiliberale, antisoziale und antidemokratische Gesellschaft« erzeuge. Die treibenden Kräfte würden dabei nichts anderes als eine »gefährliche Verbindung von neoliberaler und autoritärer Ideologie« bilden.

Schulz argumentiert rührend sozialdemokratisch. Der technologischen Entwicklung könne man sich kaum mehr entziehen, stattdessen drohe der quantifizierte Mensch real zu werden. Schulz: »Wir brauchen eine Bewegung, die nicht zulässt, dass der Mensch zum bloßen Objekt degeneriert.«

Die Verdinglichung und das Kollektiv, das sich in seinem natürlichen Menschsein dagegen auflehnt, zum neuen Archetyp eines »gläsernen Konsumbürgers« zu werden – es klingt fast niedlich, ein wenig nach schütter gewordener Sozialkritik, nach einer Sehnsucht nach einem starken Staat.

Schulz forderte später entsprechend eine Charta der digitalen Grundrechte, die regeln, was erlaubt ist, was verboten. Ob dies allerdings eine juristische, moralische oder gesellschaftsvertragliche Angelegenheit sein sollte, blieb verborgen. Nun, immerhin ein beseelter Plan. Jedoch einer mit politisch folgenlosen Formeln. Zwischen den Zeilen allerdings findet sich eine in ihrer unauffälligen Lässigkeit bedeutsame Bemerkung: Technologie sei nie gut oder schlecht – sondern in ihren Möglichkeiten neutral. Im Klartext gesprochen: Ob und wie wir die neuen Möglichkeiten nutzen, liegt allein an uns.

Ach ja? Nun, alle jene, die Technologie-Kritiker emsig als weltfremde, vertrocknete Tomaten abtun, sollte man kurz daran erinnern, dass Technik schon immer abhängig machte – und schon immer auch instrumentalisiert wurde. Und hier liegt ein grundsätzliches Missverständnis vor. Eines, das auch im heutigen Alltag regelmäßig anzutreffen ist. Etwa wenn diese Worte fallen: »Du musst ja nicht googeln, wenn du nicht willst.« Oder diese: »Niemand zwingt dich, ein Smartphone zu benutzen.« Oder auch diese: »Geh doch zur Bank und hol dir deinen Bankauszug, geh doch ins Reisebüro und buch dir deinen Flug.«

Man könnte ebenso gut sagen: »Iss doch einfach nichts mehr.«

Der weißrussisch-amerikanische Theoretiker Evgeny Morozov kommentierte die sozialdemokratisch getönte Grundbesorgtheit so: Man hänge naiv-agnostischen Wunschvorstellungen nach, wenn man glaube, dass »alle gleichermaßen von jeder Technologie« profitieren würden. Aufs Hier und Heute gemünzt: Die Welt lebt von ungleicher Verteilung ihrer Schätze – warum sollte die Digitalindustrie davon ausgenommen sein? Ist sie etwa ein autonomer Ort?

Auch wirken Sätze verdächtig naiv, die so alarmistisch wie schwammig fordern: »Wir müssen handeln.« Das unbestimmte »Wir« klingt, als wolle es einen faustischen Kollektivalbtraum beschwören, lenkt jedoch nur von der Tatsache ab, wer hier wirklich handelt. In der Wiege des Digitalen, im Silicon Valley, längst aber auch in den weltweiten Think Tanks der im Kielwasser strampelnden Nacheiferer wird keine Metaphysik betrieben, kein abendländisches Kulturgut gewälzt und auch nicht lange diskutiert. Hier geht es um Prosaisches: Wie man Fortschritt entwickelt und sich seinen Teil vom Kuchen sichert.

Nun ist es nicht so, dass die Damen und Herren auf den Kopf gefallen sind oder die kalifornische Szene vom europäischen Denken gänzlich entkoppelt wäre – jeder der erfolgreichen Digitalunternehmer, der in Stanford studiert hat, hat einen harten geisteswissenschaftlichen Grundkurs hinter sich. Durch eine nicht uncharmante popkulturelle Umdeutung ist es jedoch gelungen, eine Sichtweise durchzusetzen, in der die

Silicon-Valley-Ideologie heute weltweit gleichgesetzt wird mit gesellschaftlicher Innovation, neuer Freiheit und finanziellem Erfolg.

Steve Jobs in Turnschuhen, der vegane Programmierer und der App-Designer in Chucks und Schlabberhosen. *There is no business like show business.*

Diesmal kam der Wolf auf dem Single-Speed-Bike daher, am Arm ein Wearable, um die Schulter die atmungsaktive Umhängetasche mit Laptop drin. So verführerisch modern, cool, gut und erfolgreich sah das alles aus, dass Modeläden längst »Starter Packs« für den »stereotypischen Silicon Valley Look« anbieten und die »Tech Uniform« des digitalen Zeitalters hübsch normiert ist. Und das geht ganz locker: Haare noch zerwuschelt vom Aufstehen, Bärtchen um die zwei bis fünf Tage, Messenger Bag, recyceltes T-Shirt und Coffee to go. Es ist der Business-Anzug der Moderne, er kommt im »Programmer Style«.

Hinter der lässigen Fassade aber steckt wenig Lässiges, sondern ein Feldzug. Im Kern nichts anderes als eine Revitalisierung der neoliberalen Ideologie: Wenn das Silicon Valley »Freiheit« sagt, meint es den ständig verfügbaren Menschen, meint es die Ablehnung staatlicher und gesellschaftlicher Regeln. Und auch das ist gemeint: die Dominanz des Ökonomischen über das Politische.

Das Werkzeug dafür ist die Technik. Eine ihre Qualitäten lag schon immer darin, uns sehr praktischen und konkreten Fortschritt zu bescheren. Die Erfindung des Rads, die Erfindung der Glühlampe, die Erfindung des Flugzeugs. Ein Wesenszug der Technik lag aber auch schon immer darin, uns im Zuge des Fortschritts gewisser sinnlicher Erfahrungen zu berauben. Wir gehen heute immer weniger zu Fuß, bekommen keinen Tropfen Wasser mehr ab, wenn wir den Atlantik überqueren, sondern in 12 000 Meter Flughöhe Wein und Pasta serviert. Das Auto hat die Welt verändert, den Bau der Städte dominiert, den Anblick vieler Landstriche geprägt. Da ist das Telefon, der Fernseher, der Walkman, der Kühlschrank, die Geschirrspülmaschine, die Mikrowelle, die Fernbedienung. Die Elektronikmärkte quellen heute über vor lauter Geräten, die das Leben erleichtern sollen, uns viele Handgriffe abnehmen, stattdessen Entertainment bescheren. Dann kam die Erfindung des Computers, des Internets, der Displays und der Daten. Und schließlich die Erfindung des Smartphones.

Dieses Gerät nun rüttelt an sämtlichen Parametern des modernen Lebens – aber eben auch an alten Mustern und Modalitäten, die das Leben sehr lange ausmachten. Wir sind jetzt überall und jederzeit erreichbar, brauchen nirgends mehr hinzugehen, um etwas zu kaufen, zu buchen, zu reservieren. Und schon jetzt *können* wir vieles gar nicht mehr ansteuern, um gewohnte Dinge zu erledigen. Bankfilialen schließen zu Hunderten, Reisebüros machen dicht, der Check-in am Flughafen läuft digital. Die Beispiele nehmen kein Ende, wir alle kennen sie. Die Welt findet mehr und mehr im Online-Modus statt. Ohne geht es nicht mehr. Zukunft und Wirtschaft basieren darauf, bauen darauf auf und sind längst auch davon abhängig.

Auch die herrlichen Absurditäten des Fortschritts waren schon immer ein Thema. Kunst und Kultur griffen die heiteren und weniger lustigen Seiten der technischen Weiterentwicklungen stets auf, denn meist zeitigten diese – mal mehr, mal weniger – auch kulturelle, gesellschaftliche und politische Veränderungen. Was wäre der Spionagefilm ohne Telefon gewesen? Was die Pop-Art ohne Neonröhre, der Punk ohne Haarfärbemittel? Auch und besonders die Digitalität ruft Echos und Reaktionen hervor, und der Volksmund weiß sehr gut und sehr schnell um die Grotesken, die auch die Online-Kultur mit sich gebracht hat.

Je weniger sich die Leute zu sagen haben, desto öfter tippen sie eine Botschaft in ihr Handy, frotzelt da einer. Ein anderer kommt um die Beobachtung nicht herum, dass die morgendliche Stuhlformung genau wie der abendliche Gattenritt in unserer Gesellschaft der totalen Rufbereitschaft als fernmündlich unterbrechbar gelten. Und der Zyniker weiß auch – früher wäre das ein Unding gewesen. Viele solcher Stimmen sind humorvoll gemeinte Kommentare des Zeitgeschehens. Die natürlich auch mal kritischer ausfallen können, wenn wir zum Beispiel noch einmal an Stanisław Jerzy Lecs Frage denken: »Ist es wirklich Fortschritt, wenn der Kannibale mit Messer und Gabel isst?«

Ob Technik und Fortschritt unsere Sinne und vielleicht auch unsere Moral nun abstumpfen lassen, inwieweit sie unsere Welten und Werte verändern, inwieweit sie auch instrumentalisiert werden und letztlich gut oder schlecht sind: Dies ist eine schwierige Frage – und der Mensch sollte nicht müde werden, sie sich zu stellen. Heute vielleicht mehr denn je, denn es warten in der Tat beschwingende Neuerungen, derer wir uns mehr und mehr werden bedienen dürfen. Und dies sehr wahrscheinlich sogar tun müssen.

Inzwischen werden Technologien entwickelt, die auf die Bedürfnisse der Bewohner von Häusern reagieren. Der automatische Temperaturregler an der Heizung ist nur ein Beispiel. Inzwischen sind ganze responsive Hüllen für Gebäude entwickelt worden, die auf alle möglichen Einflüsse durch Wetterveränderung reagieren. Auch für die Wohnung gibt es Technologien, die ihre Bewohner darauf aufmerksam machen, dass der Kühlschrank nicht mehr gefüllt ist, Toilettenpapier fehlt, Shampoo besorgt oder der Zahnbürstenkopf ersetzt werden muss.

Das Internet der Dinge macht dies möglich. Und wird es mehr und mehr tun. Das kann nützlich sein. Für den einen mehr, den anderen weniger. In den USA wissen viele Krankenkassen schon heute weit mehr über ihre Kunden und potenziellen Kunden, als vielen von ihnen lieb sein dürfte. Wer raucht, fliegt raus? Wer sich nicht oft und gründlich genug die Zähne putzt, muss mehr Beitrag zahlen? Es sind nur kleine Beispiele. Aber teils längst in die Realität umgesetzt.

Die Metrifizierung des Menschen kann aber noch viel mehr möglich machen und konkret in unser Leben eingreifen. Im Gespräch mit der jungen Programmiererin Mina Saidze, Gründerin und Direktorin des EU-Standorts von »Women in Data« mit über 12 500 Mitgliedern in San Francisco, London und anderen Tech-Silos der Welt, vernahm ich einige denkwürdige Sätze von ihr: »Technologie ist niemals neutral. Sie fußt auf Wertannahmen, auf Ausschnitten und Subjektivitäten.« Die Folgen dürften vielfältigster Art sein. Schwarze und Asiaten etwa könnten bei Flughafenkontrollen wahrscheinlich eher als verdächtig wahrgenommen werden. Ein technologisch vorgeschriebener Rassismus, der auf Daten basiert, auf gesteuerten Algorithmen – nicht mehr auf gesundem Menschenverstand, schon gar nicht auf einem emotional pochenden Menschenherz.

Ein eklatanter Schritt: Wenn Technologie am Ende weniger vorurteilsfrei funktioniert als wir selbst. Wenn sie – trotz aller nüchterner Datenerhebungen – fremd-subjektiv rechnet und uns algorithmisch ermittelte Verdikte vorhält, die vor allem unmenschlich präzise sind.

Hannah Fry, die als Arbeiterkind nach der Schule Friseurin werden wollte und inzwischen eine international bekannte Professorin für Mathematik ist, beschäftigen genau solche Fragen. Sie schrieb ein Buch über die Spannung zwischen Mensch und Maschine, es trägt den Titel *Hello World*. Darin beschreibt sie, wie Algorithmen die Welt verändern und welches Potenzial Künstliche Intelligenz (KI) hat. Und sie stellt eine wesentliche Frage – ob wir Maschinen trauen sollen oder nicht.

Heute gestaltet Fry Forschungsprojekte, die sich mit Algorithmen in allen möglichen Feldern beschäftigen. »Algorithmen sind überall«, sagt sie. »In Schulen, Krankenhäusern, Gerichtssälen, Flugzeugen.« Und Fry warnt: Bei aller Begeisterung für die technologische Entwicklung solle man sich nicht zu sehr auf die Computer verlassen. Denn es stehen hier kulturelle Praktiken auf dem Spiel, die auch für den gesellschaftlichen Zusammenhalt entscheidend sind. Diversität und Intersektionalität gehören dazu, aber gleichermaßen eine wahrhaft subjektive Weltsicht, die noch immer menschlich ist – geprägt von den qualitativen Erfahrungen vieler und nicht von den quantitativen Zielen weniger.

Um solchen Steuerungsmechanismen nicht zu unterliegen, wird jetzt eines zählen: Ein Bewusstsein für solche Entwicklungen auch in den neuen Datenberufen, eine humanistische Sicht der Dinge, die sich in den Technologien wiederfindet. In jenen der Industrie 4.0, in jenen der künstlichen Intelligenz. Ein Programmieren mit kultureller und menschlicher Verantwortung ist darum dringend gefragt. Denn sonst ist vor allem eines programmiert: gesellschaftlicher Sprengstoff und ein weiteres Weichkochen unserer Wertesysteme.

Insgesamt stehen wir heute vor einer Welt neuer Möglichkeiten, und diese klingen beängstigender und gleichzeitig verlockender denn je. Der Zauberstab der Zukunft wird uns darum bezirzen, bedrängen, beanspruchen und bestimmen, ob wir wollen oder nicht. Dabei kann sich allerhand Wunderliches und Praktisches vollziehen – aber es liegt gerade auch Grundsätzliches auf der Waagschale.

Der ständige Gebrauch von GPS-Signalen hat unseren Orientierungssinn schon jetzt verändert, die Suchmaschinen haben unsere Gedächtnisleistungen verschoben. Ein Haus, das weiß, dass es gleich regnet und schon mal die Fenster schließt, wird uns weitere Handgriffe und Kognitionsleistungen abnehmen. Ebenso ein Auto, das heute schon ganz allein ein- und ausparkt, ein Rasenmäherroboter, der autonom das Grün pflegt.

Alles längst Usus. Wie auch der Drohnenpilot, der im Pentagon neben seiner Pizza sitzt und sein Fluggerät in Afghanistan millimetergenau über den Hindukusch steuert. Und dabei alles sieht. Ebenfalls längst Alltag. Netzwerke aus Sensoren machen es möglich, dieses und vieles mehr. Algorithmen aus den Bereichen Machine Learning und Deep Learning kommen zunehmend ins Spiel. Sie erkennen Positionen von Fahrzeugen, merken sich Beschaffenheiten von Fahrstreifen und relative Geschwindigkeiten, sie lesen Ampeln und lokalisieren Menschen. Und sie interpretieren all diese Daten. Sie sagen Ereignisse voraus und leiten Handlungen ein.

Es ist eine Umwelt, die uns von realen Gefährdungen des Lebens abschottet. Uns aber auch abstumpfen lässt, unsere Sinne unterfordert und an unseren Entscheidungsfähigkeiten rührt. Noch etwas allerdings bringen die digitalen Neuerungen mit sich. Sie führen zu einem Bruch zwischen dem Sein und der Realität. Ein weitreichender Einschnitt in unsere Wahrnehmung und auch in unsere Gefühlswelten. Denn die neuen Technologien schaffen zunehmend Distanz zu elementaren Wirklichkeiten. Sie entreißen uns taktile wie haptische Erlebnisse. Sie rauben unseren Sinnen ihre Aufgaben. Doch wollen wir uns davon wirklich distanzieren? Verabschieden? Und wie müssten wir erst die Einsamkeit benennen, auf die wir uns dann einlassen?

Walter Benjamin hat bereits in der ersten Hälfte des letzten Jahrhunderts in seinem Aufsatz *Das Kunstwerk im Zeitalter seiner technischen Reproduzierbarkeit* darauf hingewiesen, dass akkurate und massenhafte Reproduktionen von Kunstwerken auch neue Wege des Denkens erfordern. Und schon damals lautete die zentrale Frage: Was bedeutet »Echtheit« noch? Und wie weit kann ein solches Spiel mit Wirklichkeit und Authentizität gehen? Und wenn man am Ende sogar Gefühle simulieren kann – auf Kunstwerken, auf Bildern, in Filmchen, in unseren digitalen Räumen –, was wird dann aus den echten Gefühlen?

Könnten Designerkunst und technologische Spitzfindigkeiten das Gefühl echten Behagens, womöglich gar echter Liebe ersetzen? Könnten sie die Machart unserer Beziehungen zu den Mitmenschen ummodeln? Immerhin, es mehren sich die Bilder von Paaren, die zusammen am Restauranttisch sitzen, sich aber nicht anschauen, sondern auf ihr Handy starren. Als wollten, als könnten sie nicht mehr miteinander sprechen. Als sei das Innere der digitalen Welten reizvoller, interessanter, inniger als das Gespräch. Wertvoller als Worte, intimer als der Blick zweier Augen.

Doch wahrscheinlich ist genau das programmatisch gewollt: die systematische Desorientierung. Eine gezielte Abwendung von Stabilität und Nähe und eine gezielte Hinwendung zu Flexibilität und ständiger Bereitschaft. Und auch hier sind es tiefsitzende Verhaltensmuster, mit denen die Choreographen der Zukunft hantieren.

Was wir als behaglich und sicher empfinden, ist durch Jahrtausende menschlicher Erfahrung geprägt. Wir fühlen uns am wohlsten, wenn wir alles im Blick haben, selbst aber nicht exponiert sind. Das war die Überlebensformel der Jäger und Sammler, die sich vor Raubtieren und Invasoren schützen mussten. Historisch war der Mensch immer auf der Flucht vor diversen Gefahren.

Ein anderes tiefsitzendes Verhaltensmuster liegt hierin begründet: Wie überwindet man die Notwendigkeit eines ständigen Ortswechsels und den inneren Drang danach? Indem man interessante Räume schafft, die Information und Abwechslung bieten. Das waren früher die Marktplätze. Die Orte des Handels, des Austauschs und des Zusammentreffens. Sie waren das soziale Kapital einer jeder Siedlung.

Ein bedeutender Bruch mit dieser Tradition kam mit der Erfindung der Kaufhäuser. Konsumstätten, die darauf ausgerichtet waren, dass die Kunden so lange wie möglich in ihnen verweilen. Und diesen Mechanismus spitzten die Betreiber immer weiter zu. Waren die alten Kaufhäuser noch Prachtbauten mit großartigen Fassaden, sehen die Einkaufszentren von heute von außen eher öde und langweilig aus. Die wahren Reize und Lockrufe warten im Inneren.

Ist man erst einmal drin, befindet man sich in einer eigenen, abgeschotteten Welt. Einer Sphäre mit eigenem Klima, eigener Topographie. Unzählige Spiegel, Vitrinen und reflektierende Flächen laden zum langsamen Gehen ein, gewundene Wege und Rolltreppen steigern die Verweildauer und fördern die »gewollte Desorientierung«. Die meisten Kunden kaufen so am Ende viel mehr, als sie auf ihren Listen notiert haben. So etwas wie ein »Shopping-Erlebnis« konnte so überhaupt erst ins Leben gerufen werden.

Die Technologien von heute aber treiben es noch viel weiter. Sie scannen die Schlangen an den Kassen, sehen, was die Kunden gekauft haben, wissen, wann die Kunden wo sind, und präsentieren ihnen an Ort und Stelle entsprechende Sonderangebote. Gezielte Beobachtungen und Statistiken haben den Erfolg solcher Methoden längst zementiert. Heute weiß man: In Shopping-Malls sind 40 bis 70 Prozent der Erwerbungen Spontankäufe. Diese verkaufssteigernden Raffinessen aber kurbeln keineswegs nur die Absatzzahlen an. Sie sorgen auch für eine Umgestaltung unserer Umwelt. Und mehr als das.

Der englische Neurowissenschaftler und Experimentalpsychologe Colin Ellard, der sich auch mit der Psychogeographie beschäftigt, schreibt: »Insgesamt bringen solche Technologien, die das derzeitige Kaufverhalten von Käufern ausspähen und deren Befindlichkeit auslesen, einen Wandel in unserem Verhältnis mit der gebauten Umwelt mit sich, der symptomatisch ist für sehr viel größere Veränderungen. Im Gefolge dieser Veränderung sehen wir in vielen Teilen der Welt einen starken Rückgang beim Bau von Einkaufszentren und Kaufhäusern.«

Und tatsächlich ist das Prinzip der Shopping-Mall – lange großes Erfolgsrezept der verkaufstreibenden Wirtschaft – am Bröckeln. Denn es gibt heute andere, wesentlich effizientere Möglichkeiten.

Der Online-Handel übernimmt. Ein Prozess, den die Corona-Krise noch einmal stark beschleunigt. Ein Wandel, der exorbitante Folgen im doppelten Sinn hat. Der öffentliche Raum ist nicht mehr nur zur Ware geworden – inzwischen wird er als solcher wieder reduziert. Die menschliche Begegnung erlebt dadurch eine weitere Einschränkung. Sie ist nicht mehr nötig. Das Nach-draußen-Gehen wird durch ein mögliches Drinnen-Bleiben ersetzt.

Der historische Marktplatz erlebt gerade seine Abschaffung. Er hat ausgedient in all seinem Reichtum: Handel, Kontakt, Austausch, Sinnlichkeit durch Gerüche, Blicke, Stimmen. Nur die eine Qualität der alten Marktidee bleibt wirklich erhalten und wird gerade ins Innere des Netzes verschoben: der Akt des Kaufens.

Die Operation vollzieht sich in rasendem Tempo und bedient ein konstitutives Schema. Unsere Umwelt ist nicht mehr die, die sie früher war. Sie verlagert sich ins Virtuelle. Ein weiterer Trend, bei dem sich reale und virtuelle Räume vermischen, bei dem vor allem die digitalen die analogen Welten beeinflussen. Und auch das hat ideologische Wurzeln – und wird unsere Umwelt weiter verändern.

Der holländische Stararchitekt Rem Koolhaas und Bruce Mau, kanadischer Designer, Innovator und Pädagoge, beschreiben diesen Weg so: »Die Trends zur verkabelten Stadt und zur allgegenwärtigen Vernetzung werden als Beginn einer neuartigen Verbindung von Informationstechnologien und Architektur gepriesen, doch die Entwicklung ist schon seit geraumer Zeit im Gange. Genau wie die elektronische Verbundenheit die Globalisierung ermöglicht und die Bedeutung des physischen Raums und der physischen Dimensionen in vielen unserer alltäglichen Handlungen tendenziell hinfällig wird, macht die Homogenisierung der Architekturplanung die Bauerei in Backsteinen, Stahl und Beton obsolet.«

Was für Worte.

Rem Kohlhaas und Bruce Mau haben ein Buch geschrieben, das den Titel *S, M, L, XL* trägt. Darin befürworten sie die sogenannten »Empty box designs«, die für die neuen Generationen der »Generic city« in Frage kommen. Und diese »generischen Städte« zeichnen sich durch völlig neue Merkmale aus. Oder besser gesagt: durch das Fehlen jedweder spezieller Merkmale. Jede Ornamentik, sei es ein besonderes Fassadendesign, ein spezifischer Straßenverlauf oder eine bestimmte kulturelle Ikonographie – im Kontext einer neu erdachten Umwelt besitzen solche Eigenarten per definitionem etwas Ausschließendes. Kohlhaas und Mau formulieren das so: »In einer Welt, in der wir uns als Gruppen wiederfinden, deren Zusammensetzung jedoch über die alten kulturellen Grenzen hinausgeht, verprellt jeder Entwurf mit einer historischen Assoziation unweigerlich die Menschen, deren Historie sich nicht darin spiegelt.«

Es ist ein wirklich schöner Plan. Er besticht durch Visionen, die der international erfolgreiche Architekt Kohlhaas schon öfter präzisiert hat. Etwa durch Aussagen wie diese: »Die Generic City ist nicht geplant, sie entsteht einfach so.« – »Begriffe wie Stadt, Straße, Identität und Architektur sind Dinge der Vergangenheit.« – »Die Vergangenheit ist zu klein, um darin zu wohnen.« – »Die Generic City ist die Kultur unserer Zeit.« Als Vorbilder der Generic City gelten asiatische Städte wie Kuala Lumpur oder Metropolen wie Dubai am Arabischen Golf.

Beide Autoren, die bei der Gestaltung der modernen Welt übrigens ordentlich mitmischen, sind der Meinung, es sei für die Menschen einfacher, durch Dubai oder Singapur zu spazieren, als durch schöne mittelalterliche Stadtkerne, die für diese

Menschen angeblich nichts als Zurückweisung und Ausschluss ausstrahlen. Ergo: In einem Zeitalter der massenhaften Migration und Immigration müsse es auch zu einer massenhaften Ähnlichkeit der Städte kommen. Und diese Städte funktionierten wie Flughäfen: die immer gleichen Geschäfte an den immer gleichen Stellen. Spiegelflächen. Normierte Wegeführungen. Wiedererkennbare Sphären. Glatte Viertel. Reibungslose Hüllen. Friktionsarmes Dasein. Butterweiche Welten.

Und seien wir uns gewiss: Die Gedankenspiele, die ganze Welt in einen öden globalen Flughafen zu verwandeln, sind bereits unter uns.

Es wäre die reale Entsprechung der digitalen Welten, die wir schon in unseren Händen halten. Es wäre ein wahrgewordener Abdruck all jener Glätte, Oberflächlichkeit und Stimmenlosigkeit, die im Internet längst zu finden ist. Es wäre jener Totalitarismus, von dem Frank Schirrmacher so bitter halluzinierte.

Ich muss an Colin Ellard denken. An die Fragen, die seine Worte auslösen. Fragen, die ich mir stelle und die wir uns alle stellen sollten. Nämlich ob wir in einer solchen aalglatten und toten Flughafenwelt leben wollen. Die dystopische britische Netflix-Produktion *Black Mirror* hält uns so eine Welt schon mal vor Augen. Eine Welt, in der ein totalitärer Technologismus die Religion der Gegenwart ist.

Ich muss an Hubert Dreyfus denken. An den US-amerikanischen Philosophen und Professor für Philosophie an der University of California, Berkeley, der sagte, dass das Internet und seine real werdenden Ablagerungen uns am Ende voneinander isolieren. Dass diese Entwicklungen unsere menschliche Fähigkeit zu Vertrauen, Verantwortung und Verpflichtung nicht stärken – sondern uns diese nehmen. Ich muss an die US-amerikanische Soziologin Sherry Turkle denken, die ohne intellektuelles Geschwafel schreibt, dass die sozialen Medien und digitalen Welten uns einsam machen: »gemeinsam allein.«

Und dann muss ich an Wolfgang Schäuble denken. Der Bundestagspräsident ist jetzt 79 Jahre alt, ihn interessiert überaus, was aus dieser Welt und aus ihren Menschen wird, und er kennt diese beiden ziemlich gut, und er sagte zu mir: »Wir erleben gerade einen grundstürzenden technologischen Wandel hin zur Digitalwelt, einen Wandel, der Science-Fiction näher ist als unsere Wirklichkeit.«

Bleibt es bei dieser ideologischen Marschrichtung, wird der digitale Umbruch für die Mehrheit weder zu mehr Freiheit noch zu einem Gewinn an Wohlstand führen. Wenn aus dem technischen Fortschritt auch eine gesellschaftliche Innovation werden soll, dann sind Anstrengungen gefragt. Wir – die Bürger, die Konsumenten, die Politiker – werden uns dafür an eine Erfahrung erinnern müssen, die schon viele Generationen vor uns gemacht haben. Nötig sind Prozesse der kollektiven Aneignung, und diese Formulierung ist mit Bedacht zu lesen. Denn verstehen sollten wir es im Sinne der Wiederentdeckung von Allgemeingütern, zu denen die soziale Interaktion gehört, eine gesunde Idee von Gemeinschaft, das Wissen um Alternativen und Pluralität. Wir werden dafür Regeln brauchen. Und werden vor allem lernen müssen, wie Politik, Kultur und auch die Wirtschaft wieder mehrdimensional aussehen und funktionieren können.

Europa, das gute, alte Abendland und seine kulturelle Geschichte, sind dafür kein schlechtes Vorbild. Und beides ist auch nicht alt und verstaubt. Es ist gerade dringend aktuell und moderner, als es das Internet jemals sein wird.

Die Stadt: Ein Käfig voller Solisten

Großstädte sind Brutstätten der Einsamkeit: Ausgerech-
net unter Millionen anderen steht der moderne Mensch
ziemlich allein da. Die Digitalisierung befeuert diesen
Trend noch, was in Asiens Megacitys längst zu bizarren
Phänomenen führt. Ein Ausflug in die Kunst hilft, um die
tiefen Mechanismen dieser urbanen Vereinzelung überhaupt
erst zu begreifen. Dann aber kann die Zukunft der Stadt
beginnen. Sie ist luftig, grün und versteht es, uns wieder
miteinander zu verbinden.

Sie kann so schön sein, die Stadt. Groß, bunt, vielfältig. Die
Menschen sitzen in den Cafés, in den Parks. Kollegen treffen
sich zum Mittagstisch, während draußen der Banker vorbei-
läuft, Smartphone links in der Hand, rechts ein halbwegs gesunder Wrap. Touristen spazieren über die Hamburger Lan-
dungsbrücken, flanieren über die Oberbaumbrücke in Berlin
oder stürzen sich in die Shopping-Malls von Boston bis Bang-
kok. Die Citys locken, verlocken: zum Städtetrip, zum Wohnen, zum Arbeiten. Morgens machen die Bäcker auf, man kauft
sich einen Cold Brew Coffee to go, tritt den Weg zur Arbeit an,
wird absorbiert vom allmorgendlichen Sog des urbanen Takts.
Abends vielleicht ins Theater, ins Kino. Zum Asiaten um die
Ecke, in eine der Bars im Kiez. Man besucht ein Opening, kocht
bei Freunden im Atelier, während draußen die Uber flitzen, die
Lichter glimmen und die Sprayer durch die U-Bahn-Schächte
turnen. Oder man streift durch die wummernden Sphären des

Undergrounds, immer eine hippe Nasenlänge vor dessen baldiger Gentrifizierung.

Ja, so schön und lebendig konnte sie schon immer sein, die große Stadt. So bezirzend, dass der deutsche Kunsttheoretiker, Designer und Architekt August Endell bereits 1908 geradezu euphorisch schrieb: »Das ist das Erstaunliche: dass die große Stadt trotz aller hässlichen Gebäude, trotz des Lärms, trotz allem, was man an ihr tadeln kann, dem, der sehen will, ein Wunder ist an Schönheit und Poesie, ein Märchen, bunter, farbiger, vielgestaltiger als irgendeines, das je ein Dichter erzählte, eine Heimat, eine Mutter, die täglich verschwenderisch ihre Kinder mit immer neuem Glück überschüttet.«

Das klingt überaus einladend, faszinierend geradezu. Doch spätestens, wenn das bunte Leben dann auch noch zu pulsieren beginnt, sind wir bei den Phrasen der Reiseprospekte angekommen. In all den Klischees und Trugbildern, die das Leben in der Stadt ebenfalls generiert hat. Denn so schön sie sein mag – die Stadt hat auch ihre traurigen, ihre tragischen und bisweilen fürchterlichen Seiten.

Unweit der ansehnlichen Altstädte und blanken Downtowns türmen sich die Hochhäuser. Die Vorstädte von Barcelona und Rom, die Banlieues von Paris und anderen Prachtmetropolen umgeben die urbanen Zentren wie Gürtel aus Verkehr und Auspuffabgasen, wie zugeschnürte Räume aus Beton, Mauern und Müll. Millionen Menschen wohnen dort in Mietskasernen, leben oft wie in dicht gedrängten Kammern, für deren teure Mieten sie in den Städten nicht selten zwei oder gleich drei Jobs nachgehen müssen. Obdachlose sitzen auf Bürgersteigen, Bettler vor Supermärkten, Alkoholiker treffen sich auf Parkbänken, Alte und Ausgestoßene warten vor den Essensausgaben und wühlen nach Pfandflaschen. Auch solche Bilder zeitigen vor allem die urbanen Ballungszentren, sie gehören zur Realität des

Stadtbilds dazu, und man braucht schon reichlich Phantasie, um solcher Tristesse noch eine Romantik abzugewinnen.

Voll ist es in den Städten. Und es wird immer voller. Die Wohnungsnot ist längst Dauerthema in den Schlagzeilen, denn horrende Quadratmeterpreise machen das Leben in den Städten für viele zum Kampf. Studenten und junge Arbeitnehmer müssen heute erst mal ein Schaulaufen absolvieren, müssen sich bewerben und regelrechte Castings überstehen, bevor sie die Gnade erfahren, ein Zimmer in einer WG abzubekommen.

Ich selbst kenne einen Arzt, er war Mitte 30, als er nach abgeschlossenem Studium und ersten Jahren Berufserfahrung eine Stelle in einem Londoner Krankenhaus antrat. Er verdiente nicht so schlecht, und doch reichte das Gehalt gerade einmal, um sich mit drei anderen eine Wohnung zu teilen – und dies keinesfalls in einem besonders adretten Viertel. Wie schön, könnte man jetzt denken. Vier junge Männer, die gemeinsam wohnen, die abends zusammen bei einem Bier sitzen und beim Essen über ihre Jobs und das Leben plaudern.

Das war nicht der Fall. Die vier begegneten sich nur gelegentlich im Flur, tranken im Stehen ihren Kaffee, besprachen abends höchstens noch schnell, wer morgens wann ins Bad musste. Dann lagen sie in ihren Betten, zu völlig verschiedenen Zeiten, tippten noch eine Mail in den Computer, ein paar rasante Nachrichten ins Handy. Jeder für sich und jeder total modern aus dem räumlichen Bezug gerissen. Desintegriert existierten die vier jungen Herren nebeneinander, getrieben von den unsichtbaren Peitschen des globalen Workflows. Die Geschwindigkeit in ihren Jobs war zu hoch, der Rhythmus des Stadtlebens zu stramm getaktet, als dass es dabei noch Muße gegeben hätte für solche Gestrigkeiten wie gemeinsame Abendessen, ein gemütliches Frühstück. Die Wohngemeinschaft war zur ausschließlich zweckgebundenen Herberge geworden. Zum gemeinsamen Separee der Getriebenen.

London beherrscht dabei besonders gut, was in immer mehr Städten die Norm wird: Dort zu wohnen ist – zumindest was den Preis betrifft – Luxus, das Leben zum modernen Spießrutenlauf geworden. Es war in diesem netten, fortschrittlichen Gefüge schon von Maklern zu lesen, die Studentinnen ein, zwei Runden Beischlaf abforderten, bevor sie ihnen für eine Butze mit brummender Nachtspeicherheizung den Zuschlag gaben. Das brutale Gesetz von Angebot und Nachfrage: Nirgends regiert es so rigoros und ungeniert wie hinter den Fassaden der schönen Städte.

Laut den Vereinten Nationen leben heute etwa 55 Prozent der Weltbevölkerung in den urbanen Zentren, 2050 sollen es an die 70 Prozent sein. Die Zahl der sogenannten Megastädte wächst dabei immer weiter. Als Megastadt gilt eine Stadt mit mindestens zehn Millionen Einwohnern. Doch wir müssen nicht erst nach Mumbai schauen, nicht nach Tokio oder São Paulo, um zu staunen, wie voll und eng es tatsächlich geworden ist in den Städten. Es reicht ein Blick in den deutschen Bußgeldkatalog für Strafen beim Fahrradfahren: Fünf Euro Strafe muss offiziell bezahlen, wer bei uns dabei erwischt wird, freihändig in die Pedale zu treten. Weil in Berlin, Hamburg, München zu viele längst auch auf den Radwegen verkehren und über die Bürgersteige flitzen. Weil es vor lauter Menschendichte zu riskant geworden ist, die Hände vom Lenker zu nehmen. Der Schlenker gerät zur Gefährdung, die Freiheit des Fahrradfahrens zum regulierten Moment der Moderne. Eine Absurdität, die wohl nur die Städte produzieren konnten. Die dicken Punkte, die großen Agglomerationen auf der Weltkarte.

Wo liegt nun die Wahrheit zwischen all diesen Motiven und Wahrnehmungen? Zwischen der schönen und der beklemmenden Stadt, zwischen der quicklebendigen City einerseits und dem menschenverachtenden Moloch andererseits?

Nun, die Schönheit wird auch hier stets im Auge des Betrachters liegen, die Höhe der Lebensqualität sich messen an den Empfindungen und Möglichkeiten eines jedes Einzelnen. Der eine liebt die Stadt, kann nicht ohne sie. Der Nächste verschmäht sie, flüchtet oder bleibt notgedrungen. Der Geschmack mag dabei darüber entscheiden, ob man die Stadt bevorzugt oder nicht. Die Interessen und Vorlieben, der Job, der familiäre Hintergrund, das Portemonnaie.

Nicht zu leugnen jedoch ist die Tatsache, dass das Erleben der Städte in eine gewisse Schieflage geraten ist. Dass besonders hier die Erfahrungen krasser werden, die Statistiken deutlicher, die Räume enger, die Preise höher und die Phänomene schriller. In den Städten kommen die Fragen in höherer Schlagzahl an und mit höherem Tempo. Der Zeitgeist ist gerade hier unbegreiflicher geworden, verschachtelter, verworrener. Die Strömungen zeigen sich in den Städten vermischter, das Leben schneller, die Stimmen vielfältiger und ungehörter zugleich. Es ließe sich ohne Übertreibung sagen: Die Städte sind – besonders in den letzten Jahrzehnten – zu prekären Orten geworden. Und weil besonders in den Großstädten alles in der Regel vehementer ausfällt, zahlenmäßig massiver und phänomenal ausufernder, kommt auch dem Thema der Einsamkeit hier ein ganz besonderes Gewicht zu. Und mehr als das: Denn Stadt und Einsamkeit stehen zueinander nicht nur wie Ursache und Symptom, Makel und Befund. Einsamkeit und Stadt fügen sich zu einem Schauplatz gegenseitiger Hassliebe. Die Einsamkeit, so scheint es, ist ein Aggregatzustand des Stadtlebens. Eines der unterschwelligen Korrelate, mit denen es der Mensch hier zu tun hat.

Soziale Isolation, Anonymität und Entfremdung sind darum nicht erst seit Ausbruch der Corona-Pandemie wesentliche Zuschreibungen des Lebens und Alltags in der Stadt. Städte sind Brutkästen der Einsamkeit, ihre Bewohner überdurchschnittlich oft von Einsamkeit und Vereinzelung betroffen. Ein Paradox, das hierzulande in Berlin einen Höhepunkt findet: Laut Umfragen der Ruhr-Universität Bochum ist ausgerechnet die Hauptstadt mit ihren fast vier Millionen Einwohnern auch die Einsamkeitshauptstadt Deutschlands.

Über 300 Tote bleiben hier pro Jahr unentdeckt in ihren Wohnungen liegen – weil es niemand gibt, mit denen sie ihr Leben geteilt haben. In fast der Hälfte der Berliner Haushalte lebt heute nur eine Person. Dabei scheint das Bedürfnis nach Nähe durchaus vorhanden zu sein. So stark, dass inzwischen sogar Selbsthilfegruppen angeboten werden unter dem Namen: »Authentischer Kontakt & Lebensfreude. Übungen, Spiele, Austausch für junge Menschen zwischen 18 und 40 Jahren.«

In Moabit zum Beispiel treffen sich Menschen, für die es zu einer fast unüberwindbaren Hürde geworden ist, mit anderen Menschen Kontakt aufzunehmen. Die erste Übung in diesen Gruppen besteht darin, einem Fremden drei Minuten am Stück in die Augen zu sehen. »Kontakt mit Anleitung für eine kontaktgestörte Stadt«, schreibt Deike Diening darüber im Berliner *Tagesspiegel*. Und diagnostiziert der Hauptstadt weiter: »Die Wartezimmer der Hausärzte sind überfüllt, die Hälfte will nur reden. Aus Berlin ziehen viele Leute weg, weil es ihnen zu einsam ist. Überall Menschen, aber die Masse ist nur Ornament. Verabredungen: immer latent gefährdet. Die Kultur der Unverbindlichkeit wird als Spontaneität verkauft. Motto: ›Hallo, wir sind verabredet – bleibt es noch dabei?‹«

An den Tresen nimmt die Anzahl der Einzelgänger auch innerstädtisch zu. Deike Diening weiter: »Der einsame Wolf sitzt an der Bar und wischt auf seinem Handy potenzielle Partner nach rechts oder links. Er ist nicht einsam, nur unabhängig. Ständig bereit und schnell wieder weg. Gott sei Dank kann er in der U-Bahn in das Ich-Phone gucken, da muss er kein Du sehen.«

Szenen, die wir alle kennen. Vor allem aus den großen Städten. Aus jenen Sammelbecken, die sich laut Definition durch eine hohe Bebauungsdichte auszeichnen, eine weitgehend künstliche Umweltgestaltung und eine Vielzahl von Menschen. Orte, denen man noch 1900 eine »unerhört große und hochgradig differenzierte« Bevölkerung zuschrieb, die zusammenlebt in einer »extrem hohen räumlichen Dichte«. Heute ist das alles ganz normal geworden. Und weitaus mehr als: Die Großstädte und Metropolen sind zu den unangefochtenen Menschenmagneten geworden, die das Leben auf dem Planeten an sich gerissen haben.

Doch wohl jeder Ort, in dem wir wohnen, kann uns irgendwann auch buchstäblich auf die Nerven gehen. Fast alle stellen sich darum irgendwann die eine Frage: ob wir eher Stadt- oder Landmenschen sind, ob unsere Gehirne tatsächlich ideal konfiguriert sind – für ein Dasein in München oder eher im kleinen, romantischen Gengenbach. Ein interessierter Kulturmensch kann sich ein Leben außerhalb der Großstadt vielleicht gar nicht vorstellen. Die Großstädterin mit Kindern hingegen durchsucht Wochenendzeitungen und Immobilienportale nach einer alternativen Bleibe im Vorort oder am grünen Stadtrand. Ein Landbewohner wiederum weiß genau, warum er Lärm, Gestank und Gedränge der Stadt meidet.

Tatsächlich erleben viele die Stadt immer wieder als einen Ort, an dem sie sich angespannt fühlen und dem sie entfliehen wollen. Die Dichte, die vielen unachtsamen, oft rücksichtslosen Menschen. Der laute Straßenverkehr, die Hektik. Typische Faktoren von Stadtstress, die jedoch ambivalent empfunden werden. Denn Stadtstress ist weder ausschließlich negativ noch eindeutig positiv. Städte können zum Beispiel soziale Kompetenzen fördern. Hier muss man ständig Kompromisse eingehen, muss verhandeln, Nachsicht üben. Eben auch als vorgezogener Testlauf der offenen Gesellschaft, die wir stolz nach außen verkaufen. Beim Anrempeln im Bus ist eine Entschuldigung gefragt, an der Ampel das Vorlassen eines anderen Autofahrers. An der Kinokasse müssen wir warten, auf dem Radweg ständig ausweichen und Geduld aufbringen, wenn wir einen Parkplatz suchen. Die Stadt fordert sie uns jeden Tag aufs Neue ab, weitaus öfter und mehr als anderswo: die Kunst der Mediation, die eigentlich sehr verbindende Fähigkeit zur Rücksichtnahme. Dies fördert im Prinzip unsere sozialen Fähigkeiten, ein gelungenes Miteinander, aber häufig auch unsere Kreativität und unseren Humor.

Doch herrschen in der Großstadt – naturgemäß ebenfalls deutlich ausgeprägter und öfter – auch noch ganz andere Verhaltensweisen. Übergriffigkeit, Distanzlosigkeit in der Menge, Gefahr eines tatsächlichen Angriffs. Nachbarn, die schonungslos Ruhe entziehen und mit Lärm belästigen. Überkonsum, Überforderung, Überwahrnehmung. All das erzeugt Stress und hat Folgen. Seit Mitte der 2000er Jahre machte darum auch der Begriff des Burnouts Karriere, eine Krankheit, die mehrheitlich Großstädter befiel. Mutmaßliche Ursachen: die beschleunigte Arbeitswelt, die Verdichtung von Arbeitsprozessen, die elektronische Reizüberflutung und eine anschwellende Kompetitivität – auch dies Phänomene, die gerade für das Dasein in der Stadt charakteristisch geworden sind.

Einige Konsequenzen sind hinlänglich bekannt. Eine Studie des Zentralinstituts für Seelische Gesundheit in Mannheim hat bereits 2014 nachgewiesen, dass gewisse Faktoren des Stadtlebens unser Seelenwohl beeinflussen. Wer in einer Stadt lebt, hat ein doppelt so hohes Risiko, schizophren zu werden, und ein anderthalbfach höheres Risiko, an einer Depression zu erkranken, im Vergleich zu jemandem, der auf dem Land lebt. Und nach allem, was wir wissen, sind diese Krankheiten vor allem auf sozialen Stress zurückzuführen. Einen Stress, der besonders aus sozialer Isolation und Einsamkeit resultiert. Und darin liegt ein weiteres Paradox: Denn je größer unsere Städte sind, desto mehr zeichnen sie sich durch individuelle Freiheiten aus – damit aber auch durch eine zunehmende Anonymität.

Viele finden diese Anonymität attraktiv, sehen darin eine Befreiung aus der sozialen Kontrolle einer ländlich geprägten Nachbarschaft. Doch nicht alle können deswegen auch mit der Anonymität der Großstadt umgehen. Denn in den Sphären der beliebigen Freiheiten und Möglichkeiten, durch die ein jeder mehr oder weniger unentdeckt wandeln kann, wird die Sensation der Anonymität allzu schnell zum Joch der Einsamkeit. Ausgerechnet dort, wo das Leben tobt. Wo der Mensch vor lauter Mittendrin immer auch außen vor ist. Nicht umsonst fragt der Deutsche Verband für Wohnungswesen, Städtebau und Raumordnung, was Städte gegen die »zunehmende Einsamkeit und soziale Isolation ihrer Bürger« tun können.

Die Gründe für diese urbane Zersplitterung sind komplex. Der englische Journalist, Dozent und Umweltschützer George Monbiot sprach erstmals vom »Zeitalter der Einsamen«, als er nach Worten suchte, die einfingen, was er da draußen auf den Straßen sah, spürte und erlebte. Ganz bewusst wollte er dabei nicht vom »digitalen Zeitalter« sprechen, weil diese Formulierung mehr auf unsere Gegenstände und Technologien abzielt, eher unsere Arbeitsmethoden und Kommunikationsgewohnheiten charakterisiert – nicht jedoch ein Grundempfinden unserer Gesellschaft. Dabei erkannte er die Einsamkeit mehr und mehr als ein Phänomen, das Jung und Alt betrifft, und zwar insbesondere dort, wo Innovation und wirtschaftlicher Fortschritt am größten sind: in den Städten.

Denn die Ballungszentren sind nicht nur die großen Treibhäuser neuer Ideen und Entwicklungen, kurbeln nicht nur maßgeblich Kunst und Kultur an, im selben Atemzug produzieren sie auch jede Menge Nebenwirkungen. Die Einsamkeit ist eine davon. Eine Art emotionaler Restmüll, der als Preis des großen, schönen und schnellen Geschäfts zu zahlen ist.

Daten und Umfragen suggerieren, dass gerade die junge Generation auf technischer Ebene am besten und am meisten vernetzt ist. Auch das trifft wieder insbesondere auf die Städte zu. Eine Ironie liegt darin, dass gerade die jungen Menschen dennoch unter einer gewissen Isolation, Unsicherheit oder gar Traurigkeit leiden. Laut dem Deutschen Verband für Wohnungswesen, Städtebau und Raumordnung hat dies einen Grund. Es gibt es immer mehr Belege dafür, dass bei vielen jungen Menschen eine Verbindung zwischen der Nutzung sozialer Medien und psychischen Problemen besteht. Online scheinen die meisten ein erfolgreiches, wunderbares und glückliches Leben zu führen. Bilderbuchprofile, wohin man klickt. Offline sieht es oft anders aus. Denn die in der Regel flott frisierten Darbietungen in den digitalen Parallelwelten scheinen bei vielen im Gegenzug einen Grad der Angst und der Unzulänglichkeit zu fördern. Die digital aufgeblasenen Scheinwelten bauen einen Druck auf, dem die Realität nicht standhalten kann.

In den Städten gesellt sich neben der digitalen Überhöhung noch etwas anderes hinzu. Denn im realen urbanen Alltag zerstört die rasante Verstädterung laut dem Verband zudem viele gewachsene Strukturen und Nachbarschaften. Womit sich auch bisherige Formen des Halts zunehmend auflösen. Es ließe sich so sagen: Der vernetzte Mensch versteigt sich zusehends in seine Online-Sphären, während ihm gleichzeitig altbekannter Boden unter den Füßen weggezogen wird. Ein doppelter Rittberger in völlig neue Dimensionen.

In Europa leben wir dabei noch in Zeiten fast betulicher Häuslichkeit, während in Afrika, Südamerika und vor allem in vielen Teilen Asiens die Urbanisierung in halsbrecherischem Tempo voranschreitet. Zu Millionen ziehen Wanderarbeiter dort in die Städte, drängen sich Menschen auf immer enger werdendem Raum. Folge: Die Metropolen wuchern über ihre eigenen Grenzen hinaus. Was dabei in den Seelen vieler Menschen geschieht, hat der Schriftsteller Tash Aw in seinem mit dem Booker-Preis prämierten Roman *Five Star Billionaire* auszuloten versucht. Es geht darin um malaysische Expats, die in der boomenden Megalopole Shanghai ihr Glück suchen. Und dabei in einer Welt landen, die sich mit so irrem Speed täglich neu erschafft und selbst wieder über den Haufen schmeißt, dass die Protagonisten keine klassische Einsamkeit mehr empfinden, sondern längst eine radikal getunte Version davon: eine komplett überdrehte Entwurzelung, die Herauslösung aus sämtlichen Wertesystemen und persönlichen Bezugskoordinaten.

»Die Protagonisten driften ihren verschiedenen Schicksalen entgegen, gefangen im Whirlpool Shanghai«, schreibt der *Guardian*. »Und es liegt mehr als nur eine Spur Fatalismus in der Luft.« Die *New York Times* fasst den Roman über das urbane Leben im Hier und Jetzt des modernen Asiens so zusammen: »*Five Star Billionaire* ist im Herzen eine Meditation über die Impermanenz, die Unbeständigkeit.«

Kein Roman ist die heute bereits gelebte Realität in Südkorea. Vor allem die Hauptstadt Seoul bedeutet ein Höchstmaß gleich in doppelter Hinsicht: Maximale Urbanität und digitale Dauervernetzung sind hier längst Alltag. Über zehn Millionen Einwohner zählt die Stadt heute. Inklusive Speckgürtel: 25,6 Millionen. Bevölkerungsdichte: doppelt so hoch wie New York, achtmal so hoch wie Rom. Ruf: Seoul gilt als eine der führenden globalen Megacitys und profitierte von jenem Wirtschaftsboom, der »Das Wunder am Han River« genannt wird. 2017 wurde Seoul als die viertgrößte Metropolwirtschaft der Welt geführt. Internet: Ein undurchschaubares Geflecht aus Glasfaserleitungen windet sich in der Hauptstadt durch die Straßen, kein anderes Land der Welt bietet seinen Bürgern so schnelle Leitungen wie Südkorea. Speed: Mit durchschnittlich 28,6 Megabits pro Sekunde und flächendeckender Verbreitung steht vor allem in Seoul eines der schnellsten Breitbandsysteme der Welt zur Verfügung, während Deutschland sich eher noch im digitalen Kriechgang befindet. Resultat in Südkorea: Zwischen den gläsernen Bürotürmen und leuchtenden Hochhausschluchten ist jeder überall online, Tag und Nacht.

Besonders populär sind dort derzeit die Live-Streamer. Zehntausende von ihnen tummeln sich in der Stadt und gehen einem lukrativen Job nach. Sie stehen vor der Kamera, richten ihre Handys auf sich und beamen ihr Leben fast 24 Stunden am Tag live ins Internet. Die Streamer tragen Namen wie BJ Hussey oder Huh Mino, unterschrieben haben sie Verträge bei boomenden Video-Streaming-Diensten wie etwa Afreeca TV, das seine User via P2P-Technologie (Peer-to-Peer) mit bewegten Live-Bildern versorgt, rund um die Uhr und auf unzähligen Kanälen. Die Produzenten dieser Bilder füttern das Internet unablässig mit sich selbst, live vom Friseur, live aus dem Restaurant, live noch aus dem eigenen Badezimmer. In Südkorea haben die Streamer inzwischen Millionen Fans, Abonnenten, Follower, sie verdienen gut, bis zu 10 000 Dollar im Monat, die bekanntesten unter ihnen weitaus mehr.

»Die Stars auf den kleinen Monitoren sind die Illusionskünstler des 21. Jahrhunderts«, schreibt die Autorin Katharina Graça Peters in einem *Spiegel*-Bericht über die Generation der Online-Darbieter Südkoreas. »Sie füllen ein Vakuum in einem hypertechnologisierten Land, das sich nach menschlicher Nähe sehnt und sie doch nicht findet.« Dabei sei es beklemmend, wie ähnlich Live-Streamer und ihre Fans sich geworden sind. Menschen oft ohne Beziehungen, ohne Freundschaften. Fremde, die sich anbieten. Fremde, die ihnen dabei zusehen. Während sie alle vor ihren Handys stehen, sitzen, liegen und leben. Umhüllt von der Zehn-Millionen-Megalopole Seoul.

Solche Szenen sind mehr als nur ein Fenster in die Zukunft des sozialen urbanen Daseins. In Asien sind diese Szenen *jetzt*, sind Alltag. Das Provisorium der vorgegaukelten Online-Freundschaft ist zum dauerhaften Substitut geworden. Die digitale Nähe die einzige, die geblieben ist. Kein Kuss, kein Sex. Keine wärmende Berührung, keine wachrüttelnde (symbolische) Ohrfeige im Vis-à-vis des Miteinanders. Im urbanen Koloss haben sich die Pixel zum Kitt zwischen den Menschen geklumpt. Die digitale Illusion ist transmutiert zum letzten Treibanker in der maximalen Anonymität.

In Seouls Küchen und Restaurants ist es schon lange keine Seltenheit mehr, dass Männer wie Frauen allein an den Tischen sitzen und ihre verbliebene Gesellschaft aus einem flimmernden Bild besteht, auf das sie beim Kauen starren: Ein Live-Streamer, der sich derweil selbst beim Essen filmt und seine Einsamkeit mit Tausenden teilt.

»Mok-Bangs« nennen sich dabei jene Streamer, die schmatzend vor der Kamera sitzen und besonders viel und besonders schnell essen. Koreaner, die auf Diät sind, schauen mit Vorliebe diesen »Mok-Bangs« auf ihren Handys zu. Sie lassen andere für sich essen, live auf dem Smartphone, während die südkoreanische Tradition des gemeinsamen familiären Essens fast gänzlich verkümmert ist. Katharina Graça Peters, die einige der Streamer begleitete und auch ihre Follower beobachtete, konnte sehen, wie die Tränen flossen, wenn die Geräte für eine kurze Zeit offline gingen.

Der sozial dissipierte Menschen ist kein Unikum mehr, der traurige Einzelgänger vielmehr zum vernetzten, massenhaften Phänomen geworden. Grad und Nuancen der Vereinsamung kennen dabei tausend Facetten. In jeder Seele wohnt ihre individuelle Leere, klafft das kalte Loch der Entwurzelung nach eigenem Muster. Immerhin, wenigstens das ein verbindender Nenner.

»(Gem)einsame Stadt« titelt das Berlin-Institut für Bevölkerung und Entwicklung auf seiner Homepage und fragt, was Kommunen gegen die soziale Isolation in den Städten tun können. Dabei richtet sich die Sorge nicht an die Alten von heute, sondern vor allem an die Generation der Babyboomer, die erst in zehn, fünfzehn Jahren in Rente gehen wird. Eine stark wachsende Zahl von Menschen kommt dann in ein Alter, in dem Einsamkeit noch viel mehr zum Thema werden wird.

In seiner »Burnout and Escapism«-Ausgabe titelt auch das *Vice*-Magazin: »Einsam, isoliert, überfordert: Warum uns Städte krank machen.« Einsam sei, wer sich einsam fühle, steht zu lesen. Eine so schlichte wie wahre Definition des ominösen Zustands, wobei eine Protagonistin schon deutlicher wird: »Einsam sein, darauf habe ich keinen Einfluss. Es schleicht sich halt so langsam an, und es ist wie – morgens ganz früh unter der Dusche stehen, und das Wasser ist noch nicht warm. Kalt duschen, das ist eklig! Nicht schön!«

Therapeuten sagen indes: Um Einsamkeit wirksam zu bekämpfen, muss das Thema raus aus der Tabuzone. So wie die Depression, so wie viele lange verschwiegene Befindlichkeiten der Menschen. Ein rundes, weiß-blaues Schild, aufgestellt mitten in Hamburg unweit der Universität, spricht das Verlorensein in der großen Stadt ganz unverhohlen an. Es richtet sich nicht an Alte, nicht an Kranke, sondern an junge Menschen, die eigentlich gerade durch einen der schönsten und quirligsten Abschnitte ihres Lebens gehen: an Studentinnen und Studenten. In großen Lettern fragt das Schild: »Einsam?« Darunter eine leicht zu merkende Festnetznummer, zu erreichen täglich von 20 bis 24 Uhr. Es ist die Nummer der studentischen Telefonseelsorge, eingerichtet mitten im schönen Hamburg, mitten im Tor zur Welt.

Immer mehr Experten und Gremien fragen sich derweil, woran es liegt, dass besonders die Stadt Pflaster der Einsamen ist.

Und sie erkennen die Gründe dafür nicht nur in der Digitalisierung und zunehmenden Fülle, sondern oft auch in städtebaulichen Aspekten: wenig Grünflächen, wenig Raum für Begegnung und Erholung, kein bezahlbarer Raum für kreatives Schaffen. Denn auch das kann auf Dauer einsam machen, selbst wenn in einer Stadt mehr als eine halbe Million Menschen lebt. Bei der Frage, wo und wie Gemeinschaft innerhalb der überfüllten Städte überhaupt noch stattfindet, ist dabei festgestellt worden: Auch die Bedingungen der Städte selbst haben einen Einfluss auf die Gesundheit ihrer Bewohner.

Die unterschiedlichen Ursachen stehen am Ende für sich, wiegen je nach Stadt und ihrer Struktur mal schwerer, mal leichter. Zusammengenommen aber dürften die einsamkeitsbeschleunigenden Faktoren in den Städten zu einem klaren Trend führen: Gemütlicher, geselliger wird es nicht. Und wenn es stimmt, dass unsere Städte wachsen, wenn es stimmt, dass Stadtbewohner ein höheres psychisches Erkrankungsrisiko haben und dass dabei soziale Stressoren wie Einsamkeit eine entscheidende Rolle spielen, dann ist das gefragt, was bereits einen Namen trägt, um der Sache zu begegnen: wirksame »Public Mental Health«-Strategien für unsere Städte. Unaufschiebbare Programme, um die erkaltete Seele des urbanen Lebens irgendwie aufzufangen. Dabei sind es am Ende verschiedene Disziplinen, die sich gezielt mit dem Phänomen und seinen Schauplätzen auseinandersetzen müssen. Nicht nur die Architektur, die hier über die Jahre vieles auch geld- und prestigegeil in den Sand gesetzt hat. Gefordert sind Neurourbanistik, Psychogeographie, Quartierspolitik und neue kommunale Partizipationsmodelle. Die Leitfrage lautet: Wie machen wir die Stadt zu einem sozialen Ort der Zukunft?

Einfach ist es nicht, kluge Antworten zu finden. Zu verworren verhalten sich die Städte, zu schnell verändern und entwickeln sie sich. Und stehen dabei ja noch vor vielen anderen

Problemen: Verkehrsmanagement, Energieversorgung, Müllentsorgung, Wohnungsnot, Klimawandel – um nur einige zu nennen.

Wo passt da noch die Einsamkeit hinein? Wie mir ihr umgehen? Vor allem: wie sie überhaupt begreifen?

Leichtfertig sollte niemand mit diesem Thema umgehen, schon gar nicht glauben, es schnell und systematisch durchschauen zu können. Einsamkeit ist ein heikles Terrain, eben weil es kein Terrain ist – sondern das Nebulöse. Gerade darum steht die Einsamkeit mit der Stadt in einem diffizilen Verhältnis. Und man muss schon ein wenig zurückblicken, muss das Thema auch in seinem historischen Kontext betrachten, um es zu verstehen.

Welche Rolle haben Industrialisierung und Deindustrialisierung hier gespielt? Wie wurde die Stadt zu einem Katalysator für soziale Ungleichheit? Auch die über die Jahrzehnte stattgefundene Beschleunigung des Lebens, die wachsende Zahl der Möglichkeiten und Widersprüchlichkeiten der Moderne spielen eine Rolle. Und schließlich stellt sich diese Frage: Wie stehen Intimität und Stadt zueinander? Wie ihre symptomatische Anonymität und die oft damit einhergehende Vermeidung bindender Verpflichtungen?

Die Stadt gilt als Symbol der Moderne schlechthin: Im großen Organigramm des gesellschaftlichen Zusammenlebens nimmt sie den größten Raum ein. Umso wichtiger ist es, nicht immer nur die äußeren Umstände des urbanen Lebens zu betrachten, die sichtbaren Säulen seines Erscheinungsbilds, sondern auch dessen Innenwelten: den komplexen Seelenhaushalt des Stadtlebens. Die Wesenszüge der urbanen *Lostness* nämlich zu verstehen ist die Grundvoraussetzung, um etwas daran zu ändern.

Freilich gestaltet sich auch dies nicht ganz so einfach. Das Ausloten des städtischen *State of Mind* bedarf besonderer Instrumente und feiner Sensoren. Die Verfassung des urbanen Geistes ist nun mal ein höchst erratisches Ding. Zum Glück jedoch war ein gewisser Herr aus Amerika ein ausgemachter Experte auf diesem Gebiet. Und wohl niemand außer ihm hielt es uns so beklemmend wie ausdrucksvoll vor Augen: das Psychogramm des modernen Stadtlebens.

Wir sind jetzt alle Edward-Hopper-Gemälde

Beschäftigen wir uns also noch einmal etwas ausgiebiger mit Edward Hopper. Wenn es um Einsamkeit geht, führt kein Weg an dem entlarvenden Realisten vorbei.

Ein Mann am Fenster. Sein Blick fällt auf verlassene Straßenschluchten. Eine Frau im Zug, auch ihr Blick findet keinen Halt, geht zu Boden. Da ist *Morning Sun* aus dem Jahr 1952, dann *Cape Cod Morning* von 1950 und natürlich Hoppers berühmtestes Gemälde, das 1942 entstandene *Nighthawks*. Das Bild zeigt eine Bar in New York, drei Gäste sitzen am Tresen, dahinter hantiert der Barmann; und keiner sieht den anderen an.

Alle bleiben für sich, gemeinsam allein.

Es sind Szenen wie diese, die das Werk des US-amerikanischen Malers Edward Hopper ausmachen. Bilder von vereinzelten Personen, die aus den Fenstern oder auf ihre Getränke blicken. Sie haben leere, dunkle Augen, weilen in unpersönlichen Räumen. Den Betrachter erinnern sie an etwas Grundsätzliches: Der Standardzustand der Menschheit ist die Isolation. Und in Hoppers Werken behebt selbst eine pulsierende Stadt diesen Zustand nicht, sondern verstärkt ihn sogar. Ein Befremden, das berauscht. Das aber auch zerreißt und entmutigt, den Betrachter selbst in eine Verlorenheit schickt.

Man spürt die Kraft und Eindringlichkeit der Bilder. Es ist, als würde uns ein Schleier von der Linse gewischt. Das Erstaunliche: In den sozialen Netzwerken werden Hoppers Werke heute besonders oft geteilt — denn ihre Stimmung trifft, schmerzlich fast, einen Nerv. Sie fängt ein, was fünf Dekaden nach Hoppers Tod um sich greift, gerade in den Städten. Auch in Deutschland sind Hoppers Bilder populär, Kalender mit seinen Motiven finden reißenden Absatz, als Hintergrund laden sich viele seine Bilder sogar auf den Rechner, auf den sie den halben Tag blicken. Noch erstaunlicher: Sogar Kaffeetassen und Untersetzer sind heute mit seinen Einsamkeit verströmenden Szenarien bedruckt und in Shops zu kaufen.

»We are all Edward Hopper paintings now«, schrieb der amerikanische Autor Michael Tisserand im März 2020 auf Twitter. Die Tweets gingen viral, auch in Deutschland. Denn kaum einer konnte Tisserands Hopper-Gleichnis in Zeiten sozialer Isolation und erzwungener Distanzierung nicht nachvollziehen. Vor allem in den Städten erkannten sich Tausende Follower in den Gemälden Hoppers wieder. Ganz gleich, welches sie betrachteten. »Social distancing« heißt der Begriff der Stunde, und so lautete auch das Stichwort bei Twitter passend: *together at home.*

Was hier unter der Oberfläche geschah und geschieht, hatte Hopper schon Jahrzehnte zuvor dargestellt.

Seine Figuren weilen dabei nicht unbedingt an abgelegenen Orten — doch stets sind sie dem Strom der Menschen entrissen. Die Hopper'schen Individuen bevölkern also keine Rückzugsorte per se, vielmehr sind es Inseln der Entfremdung, an die sie die Moderne gespült hat. Die Figuren wirken verborgen, zugleich wie ausgestellt. Die *Nighthawks* etwa sitzen regelrecht in einem Aquarium, das an ein Gefängnis erinnert: Albtraum im Albraum. Seelensteppe, Gedankentundra. Und so geht es uns jetzt auch, das ist die Verwandtschaft zwischen wirklichen

Menschen und gemalten: Wir sitzen beklommen zu Hause, zeigen uns und unsere Gedanken im Internet. »Porträts der Conditio humana« hat John Updike die Bilder Hoppers genannt. Lange her, immer noch gültig.

Als Edward Hoppers Retrospektive in der Tate Modern in London im September 2004 geschlossen wurde, waren mehr als 420 000 Tickets verkauft worden. Bis zu diesem Zeitpunkt hatte nur das gefeierte Duo Matisse und Picasso solche Zahlen erreicht. Es ist nun 50 Jahre her, dass Hopper gestorben ist. Seine Popularität aber ist seither nicht nur ungebrochen: Der Mann holt mit seinen Bildern immer mehr Menschen ab. Und nicht erst seit Corona.

Was also ist an Hoppers Melancholie, dass sie so viele begeistert, in seinen Bann zieht, trifft? Genau dies ist eine zentrale Frage, will man die Einsamkeit der Menschen, vor allem jener in den Städten, tiefer ergründen. Darum lohnt es unbedingt, ein wenig mehr über den großen Meister zu wissen.

Hopper wurde am 22. Juli 1882 geboren und verbrachte sein Leben an der US-Ostküste. Mit zwölf war er bereits 1,80 Meter groß, die anderen Kinder nannten ihn spottend »Grasshopper«, mit 15 schreinerte er sich ein kleines Boot und fuhr damit weit hinaus aufs Meer. Hopper war die Einsamkeit schon früh vertraut.

Viel später wurde er zum bildenden Künstler, sollte erst mit 37 seine erste eigene Ausstellung bekommen. Seither gilt Hopper als einer der wichtigsten Maler des Amerikanischen Realismus. Seine Arbeiten zeigen nicht nur die urbane Einsamkeit, sie stecken voller Enttäuschung, voller Verzweiflung. Dabei legen sie eine zeitlose Qualität an den Tag, die von der Kritik tatsächlich immer wieder als gültige Aussage über die Conditio humana gewertet wurde. Hopper selbst sagte 1953 einmal: »Große Kunst ist der Ausdruck eines inneren Lebens (…), und das innere Leben des Menschen ist ein vielschichtiges Feld.«

In den sich wandelnden Vereinigten Staaten des 20. Jahrhunderts eröffnete seine Sichtweise einen Kontrapunkt zum amerikanischen Optimismus, wie auch der Film noir der dreißiger und vierziger Jahre oder die Arbeit von Schriftstellern wie Raymond Chandler. Auch dort herrschte eine dunkle, pessimistische Grundstimmung. Und wie Hopper befassten sich auch die Schöpfer der Filme und Detektivtexte mit den negativen Auswirkungen der Urbanisierung sowie mit den zunehmenden wirtschaftlichen Ungleichheiten. Im Zentrum von Hoppers urbaner Vision steht dabei eine der größten Paradoxien des demokratischen Grundmythos: Wir sind zwar alle gleich geschaffen – aber unsere absolute, unantastbare Einzigartigkeit macht uns dennoch alle zu vereinzelten Individuen.

Bei Hopper wird daraus die Frau, die allein in einem verlassenen Kino sitzt, ein Mann, der in seiner Wohnung jeglicher Gesellschaft beraubt ist. Die Menschen dinieren an den Tischen in einem Restaurant, nicht zusammen, sondern weit auseinander. Bereits in den zwanziger Jahren des letzten Jahrhunderts, als F. Scott Fitzgerald noch dabei war, die Partytiere des Jazzzeitalters zu beschrieben, malte Hopper all diese Menschen. Menschen, die aussahen, als wären sie in ihrem Leben noch nie zu einer Party eingeladen worden. Eine Sehnsucht lastet schon damals auf den Szenen, das Bedürfnis, zusammenzurücken. Aber es gelingt nicht. Zu gravierend sind die Distanzen, zu selbstverständlich haben sich die Klüfte im modernen Leben etabliert.

Und es ist, als habe Hopper nicht nur das klammheimliche Grundrauschen seiner damaligen Zeit aufgenommen, sondern eine Gefühlslage prophezeit, die sich erst heute raumgreifend breitmacht. Die Live-Streamer und digitalen Voyeure im hypermodernen Seoul, die Expats im rasenden Shanghai, die Menschen, die sich auch bei uns zunehmend in soziale Medien versteigen, sich in Zoom-Meetings treffen und auf ihre Handys starren – sie alle werden zu isolierten Protagonisten und machen Hoppers Visionen aufs Bitterste wahr.

Die modernen *Lost Souls*. Die Versprengten. Die Hoppers 3.0.

Auch ich blicke heute anders auf seine Bilder. Sehe die Frau, die allein in dem von der Sonne beleuchteten Zimmer sitzt und in die Ferne blickt. Ich sehe die *Nighthawks*, die Nachtschwärmer, die inmitten der dunklen Stadt an der strahlenden Bar sitzen und dabei so seltsam voneinander entrückt sind, dass sie den aktuellen Begriff des »Social Distancing« vorwegzunehmen scheinen. Man könnte Hoppers berühmtestes Gemälde heute so betiteln, könnte die traurige Losung unseres Zeitalters in dicken Lettern über diese trostlose Bar schreiben: Es würde das Werk zu einer bedrückend realistischen Momentaufnahme des Jahres 2020 machen.

Hoppers Interpretation des Alleinseins übertrifft alles andere und alle anderen. Seine emotionalen Absenzen stechen ins Herz, heute vielleicht mehr denn je.

Schon im 14. und 15. Jahrhundert bannten Künstler wie Jan van Eyck und Albrecht Dürer den *Heiligen Hieronymus in seinem Arbeitszimmer* auf die Leinwände; zu sehen ist ein gelehrter Einsiedler mit seinen Büchern, seinem kühlen Schreibtisch, seiner Tintenfeder und seinem Löwen. Die Romantiker, allen voran Caspar David Friedrich, hielten uns den meditierenden Menschen vor Augen, einsam vor der erhabenen Kulisse der Natur.

Viel später fingen abstrakte Expressionisten wie Jackson Pollock und Mark Rothko ein Amerika nach dem Krieg und dem Holocaust ein, kühner und viszeraler als alle vor ihnen. Die Pop-Art-Künstler befassten sich expliziter mit der amerikanischen Warenkultur, zeigten den Mensch im Rausch von Konsum und Massenmedien, und auch hier wird das Individuum allzu gern zersplittert, zerfasert und gestrandet präsentiert.

Andy Warhol isolierte die Seele des Einzelnen durch schrille und schlichte Vervielfältigung, bis Marylin Monroe, John Lennon und er selbst am Ende nur noch als Dubletten ihrer selbst da hingen. Auch die Pop-Art-Künstler der fünfziger und sechziger Jahre ließen den Menschen oft genug einsam und allein absaufen, wenn auch nicht immer so plakativ und exemplarisch wie in Roy Liechtensteins *Drowning Girl*.

Hoppers Bilder aber tragen bis heute die größte Wucht in sich, wenn es um die Formulierung einer modernen Verlorenheit geht. Wohl auch darum verkaufen sich Postkarten seiner Bilder bis heute so gut, hängen Poster seiner Werke in unzähligen Shops und Galerien, schmücken Tausende Wohnzimmer in aller Welt. Seine im Grunde tieftraurigen Alltagsszenen sind zu ikonischen Abbildungen einer kollektiven Seelenlandschaft geworden, heute getwittert, gelikt und gefollowt, was das Zeug hält. Und das ist herrlich absurd. Denn in Hoppers Werken blickt der Mensch frontal auf seinen eigenen Makel, hat es auf einmal so eindringlich mit grundlegenden Fragen zu tun, dass es unter die Haut geht. Hoppers Bilder fragen letztlich unverhohlen: Na, was ist jetzt mir eurer Identität? Raus mit der Sprache – wie steht es um eure zwischenmenschlichen Beziehungen?

Darin liegt der Schrecken in Hoppers Werken. Und darin, dass das eigene Versagen am Ende zum Schmuckstück an der Wand wird oder gar zum Bildschirmschoner im Büro. Schon komisch. Es sind nicht Bilder glücklicher oder selbst gewählter Einsamkeit, die wirklich berühren und in der heutigen Bilderflut einen bleibenden Eindruck hinterlassen.

Es sind die Szenen unserer eigenen Verlassenheit.

Vielleicht spendet Hopper dabei auch Trost. Abgebildetes Leid ist halbes Leid, die geteilte Einsamkeit nur noch halb so wild. Da ist einer, der kapiert, was sich in Worten kaum erklären lässt. Und er erkennt das Dilemma überall. In den Restaurants, Drogerien, Hotelzimmern, Kinos und sogar noch an den Tankstellen. Räume, die einerseits die Innenwelten des Künstlers spiegeln. Räume aber auch, die stellvertretend für eine kalte, moderne Welt stehen. Und das lässt sich mühelos übertragen, natürlich auch auf jene Sphären, mit denen wir es inzwischen zu tun haben. Hopper wirkt heute wie eine Filterblase, in die sich das entwurzelte Individuum des dritten Millenniums mühelos hineinfinden kann.

Die überaus diffizile Quizfrage, zu der Hopper jeden seiner Betrachter noch immer einlädt, bleibt dieselbe. Was genau sehen wir, wenn wir seine Protagonisten anschauen? Reflexionen von uns selbst? Von unseren eigenen Wünschen, Träumen, Sorgen, Versäumnissen? Oder sehen wir jemand anderen? Jemanden, den wir niemals verstehen und dem wir niemals nahe kommen können?

Und: Ist beides am Ende womöglich das Gleiche?

Damit würde sich der Begriff der Einsamkeit auf ein noch anderes Niveau emporschwingen, und vielleicht kommen wir hier jener Sache näher, um die es geht, wenn wir das Phänomen der neuen Einsamkeit wirklich verstehen wollen. Denn dann hätten wir es, beängstigend allemal, mit einer gleich doppelten Verlorenheit zu tun. Der gegenüber anderen. Und jener gegenüber uns selbst.

Szenen wie im Digitalmoloch Seoul, aber auch genügend Entwicklungen in unseren Metropolen legen es fast nahe: Einsamkeit und Vereinzelung sind nicht mehr nur räumliche und zwischenmenschliche Erfahrungen, sie haben den modernen Menschen auch von sich selbst entfernt. Psychologen haben lange behauptet, man könne einsam nur unter vielen sein. Aber stimmt das noch? Liegt in der modernen Einsamkeit nicht längst auch eine Entfremdung vom eigenen Ich?

Doch sind es zunächst viel profanere Ursachen, die den Menschen schon bei Hopper ziemlich allein in der Welt herumirren lassen. Das moderne Leben wirkt auf ihn schlicht unfreundlich. Und es braucht keine Smartphones, keine Pandemie, um seine armen Seelen zu isolieren. Kalte Glasscheiben, hoch aufragende städtische Gebäude, in denen jeder in seiner Wohnungskapsel lebt, Tankstellen mitten im Nirgendwo – das Gewebe moderner Städte und Landschaften allein wirkt bei Hopper wie eine Maschine, die Einsamkeit regelrecht produziert. Und mit dieser Wahrnehmung vor allem der Stadt steht Hopper in der Kunst der Moderne nicht allein da. Auch Edvard Munch hatte in seinem albtraumhaften *Abend auf der Karl Johans Straße* bereits gezeigt, was die äußere Erscheinung der Stadt mit dem Innenleben ihrer Bewohner anstellen kann.

Bedrohlich schreitet da die Masse über den Bürgersteig, frontal auf den Betrachter zu, und wer den Marschierern in die Augen blickt, sieht Abgründe, vielleicht seine eigenen, mit Sicherheit die der Menge. Gesichter, die Totenschädeln gleichen, knochenblass und hohl, derweil nur ein Einzelner gegen den Strom läuft, dunkel, allein, verlassen, verloren. Viele Stimmen haben das berühmte Gemälde zu interpretieren versucht. Dass darauf der Mensch unter der Anhäufung seiner selbst zum Gespinst wird, ist nicht schwer zu erraten. Aber Munch deutete auch das bereits an: Mit sich selbst glücklich und im Reinen scheint auch der Einzelne hier nicht zu sein – wie ferngesteuerte Automaten geistern die Kreaturen schon zu seinen Zeiten durchs düstere Stadtbild. Jede Visage eine Maske, jedes Individuum ein Zombie seiner selbst.

Munch wie Hopper schafften es schon damals, die Maskerade gnadenlos runterzureißen. Und genau das macht ihre Gemälde heute so entblößend. Mehr denn je sind wir Großmeister darin, die Isolation zu verbergen, jene Einsamkeit zu kaschieren, die die Künstler für einen »modernen Zustand« hielten. Unsere Tools der Zerstreuung sind raffinierter, die Methoden zur Verflüchtigung verfügbarer und die Strategien der Unverbindlichkeit salonfähiger als jemals zuvor. Um uns sozial zu verknüpfen, nutzen wir Instrumente. Um uns selbst zu meiden, den allseits abrufbaren Zauber der Pixel. Mehr denn je hat gerade die Stadt dabei ihren Status als Ort des klassischen Gemeinwesens eingebüßt. Sie ist vielmehr zu einem *Melting Pot* der Eskapisten geworden, zum großen Laufsteg für vergnügte Solisten.

Mit diesem heiteren Versteckspiel war nun kürzlich Schluss. Corona schleuderte uns mit Macht jene Frage entgegen, die auch die Kunst eines Edward Hoppers so vehement stellt: Was bleibt übrig, wenn die Freiheiten des modernen Lebens auf einmal beseitigt sind? Was bleibt, wenn die Bühnen der Ablenkung mit einem Schlag geschlossen werden? Das geschah vor allem während der Pandemie: Ein besonders in und von den Städten sonst entertainmentübertünchter Zustand trat ans Tageslicht und überfiel unsere Seelen. Viele hatten es auf einmal mit der Einsamkeit zu tun, bzw. sahen sich der Notwendigkeit ausgesetzt, mit diesem Zustand irgendwie klarzukommen.

Corona legte die von Hopper hell illuminierte Maschinerie der uns umgebenden Welt mit einem Schlag lahm. Das große Theater wurde kurzerhand dichtgemacht, und nun mussten alle nach Hause gehen. Verordnet wurde im selben Zuge die Zwangsbegegnung mit uns selbst, und dabei wurde eine chronische Seelenschieflage an die Oberfläche gespült. In der Tat: Viele hatten sich schon immer eine Auszeit vom stressigen Alltag gewünscht. Nun war sie da – doch unter dem Vorzeichen des Virus wurde aus dem (unfreiwilligen) Zeithaben Einsamkeit.

Soziologen sprachen prompt vom größten Sozialexperiment aller Zeiten, und eines konnten sie nicht erst seit Corona mit Gewissheit konstatieren: dass die Moderne ganze Heerscharen von Menschen in städtische Lebensstile versetzt hat, die mit einer alten Geselligkeit nicht mehr viel zu tun hat. Nonchalant gesagt: Vor allem in den Städten, so scheint es, tut der Mensch nur noch so, als sei er das soziale Wesen, für das er sich hält. Fröhlich sitzt er in den Cafés, fließt unter Tausenden seinesgleichen zur Arbeit, besucht im routinierten Pulk die Bühnen des kulturellen Treibens, hochmodern vernetzt und dabei scheinbar innig verbunden – bis Corona das Kartenhaus in sich zusammenfallen ließ. Der Mensch, allein zu Hause. Der moderne Konsument, erloschen in seiner eigenen Welt.

Während der Lockdowns hätte man Pauspapier über die Viertel New Yorks, Roms, Londons und Berlins legen können – ein paar Bleistiftstriche hätten genügt, um ein angedeutetes Edward-Hopper-Gemälde vor den eigenen Augen entstehen zu lassen. Die Kulissen standen auf einmal da wie schweigende Mauern, die glitzernden Vitrinen wie leere Versprechungen, die Häuser wie Käfige. Eklatanter als sonst wo wurde der moderne Mensch in der Stadt zum Insassen. Und dies war kein symbolisches Bild, sondern reales Szenario: Das liberale Tollhaus war jetzt geschlossen – die Zeit des Trübsalblasens gekommen.

Dabei legte Corona lediglich offen, woran das Gemeinwesen schon länger krankt. Und der neueste, in der U-Bahn heruntergewischte und niemals wirklich zu Ende gehörte Song der Stones besang, was nicht erst seit dem Virus gilt: »Living in a Ghost Town.«

Was ist geschehen? Die alten Strukturen der Begegnung scheinen verbraucht, fühlen sich in der Ekstase der neuen Zeiten irgendwie ausgeleiert an. Wenn wir im Park sitzen und nicht mehr wirklich im Park sind. Wenn wir einen Termin haben und schon an den nächsten denken. Wenn wir im hippen Coffeeshop mehr Messages beantworten und öfter auf den Laptop starren, als wir Blickkontakt mit anderen Menschen haben. Die modernen Kaffeehausketten und Cappuccino-Tempel sind par excellence zu Hopper'schen Orten geworden: von sedierender Musik berieselte Inseln zwischenmenschlicher Begegnungslosigkeit.

Überhaupt ist das Zwanglose zur allgemeingültigen Umgangsformel geworden. Verabredungen gelten nur noch vage, das gemeinsame Abendessen ist zum Quotentermin degradiert. Derweil sind, quasi im selben Spülgang, aus einstmals handfesten und oft notwendigen Tätigkeiten beiläufige, zerstreuungsträchtige und nach Belieben annullierbare Zeitvertreibe geworden, die dem Selbstzweck dienen. Der Gang in den Biomarkt, die Sitzung beim Osteopathen, der Shopping-Bummel in der City. Jugendliche cornern in wolkenartigen Gebilden vor den Kiosken oder treffen sich virtuell bei Ego-Shooter-Spielen. Diese Treffen können nächtelang dauern. Man telefoniert dabei, isst dabei, chattet dabei.

Im selben Zuge, wie alte Begegnungsmuster verwischen und verschwinden, bieten die neuen jedoch noch längst keinen sicheren Halt. Das verbindende und soziale Versprechen des digitalen Zeitalters hat sich in vielen Fällen als Farce entpuppt. Fake News, Shitstorms, nicht endende Phishing Mails und wuchernde Desinformationsblasen: Es sind nur einige Merkmale jener neuen Begegnungswelten, in denen das Gemeinwesen verkümmert, zu Zweifeln, Zwietracht, Lug, Trug und nicht selten Gewalt.

Mit Corona geschah nun beides auf einmal: Die noch halbwegs herkömmlichen Säulen des gesellschaftlichen Miteinanders kollabierten vollends, während wir die sozialen Unzulänglichkeiten der neuen Plattformen zu spüren bekamen. Nach dem zwanzigsten Zoom-Meeting wurde das Zoomen zur Last, die Kinder ohne Kita im Homeoffice zur Zumutung, die Computer und Smartphones zu den zweidimensionalen Tools, die sie am Ende sind. Während all die Netflix-Serien und Streaming-Angebote irgendwann zu einem unüberschaubaren Brei zusammenflimmerten, vermissten Schülerinnen und Schüler die Schule, den Spielplatz, die Freunde. Und während wir die Giganten des Online-Geschäfts nur noch mächtiger machten, verkümmerten die Innenstädte, die Passagen, die kleinen Läden.

Und auch daran lässt sich sehen, dass alte Begegnungsformen bröckeln, die neuen hingegen zu teils bizarren Phänomenen führen. Sogar auf Demonstrationen haben klassische Lager und Gruppierungen ihre Identität aufgegeben, derweil sich in den Echokammern der digitalen Sammelbecken ziemlich wilde neue Mixturen zusammenbrauen. Mixturen, die sich nicht mehr durch Dialog auszeichnen, sondern durch blanke Konfrontation.

Aluhüte und Linke liefen auf, Rechtsradikale und Feministinnen, normale Bürger und schräge Vögel. Kurz kreischten und marschierten sie Seite an Seite, vereint im Moment des Verschwörungsfiebers, verbündet im Eifer der Schuldzuweisung. Wohl selten zuvor wurden Beliebigkeit und Hilflosigkeit auf so irre Weise zelebriert. Für einen Wimpernschlag fand da zusammen, was nie zusammengehörte. Doch nicht etwa Solidarität oder Dialogbereitschaft speisten die Proteste, sondern perfide Nebeneffekte der Ausgeschlossenheit: Angst, Missgunst, Hohn, Ohnmacht und Verlogenheit.

Der Mensch sitzt nun insgesamt leicht verstört zwischen den Stühlen. Dem guten Alten hat er abgeschworen, in den Verlockungen des Neuen muss er sich erst noch zurechtfinden. Und genau dabei steht gerade etwas Entscheidendes auf dem Spiel: die Fähigkeit, ein neues Miteinander mit sich selbst und anderen gütig zu verhandeln.

So sehr wir Hoppers Bilder betrachten, bewundern oder gar mögen, so sehr haben wir doch immer gehofft, seiner Vision vom entfremdeten, atomisierten Individuum zu trotzen – und stattdessen als Gemeinschaft zu überleben. Gelungen ist uns das nicht unbedingt. Und so groß wie die Städte heute geworden sind, so großformatig halten gerade sie es uns vor Augen. Intimität, Verbindlichkeit und Miteinander sind nicht mehr angesagt. Und, gravierender noch: Der Einsamkeit – die für den Philosophen Hans Rusinek noch zum Menschsein gehörte – wird hier nicht einmal mehr begegnet.

Sie wird heute einfach unter den Teppich gekehrt.

Dies ist die eine, die pessimistische Sicht auf die Dinge. Doch während Corona passierte noch etwas anderes – keineswegs nur, aber wieder verstärkt in den Städten. Denn so sehr altehrwürdige Muster der Begegnung hier ohnehin schon zu den Auslaufmodellen gehören, so wenig sich die Kids hier noch beim Spielen im Park treffen oder Erwachsene zum Boule oder Skat, so sehr experimentiert man mit den neuen Möglichkeiten des »Sich-Connectens«. Und dabei entsteht, wächst und funktioniert, was auch mit der Einsamkeit in einem unmittelbaren Verhältnis steht: die Solidarität untereinander.

Die Not während Corona schweißte auf einmal zusammen, die geteilte Bedrohung durch das Virus verbrüderte. Mit Corona schnellte die Solidarität im Land nach oben. Nachbarn halfen sich, Junge kauften für Ältere ein, es wurden Masken genäht. Es entstand ein neues Vertrauen, ein spontanes Wir-Gefühl, ausgerechnet im Angesicht der auferlegten Lockdowns. Eine repräsentative Umfrage der Bertelsmann Stiftung ergab im August 2020, dass mit Corona tatsächlich ein neues Gemeinschaftsgefühl entstanden war. Nur 20 Prozent der Befragten fanden, dass die Bundesbürger sich nicht genug um ihre Mitmenschen kümmerten; die Mehrheit hingegen empfand, dass das Miteinander durchaus gut funktioniere.

In der Tat halfen sich die Menschen gegenseitig, zeigten Empathie, ersannen spontane Maßnahmen zur Unterstützung und legten Rücksicht an den Tag. Sogar gegenüber der Wirtschaft, sogar gegenüber gebeutelten Unternehmen. Man forderte bereits bezahlte Leistungen nicht so vehement ein, schickte dem Ferienhotel nicht gleich die Ausfallrechnung. Beim Bäcker nebenan fragte man, was man tun könne, um den Laden am Leben zu erhalten, stand draußen vor der Lieblingspizzeria und holte sich sein Essen ab, während viele leer stehende Hotels und Lokale für Krankenhäuser kochten und diese belieferten. Es waren Momente der empfundenen Solidarität und der gelebten Fairness. Man tat es für andere, man tat es für sich, es fühlte sich gut an; und es war gut.

Diese Art der Kooperation und Solidarität waren Grundvoraussetzungen, um auch der Einsamkeit entgegenzuwirken. Es entfaltete sich dabei jener *warm glow,* wie Verhaltensforscher das positive Gefühl nennen, wenn wir andere unterstützen, wenn alle am selben Strang ziehen. Ein kollektiver Glückstaumel, der entsteht, wenn alle in einem Boot sitzen und sich gemeinsam in die Riemen legen. Und genau dabei spielten nun auch die neuen Zeiten eine Rolle: Jene Plattformen der digitalen Welten, die nicht nur trennen und zergliedern, sondern durchaus auch zueinanderführen und neue Schnittmengen schaffen können. Da waren sie, die neuen Membrane, die neuen Schmiermittel im Getriebe der Gesellschaft.

Nachbarschaftsnetzwerke wie *nebenan.de* verbanden Wildfremde und führten Menschen auf völlig neuem Weg zusammen. Nachbarn, die in der Stadt oft nur einen Steinwurf voneinander entfernt in ihren Wohnungen leben, aber sich doch nicht kennen, können sich hier gezielt kurzschließen. Übers Netz finden sie zusammen, um sich mit Umzugskartons auszuhelfen oder einen Babysitter zu finden, um gezielt nach Unterstützung zu fragen oder diese anzubieten. Crowdfunding-Plattformen riefen während Corona online Hilfsaktionen ins Leben, um Künstler und Freiberufler zu unterstützen, die auf einmal job- und tatenlos zu Hause saßen. Andere Projekte halfen und helfen anderen bis heute, auf vielen Ebenen. Obdachlose werden unterstützt, medizinische Ausrüstung übers Netz vermittelt. Andere Initiativen, die während Corona ins Leben gerufen wurden, versuchen beispielsweise, die darbende Clubszene in verschiedenen Städten zu retten.

Beim Bundesligisten 1. FC Union Berlin konnte man derweil virtuelle Stadionwürste kaufen, bei anderen Vereinen dem geschlossenen Stadionimbiss eine Spende zukommen lassen. Musiker, Fitnessstudios oder Friseure setzen beim Lockdown auf Gutscheinverkäufe, auch dies meist online. Und siehe da: Die Menschen halfen sich gegenseitig – indem sie sich vor allem verbanden und austauschten. Die Kommunikation ist eine der großen Säulen in jedem gesellschaftlichen Miteinander. Auch bei den meisten Formen von Einsamkeit spielt sie eine entscheidende Rolle. Und hier wurde sie nicht heruntergedimmt, sondern hochgefahren – mit allen Mitteln, die die neuen Zeiten auch parat halten.

Doch das Eis dieser Solidarität ist dünn. Allzu schnell kann es brechen, vor allem wenn Querulanten die Eintracht ins Wanken bringen. Wenn Wutbürger und Systemgegner Misstrauen und Ungemach säen. Ähnlich wie bei der Flüchtlingskrise 2015 verebbte der *warm glow* recht schnell wieder, soziale Spaltung und das Gefühl der Übervorteilung brachen sich Bahn. Denn selbst wenn der Wille zu Solidarität, Kommunikation und Hilfsbereitschaft generell in weiten Teilen der Gesellschaft vorhanden ist, so kann er auch ziemlich schnell wieder verpuffen.

Nach einem krisenbedingten Anstieg des gemeinsamen Strebens ging es prompt wieder bergab, wie Umfragen ebenfalls ermittelten. Die Spendenbereitschaft nahm ab, Hilfsaktionen verebbten, auf den Funding-Plattformen und Austauschbörsen ging es wieder deutlich ruhiger zu. Und inzwischen dürfte sich der Pegel des solidarischen Miteinanders wieder nivelliert haben. Bis hinab auf jenes Niveau, das auch vor Corona herrschte und das man eigentlich nur mit Zynismus als normal bezeichnen kann. Es schlägt nicht zwingend ins Positive aus: Noch im Winter vor der Pandemie gab fast die Hälfte der Deutschen in Umfragen an, dass Miteinander und Zusammenhalt im Land gefährdet seien.

So verlor das wundersame Aphrodisiakum der Krise schon bald an Wirkung, und es pegelte sich wieder jener seit langem etablierte Daseinszustand ein, den Dennis Snower, Chef des Kieler Instituts für Weltwirtschaft, so beschreibt: »Solidarität wurde an den Staat ausgelagert, die Gesellschaften wurden weitgehend blind für die sozialen Folgen des Wettbewerbs. Blind auch für die selbstzerstörerischen Tendenzen der Marktwirtschaft.« In einem Bericht in der *Zeit* sagte Snower ferner: »Durch die Betonung des Egos höhlt der Markt die Gemeinschaft und das Vertrauen aus.«

Augen zu und weiter. Ein jeder für sich.

Alles außer Nähe: Die Gentrifizierung des Gefühls

Hoppers Welten mögen helfen, das urbane Seelenleben der Menschen in den großen Städten zu ergründen. Er zeichnete dafür eine Moderne, in der der Ausbruch der Industrialisierung zum ausschließenden Extrem wurde, die Stadt zum Hort der sozialen Ungleichheit. Das aber genügt nicht, um die moderne Vereinzelung von heute wirklich zu durchschauen. Es sind dafür noch andere, weitaus tiefer gehende Betrachtungen nötig.

Olivia Laing, eine britische Kulturwissenschaftlerin und Schriftstellerin, zog vor einigen Jahren infolge einer Trennung nach New York. Das Gefühl einer persönlichen Einsamkeit brachte sie da schon mit, doch als sie in den nächsten Monaten durch die Metropole spazierte und sich dem Puls des Big Apple aussetzte, verspürte sie noch eine andere Art der Einsamkeit.

Zum Glück war sie sensibel, interessiert und klug genug, um die beiden Arten der Einsamkeit scharf voneinander zu trennen.

Laing lag eines Tages in ihrem Apartment auf der Couch, surfte im Netz und entschloss sich dazu, gezielte Studien zur Einsamkeit durchzuführen. Denn sie merkte, dass sie gerade die perfekte Feldforscherin war und ihr gleich zwei geeignete Studienobjekte zur Verfügung standen: New York City, die ikonische Großstadt schlechthin, und – sie selbst.

Zunächst beschäftigte auch sie sich mit den Arbeiten und Biographien verschiedener Künstler, die in New York gelebt und Einsamkeit auf ihre Weise zum Thema gemacht hatten. Darunter Andy Warhol, soziale Außenseiter wie die Feministin Valerie Solanas, Randkünstler wie Henry Darger oder der Fotograf David Wojnarowicz, der sich für seine Porträts auf leeren Betten in Wolldecken hüllte, sich bis zum Gesicht in der Erde eingrub oder sich für ein verstörendes Bildnis der Verstummung mit einem dicken Faden den Mund zunähte. Wojnarowicz, der in den achtziger Jahren in der Kunstszene des New Yorker East Village bekannt wurde, betitelte das Foto: *Silence = Death*.

Natürlich nahm Olivia Laing bei ihren ersten Vertiefungen auch Edward Hopper ins Visier, vor allem jene seiner Bilder, die ihr einen gewissen Seelenzustand New Yorks vorhielten. In ihrer Einsamkeitsstudie, die unter dem *The Lonely City* erschien, bezeichnet sie Hoppers Bilder als »Spiegel einer Wahrsagerin«. Man schaut hinein und sieht eine Zukunft ohne Versprechen, sieht gewissermaßen Transiträume: Es zählt darin nicht nur das Abgebildete, sondern auch das, was man nicht sieht. Laing erkannte nicht nur etwas Tröstliches, sondern auch ein wichtiges Werkzeug, um jene Seelenverfassung zu ergründen, um die es ihr ging. Hopper und auch die anderen Künstler zeigten nicht nur, wie Einsamkeit aussieht, sondern auch, wie sie sich anfühlt.

Laing befand, dass Hopper uns in dieser Hinsicht die Hand reicht, auch über die Zeiten hinweg. Das »Bedürfnis der Einsamen nach Aufmerksamkeit und Zärtlichkeit, danach, gehört, berührt und gesehen zu werden«, wie Laing es nennt, ist jedoch schwer zu besprechen. Es geht um »Glaswände in der sozialen Interaktion«, die malerisch vielleicht am besten zum Ausdruck kommen. Eben dann, wenn Bilder mehr sagen als alle Worte. Und besonders Hoppers Gemälde fangen diesen »Konflikt zwischen Unabhängigkeit und Begehren« ein. »Diese Flucht aus der Intimität, um echten emotionalen Anforderungen zu entkommen«, wie Laing präzisierte.

Sie betrachtete aber nicht nur die Bilder und Fotografien vieler Künstler, die in New York zum Glück oft genug als Originale zu sehen waren. Laing horchte immer wieder in sich selbst hinein. Und erkannte bald tiefer liegende, verborgene Aspekte der Einsamkeit. Sie bemerkte dazu: »Merkwürdig an dieser Einsamkeit ist nicht, dass wir ihr durch Arbeit und Zerstreuung zu entkommen versuchen, merkwürdig ist auch nicht, dass sie uns minderwertig fühlen lässt, sondern dass die Einsamkeit uns auch etwas sehr Wichtiges im Leben geben kann.«

Eines Tages erblickte sie einige Schwarz-Weiß-Fotos von New York, die das Gefühl beeinflussten, das sie in sich trug und inzwischen wie durch eine Lupe betrachtete. Ein Gefühl, das offenbar vor allem durch die Stadt selbst und die urbane Umgebung genährt wurde. Und Laing erkannte nun eine Dualität, die der Einsamkeit innewohnte: einerseits die Sehnsucht nach Nähe und Kontakt, andererseits aber auch eine Art Schutzreflex. Denn das Unberechenbare der Moderne, sichtbar und verdichtet vor allem in den Städten, kann verständlicherweise auch zu einer Angst vor Verletzlichkeit führen. Die zunehmend beschleunigte, widersprüchliche und unverständliche Welt nämlich ist durchaus imstande einzuschüchtern. Sie kann stressen, fordern, trügen und verwirren. Bis man sich ihr – bewusst oder unbewusst – gewissermaßen ausgeliefert fühlt. Bis man den Wunsch nach Offenheit und Nähe irgendwann nicht mehr zulässt, den Drang nach Sozialisation gar unterdrückt.

Vulgo: Der moderne Mensch ist von der modernen Welt überfordert. Und dann macht er zu.

Laing war überrascht, zu welchen Überlegungen das Thema sie führte. Überrascht darüber, wie einige Phänomene auf einmal immer offensichtlicher und erklärlicher vor ihr lagen. Sie erkannte Verhaltensweisen deutlicher, konnte Gefühlslagen besser einordnen und verstehen, ihre eigenen und die anderer. Und vielleicht öffnete sich hier auch ein Weg, die Emotionskultur moderner Gesellschaften insgesamt besser zu begreifen. Darunter vor allem die vage Substanz der sozialen Einsamkeit.

Die Soziologie der Emotionen war schließlich erst Ende siebziger Jahre zur Wissenschaft erhoben worden, vorher hatten sich lediglich Psychologie und Anthropologie mit dem schwierigen Gebiet der Gefühle beschäftigt. Und dabei war die Einsamkeit niemals eine der Emotionen, die irgendwo an erster Stelle stand. In New York aber konnte Olivia Laing es spüren: Unter den Millionen Menschen, unter all dem Gewusel zwischen den endlosen Straßen und Wolkenkratzern waberte eine *Loneliness*, die sich regelrecht greifen ließ. Die Einsamkeit war wie ein Subtext der brodelnden Metropole. Und er stand überall geschrieben, wenn man die geheime Schrift nur zu erblicken verstand.

Laing schlenderte immer wieder durch die Straßen und Viertel, wurde zu einer Stadtwanderin. Irgendwann erschien ihr die Einsamkeit wie »ein besiedelter Ort, eine Stadt für sich«. Und sie erkannte immer deutlicher, wie viele unserer Handlungen und Entscheidungen letztlich auf Einsamkeit zurückzuführen sind.

Sie las Virginia Woolfs Tagebücher, in denen die innere Einsamkeit so beschrieben ist: als ein »Gefühl des Lärms der

Welt, wenn Sie durch Einsamkeit und Stille aus der bewohnbaren Welt gerissen werden«. Während Laing weiter Material sammelte, stieß sie auf ein altes Lied, das Dennis Wilson von den Beach Boys einmal geschrieben hatte: »Loneliness is a very special place«, heißt es da. Und der Song bestätigte ihren Eindruck: dass Einsamkeit keinesfalls nur etwas ist, das wir vermeiden sollten. Dass darin eben nicht nur Depression und die Erfahrung des Gesellschaftsentzugs liegen, sondern auch »eine Erfahrung, die (…) wir schätzen sollten und brauchen«.

Laing vertiefte sich in psychiatrische und psychotherapeutische Fachbücher, kombinierte das Wissen mit den Interpretationen diverser Kunstwerke und Künstlerbiographien und veröffentlichte 2016 einen Essay, der den Titel trägt: *The Lonely City: Adventures in the Art of Being Alone*. Es wurde daraus ein so beindruckendes wie inspirierendes Dokument über die Einsamkeit im städtischen Leben des 21. Jahrhunderts. Laing, die bereits diverse Literaturpreise und Auszeichnungen für ihre Prosa und andere Veröffentlichungen bekommen hatte, schlug damit ein neues Kapitel auf. Nicht nur, was den Schreibstil betrifft, sondern auch das Thema Einsamkeit. Ein Kritiker schrieb über den Text: »Laings letztes Werk ist eine wundervolle und besorgniserregende Untersuchung des zeitgemäßen Zustands der Isolation. *The Lonley City* ist weniger eine Pathologie der Einsamkeit als vielmehr eine Anatomie des Verlangens. Der Text bringt die Kosten und Konsequenzen einer vernetzten 24 / 7-Welt auf den Punkt.«

Ein Satz, der sitzt. Er entlarvt die innere Ausgezehrtheit als Preis, den wir für eine Welt auf Speed zahlen müssen.

Nachdem ich Laings Text gelesen hatte, wurde mir vieles klarer. Die schwer zu greifende und noch schwerer zu beschreibende Einsamkeitserfahrung in den Städten war plötzlich deutlicher spürbar.

Ich liebe es, auf dem Land zu sein. Wann immer ich Zeit finde, gehe ich fischen oder paddele mit dem Kajak über einen Fluss. In Brandenburg, im Osten Deutschlands, im Bergischen Land, den Alpen, Skandinavien. Ich sehe die Bäume, höre das Wasser. Stehe manchmal stundenlang in Fließgewässern, schwinge die Rute, lausche den Fliegen. Doch dann zieht es mich wieder in die Stadt.

Nach Laings Lektüre fiel mir viel deutlicher auf, was unterschwellig geschieht, wenn ich durch die Vororte hineinfahre, wenn ich sehe, wie die Häuser immer dichter stehen, immer höher in den Himmel wachsen. Die Autos vermengen sich, die Schilder, die Botschaften, die Ampeln, die Lokale, die Geschäfte, die Werbeplakate; und schließlich auch: die Menschen. Ja, alles wird enger, schneller, komprimierter. Und dann bist du auf einmal wieder drin. Mitten im Nervenzentrum unseres heutigen Geschehens. Die Geschwindigkeit ist gewaltig, die Taktzahl hoch, die schiere Menge an Dingen, Eindrücken und Reizen enorm. Und dann kann ich spüren, wie sich etwas immer enger auch um mich herumwickelt. Als würde sich meine Seele instinktiv in ein inneres Schneckenhäuschen zurückziehen wollen. Vor Schreck, vor Überflutung.

Das ist verständlich. Und es kommt tatsächlich so einem Schutzreflex gleich. Denn die Stadt ist weitaus mehr als nur ein örtlich und räumlich definierbares Gebilde. Alles spricht aus ihr, alles kommt uns dort entgegen: Die Großstadt ist die urbane Verklausulierung des Zeitgeschehens. Und womit haben wir es zu tun? Da ist der Wettbewerb, der herrscht, die Informationsflut, die regiert, die Menge an schlechten Nachrichten, die uns entgegenhallt. Da ist die Zeit, die uns geraubt wird, der Überfluss, der betäubt. So schallt es mir aus der großen Stadt entgegen, manchmal, wenn ich genau hinhöre.

Kein Wunder, dass sich so mancher in dieser Echobox die Ohren zuhält. Wenn es zu viel wird, zu laut. Wenn die Isolation zum Schutzschild gerät. Andere Ursachen und Formen der Einsamkeit können schlimm genug sein. Trennung, Jobverlust, Armut, Alter, Krankheit, Angst und Scham. Wenn die Einsamkeit der Stadt jedoch obendrauf drückt, wird es dunkel.

Ist dies womöglich auch der Grund, warum laut Umfragen die statistische Anzahl wirklich enger Freunde in den Städten seit 1985 von drei auf eins geschrumpft ist? Warum hingegen die Anzahl jener, die sagen, dass sie niemanden haben, mit dem sie über ernsthafte Dinge reden könne, seither um das Dreifache gestiegen ist? Liegt hierin womöglich auch der Grund, warum heute 55 Prozent der Londoner angeben, sie würden sich »mindestens gelegentlich« einsam fühlen? Und hat die städtische Einigelung vielleicht auch dazu geführt, dass ein 28-jähriger Mann aus den englischen Midlands in einer Umfrage sagt, dass er sich in den ersten sechs Monaten in der Stadt sogar »bloody lonely« fühlte und dass heute jedwede Nettigkeit spätestens auf der M25, der Autobahn, die London wie ein Ring umgibt, aus dem Fenster geschmissen wird? Liegt es am Ende also an den urbanen Massenansammlungen selbst, dass Jakow Trachtenberg, russischer Ingenieur und Erfinder der Trachtenberg-Schnellrechenmethode, schon in den fünfziger Jahren sagte: »Die Luft der Großstädte ist von hemmungsloser Ich-Sucht erfüllt.«?

Einer Ich-Sucht, die sich durchaus auch als Ich-Flucht bezeichnen ließe?

Ich muss mich nicht lange umschauen, um die Betrachtungen im heutigen Alltag bestätigt zu finden. Erst vor kurzem sprach ich mit dem Sohn eines Bekannten, er studiert Internationale Beziehungen, spricht mehrere Sprachen, hat mehrere Stipendien bekommen, sogar für Universitäten wie Oxford oder der Sciences Po in Paris. Er hat seit einigen Jahren eine Freundin, auch sie studiert international, ist auf dem Weg zu aussichtsreichen Abschlüssen. Die beiden sind nicht einmal Mitte

20, lesen viel, wissen viel, stehen weit vorn in den heute verfügbaren Ausbildungsschleifen. Und beide sagten entschieden den Satz, auch auf die Zukunft bezogen: »Auf keinen Fall werden wir Kinder in die Welt setzen, nicht in diese.«

In Hamburg saß ich neulich in einem Café und kam nicht umhin, einem Gespräch am Nachbartisch zu lauschen. Dort saß eine Frau um die 50, sie hatte rot gefärbte Haare, trug eine türkis melierte Brille und recht lange Fingernägel. Sie unterhielt sich mit einer Freundin und sagte irgendwann den Satz, er klang fast wie das Resümee eines allgemeinen Lageberichts: »Wenn ich mich so umschaue und sehe, was passiert – ich habe Angst, alt zu werden.«

Angst. Null-Kind-Perspektiven. An diesem Tag im Sommer 2020 schienen weder die jungen Studierenden noch die Dame am Nachbartisch den Zustand erreicht zu haben, »dichtzumachen«. Aber war hier nicht schon auf ganz vorzügliche Weise das Feld bereitet, um sozusagen in die nächste Phase hinüberzuleiten? In jene Phase, die der Psychiater Robert Weiss meint, wenn er von einer »perversen Befriedigung der Einsamkeit« spricht? Ein Stadium, auf das auch Olivia Laing anspielt, wenn sie eine gewisse, sich offenbar unter Menschen jeden Alters ausdehnende Gefühlslage einerseits als »berauschende Erfahrung« beschreibt, andererseits als »selbstschützende Amnesie«?

Eine Überempfindlichkeit gegenüber den Zeiten?

Nichts mehr wissen wollen. Sich abschotten. Dichtmachen. Irgendwann spüren und sagen: Es ist alles *too much*. Ja, so könnte man sie folgerichtig wohl ebenfalls beschreiben, die neue Einsamkeit: Als eine Art selbst herbeigeführte Gedächtnisstörung.

Ich überlegte eine Weile. Waren Zukunftsangst und eine bewusste Entscheidung gegen Kinder nicht geradezu prädestinierte Gründe, um irgendwann genau jenen Schalter umzulegen? Um sich abzuwenden, um dichtzumachen?

Olivia Laing allerdings reichte diese naheliegende Seelen-
pathologie bei weitem nicht aus, um den modernen Abschot-
tungsmechanismus, den sie erkannte, wirklich zu erklären.
Also bohrte sie noch tiefer, verstieg sich weiter in ihre Lektüren
und Betrachtungen. Und landete auf ihren Erkundungsreisen
auch bei Andy Warhol, der mich ebenfalls schon immer faszinierte. Jetzt entdeckte ich ihn unter einen anderem Aspekt
noch einmal neu.

Warhol wie auch sein Lebenswerk prägen vor allem zwei
Motive: eine tiefe Sehnsucht nach Nähe einerseits, gleichzeitig aber auch ein Zurückschrecken vor zu viel Intimität. Immer
wieder versuchte Warhol, diesen tief empfundenen Zwiespalt
auch in seiner Kunst auszudrücken. Er selbst sagte über dieses
grundsätzliche Dilemma einmal: »Um zu sehen und nicht gesehen zu werden, möchte ich eine Maschine sein.«

Der Mensch als Maschine? Dies war ein überaus interessanter Gedanke, fand Laing. Der Mensch als Roboter. Eine Kreatur,
die mitten im Geschehen weilt, die registriert und Aufgaben
erfüllt. Die imstande ist zu beobachten, zu sehen und zu erkennen – jedoch nie Gefahr läuft, selbst als Mensch erkannt zu
werden.

Was meinte Warhol genau? Eine moderne Schimäre, die
konnte, aber nicht musste? Die durfte, aber niemals belangt
werden würde? Eine Automatenkreatur, die zu fast allem imstande war, sich jedoch von jeglicher Verpflichtung, Mensch zu
sein, gar nicht mehr erst bedrängen ließ?

Der Mensch ohne seine menschlichen Pflichten? Der Mensch
ohne seine fürchterlichen Verletzlichkeiten?

Laing verstand Warhol auf einmal sehr gut. Sie begriff, was
er sagen wollte, als sie sich die Millionen Menschen in New
York vorstellte. Als sie diese Menschen jeden Tag sah, wie sie
durch die große Stadt schritten, strömten, flossen, hupten,
surrten, wie sie zielgenau marschierten, schnell und in beinahe

ornamentalen Gefügen. Ganz dicht aneinander liefen, aßen, arbeiteten und lebten sie, frästen sich wie die Ameisen durchs moderne Treiben – aber blieben doch stets von ihrer Anonymität umhüllt.

Blieben als menschliche Seelen unerkannt, ungesehen.

Die Menschen liefen durch die große Stadt und durch dieses moderne Leben wie funktionierende Maschinen. Befreit von der Pflicht zur Verbundenheit – entfremdet sogar schon von dem Wunsch nach Nähe. Laing stieß auf einen Aufsatz der US-amerikanischen Soziologin Sherry Turkle, die am Massachusetts Institute of Technology forscht. Ein Satz darin fiel ihr besonders auf. Turkle hatte in einer ihrer Abhandlungen notiert, dass ein Zusammenhang bestünde zwischen Einsamkeit und Intimitätsverlust, zwischen Konzentration und Isolation, zwischen der ständigen äußeren Verbindung der Menschen und ihrer daraus resultierenden inneren Unverbundenheit. Laing formulierte daraufhin ihre eigene Version dieser, sagen wir: Entzwischenmenschlichung. Und ich möchte diese einmal so beschreiben: Wir sind heute alle kleine bunte Andy-Warhol-Bilder. Durch die hyperliberale Moderne freigesprochen von den Pflichten zu Bund und Eintracht, programmiert auf maximale individuelle Entfaltung. Und je mehr uns dabei – als beinahe logische Konsequenz – eine Sehnsucht nach Kontakt überkommt, desto eingeschüchterter stehen wir gleichzeitig vor den Risiken dieser Intimität.

Mit anderen Worten: Wir wollen alles. Wir wollen sehen und nicht gesehen werden – und dabei doch gesehen werden. Weil wir eben keine Maschinen sind, sondern Menschen. Wesen mit dem Wunsch nach Nähe, nach innerer Kontaktaufnahme. In dieser nicht ganz übersichtlichen Gemengelage aber geifern wir nach der größtmöglichen Rendite, sind längst getrieben auch von einer emotionalen Profit-Denke. Ja, am liebsten würden wir auch sie noch für uns verbuchen können: die Liebe ohne

Verluste, die Freundschaft ohne Einbußen, die Verbundenheit ohne Crashrisiko. Die Nähe ohne Nähe.

Aber natürlich geht das nicht. Auch Warhol konnte sich diesen Luxus nicht leisten. Konnte im gesellschaftlichen Miteinander nicht Voyeur sein – und gleichzeitig von Herzen willkommener Gast. Warhol machte auf Maschine. Vielleicht erschien ihm das Verletzungsrisiko zu hoch. Und vielleicht wusste er schon zu seinen Zeiten nicht mehr, wie er damit umgehen sollte.

Mit dem Verletzungsrisiko, Mensch zu sein.

Nicht umsonst hat Warhol den Menschen zum Plakat gemacht, zum grellen Abbild seiner eigenen Angst vor Innerlichkeit. Und seit den aus heutiger Sicht so unglaublich verstaubten achtziger Jahren hat sich dieses Grundgefühl offenbar gehalten, auch wenn es inzwischen anders zutage tritt, diversifizierter, verzweigter, komplexer. Doch was ist seit Warhol mit dem unterdrückten Drang nach offenem Austausch geschehen? Dem Wunsch nach einem gemeinsamen Vokabular? Ja, was ist aus der klandestinen Sehnsucht nach Nähe geworden – wenn Einsamkeit eben auch das Bedürfnis beinhaltet, sich auszudrücken, gehört zu werden, Gedanken, Erfahrungen und Gefühle zu teilen? Einfach gefragt: Wie begegnen wir heute dem Risiko, Brücken zu bauen, aufeinander zuzugehen – und uns uns selbst auszusetzen? Eine Grundvoraussetzung immerhin für jedes gelungene Miteinander; zwischen wenigen Menschen, zwischen vielen Menschen, zwischen allen Menschen. Laing dachte den Gedanken weiter, blickte sich im Hier und Heute des 21. Jahrhunderts um. Und erschrak ein wenig.

Der tapfere Warhol, dachte sie. Er polarisierte zwar, führte eine Existenz abseits der sozialen Normen und gesellschaftlichen Gepflogenheiten. Aber immerhin, er kämpfte gegen das Gefühl an, außerhalb der Gemeinschaft zu stehen, wie Laing schreibt. Er versuchte mit seinen Mitteln, eine Sprache zu finden, einen Schritt auf andere zu zu machen. Und er wusste dabei sehr wohl um die Schwierigkeit, Nähe zuzulassen, Bindungen zu suchen und Konsens zu erschaffen.

Laing, forschend, sah sich weiter um und kam zu einem wenig vergnüglichen Schluss. Sie dachte an die Expositionsmanie der heutigen Zeit, an die moderne Online-Kultur, die besonders in den Metropolen herrscht. Und sie erkannte in diesem modernen Gebaren eine hemmungslose Tendenz zur Nivellierung: Warhols Angst vor Nähe und Intimität ist heute zu einem regelrechten Zurückschrecken vor jedweder Andersartigkeit angeschwollen. In den Kapselwelten des Internets, in den geschmäcklerisch wie ideologisch verriegelten Kabinen der sozialen Medien sind inzwischen glattgeschliffene Welten entstanden, personalisierte Einöden, an denen jeder störende Funken abblitzt und in die kein Fremdkörper mehr Einlass findet. Ein unterschiedliches Denken wird dort ausgemustert, das andere Aussehen negiert, die abweichende Meinung attackiert. Null Platz existiert dort in der Regel für hungrige Körper und suchende Seelen. Es gibt keinen Raum für störende Geister. Die Prostituierten, die ausländischen Einwanderer, die Unreinen, sie finden keinen Spalt mehr, durch den sie schauen, geschweige denn durch den sie hineinschlüpfen können. Ihnen bleibt im besten Fall die Wahl, die alle anderen für sich reservieren: unter sich zu bleiben.

Die vorherrschende Verfahrensweise ist dabei nichts anderes als ein gründliches Sandstrahlen: die Gentrifizierung der Emotionen, das Wegschleifen sämtlicher Berührungsängste.

Die einstige Warhol'sche Kurzschlusshandlung, sich mit der Maschine gleichzustellen, geht heute noch weiter. Laing diagnostiziert dem modernen Individuum derweil »einen Hunger nach elektronischen Kalorien, eine Sehnsucht nach einer künstlichen Spiegelwelt«. Der geklonte Narziss steht heute vor seinem selbst designten Teich, glücklich, selbstbestätigt, rein und zufrieden. Kein Raum existiert mehr für die Stimmen anderer, kein Fleckchen mehr für die Reflexion des Fremden, des Anderen. Die Neugier hat sich dabei schon lange verflüchtigt, ein furchtbar altes Wort, an dessen Stelle inzwischen eine weitaus effizientere Strategie getreten ist: die Absorption der Gefühle, die Suspendierung der eigenen Einsamkeit.

Olivia Laing fragt, und damit fragt sie – symbolisch und vielleicht auch gar nicht so symbolisch – einen jeden von uns: Wonach sehnen wir uns, wenn wir Bilder hochladen? Was geschieht, wenn diese Bilder zu den Referenzwelten werden? Und was gedeiht, wenn wir dieses Verfahren zu einer genuinen Kulturtechnik erheben? Laing meint dabei doch recht deutlich zu erkennen, wie sich im Großen und Ganzen eine totalitäre Expositionskultur etabliert hat und immer weiter etabliert. Totalitär, weil diese Schaufensterdenke letzten Endes nicht nur das Selbstwertgefühl erschüttert, sondern uns darüber hinaus das Bewusstsein für dessen Entstehung und Beschaffenheit generell raubt. Ausgeknockt, regelrecht pulverisiert wird damit die Bereitschaft, sich der Angst vor Austausch und Intimität überhaupt erst einmal zu stellen. Eine der weiteren Grundvoraussetzungen für Nähe und Gemeinschaft. Für ein gesellschaftliches Miteinander.

Wie kann man sich diese Gentrifizierung der Gefühle weiter vorstellen? Vor allem im urbanen Kontext? Nun, sie kommt einer inneren Flächenbereinigung gleich, einem Superhausputz, nach dem kein Krümel mehr auf dem Fußboden liegt, vor dem sich der Hausherr noch ekeln könnte. Der ultimative Traum eines jeden Diktators.

In den Städten ist dies vielerorts passiert. Hohe Immobilienpreise haben in vielen der Vorzeigemetropolen zu einer adretten Homogenisierung und Vereinheitlichung der städtischen Räume geführt. Kursweisend geschehen ist dies schon früh im

New Yorker Meatpacking District, später in Harlem, in Brooklyn. Das Modell fand Gefallen. Heute hat die Gentrifizierung Städte in aller Welt gründlich umgekrempelt. Modernisiert. Herausgeputzt. Nivelliert. Verhübscht und ausgemüllt. Motto: Alles weg, was nicht passt. Alles raus, was stinkt. Alles entsorgen, was kein Prestige bringt und kein Geld.

Geschehen ist das in Berlin-Prenzlauer Berg, in Kreuzberg, Friedrichshain, Neukölln-Nord. In München das Glockenbachviertel, Haidhausen, Schwabing, Giesing. Vergleichbare Beispiele lassen sich in sämtlichen deutschen Großstädten finden, inzwischen in Ost wie West.

Diese Umstrukturierungsmaßnahmen können sinnvolle Ziele verfolgen. Alte Fassaden werden frisch verputzt, bröckelnde Hinterhöfe neu konzipiert. Es wird restauriert, saniert. Oft genug wird dabei umgestaltet, begrünt, begradigt. Oder es wird erhalten, wenn die Reize des schönen Alten ins Bild passen, das Neue gar aufzuhübschen vermögen. Wohnungen werden im selben Zuge modernisiert, Geschäfte ausgeschält, neu designt und neu vergeben. Die Viertel in den Städten bekommen ein neues Gesicht, dies nicht selten unter viel Gezeter, denn die Menschen haben nun einmal verschiedene Vorstellungen. Und eine solche Renovierung muss nicht immer schaden. Im Laufe der Zeit muss ein solcher Umstrukturierungsprozess vielleicht sogar irgendwann vonstattengehen. Das Facelifting urbaner Wohnflächen, inklusive Räumungsklagen, Demos und Protesten.

Es ist der Lauf der Dinge, mancherorts eine städtebauliche Notwendigkeit. Dass dabei geschmäcklerische Rangeleien an der Tagesordnung sind, dass die Preise steigen, Menschen gehen und Menschen kommen, auch dies ist bis zu einem gewissen Grad normal, gehört zum Wandel der Zeiten. Doch niemand muss sich groß umschauen, muss tiefschürfend überlegen, um zu erkennen, was im Laufe all dieser Rekonstruktionsanstrengungen noch geschehen ist. Man kann es nachlesen, es steht im Lexikon, in der Wikipedia, definiert unter dem Begriff der Gentrifizierung. Das Wort steht für den »Umstrukturierungsprozess in einer Stadt, bei dem die bisherige Bewohnerschaft eines Stadtteils durch Bewohner mit einem höheren Sozialstatus verdrängt wird«.

Inzwischen ist es ein altes Spiel. Pläne werden geschmiedet, Feststellungsverfahren in die Wege geleitet. Alte Anwohner beschweren sich, neue reservieren schon mal. Die Investoren haben längst die Bühne betreten, die Lokalzeitungen berichten, bringen Empörung, Argumente aus den verschiedenen Lagern, derweil das Zepter des Marktes Takt und Ton angibt und die Glättung vollstreckt.

Geschehen von Berlin bis Boltenhagen, von Nantucket bis Neu-Delhi. So vehement und flächendeckend hat sich die Gentrifizierung Bahn gebrochen, dass sich Organisationen allein mit dieser Thematik befassen und Romane darüber geschrieben werden.

Wir alle kennen inzwischen die realen Beispiele, kennen ihre globalen Spitzen, denn die Beautyfizierungen reichen sich inzwischen die Hand, als ginge um es um einen Staffellauf des großen Aufräumens. Venedig, Dubrovnik, Pisa oder Florenz dienen inzwischen als beispielhafte Prachtexemplare, die zeigen, was geschehen kann und was gleich mit ganzen Städten auch wirklich geschieht. Die bisherigen Einwohner können sich die Preise und Mieten nicht mehr leisten, sie müssen verkaufen, aufgeben, ziehen weg. Viele Städte werden totaltouristisiert, bis vom *Overtourism* die Rede ist. Auf Sylt ist dies vollzogen worden, am Chiemsee oder in Orten wie St. Moritz schon lange, in Städten wie Stuttgart, Dresden, Leipzig findet es in noch übersichtlichem, in Chinas Städten in megalomanem Stil statt. Noch vor 30 Jahren war etwa Shenzhen ein Fischerdorf am südchinesischen Meer, heute wird es als chinesisches

Silicon Valley gehandelt. Über 500 Hightech-Firmen sind heute hier ansässig, über 1000 Unternehmen haben sich angesiedelt. Die Einwohnerzahl, nebenbei bemerkt, liegt inzwischen bei über zwölf Millionen.

Die urbane Aufpolierung wird heute, wenn auch in deutlich geringerem Maßstab, ebenfalls in Hunderten Kleinstädten vorangetrieben, sogar in unzähligen Dörfern und Gemeinden. Derweil Tourismusämter und Kataloge noch immer gänzlich ungeniert mit dem längst weggentrifizierten Charme werben. Dann lädt das »ehemalige Fischerdorf« zu Erlebnistouren, locken »alte Hafenmeilen« zu Sightseeing-Trips. Einstige Anwohnerstrukturen und Kulturmerkmale werden dabei zur Folklore degradiert, werden umgedeutet und als schmucke Etiketten alter Tage restgeschlachtet.

Das Hamburger Schanzenviertel ist ein anderes vielbesprochenes Beispiel. Lange wurde es klassifiziert als alternatives Wohnviertel, geprägt von Multikulturalismus, bewohnt und belebt von Studenten, Ausländern, Drogendealern, ganz normalen Bürgern. Bereits seit den siebzigern Jahren waren immer mehr Familien weggezogen, weil Grünflächen und Spielplätze verschwanden, der Verkehr zunahm. Studenten entdeckten das Viertel, weil es nahe der Universität lag und günstige Mieten bot. So wandelte sich die Schanze von der Familienwohngegend zu einem kleinen alternativen Tiegel.

Mit der New Economy um die 2000er Jahre ging es los mit jenem Prozess der Aufwertung. Erste kleine Firmen ließen sich in ehemaligen Fabrikgebäuden nieder, aus Cafés wurden Coffeeshops, der wichtigtuerische Begriff der Start-ups machte die Runde. Alsbald wurden die ersten Altbauten saniert, die Mieten teurer, das Klientel trug auf einmal Wollmützen, Laptops unterm Arm und Rap-Musik auf den Ohren.

Heute, noch einmal eine gute Dekade später, wirbt Hamburg aus vollem Halse mit seinem Schanzenviertel. Im Portal der Tourismusbehörde steht zu lesen: »Eine Menge neuer Läden hat eröffnet, die das Viertel in punkto Shopping attraktiver machen. Geschmackstrend der Schanzenläden: Jung und hip!« In den umliegenden Straßen des Künstlerviertels würden sich heute einzigartige, inhabergeführte Läden für Mode, Musik, Design, Accessoires und Dekoration versammeln. Und die Stadt Hamburg trompetet weiter: »Wer's statt stressig lieber entspannt und mit Flair mag, wer Besonderes dem Durchschnitt vorzieht, der ist hier genau richtig.«

Mit roten Bäckchen der Begeisterung betitelt die Stadt ihre durchgestylte Schanze noch immer als »Künstlerviertel«, verpasst dem »Durchschnitt« en passant eine Ohrfeige und vergisst über all dem schönen Schein, was nebenbei auch noch geschehen ist – und im Zuge der Gentrifizierung fast immer geschieht. Inzwischen ließe sich sogar von der Gentrifizierung des Begriffs selbst sprechen, präziser von dessen Pervertierung, denn freiheraus werben inzwischen Baufirmen und Immobilienfinanzierer mit den sozialen Folgen des urbanen Sanierungsphänomens. So steht beispielsweise auf der Internetseite von *haus.de,* präsentiert von der Landesbausparkasse LBS, völlig ungeschminkt zu lesen:

»Auf der anderen Seite stehen die Verlierer: die arme Gesellschaft, die Verdrängten. Die Gentrifizierung beläuft sich auf deren Kosten. Das Wohnen in Städten wird immer teurer, dabei haben viele von ihnen einen Job und ihre Familie im Zentrum. Doch wer sich die Mietpreise nicht mehr leisten kann, muss woanders hin. Keine Chance! Die Geschädigten müssen ihre gewohnte Umgebung hinter sich lassen, sich von Vertrautem und dem Empfinden von Sicherheit verabschieden. Nicht selten kommt es zu Konflikten durch den Wechsel der Bewohnerschaft. Oftmals leiden die Schwächeren an schweren psychologischen Folgeerscheinungen. Im schlimmsten Fall kann der Zyklus in die Obdachlosigkeit führen.«

Was die Stadt Hamburg noch immer als Künstlerviertel beschreibt, als diversifizierten Treffpunkt für Jung und Hip, ist in Wahrheit zu einer homogenen Fläche geworden. Auf ihrer Bühne wandeln jetzt Uniformierte, die es sich leisten können, hier zu leben, und die es sich nicht mehr leisten wollen, das Andere zu ertragen.

Dass die Folgen des Gentrifizierungsgeschehens nicht wenige Menschen versprengt und wenn auch nicht immer gleich in die Obdachlosigkeit, sie doch zumindest in einen Zustand der Isolation und Vereinsamung treibt, dies ist unschwer zu erahnen. Doch was ist noch geschehen? Und was geschieht weiterhin – jenseits der sichtbaren Rahmen? Hinter den Fassaden der Wohngebiete, den Maskeraden der Städte?

Olivia Laing durchmaß bei ihren Erkundungen auch diese Sphären und erkannte am Ende eine offenkundige Parallele zwischen urbanen und gesellschaftlichen Entwicklungen, erkannte einen generellen Kurs im Denken und Handeln unserer Zeit. Die Gentrifizierung der Städte, resümierte sie, entspricht heute einer Gentrifizierung auch der Emotionen. Anders gesagt: Der Sanierung der äußeren folgte eine Sanierung der inneren Welten. Das eine wie das andere befeuert durch einen rigoros gepolten Markt, in dem die Macht des Schönen über die Angst vor dem Unschönen, dem Fremden, dem Anderen, dem Unreinen weitflächig gesiegt hat.

So spricht heute aus den Spiegelwelten des Internets eine »tiefe Angst vor Dissens« zu ihr, eine »Angst vor Schmutzigen und Ansteckenden, eine Zurückhaltung, unterschiedliche Lebensformen nebeneinander existieren zu lassen«.

Ich muss an die Hamburg-Werbung denken, an die Bilder Hoppers, an Warhols unerfüllte Sehnsucht nach Nähe, an Stelle derer er sich in dem gefahrlosen Empfindungshohlraum einer Maschine verkriechen wollte. Wie Laing sehe ich heute »die sterile Netzkultur« um uns herum, einen Ort der leichten, reibungslosen Emotionen, wo kaum gearbeitet und kaum reflektiert wird, wo die Bilder und Botschaften die Onliner anästhesieren, als hätten sie Beruhigungstabletten geschluckt. Substanzen gegen die eigene Angst.

Die Entsprechungen dieses hyperbequemen Wegduckens sind vielfach und weitflächig auszumachen. Sie lassen sich überall finden. In den Vakua der südkoreanischen Streamer und ihrer Follower, in den Meinungsenklaven der sozialen Medien, in den inzwischen sauber aufgeräumten und kategorisch separierten Vierteln vieler Städte. Und auch hier tritt ein Korrelat des allgemeinen Frohsinns zutage. Bindungen können einem dauerhaften Versprechen heute immer weniger standhalten. Dies gilt nicht nur für Ehen, Partnerschaften, Freundschaften, Beziehungen im Allgemeinen. Die Verpflichtung ist generell zur Last geworden, das Abstreifen von Gewähr und unbehaglichen Verbindlichkeiten zur salonfähigen Alternative. Zum Usus. Es sind die Praktiken der Wegwerfgesellschaft und einer schnelllebigen Welt, die längst in unsere Leben diffundiert sind. Wenn ich die Augen öffne, kann ich es fast vor mir sehen, kann spüren, wie sie sich manifestieren: die Scheuklappenwesen in den Scheuklappenwelten. Fast-Food-Intimität.

Und da ist nur jetzt noch eines, das mich überdies erschrickt. Denn das Schreckgespenst wohnt heute überall, zieht seine Bahnen durch sämtliche Sphären. So geistert es in die letzten Ritzen, bemannt die entlegensten Bastionen, pflanzt sich sogar in jene Seele, die es zu entlarven versucht. Und so erwische ich mich selbst dabei: nur eine Elritze zu sein im allgemeinen Flow.

Nein, nicht einfacher ist es geworden, das Dauerhafte zu wollen, das Störende zu suchen, das Fremde zu begrüßen, das Beängstigende zuzulassen und das Kontradiktorische zu verhandeln. Nein, wahrlich nicht einfacher gestaltet es sich in diesen modernen Zeiten, die Pein der Nähe zu überwinden, um vielleicht nicht ganz so einsam zu enden.

Was macht Laing einstweilen? Sie fabuliert, landet in anderen Höhen. Denkt über dieses Selbstanästhetikum nach, »das auftaucht in der Angst, dass wir eines Tages für immer einsam bleiben werden, die letzte Spezies, die diesen vielfältigen floralen Zierplaneten überlebt, der durch einen leeren Raum schwebt«. Welche Verheißungen aber werden sich noch vorher und schon bald erfüllen? In den nächsten Phasen, in den fortgeschrittenen Stadien?

Viele Orte in New York, der Times Square, die Fifth Avenue, werden von »unreinen Typen« nach und nach befreit. Vielleicht auch noch andere, vielleicht noch tausend andere Orte. Denn nur ein homogener, glatter Raum kann die leere Kultur der Konsumkultur gewährleisten. »Aber«, weiß Laing, »die Schließung des Stadtkerns wird Einsamkeit für alle bedeuten.« Während die krummen, sensiblen Existenzen schon lange in ihren Höhlen verschwunden sind.

So praktizierte es auch Henry Dager, dieser exponierte Nischenkünstler, der 40 Jahre lang als Handwerker in einem Krankenhaus arbeitete und sein ganzes Leben lang allein in einem »Hummer« lebte, einem winzigen Kabuff. Seine Kunst jedoch ist keine schizophrene Krankheitsgeschichte. Dagers Malerei öffnet vielmehr Räume, schafft Sphären der wiederholten Begegnung, die damit ihre eigenen überrealen Bereiche zugänglich machen.

Wohin führt dies? Wohin kann diese Spur uns tragen? Laing flog jetzt davon, schwebte längst in einem anderen Himmel, um zu versuchen, noch mehr zu verstehen, darunter vielleicht auch Dinge, die noch niemand kannte, wusste, wollte, begriff und begrüßte.

Sie tat gut daran.

Einsamkeit weckt normalerweise kein Einfühlungsvermögen, keine große Empathie. Doch Laings Studien über Künstler, über verzerrte und sozial exponierte Existenzen bestätigten sie in einer anfangs nur vagen Empfindung, die bald jedoch Form annahm, begreifbar wurde und schließlich weit über alle bisherigen Lösungsformeln zur Einsamkeit hinausging. Laing schaffte es, den Spieß umzudrehen, die Dinge anders zu sehen und in der furchtbar platten Angst ein nie gesehenes Hologramm erscheinen zu lassen. In der Einsamkeit erkannte sie nämlich auch eine »potenzielle Schönheit«, und so beugte sie sich über ihre Tastatur und schrieb bald die Zeilen auf ihren Bildschirm: »Vieles, was uns unter dem Gewicht der Einsamkeit erdrückt wird, rührt von dem Geheimnis der Geheimhaltung her. Es entspringt dem Gefühl, dass Verletzlichkeit verborgen bleiben muss. Weil wir der Unannehmlichkeit entgehen wollen, Narben verstecken zu müssen, als seien sie etwas Ekelhaftes.«

Was aber ist so peinlich daran, Sehnsucht zu verpassen? Nicht zufrieden zu sein, sondern traurig? Worin besteht die Scham vor dem Makel? Und was treibt den Menschen, sich von dieser Außenwelt nach innen zu wenden? »Wir brauchen Einsamkeit, und wir brauchen die Kunst, etwas davon zurückzugeben, das wir vermissen und verloren haben«, schreibt Laing am Ende ihrer Kontemplation. Und schließt auf ihrem Schirm mit den Zeilen: »Einsamkeit ist eine Erfahrung, die unsere innere Welt bereichern und unsere Gemeinschaft stärken kann.«

Wenn wir sie nicht hinter einer Maske verstecken. Wenn wir das Schöne am Menschlichen nicht nur in der makellosen, glatten, sterilen Perfektion suchen. Im Banalen.

Zu Fuß durch die Stadt:
Eine Reise in die Psychogeographie

Schon als Kind war ich von jeder Art kartographischer Dokumentation fasziniert. Ich liebte Spielteppiche, auf denen ich mit Spielzeugautos Feuerwachen, Rathäuser und Schwimmbäder anfuhr, verlief mich mit Schatzkarten, die bis weit hinter die Felder und Wälder meiner Grundschule führten. Oder ich malte die Konstellationen am Nachthimmel auf eigene Karten. Später deutete ich den Kartenbegriff anders, erweiterte ihn. Ich überführte Handlungsprozesse in Reisekarten, notierte Erinnerungen in Gedächtniskarten und sortierte Strategien in Mindmaps. Eine Form der Assoziation, bei der das Gehirn Kategorien bildet und diese zueinander in Beziehung setzt.

Als Corona kam und die Zeit der Pandemie begann, habe ich mein Interesse für das Kartographische abermals entdeckt. Und nun wollte ich das Mittel der Kartographie neu einsetzen, sozusagen als Erzählband von Wahrnehmungen und Erfahrungen. Und aufregender als die Karten des privilegierten englischen Künstlers Gareth Fuller, der impressionistische Mindmaps jener Orte zeichnet, an denen er mal gelebt hat, müssten dabei doch jene derer sein, die ihren Pandemiealltag in den überhitzten Maschinenräumen dieser Gesellschaft verbringen.

Während Wohlhabende in ihren Stadtvillen residieren oder gleich auf ihren Landsitzen ausruhen, harren Millionen Bürger und Arbeitnehmer auf wenigen geteilten Quadratmetern aus, hetzen durch den überfüllten Nahverkehr und verzweifeln in den Schichtdiensten des Sozialsektors über den Zustand der Patienten und Angehörigen. Und was begleitet diese Menschen noch? Die beklemmende Aussicht auf Häuserwände, das aggressive Geschrei der Nachbarn, der Verkehr, die Enge im Bus, hinzu kommen übelriechende Müllcontainer und – während Corona – die Angst vor virenverseuchten Oberflächen. Nun, all das verringert die psychische Belastung des Stadtlebens kaum.

So kann es kommen, dass Menschen die Stadt völlig anders erleben. Der eine schaut aus seiner Jugendstilwohnung ins Grüne, der andere aus seinem Souterrain auf einen verwahrlosten Hinterhof. Der eine gleitet in seinem SUV durch den Verkehr, der andere fährt in der U-Bahn an trostlosen Vororten vorbei, sitzt im Regen auf seinem Fahrrad. Zwei Menschen in derselben Stadt. Ihr Empfinden kann so unterschiedlich sein wie Tag und Nacht.

Um genau dieses Phänomen geht es in der Psychogeographie. Und der Reaktionismus der Pandemie konnte einem die Subjektivität unserer eigenen Umgebungswahrnehmung sehr deutlich vor Augen führen. Gewohnt waren viele (auch ich) vor allem Bilder wie diese: nervtötender Berufsverkehr, der Lärm der Schulhöfe und Spielplätze, die Menschen auf dem Marktplatz, die strömenden Massen während der Rushhour. Doch auf einmal war alles anders. Die Straßen leer, die Büros, die Geschäfte. Vieles hatte auf einmal sogar geschlossen, Bars, Cafés, Restaurants.

Diesmal erlebten wir unsere alltägliche Umgebung sehr eindrücklich – weil die Pandemie die Tapete der Normalität vor unseren Augen einfach heruntergerissen hat. Und dabei wurde bewusst, dass unsere Umgebung auch geprägt ist. Denn die Welt, die Stadt insbesondere, trägt immer auch eine politische Qualität in sich. Und, bewusst oder nicht, wir selbst bewerten sie fast immer auch politisch. Ob wir wollen oder nicht.

Wie oft begegnen Sie schwarzen Menschen auf der Straße, Immigranten, Flüchtlingen? Erregt Ihr homosexueller Kuss im Café Aufsehen? Schauen Sie anderen Menschen auf der Straße offen in die Augen – und diese Ihnen? All das lässt Rückschlüsse zu, nicht nur auf die Straße, das Viertel, in dem Sie sich gerade aufhalten, sondern auch auf Ihre spezifische gesellschaftliche Stellung.

Ständig haben wir in der Stadt unsere Antennen ausgefahren, und diese registrieren weit mehr als nur die schicken Schuhe im Schaufenster, die rote Ampel, die Leuchtreklame über dem nächsten Discounter. Sie scannen die Umgebung weiter ab, tasten nach Reizen und Eindrücken, die in unseren Köpfen ein Soziogramm unserer Umwelt anlegen und diese komplizierte, überaus fein gezeichnete Karte ständig aktualisieren. Dass wir dabei automatisch bewerten, zeigt schon die Umgangssprache: Wenn wir von »guten« oder »schlechten« Vierteln sprechen, von einer »schönen Ecke« der Stadt oder einer »miesen Gegend«. Unsere innere Karte, unser politischer Stadtplan entsteht meist im Off unseres Bewusstseins, und doch bestimmt er maßgeblich unseren Wohlfühlpegel. Bestimmt, ob wir entspannt schlendern oder schnellen Schrittes gehen, die Schultern hochgezogen, die Augen auf den Boden gerichtet.

Wer mit dem Wissen um solche psychogeographische Strukturen einmal mit eingeschalteten Sinnen durch die Stadt läuft, wird fast überall feststellen, wie stark die meisten urbanen Viertel und Gegenden von solchen Mustern geprägt sind. Man könnte den Vierteln, Straßen, Plätzen statt ihrer altbekannten Namen dabei im Geiste einmal verschiedene Etikette verpassen, die schließlich zu ganz anderen Kategorien führen. Warum nicht mit Adjektiven arbeiten? Warm, kalt, grau, bunt, langweilig, aufregend, sicher, gefährlich, arm, reich, teuer, günstig; und so weiter. Labels dieser Art nutzen Reisekataloge und Stadtführer, um Fremden ein Viertel näherzubringen, zu erklären. Schon früh sind solche kategorischen Muster in den Städten aufgekeimt, haben sich immer weiter diversifiziert, entwickelt und ständig auch wieder verschoben. Arbeiterviertel sind dabei entstanden, Wohngegenden, Geschäftsviertel, Bankenviertel. Noch heute legen wir Stadtteile in solchen Schubladen ab: in Downtowns und Chinatowns, in Villengegenden und Alternativviertel, in Citys und Shopping-Meilen, in Studentenviertel und allerlei verschiedene Kieze. Solche Merkmale zeichnen Städte aus, übertünchen aber die Tatsache, dass die meisten Städte dabei zu sozialen Setzkästen geworden sind, strukturiert durch mehr oder weniger rigorose Demarkationsmuster: Trennlinien.

Der französische Autor und Filmemacher Guy Debord erkor darum eine Disziplin, um sich dessen nicht nur bewusst zu werden, sondern auch, um einmal an diesen urbanen Grundfesten zu rütteln. Das ziellose Umherwandern in unseren Umgebungen erhob er zur regelrechten Strategie: zur »revolutionären Umgestaltung unserer Welt«. Ziellosigkeit, das Paradigma des Zufalls also, als Widerstand gegen geplante Glätte, glatte Planbarkeit.

Debord war schon 1957 Mitbegründer der Situationistischen Internationalen, einer Gruppe von Künstlern und Intellektuellen, die auch den Begriff der Psychogeographie prägte – eine Mischung aus hochtrabender Avantgardetheorie und politischem Aktivismus. Inspiriert von den Collagen der Dadaisten und Surrealisten schnitt Debord für einen psychogeographischen Stadtführer der Stadt Paris Schnipsel aus dem Stadtplan aus und setzte sie nach dem Zufallsprinzip neu zusammen. Es entstanden dabei völlig neue Spazierrouten, ungewohnt vermischte Stadtbilder und ganz neue Eindrücke der Stadt. Eine spontane, zweckentfremdete Erfahrung des urbanen Raums war das Ziel Debords, mit der Absicht, die vorherrschende gesellschaftliche Ordnung zu unterwandern.

Was geschähe heute, wenn wir den realen Alltag unserer Städte einmal wirklich à la Guy Debord auseinanderschneiden und die Schnipsel anschließend rein zufällig wieder auf die Welt rieseln lassen würden? Ich schließe die Augen, versuche mir das einmal vorzustellen und sehe nunmehr so kuriose wie famose Bilder. Sehe betagte Westberliner Pelzträgerinnen auf den Drogenumschlagplätzen im Kreuzberger Görlitzer Park. Sehe eine junge queere Technogeneration auf der Düsseldorfer Königsallee. Sehe Dreiräder, Kettcars und Holzroller, die mit Knirpsen als Piloten durchs Frankfurter Bankenviertel rattern.

Obwohl das Flanieren in der deutschen Literatur eine lange Tradition hat, ist das Konzept der Psychogeographie hierzulande weitgehend unbekannt. In Großbritannien erlebte die Disziplin und Kunstform als Reaktion auf die zunehmende Privatisierung und Gentrifizierung und damit einhergehende Verdrängung von Kulturen und Lebensstilen in den neunziger Jahren eine Renaissance. Und was dabei geschehen kann, hat der britische Filmemacher, Schriftsteller und Londoner Stadtbeobachter Iain Sinclair sehr treffend formuliert: »Vorsätzliches Treibenlassen«, schreibt er, »ist der empfohlene Modus, wachträumend über die asphaltierte Erde zu streunen und der Fiktion eines darunter verborgenen Musters die Möglichkeit zu geben, sich zu offenbaren.«

Zuletzt ist bei der Idee solcher Stadtwahrnehmungen, bei der alle Karten komplett neu gemischt werden, vor allem auf eine männliche »Blickhoheit« hingewiesen worden. Denn fast alle »Flaneure«, die sich die Mühe machen, Städte derart neu zu denken und aufzumischen, sind noch immer vor allem männlich und weiß – und ihre unbehelligten Wanderungen im öffentlichen Raum ein Privileg. Zum Glück hat die Autorin Lauren Elkin in ihrem 2016 erschienenen Buch *Flâneuse* erstmals auch weiblichen Stadterkunderinnen wie Jean Rhys oder Agnès Varda zu einem Platz in der Kulturgeschichte verholfen.

Doch wie ergeht es anderen? Wie den Außenseitern, Randfiguren und Zugewanderten, die den Versuch wagen, die frigide Hausordnung der Städte einmal aufzubrechen und stattdessen eine illustre Polyphonie anzustimmen?

Ein Text, der mir in dieser Hinsicht sehr in Erinnerung geblieben ist, ist Garnette Cadogans Essay mit dem Titel »Ein Schwarzer geht durch die Stadt«. Schon zu Jugendzeiten im Jamaika der achtziger Jahre entwickelte Cadogan Begeisterung dafür, seine Heimat zu Fuß zu erkunden: »Kingston mit all seinen kulturellen, politischen und sozialen Ereignissen wurde für mich ein komplexer, oft bizarrer Stadtplan, als dessen Nachtkartograph ich mich berufen fühlte.« Als er zum Studieren jedoch in die USA zieht, verliert das Spazieren die gewohnte Selbstverständlichkeit. Einschneidend beschreibt Cadogan alltäglichen Rassismus, misstrauische Blicke von Passanten und Polizeiwillkür. »Der Bürgersteig«, heißt es über New Orleans, »war ein Minenfeld, jedes Zögern (…) beschnitt meine Würde. Trotz all meiner Bemühungen fühlte sich die Straße nie angenehm, nie sicher an. Selbst ein einfaches Grüßen war verdächtig.«

Auch der Umzug ins liberale New York änderte daran wenig. Cadogan, ausgestattet mit feinfühligen Antennen, verspürte allzu deutlich die ausgrenzenden und vereinsamenden Folgen der urbanen Raster. Und er konnte nicht anders, als zu einem wenig ermutigenden Schluss zu gelangen.

Der Versuch einer Durchmischung scheitert, das Experiment, Festgefahrenes durch das Fremde aufzubrechen, misslingt. Die Mauern des Gewohnten scheinen zu hoch, die Kräfte des Etablierten zu stark, und die Angst vor Neuverteilung – sie ist zu groß. Lieber bewegen wir uns auf den immer gleichen Wegen zu den immer gleichen Uhrzeiten, nehmen die Stadt ausschnittartig wahr, so dass sie unsere Routinen stets aufs Neue bestätigt.

Eine beliebte Formel, vor allem für die Alteingesessenen; und der Bau der meisten Städte passt vorzüglich dazu. Beschleunigt durch Gentrifizierung, Digitalisierung und nun auch noch Corona haben die Choreographien viele urbaner Zentren allerdings inzwischen dazu geführt, das ungewohnte wie ungewollte Begegnungen von vornherein verhindert werden.

Wie sich solche Entwicklungen im Alltag und sozialen Miteinander auswirken, wird heute immer deutlicher. Und es bedarf keiner abstrakten Künstler oder wortgewandter Schriftsteller, um zu sehen, was geschieht. Riskante Begegnungen werden zunehmend gemieden, und – im Falle ihres Eintretens – ebenfalls zunehmend weniger verhandelt. Es folgt stattdessen, auch das dürfen wir ausführlich beobachten: die Eskalation.

Corona greift diesem Phänomen nun noch einmal ordentlich unter die Arme. Die »Drehscheiben«, wie die Soziologin Jutta Allmendinger öffentliche Begegnungsräume in den Städten nennt, sind sowieso schon zu großen Teilen flöten gegangen. Durch Lockdowns und damit einhergehende Restriktionen aber drohen nun auch noch einige der letzten analogen Bahnen des Miteinanders zu verkümmern, zu verschwinden. Die Fahrt zur Arbeit, die Begegnung am Arbeitsplatz oder die persönliche Begegnung bei Meetings sind großenteils entfallen oder durch Homeoffice, Streamings und andere Übertragungswege ersetzt worden. Ähnliches gilt für die Kirche, für Sportevents, für Clubs, für größere Versammlungen.

Einiges dürfte nach der Pandemie wieder zu einem halbwegs bekannten Betrieb zurückkehren – vieles nicht. In Windeseile haben Hunderte Firmen und zahlreiche Großunternehmen die Vorteile von Homeoffice, Zoom, Online-Business und Co. entdeckt. Zunächst zwangsweise dazu verdonnert, lagen die nachhaltigen Ergebnisse dieser Corona-bedingten Versuchsphase schnell auf dem Tisch. Nachhaltig sind sie vor allem für die Bilanzen. Filialen werden darum demnächst noch energischer geschlossen, Büroräume dezimiert, der Handel weiter ins Netz verschoben. Im Kielwasser von Corona ist auch der Ruf laut geworden, die Schulen endlich mit Nachdruck zu digitalisieren. Homeoffice, Homeschooling, Homeshopping: Die Weichen sind gestellt, längst stehen all diese Begriffe in den Lexika. Strammen Schrittes marschieren wir in Richtung Volldigitalisierung.

Laut einer Umfrage im Sommer 2020 entwickeln fast alle führenden DAX-Unternehmen Konzepte, wie ihre Mitarbeiter dauerhaft mehrere Tage pro Woche von zu Hause aus arbeiten können. Den Innenstädten, Randbezirken und Speckgürteln, aber auch dem alltäglichen Leben dürften dabei so drastische Änderungen bevorstehen, dass die Folgen noch gar nicht abzusehen sind. Corona war ein »globales Brachialexperiment in neuer Erwerbskultur« schreibt der *Spiegel*, die Krise sorge für den wohl schnellsten grundsätzlichen Wandel der Arbeitskultur seit Beginn der Industrialisierung. Vor allem in den Städten werden viele Arbeitsflächen bald nicht mehr gebraucht, und ein plakativer Satz dazu hat längst den Weg in die Schlagzeilen gefunden: »Der Büroturm hat ausgedient.«

Schon seit 2014 versucht eine steigende Zahl von Menschen laut Erhebungen aus den Städten hinauszuziehen. Mit der Pandemie hat sich auch das noch einmal verstärkt. Über 40 Prozent derjenigen, die in einer Wohnung leben, äußern laut einer Umfrage des Meinungsforschungsinstituts Vivec inzwischen den Wunsch, in ein Haus mit Garten zu ziehen. Der Immobilienmarkt, das Wohnen schlechthin dürften sich auf Dauer grundlegend verändern.

Es wird bei diesem Prozess neue Freiheiten geben und neue Zwänge, neue Gewinner und neue Verlierer. Wie sich bei diesem substanziellen Wandel ein neues Miteinander im gesellschaftlichen Gewebe ergeben kann, ist nun eine der entscheidenden Fragen. Dass wir die derzeitige Metamorphose jedoch nicht nur als Chance begreifen sollten, sondern müssen, steht außer Frage. Zu krass haben sich Fronten gebildet, Lager abgenabelt, haben diverse Faktoren die grundsätzliche Idee von Nähe, Begegnung und Solidarität zertrümmert.

Auch wenn während Corona anfangs eine Fairness verband, ist uns ein elementares Vertrauen abhandengekommen. Vor allem die Ungebildeten, dies bestätigen Soziologen wie Jutta Allmendinger, wenden sich ab. Sie tun dies in großer Zahl, auf dem Land wie in den Städten, wo das Leben »segregiert« sei, getrennt insbesondere nach Einkommensklassen. Und daraus ergäbe sich zwangsläufig, was jede Konversation unterbindet: eine »soziale Schließung«.

Schon vor Corona war von dem Künstler und Wissenschaftler Manuel Gogos eine Ausstellung im Literaturzentrum der Burg Hülshoff im Münsterland zu sehen. Sein Thema war der Rückzug in die eigene Blase und das Aufkommen einer neuen Abschottungsepoche. »Blinde Flecken, World Wide World, Dark Magic« stand zu lesen, als das »Biedermeier-Phantasma #2: Zimmerfluchten« eröffnete.

Im 19. Jahrhundert war der Biedermeier die Reaktion auf das Ende der Napoleonischen Ära. Die Menschen zogen sich ins eigene Heim zurück, frönten dem Familienleben, hörten Kammermusik, strickten und nähten am heimischen Ofen. Heute existiert diese Form des Familienlebens schon lange nicht mehr. Zudem führen Globalisierung, Kriege, Migration, Klimawandel, die Angst vor Pandemien zu einer zunehmenden Erschütterung: Das Krisengefühl ist permanent, die politische Landschaft wackelt. Was folgt? Gogos will darlegen, dass die Furcht vor der Geschwindigkeit der Moderne, die Ohnmacht gegenüber globalen Dynamiken und der Verlust der Privatsphäre durch die Digitalisierung zu einem neuen Panikzustand geführt hat: Hilfe, wir werden überrannt, überlaufen, überwacht, werden ausgenutzt, ausgequetscht und auch noch ausgelacht!

Die ängstliche Reaktion könnte nun in einem Neobiedermeier gipfeln, der alle technologischen Möglichkeiten ausschöpft und sämtliche Merkmale aufweist, die charakteristisch für die neuen Zeiten sind. Eine Art Cocooning 3.0, die maximale Einstellung in der kontaktbefreiten Komfortzone.

Etwas schräg, aber keineswegs deplatziert beamten die

Macher der Ausstellung die deutsche Dichterin Annette von Droste-Hülshoff ins 21. Jahrhundert und ließen sie singen: *I wanna dance with some Biedermeier who loves me.*

Der Glasgow-Effekt und der Weg zu offenen Lösungen

Von Natur aus sind es die Ballungszentren, in denen sich nicht nur die schönen Dinge und Aspekte des Lebens summieren, sondern auch die Probleme. Im Umkehrschluss liegt in den urbanen Verdichtungsräumen aber auch das größte Potenzial, Schieflagen zu korrigieren. Darum sind es besonders die Städte, die immer wieder im Fokus stehen, wenn es um das Finden neuer Wege geht, darum, umzudenken und eine bessere Zukunft zu bauen. Dabei müssen die Säulen des modernen Lebens immer wieder neu ausgerichtet werden: Mobilität, Erwerbskultur, Kommunikation, die Strukturierung von Wohn- und Lebensraum, der effiziente Einsatz neuer Technologien. Das Phänomen der gesellschaftlichen Auseinanderdrift scheint mit vielen dieser Faktoren in einer engen Kausalität zu stehen, weshalb dem Thema bei politischen, wirtschaftlichen und gesellschaftlichen Entscheidungen unbedingt mehr Gewicht verliehen werden muss. Die Städte werden dabei eine zentrale Rolle spielen. Denn das Problem tritt hier nicht nur am massivsten auf, man könnte ihm hier auch massiv entgegenwirken.

Doch was ist es letzten Endes, woran die Städte kranken? Und woran liegt es, dass sie viele Menschen regelrecht krank machen? In der jüngeren Geschichte fiel bei dieser Frage besonders eine Stadt immer wieder als urbaner Problemfall auf, ein prototypischer Vorzeigepatient sozusagen, den Experten unter

die Lupe nahmen. Es geht um eine Stadt im Vereinigten Königreich Großbritannien.

Wer im schottischen Glasgow einen Großteil seines Lebens
verbringt, hat keine prickelnden Aussichten. Die Statistiken
sprechen eine klare Sprache: Die Glaswegians – so nennen sich
die Bürger der Stadt – haben ein deutlich kürzeres Leben als
die Einwohner fast aller anderen Städte auf der Welt. Männer
erwischt es besonders krass: Im Schnitt sterben sie in Glasgow
etwa sieben Jahre früher als Bewohner im restlichen Großbritannien.

Die genauen Gründe kennt niemand. Die erschreckenden
Zahlen bleiben. Wer in der einwohnerreichsten Stadt Schottlands lebt, muss gegenüber anderen Städten mit einer 30 Prozent höheren Wahrscheinlichkeit rechnen, dass er oder sie vor
dem Erreichen des 65. Lebensjahres stirbt. Es scheint fast so, als
läge ein Fluch über Glasgow. Immerhin sind Wissenschaftler
inzwischen mehr als 40 Hypothesen nachgegangen, um herauszufinden, warum die Lebenserwartung ausgerechnet hier
so niedrig ausfällt.

Einige vermuteten, dass die Menschen in der schottischen
Hafenstadt unter einem Mangel an Vitamin D leiden, weil die
Sonne über Glasgow so selten scheint. Die Wetterstatistiken
aber verrieten schnell: Vielen anderen britischen Städten sind
kaum mehr Sonnenstunden vergönnt. Ein hoher Grad an Fettleibigkeit in der Bevölkerung, religiöse Konflikte und mentale
Probleme – auch diese Ursachen, führten Forscher an, könnten
zu der deutlich kürzeren Lebenserwartung führen. Und dabei
schielten sie auf eine weitere beunruhigende Statistik: Die Suizidrate in Glasgow lag in den letzten Jahren relativ konstant
um etwa 70 Prozent höher als im Rest des Landes.

Zahlen anderer Erhebungen offenbaren indes eine weitere
Tatsache: In keiner anderen britischen Stadt sind so viele Menschen von Armut betroffen – generationsübergreifend und be-

reits in jungen Jahren. In Glasgow wächst eins von drei Kindern in Armut auf. Doch sind es nicht nur die Mittellosen, die diese Statistik trüben. Zur Sterberate, die in Glasgow bis zu 15 Prozent höher ausfällt als im übrigen England, trägt hier jede Einkommensklasse bei, egal ob arm oder wohlhabender.

Fazit der Experten: Es muss noch andere Gründe dafür geben, dass die Menschen in Glasgow nicht gerade rosig durchs Leben kommen. Faktoren, die in der schottischen Metropole wahrscheinlich zwar ausgeprägter und zahlreicher anzutreffen sind als anderswo, das Stadtleben jedoch generell negativ prägen.

David Walsh, Direktor des Glasgower Zentrums für Bevölkerungsgesundheit, wollte der Glasgower Misere auf den Grund gehen. Warum nur waren die Menschen in seiner Stadt so viel schlechter dran als alle anderen? Er begab sich auf Spurensuche und stellte schon bald die These auf, dass vor allem die Stadtplanung und Urbanisierung der fünfziger Jahre die Glasgower so anfällig gemacht hat für psychische wie physische Erkrankungen. Und Walsh hatte noch eine weitere Entwicklung in Verdacht, die seiner Stadt zusetzte: die Deindustrialisierung in den siebziger und achtziger Jahren, als viele ihren Job verloren und in die Armut abrutschten. Ein drastischer Wandel, der von der Stadtplanung nie aufgefangen wurde.

Was geschah genau? Als in Europa verstärkt die Tertiärisierung einsetzte – der Wandel von der Industrie- zur Dienstleistungsgesellschaft –, kam Glasgow nicht mit. Viele alte Jobs in Bergbau und Schwerindustrie fielen weg, da Kohle, Erz, Öl und Gas zunehmend günstiger aus anderen Ländern importiert werden konnten. In anderen Industrien setzte die Automatisierung ein, zudem schuf der Dienstleistungssektor um immer mehr neue Produkte immer mehr neue Jobfelder: Liefer- und Reparaturdienste, Speditionen, Versicherungen, Banken; Anwälte wurden gefragter, Wirtschaftsprüfer, Unternehmensberater,

Ingenieure, derweil Freiberufler ihre Dienste anboten, Werbeagenturen, Fluggesellschaften, Restaurantketten wuchsen, die Frauen auf einmal als Stewardessen arbeiten und junge Männer als Designer.

In Städten wie Frankfurt am Main, Paris oder London etwa kamen bald an die 90 Prozent der Bruttowertschöpfung aus dem Dienstleistungsbereich. Kurz: Die Malocher hatten ausgedient, man studierte nun stattdessen, verdiente sein Geld in neuen, modernen Berufen. Was in Glasgow daraus folgte, nennen Experten »sozialräumliche Disparitäten«. Zu Deutsch: Die einen leben in schönen Vierteln, wohnen in schönen Wohnungen, arbeiten in schönen Büros – während die anderen in immer ärmeren Verhältnissen darben. Glasgow hatte diesen Zug verpasst. Und bekam die Folgen zu spüren: Mit seinen 1,5 Millionen Einwohnern war die schottische Metropole hinter London und Birmingham zwar die drittgrößte Stadt im Vereinigten Königreich, wurde von der Deindustrialisierung jedoch am ärgsten gebeutelt.

Weite Teile des Stadtgebiets, von der City bis zum Umland, trafen die Folgen eines beispiellosen Niedergangs. In einigen Vierteln lag die Arbeitslosenquote bald bei über 50 Prozent, die Menschen lebten unter teils untragbaren Bedingungen und strandeten im bitteren Abseits: in der sozialen Marginalisierung.

Mit seiner Annahme lag Walsh also genau richtig, und was bald als »Glasgow-Effekt« bekannt wurde, machte erstmals unmissverständlich klar, was lange nicht einmal in Betracht gezogen wurde: dass die Menschen in den Städten oft nicht an Krankheiten leiden, nicht primär an schlechtem Wetter, Fettleibigkeit oder Glaubenskriegen – sie leiden ganz konkret unter den Umständen ihrer Stadt.

Viele Häuser und Gebäude in Glasgow waren inzwischen heruntergekommen, an den Wohnblöcken der Nachkriegszeit bröckelte der Putz. Und die schäbigen Sozialwohnungen drückten der finanziellen Armut auch noch einen architektonischen Stempel auf, ähnlich wie die Plattenbausiedlungen in der ehemaligen DDR oder in Frankreichs Banlieues. Und auch für heutige Konzepte der Stadtplanung ist es dabei wichtig, die Ursprünge dieser Entwicklung zu begreifen.

In Glasgow hatten sich die Strategen lange an den einstigen Visionen des französisch-schweizerischen Architekten Le Corbusier orientiert. In den dreißiger Jahren wollte er die moderne Stadt von vielen kleinen Einzelimmobilien befreien, setzte stattdessen auf große Wohntürme, die mehreren hundert Menschen gleichzeitig Wohnraum bieten sollten. Drumherum: große, weite Plätze mit einzelnen Grünflächen. Dies war im Grunde gut gedacht. Le Corbusier wollte dem Wunsch vieler Menschen gerecht werden, vom Land in die Städte zu ziehen, um so am urbanen Wohlstand teilzuhaben.

Und die Neubauten waren noch aus einem anderen Grund bitter nötig. Ein Großteil der Glasgower nämlich hatte bis dahin in Wohneinheiten gehaust, in denen sich zehn Familien einen Wasserhahn teilten; ansonsten gab es kein fließendes Wasser, keine Zentralheizungen. Umstände, die teils noch bis in die siebziger Jahre vorzufinden waren.

Auch darum entstanden bald viele Neubauten, große, unpersönliche Türme wie die berüchtigten »Red Road Flats«, 28-stöckige Stahlsilos ohne Balkons, in denen die Wohnungen wie Schuhschachteln nebeneinander, übereinander, untereinander klebten. Hinzu kamen baukastenähnliche Häusergruppierungen, die dicht gepresst aneinanderstanden: Wohnblocks im wahren Wortsinn. Eine Wohnkultur, die in die Architekturgeschichte Schottlands eingegangen ist als »Post-War Brutalism«.

Doch was zu den heutigen Problemvierteln geworden ist, bedeutete damals erst einmal Luxus. Ein Luxus mit wenig Privatsphäre allerdings. Wer es sich darum eines Tages leisten konnte, zog in die neuen Vororte, weshalb sich die Armut in den kommenden Jahren immer mehr auf das Stadtgebiet von Glasgow konzentrierte.

Wer heute einmal am Kottbusser Tor in Berlin steht, weiß, was so eine Architektur mit ihrer Umgebung und den Menschen macht: Sie engt ein, das Urbane besiegt alles. Kein Freiraum, Wohnung an Wohnung, dazwischen laute Straßen, Parkgaragen, U-Bahn-Trassen.

Eine Wohn- und Lebensform, an der viele Städte bis heute kranken und die als genereller Makel erkennbar wird: Je dichter die Menschen aneinander(k)leben, desto mehr ziehen sie sich zurück, desto mehr wird aus dem Austausch die Abschottung, aus der Idee einer Öffnung ein Reflex der Schließung. In Glasgow verdichteten sich diese Umstände und führten letztlich zu einer überaus ungesunden Entwicklung.

Wir können viel daraus lernen. Denn wenn – trotz Corona, trotz einer gewissen neuen Landflucht – prinzipiell immer mehr Menschen in die Städte strömen, müssen gerade die urbanen Zentren agieren. Müssen Impulse geben für Zusammenkunft, nicht für Vermeidung. Das inzwischen international bekannte und viel studierte Beispiel Glasgow lehrt uns dabei vor allem eines: dass bekannte und vorgefertigte Muster der Stadtplanung, entwickelt aus der Perspektive weniger, niemals reichen, um Lösungen für viele zu ersinnen. Schon gar nicht in Zeiten, in denen das Leben in den Städten immer komplexer wird.

Wie nie zuvor kommen in den heutigen Städten Menschen aller Altersgruppen zusammen, Menschen aller Einkommensklassen, Menschen unzähliger Bildungsstände, Erfahrungshintergründe und zunehmend auch verschiedener Kulturen. Städte sind heute nichts anderes als Super-Melting-Pots, deren Ingredienzen und Konstellationen zutiefst vielfältig ausfallen und nicht mehr überschaubar sind. Die moderne Stadt ist schon lange nicht mehr multikulti. Multikulti beschreibt die Dimensionen nicht ausreichend. Die moderne Stadt ist in Wahrheit zu einem hyperindividuellen Lebens-, Arbeits- und Transitraum geworden, in dem tausend Spielregeln gelten, tausend Logiken regieren und noch mehr Identitäten existieren.

Das Festhalten an gestrigen Vorstellungen von Egalität und Gemeinsamkeit ist darum nur noch Farce, das Experiment gefragter denn je. Anders gesagt: Beim Äußeren der Stadt wird noch immer eindimensional gedacht – im Inneren aber hat die Explosion längst stattgefunden.

Was aber können wir tun, um die Städte dieser neuen, kaum zu durchschauenden Zersplitterung in Tausende Biographien anzupassen?

Wie es gehen könnte, zeigt der dänische Architekt und Stadtplaner Jan Gehl. Er hat ein Buch veröffentlicht mit dem Titel »Städte für Menschen«. Darin stellt er vor, wie Stadtviertel lebendiger werden, dabei die Vorteile des Stadtlebens – gute Infrastruktur, kurze Wege, viel soziale Mobilität – mitnehmen, die Nachteile jedoch minimieren. Gehl arbeitet mit vielen begrünten Fußgängerzonen, Fahrradwegen. Und viel wichtiger: einem durchmischten Wohnkonzept. Von reinen Einkaufsmeilen oder Gewerbegebieten will er sich verabschieden. Auch die Gebäude sollen divers ausfallen: Büroräume, Wohnungen oder etwa Cafés sind bei Gehl in ein und demselben Haus zu finden. Das Ziel: Die Räume sollen die Stadtbewohner nicht mehr trennen, sondern zur Begegnung einladen. Auf den Grünflächen kommt der Mensch zur Ruhe, und neben der sozialen Durchmischung nimmt auch das kulturelle Angebot mehr Raum ein. Auf andere Infrastrukturen hingegen, an denen viele Städte auf der Welt bis heute festhalten, kann Gehl fast komplett verzichten. Autos sollen nach seinem Geschmack am besten draußen bleiben, der Transport in den Innenstädten dafür leiser, grüner, sauberer, raumsparender und vor allem gesünder stattfinden.

Zusammengenommen könnten diese Wandlungen viel bewirken. Könnten nicht nur die Raumaufteilung in den Städten komplett umkrempeln, dabei den Klimaschutz fördern und die Lebensqualität steigern – sie könnten vor allem der gesellschaftlichen Zersetzung entgegenwirken.

Einige Städte setzen solche Ideen bereits um. Inzwischen auch Glasgow, wo so viel vermasselt wurde. Die Sauchiehall Street etwa wurde als eines der ersten Projekte umgestaltet. Vorher eine vierspurige Hauptstraße, ist sie weitestgehend zu einer mit grünen Inseln durchzogenen Fußgängerzone umgestaltet worden. Ein 2,5 Kilometer langer Versuch, wieder Leben und Gemeinschaft in die Stadt zu bringen. Weitere Umgestaltungen dieser Art sollen die Stadt weiter auflockern, sollen dafür sorgen, dass Menschen sich wieder begegnen, mehr rausgehen und sich in den Pubs treffen. Denn auch das war und ist bis heute eine der Konsequenzen im verplanten Glasgow: *home drinking* – einsames Trinken im wenig trauten Heim.

Die Städte in luftige und durchmischte Räume umwandeln, das will nicht nur der Däne Jan Gehl. Auch Joachim Schares und Axel Bienhaus wollen die Städte weiträumiger machen, wollen sie entspannen. Der Raum- und Umweltplaner und der Architekt sind die Geschäftsführer des Planungsbüros Albert Speer + Partner und gelten als Vordenker für die Städte der Zukunft. Und diese wollen sie am liebsten »blau-grün« umbauen. Sie sehen eine Renaissance der Kieze vor sich, sehen viele kleine Zentren, wo Wohnen, Arbeiten, Kultur und Sport zusammenfließen. Die Räume der Städte sollen nicht mehr nach Funktionen definiert, ihre Schauplätze nicht mehr so rigide voneinander getrennt sein. Das Motto: Hier wird von dann bis dann gearbeitet, dort von dann bis dann geshoppt, im Wohnviertel von dann bis dann geschlafen. Das städtische Geschehen soll sich vielmehr verbinden, soll verquicken.

Die Lösung: mehr öffentliche Freiflächen, mehr Grün, weniger Autos. Schares und Bienhaus möchten die Städte durchlüften – als würde man in einem stickigen Raum die Fenster aufreißen wollen. Dies würde die Städte nicht nur beim Klimaschutz voranbringen, würde sie nicht nur resilienter auch gegenüber zukünftigen Pandemien machen, vor allem eines würde ermöglicht: die Teilhabe möglichst vieler am Leben der Stadtgesellschaft.

Wie dringend nötig ein solches Umdenken und letztlich auch die Umsetzung ist, macht ein Blick in die Zukunft deutlich. Eine nahe Zukunft, die sich schon jetzt jeder ausmalen kann. Schares und Bienhaus umreißen sie in etwa so: eine globalisierte Welt, die immer voller wird, in der Klima und Pandemien uns zusetzen werden und in der der gesellschaftliche Zusammenhalt über die großen Fragen entscheiden wird. Die Post-Corona-Metropole dürfte dabei einer der Angelpunkte sein, ob wir es wuppen werden oder nicht.

Dass es kein Ding der Unmöglichkeit ist, selbst die großen Kapitalen neu zu denken und neu aufzustellen, zeigt Paris. Auch hier wollen einige energisch frische Wege gehen, allen voran die Pariser Bürgermeisterin Anne Hidalgo. Frankreichs Hauptstadt will sie ziemlich progressiv umgestalten: Damit die Pariser Bürger häufiger mit dem Fahrrad fahren und zu Fuß gehen, sollen auch hier Autos größtenteils aus der Stadt verschwinden. Die konkreten Pläne für den Umbau der Stadt veröffentlichte die Bürgermeisterin im Januar 2020. Viele Arrondissements sollen fahrradtauglicher und fußgängerfreundlicher werden, die Autos von den Bildflächen verschwinden. Diese Ideen scheinen radikal, und viele Pariser, unter anderem die Taxifahrer, gingen auf die Barrikaden.

Dass jedoch irgendetwas geschehen muss, macht Paris mehr als deutlich: Kaum eine andere Stadt wurde von Corona so heftig getroffen, kaum eine andere Stadt musste in letzter

Zeit so viele Krawalle und Proteste über sich ergehen lassen, und kaum eine andere Metropole zeichnet sich durch ein so vielstimmiges Leben verschiedenster Menschen und Kulturen aus. Ein Durcheinander, das ohne ein Miteinander in Zukunft nicht weit kommen wird. Dass die Pläne der Bürgermeisterin nun auch weitgehend umgesetzt werden, hing dabei vor allem von ihnen ab, den Bürgern selbst, die Anne Hidalgo im Sommer 2020 wiederwählten.

Die »Stadt der 15 Minuten«, die »Ville du quart d'heure«, wie Anne Hidalgo ihr Konzept eines »Paris der Zukunft« nennt, war dabei zentraler Bestandteil ihrer Wiederwahlkampagne. Nach ihren Ideen soll von jedem Ort der Stadt aus binnen 15 Minuten alles zu finden und zu erreichen sein, was man im Alltag braucht. Von einer sanften Revolution war die Rede, von einem grünen Vormarsch. Doch hinter der Absicht, unter anderem mehr Velowege zu schaffen und weniger Autos zu erlauben, steckt weit mehr als nur der wichtige Schritt, den Klimaschutz zu fördern, den Verkehr zu beruhigen, die Räume zu öffnen. Es steckt dahinter vor allem die Vision, die Menschen wieder zusammenzubringen. Hidalgo nannte ihre Kampagne nicht umsonst »Paris en Commun«. Und siehe da: Die Menschen entschieden sich für jene Losung, die nicht weiter fragmentiert, sondern die es frank und frei formuliert – ein »gemeinsames Paris«.

In Deutschland stehen wir vor keiner anderen Aufgabe. Denn auch hierzulande wurden viele Fehler gemacht. Sowohl westdeutsche als auch ostdeutsche Städte verfielen dabei einem ähnlichen Irrglauben wie Glasgow. Duisburg oder Gelsenkirchen im Ruhrgebiet zum Beispiel weisen teils bis heute ähnliche Strukturen auf: alte Wohnungen dicht an dicht, kaum freie Räume, Viertel, die nach ihren Funktionen streng voneinander abgeriegelt sind.

Als Vorzeigebeispiel hingegen gilt die Tübinger Südstadt. In der baden-württembergischen Universitätsstadt hinterließen die französischen Alliierten nach ihrem Abzug 1991 einen ganzen Stadtteil. Er wurde umgeplant und in ein neues, lebendiges Wohnviertel umgearbeitet, das in etwa den Vorschlägen des Dänen Jan Gehl folgt. Die Stadtmacher gewannen dafür viele Preise. 1995 landete Tübinger in einem Ranking auf Platz eins der lebenswertesten Städte Deutschlands.

Auch Berlin hat ein positives Beispiel zu bieten, selbst wenn die Stadtplanung hier nicht zu den Stärken zählt. Das Tempelhofer Feld hat jedoch gezeigt, dass sich Flächen neu denken und nutzen lassen, ohne zu einer Verdichtung beizutragen, sondern für mehr Himmel und Weite zu sorgen. Das gesamte Areal des ehemaligen Flughafens Tempelhof wurde 2010 für die Bürger geöffnet und so zu einer der größten innerstädtischen Freiflächen der Welt. Wo früher Flugzeuge starteten und landeten, können die Menschen heute auf über 300 Hektar grünem Freiraum skaten, schlendern, gärtnern, picknicken, grillen. Oder tun, was immer erlaubt ist.

Offenbar inspiriert genau das und lädt zum Experimentieren ein. In über zwanzig Projekten wurden hier inzwischen künstlerische oder soziale Ideen umgesetzt, und die Berliner ziehen mit. Bei einem Volksentscheid 2014 votierte die Bevölkerung sogar gegen eine Randbebauung des Tempelhofer Feldes, stimmte für eine weitgehende Erhaltung der freien Flächen. Behutsam will man die Nutzung des Tempelhofer Felds nun ausdehnen, auch dies dank gemeinsam erarbeiteter Ideen, die aus der Bevölkerung kommen. Von einem Partizipationsprozess sprechen Experten, und auch er ist Teil der Zukunft. Teil einer urbanen Idee, die Flexibles dem Rigiden vorzieht, das Demokratische dem Regulatorischen.

Es sind solche Maßnahmen, die den zwischenmenschlichen Austausch und das Gefühl von Zugehörigkeit stärken. Die Teilhabe am öffentlichen Leben gehört unbedingt dazu, für jedermann.

Ohne Frage ist dies eine große zivilgesellschaftliche Aufgabe und eine komplexe politische Herausforderung. Doch wir brauchen Orte, die Menschen zusammenführen und soziale Kohäsion entstehen lassen, überall in unseren Kiezen, Quartieren und Nachbarschaften. Es gehören dazu die Bühnen der Theater, die Museen, Konzerthallen und Open-Air-Kinos. Es gehören dazu Plätze, die auch genutzt werden. Plätze, die zum Verweilen einladen. Sie sind eines dieser so wichtigen Gegengifte, die die soziale Isolation und Einsamkeit in den Städten lindern. Parks und städtisches Grün zählen ebenfalls dazu. Orte, die uns dazu ermuntern, Zeit vor der Haustür statt dahinter zu verbringen. Jeder öffentliche Platz, jeder Taschenpark hat damit einen wichtigen Public-Health-Auftrag. Als ein Ort, der die Menschen zusammenbringt.

Ja, genau davon brauchen wir mehr.

Derzeit jedoch, tragisch, ist genau das Gegenteil der Fall. Denn Fakt im Jahr 2021 ist: Die befreienden Räume in den Städten, vor allem Parks und Freiflächen, sind im Verschwinden begriffen, sie werden immer weniger. Ursache: Die Preise für Grund und Boden steigen weiter, während sich das Leben in unseren Städten zusehends weiter ballt, verdichtet und verschließt.

Diese Entwicklung spricht jeder Idee eines urbanen Miteinanders Hohn. Der Wert einer Stadt darf sich darum nicht allein nach Markt, Wohnungsnot und Bebauungseifer bemessen. Damit die Menschen die Stadt wertschätzen, muss die Stadt die Menschen wertschätzen. Und dafür muss die gebaute Umwelt eben genau das sein: menschlich.

Momentan aber navigieren wir in die entgegengesetzte Richtung. Sowohl die urbanen als auch die digitalen Sphären führen gerade zu einer kollektiven Verhärtung der Membrane, zum

Austrocknen unseres gesellschaftlichen Miteinanders. Entmündigt von Empfehlungsalgorithmen zieht sich der moderne User in seine Blase zurück, ist unterwegs in einem Lebensgefühl der selbst designten Abschottung, derweil die Stadt offenkundig zum Manifest der Vereinzelung wird. Durch die Straßen schiebt sich ein Knäuel der Zersprengten, die Herzen in Wahrheit schwer, verängstigt von diesen Zeiten, die so ziemlich alles parat halten.

Manchmal, wenn ich mich umschaue, sehe ich eine monochrome Masse der Bezugslosen. Hoppers *Lonely Hearts*, narkotisiert und ein wenig freudlos, zugeschnürt von Misstrauen, lechzend nach Vertrauen. Wir schön wäre es da doch, Leben und Mitwelt gerade jetzt als Experiment zu begreifen, offen für Zwist und Streit, offen für Fortschritt und Weltwahrung. Und vor allem: offen für andere.

Wichtig wäre jetzt, dass die Städte uns dabei helfen.

Verlassen und vernachlässigt: Land leben

Das Idyll des ländlichen Friedens verkauft sich gut als Roman, die Realität sieht oft anders aus. Fernab der Städte schrumpfen Regionen, verschwinden Geschäfte, verfallen Häuser und vereinsamen Menschen, die sich zurückgelassen fühlen. Es klaffen dann Lücken, die Raum öffnen für Populisten, Polarisierung und Radikalisierung. Um das Land wieder zu beleben, sind neue Strukturen gefragt. Politik und Wirtschaft müssen helfen, die Bürger Initiative zeigen, Phantasie aufbringen und auch ein bisschen Mut. Dann aber können Knotenpunkte wachsen, die eine Gesellschaft verbinden: dritte Orte, die soziale Strahlkraft besitzen.

Sommer. Eine warme Brise weht über die Deiche, Menschen flanieren am Ufer, Seemöwen kreisen über eine Welt, die gut sechzig Kilometer von der nächsten Millionenmetropole entfernt liegt: Hamburg. Es ist das Jahr vor der Pandemie, als unweit der Elbe hochglanzpolierte Motorräder durchs Alte Land röhren, gefolgt von einem Tross pinkfarbener Straßenschlitten, in denen Elvis oder Dean Martin sitzen könnten. Die stolzen Mobile kommen von Westen, Süden, Osten. Ihr Ziel ist die Festung Grauerort, die 1879 von den Preußen errichtet wurde, um feindliche Schiffe abzuwehren, die stromaufwärts gen Hamburg drängten. An diesem Wochenende 2019 findet auf dem Gelände der alten Wehrstätte ein US-Car-Treffen statt. Großes Remmidemmi im Stil der fünfziger Jahre. Auf dem Areal stehen bald Dutzende alte Wagen, kirschrote Buicks, türkisfarben lackierte Cadillacs. Eine Liveband spielt lauten Rockabilly, Bier fließt, unter weit geöffneten Motorhauben glänzen die V 8-Zylinder.

Männer in abgewetzten Lederjacken stehen um die Autos, Frauen in Petticoats. Dazwischen Kinder, Mädchen, Jungen, ältere Herrschaften, Frauen aus den Nachbardörfern, Hipster aus Hamburg und Berlin, und dann schauen auch noch die Bauern vom Hof nebenan vorbei. Ein buntes Miteinander, mittendrin ein Stand der freiwilligen Feuerwehr, Würstchenbuden, ein kleiner Flohmarkt.

So kann es aussehen, das Landleben fernab der großen Stadt. Lebendig, ausgelassen. Verschiedenste Altersgruppen kommen zusammen, Menschen mit den unterschiedlichsten Interessen.

Ähnlich sieht es vielerorts aus, das Leben auf dem Land. Mit Vorliebe im Frühjahr, Sommer, Herbst. Auf den Dörfern steigen Schützenfeste oder Hafenfeste, da treffen sich die Treckerfans und rocken die Landbewohner zu alten Ohrwürmern, dargeboten auf Bühnen unweit der Scheunen und Kuhwiesen. Und immer fällt der Blick weit. Auf Felder und ehemalige Bauernhöfe, auf Tankstellen an der Hauptstraße, die bald schon wieder zu einer birkenbestandenen Allee in die Weite wird.

Das »Land« zeigt aber auch andere Bilder. Ebenfalls im Sommer, ebenfalls zur Blütezeit des Jahres. Und ebenfalls im Westen Deutschlands. Nur fünfzig Kilometer weiter im westlichen Niedersachsen fährt man durch eine Welt, die aufgegeben scheint. Dörfer, die ohne Fleischer auskommen müssen, ohne Friseur, ohne Supermarkt. Mit Glück gibt es noch eine Tankstelle im Umkreis, einen Bäcker, irgendwo einen kleinen Baumarkt. Dann und wann fahren Busse, man sieht kaum Menschen. Hier und da weht ein verirrter Radtourist durch die Weite, strampelt vorbei an dichtgemachten Möbelläden, Lampenläden, Kramgeschäften. Die Gardinen hängen tief und schwer in diesen Landstrichen, sie verdecken die Fenster in den verbliebenen Häusern, die noch bewohnt sind und deren Reetdächer schon die Vögel zerpflückt haben. Abends gehen die Lichter in diesen Häusern aus. Strom sparen. Dann wird es still und einsam und nur noch leerer hier draußen, und das Einzige, das jetzt noch läuft, ist der Fernseher. Countryblues, Deutschland im dritten Jahrtausend.

»Wenn auf dem Land die Einsamkeit grassiert«, nannte der Deutschlandfunk im Dezember 2019 ein Radiofeature und wagte sich dafür nach Brandenburg vor, in den Osten des Landes. Der Vorspann zum Bericht: »Wenige Städte, stattdessen viele kleine Dörfer, oft schlecht angeschlossen. In Brandenburg sind die Landespolitiker aufgefordert, etwas gegen die Vereinsamung von Menschen zu unternehmen. Einzelne Projekte und Initiativen schaffen schon jetzt Abhilfe.«

Ein grauer, kalter Dezembervormittag in Schönwalde, einem Dorf im Spreewald, achtzig Kilometer südöstlich von Berlin. Kaum Autos, kaum Fußgänger auf der Straße. Die Sparkasse, die es seit 1929 gab und die immer zum Dorf gehörte, hat inzwischen geschlossen. Die Sparkasse, die nie nur Sparkasse war, sondern auch ein Treffpunkt. Man kannte sich dort untereinander. Die Kunden, die Damen und Herren am Schalter. Es ging nie nur um Geld und Sparbücher. Es war immer Zeit auch für einen Plausch, einen Austausch.

Wie Schönwalde ergeht es vielen anderen Brandenburger Dörfern, wie so manchem deutschen Dorf auf dem Land. Die Post macht zu, der Friseur gibt auf, der Gasthof schließt. Der Metzger weicht den Gefrierfächern des Discounters. Überall verschwinden Stätten der Zusammenkunft. Die Zeit der Großfamilien, die über Generationen an einem Dorf festhielten, ist lange vorbei. Für Brandenburg zum Beispiel gilt: Fast jedes dritte Kind wächst inzwischen ohne Bruder oder Schwester auf, jedes dritte Brandenburger Kind ist ein Einzelkind. In der Region

Havelland-Fläming ist der Anteil der Kinder ohne Geschwister mit 29,2 Prozent noch am geringsten. Besonders hoch ist der Anteil der Einzelkinder bei alleinerziehenden Eltern. Landesweit leben hier 77 300 Kinder und Jugendliche unter 18 Jahren mit nur einem Elternteil zusammen – von ihnen hat gut die Hälfte keine Geschwister.

Die Zahlen sind nicht repräsentativ. Aber doch spiegeln sie ein Grundmuster des ländlichen Lebensgefühls. Und dazu gehört auch dieser Umstand: Die Möglichkeiten, sich außerhalb von Familie und Schule mit anderen zu treffen, schwinden zusehends. In Brandenburg etwa belegen Zahlen das so: Seit 2008 hat der Anteil der selbst verwalteten Jugendräume um etwa 30 Prozent abgenommen. Gemeinden und Ämter haben viele Jugendfreizeiteinrichtungen aufgegeben.

Überhaupt: aufgegeben. Das ist so ein Wort, das schnell fällt, wenn es um den ländlichen Kontext geht. Aufgegeben, geschlossen, verlassen, verwaist.

Welches Bild stimmt nun? Das des musikuntermalten Autotreffens bei Waffeln und Carl-Perkins-Songs, zelebriert unweit der Apfelhöfe und Pferdekoppeln? Oder das des vergessenen Ödlands, wo die Fassaden bröckeln und die Hunde mit einsamen Menschen an der Leine durch die Eintönigkeit spazieren?

Es ist nicht einfach zu sagen. Denn das deutsche Land ist facettenreich. Von Landlust einerseits zu sprechen, vom vereinsamten Fristen jenseits der schillernden Städte andererseits, ist darum irreführend und falsch. Und doch: Oft ist von einem Lebensgefühl der Isolation und Ausgeschlossenheit die Rede, wenn es ums Dasein auf dem Land geht. Um seine verlorenen Infrastrukturen, seine gekappte Verbindung zur Moderne, zum Zeitgeschehen.

Die Gründe, warum das so ist, liegen zunächst im Verborgenen. Immer deutlicher ist jedoch in den vergangenen Jahren geworden, dass nicht allein objektive Faktoren wie Arbeitsplatz, wirtschaftliche Sicherheit oder Bildung bestimmen, wie Menschen ihre Lebensverhältnisse empfinden, auch auf dem Land. Vielmehr ist es das »Gefühl der Welt«, wie es der Soziologe Heinz Bude nennt, das den Blick auf die Realität bestimmt. Deutlicher gesagt: das Gefühl von Eingebundenheit oder eben auch von Abgehängtsein.

Objektiv und im globalen Kontext betrachtet ist Deutschland zunächst nichts anderes als eine Insel der Glückseligen inmitten einer Welt von Jugendarbeitslosigkeit, Armut, Korruption, Kriegen und Flüchtlingscamps. So ließe sich womöglich auch die paradoxe Situation erklären, dass eine Mehrheit der Deutschen ihre persönliche Situation zwar als gut oder gar hervorragend bezeichnet, dem Land insgesamt jedoch schlechte Noten ausstellt. So stellte der Deutsche Paritätische Wohlfahrtsverband 2018 fest, dass oftmals eine Grundstimmung unter den Menschen festzustellen ist: »Mir geht es gut, aber Deutschland geht es schlecht« – wobei sich Letzteres besonders auf die ländlichen Gebiete bezieht. Als hätten diese ihren Stempel ein für alle Mal aufgedrückt bekommen. Als Regionen, die mit Brüchen, Zersplitterung und Zerfaserung ihrer politischen Historie und Kulturgeschichte zu kämpfen haben. Als Gegenden, in denen Einsamkeit, Segregation und Vereinzelung politischen Extremismus fördern. Als Ecken der Republik, denen es an Stabilität, Aufbau und Investition mangelt.

Aber ist dem wirklich so? Oder ist das zu einfach, zu kurz gedacht? Oder am Ende lediglich das Resultat zunehmender Darstellungen des Landlebens, die vor allem im Kontrast zum modernen Stadtleben aufgeblüht sind? Andersherum gefragt: Konnte die vermeintliche Tristesse, Misere und Abgehängtheit des ländlichen Daseins womöglich überhaupt erst aus dem Blickwinkel einer weltwichtigen urbanen Kultur heraus entstehen?

Unlängst hat die deutsche Schriftstellerin Juli Zeh Kritik ein-
stecken müssen. In einem Interview mit der *Basler Zeitung* aus
dem Jahr 2019 sprach sie von einer weiterhin bestehenden Kluft
zwischen Stadt und Land, von zunehmender »Offenherzigkeit
beim Äußern von Fremdenfeindlichkeit um den Faktor zehntausend« sowie von »noch ein paar Jahrzehnten Rückstand in
der Entwicklung bestimmter Werte« im ländlichen Raum Ostdeutschlands. Zugleich betonte Zeh, die selbst seit zehn Jahren im Havelland lebt, sie wolle aber auch die guten Seiten des
Landlebens sehen: »Auf dem Dorf weiß man noch, was Hilfsbereitschaft und Loyalität bedeuten. Die Bindungen zwischen
den Menschen sind stark, dafür interessiert man sich nicht so
sehr für den Staat und seine Politik.«

Man hätte es ahnen können, ist doch auch ihr Roman *Un-
terleuten* gespickt mit Klischees von fehlgeleiteten Städtern, die
aufs Land ziehen, um ihren Traum vom guten Leben zu verwirklichen – und daran scheitern. Zugleich bleibt das Landleben im Interview wie in Zehs Roman ein Ort der Ewiggestri-
gen, der Tumben und Kleingeistigen, ein Hort der alltäglichen
Gewalt. Zeh wird es wahrscheinlich besser wissen, gleichwohl
bedient sie freimütig einen Antagonismus, der offenbar nicht
zu überwinden ist: jenen zwischen urbaner Moderne und ländlicher Rückständigkeit, zwischen kalter Großstadt und heime-
ligem Dorf, in dem Menschen mit robuster Konstitution für-
einander da sind. Und dabei kommen dann Sätze heraus wie
dieser: »Hier draußen sagen die Eltern noch zu ihren Kindern:
›Hör auf zu heulen, sonst fängst du dir eine‹.«

Allzu schnell werden »Dörflichkeit« und »Ländlichkeit« in
solchen Aussagen als Pegelstandsmesser gesellschaftlicher Entwicklung missbraucht. Und Juli Zeh ist nur eine von vielen
Schriftstellerinnen, Journalisten und Intellektuellen, die sich
seit geraumer Zeit dem Thema Landleben widmen. Die Palette
reicht von den sogenannten Heuballenheften wie *Landlust* und

Co. über Landkrimis und Romane bis hin zu soziologischen Lebensberichten aus der französischen Provinz. Die Kulturwissenschaftler Werner Nell und Marc Weiland stellten zu dieser neuen Welle literarischer Bearbeitung des Landlebens 2018 in einem Artikel für die *Zeitschrift für Agrargeschichte und Agrarsoziologie* fest: »Die kulturelle Erfindung des Dörflichen markiert den Beginn einer Faszinationsgeschichte, die offensichtlich selbst dann noch weitererzählt werden kann, wenn bereits allseitig das Verschwinden des Dorfes konstatiert und mitunter auch betrauert wird: Die Topoi und Narrative des Dörflichen erweisen sich im kulturell Imaginären als erstaunlich konstant und flexibel zugleich. (…) Dabei ist davon auszugehen, dass es das Dörfliche (ebenso wie das Ländliche) in seinen jeweiligen idealtypischen Ausformungen, wie sie sich in Literatur, Malerei oder Film als Gegenentwürfe zu den Bildern und Erfahrungen einer unter anderem von Industrie, Verstädterung und sozialer Verdichtung geprägten Moderne finden lassen, in den historischen Zusammenhängen der zurückliegenden Jahrhunderte nie gegeben hat.«

Das macht aber nichts. Idealtypische Projektionen des Landhauslebens, garniert mit angekratzten Holzstühlen, Wolldecken und Wagenraddeko, gehen heute weg wie eisgekühlter Holunderbeerschnaps in der Hölle. Lifestylemagazine bedienen frohgemut die Sehnsucht gestresster Städter nach Ursprünglichkeit, Naturnähe und vermeintlicher Gemeinschaft. Im Trend liegt nun mal das Entkommen aus globalisierten, beschleunigten Machtapparaten, das Ankommen in der Harmonie der eigenen Hausnummer. Hier dämmert dann noch ein Bild von Urigkeit, Autarkie und Souveränität. *Cottagecore* eben. Lebenstraum nicht nur für Frührentner und Wohlbetuchte mit Landsitz, sondern längst auch für die in Kinderzimmer eingesperrte Taylor-Swift-Generation im Fluchtmodus.

Die unschönen Seiten des Landlebens sparen solche Klischees aus. Dennoch griffe es zu kurz, den neuen Landtrend nur als realitätsfernen Freizeitspaß für Hausfrauen, Krimifreunde und Hobbygärtner abzutun. Denn Verarbeitungen der ökonomischen, demographischen und sozialen Veränderungen der letzten Jahrzehnte spiegeln sich hierin allemal wider. Das imaginierte Dorf ist der überschaubare Mikrokosmos, der als Wunsch- oder Zerrbild gesellschaftlicher Verhältnisse dient. Ein Resonanzboden und Austragungsort individualistischer Orientierungsmuster: Kapitalistische Handlungspraktiken werden hier ebenso reflektiert wie kritisiert. Und das ist ganz ähnlich wie bei der Stadt. Denn auch das Landleben legt letzten Endes ein gesellschaftliches Innenleben bloß. Und gerade was Gemeinsinn und Vereinzelung betrifft, Zusammenhalt und Vereinsamung – auf dem Land spielt sich Lehrreiches ab. Auf die unschönen, aber gern ausgeblendeten Seiten des Landlebens sollten wir den Blick dabei besonders richten.

Schon in den fünfziger Jahren wies Hannah Arendt auf einen Zusammenhang hin, der heute mehr und mehr an Bedeutung gewinnt: auf das prekäre und bisweilen verhängnisvolle Verhältnis zwischen Isolation und Politik. In ihrem berühmten – und heute wieder hochaktuellen – Buch *Elemente und Ursprünge totalitärer Herrschaft* warnte Arendt davor, dass der Verlust sozialer Beziehungen anfällig machen kann auch für Intoleranz und Ideologien. Und wenn Vereinsamung und Isolation zu einem andauernden Zustand werden, ist die Gefahr besonders groß, erst recht in individualistischen Gesellschaften. Interessant ist, wie Hannah Arendt Vereinsamung und Isolation in diesen Zusammenhang versteht. Sie sprach von der »Verlassenheit«, die entsteht, wenn ein Mensch »aus dieser Welt hinausgestoßen wird«, wenn »jeder von jedem verlassen und auf nichts mehr Verlass ist«.

Vor allem ländlichen Regionen haften diese Attribute und

Funktionsweisen an, nicht nur in Deutschland. Gleiches gilt in Großbritannien, in Frankreich, in Belgien. Wer einmal durchs Hinterland von Lyon oder Dijon gefahren ist, durch die Provinzen nahe des schottischen Glasgow oder Dumbarton, aber auch durch viele deutsche Dörfer und Gemeinden im tiefen Osten, der weiß, warum der Volksmund das Wort »Kaff« erfunden hat. Verblichene, handgemalte Namen kleiner Geschäfte gammeln an schimmeligen Fassaden, die Läden längst aufgegeben. Die wenigen Damenboutiquen bieten vorgestrige Mode an, spätestens am frühen Abend ist kein Mensch mehr zu sehen. Manche mögen diesem Maroden einen gewissen Charme abgewinnen. Meistens sind das jedoch nicht jene Menschen, die in der Tristesse wohnen (müssen).

Kaff. Es ist ein spöttisches Wort. Wie auch alle seine Brüder, die das Land auf ähnliche Weise katalogisieren. Walachei, Pampa, Arsch der Welt. Die Benennung des Ländlichen fällt oft beleidigend aus, ebenso die seiner Bewohner. Dorfpomeranzen sind es, Torfköpfe und Hinterwäldler, die jenseits der Städte leben. Die Bezeichnungen sind bezeichnend. Sie drücken allzu deutlich die Kluft aus, die zwischen Stadt und Land herrscht, zwischen »mittendrin« und »außen vor«, zwischen Teilhabe am Zeitgeschehen und Ausgeschlossenheit.

Das kann man so hinnehmen. Ein seit der Urbanisierung gewachsenes Bild der sozialen, gesellschaftlichen und territorialen Unterschiede und Abgrenzungen. Man kann aber auch etwas genauer hinschauen und sich fragen, zu was das führen kann. Und zu was dies in den USA gerade erst geführt hat. Noch im Mai 2019 schrieb die *New York Times*: »How the Rural-Urban Divide Became America's Political Fault Line« – wie die Kluft zwischen Land und Stadt zu Amerikas politischer Bruchstelle wurde. Und es hieß weiter: »So ein Konflikt ist nicht allein in den USA zu finden, aber hier sind die Konsequenzen weitreichend.«

In den USA ist dabei ein Begriff im kollektiven Gedächtnis längst angekommen und gespeichert, der die Provinzler auf bitterböse Weise bewertet und der inzwischen wie ein Etikett auf den Landmenschen lastet: *The Left Behind* – die Zurückgelassenen. Der Autor Robert Wuthnow nutzte die tragische Aussage sogar als Titel seines 2018 erschienenen Buchs: *The Left Behind: Decline and Rage in Rural America.* Im Untertitel standen also gleich auch zwei Reaktionen, die gleichermaßen als Ursache und Folge dieses ländlichen »Zurückgelassenseins« durchgehen dürften: Niedergang und Wut.

Ob nun Wahrheit oder Dichtung, eines ist unverkennbar: Die gefühlte oder auch nur zugeschriebene Ausgrenzung des ländlichen Raums vom modernen Zeitgeschehen ist von besonderer Relevanz, aus diagnostischer Sicht, aber auch aus perspektivischer Vorsicht. Denn es kann für eine Gesellschaft gefährlich werden, wenn Menschen nur noch zu Hause sitzen, zurückgeworfen auf sich selbst, ihre eigenen Stimmungen, ihre Ängste und womöglich ihren Hass.

Und nennen wir genau dies unbedingt Einsamkeit. Denn sie ist in beiden Fällen real und in beiden Fällen bitter – wenn die Menschen auf dem Land diese Isolation entweder tatsächlich empfinden oder wenn sie weithin als derart isolierte Seelen bezeichnet, betrachtet und abgewertet werden. Es ist ein Denken, das sich festsetzen kann. Und das sich längst in den Köpfen festgesetzt hat.

Landeier. Es mag erst mal nur ein lustiges Wort sein. Bis die Landeier zurückwerfen. In den USA hat unter anderem dies zu vier Jahren Trump geführt, doch in vielen Teilen der Welt könnte mehr auf dem Spiel stehen. Auch bei uns.

Deutschlands Osten:
Eine Geschichte der Brüche

Besonders der Osten Deutschlands hadert mit den Herausforderungen der Vereinsamung, Vereinzelung und sozialen Segregation, zumindest offenbar mehr als viele westdeutsche Regionen. Das Auseinanderfallen von Beziehungsgeflechten und sozialen Netzen, aber auch die Abnabelung vom Gemeinwesen mag dazu geführt, die einhergehende infrastrukturelle, sozial- und gesundheitspolitische Entwicklung vieler Regionen diesen Prozess nur beschleunigt haben. Folge: Viele junge Menschen, vor allem Frauen, zogen fort, das Durchschnittsalter der Zurückgebliebenen stieg, Geschäfte schlossen, Investoren nahmen Abstand. Blühende Landschaften konnten so vielerorts nie entstehen. Und wenn irgendwo blühende Landschaften entstanden, wirkten die anderen umso verwelkter. Ein Umstand, der zwangsläufig zu Schieflagen, Verteilungsneid und Argwohn führt. Und dem es auch nicht hilft, wenn man obendrein auf eine besondere politische Historie und Kulturgeschichte blickt: auf eine Geschichte der Brüche.

In Andrea Hanna Hünnigers Roman *Das Paradies: Meine Jugend nach der Mauer* geht die Journalistin und Schriftstellerin einer ostdeutschen Kultur auf den Grund, die nach dem Mauerfall erst einmal aus einem Vakuum bestand. Eine Leerformel zwischen Vergangenheit und Gegenwart. Doch wo die Herkunft implodiert, verraten und vertan ist, wo eine gereifte und reflektierte Herkunft auch nie hergestellt wurde – da kann auch keine Zukunft entstehen. Dahinter stecken tief verwurzelte gesellschaftliche Mechanismen. Vergangenheit befreit eben auch, sie kontextualisiert, erinnert und lehrt die Menschen. Sie schafft Identität.

Psychologisch betrachtet ist damit besonders der Osten Deutschlands ein so außergewöhnliches wie interessantes Feld. Die Betrachtungen sind nicht nur auf der Mikro-, sondern auch auf der Makroebene anwendbar. Auf die Einsamkeit bezogen, betrifft die entscheidende Frage darum sowohl das einzelne Individuum als auch die gesamte Gesellschaft: Wer in Ich-Verweigerung und Emotionsvermeidung das Eigene zurückhält, wer darum auch Bindung fürchtet und meidet – wie soll der so ins Schneckenhaus Zurückgedrängte einen Wir-Stolz entwickeln? Wie nach vorn blicken, nach vorn gehen?

Vor diesem Hintergrund passt es nur zu gut, dass Juli Zeh und Kollegen mit Vorliebe und kreativem Elan die ostdeutschen Gefilde porträtieren. Die Schriftstellerin Manja Präkels hat ein Buch geschrieben über ihre Jugend in der ostdeutschen Provinz kurz vor und nach der Wiedervereinigung. *Als ich mit Hitler Schnapskirschen aß* wurde mit mehreren Preisen ausgezeichnet. Präkels kritisiert darin vor allem auch die wissenschaftliche Analyse und kulturelle Einordnung des Ostens. Als ob so einfach wäre, was doch immer wieder geschieht. Und sich anschließend eisern in Köpfen und Seelen festsetzt.

Bei der Vorstellung eines »Jahresberichts zum Stand der Deutschen Einheit« hatte die Thüringerin Iris Gleicke, SPD-Mitglied und damalige Ostbeauftragte der Bundesregierung, 2016 wenig Positives zu berichten. Sie erklärte den Osten für abgehängt – auf lange Sicht. Ihr Bericht bewertete rassistische Krawalle als Anzeichen eines verfestigten Fremdenhasses, der die Grenzen zwischen bürgerlichem Protest und rechtsextremer Agitation verwische. Gleicke sagte: »Der Rechtsextremismus in all seinen Spielarten stellt eine sehr ernste Bedrohung für die gesellschaftliche und wirtschaftliche Entwicklung der neuen Länder dar.«

Die Bundesregierung beauftragte daraufhin das Göttinger Institut für Demokratieforschung mit einer Studie zu »Rechtsextremismus und Fremdenfeindlichkeit in Ostdeutschland«. Und die Lage dort stellte sich demnach tatsächlich nicht gerade als rosig und freundlich heraus. Schon gar nicht als innig und verbunden – mit sich selbst und dem Rest der Welt.

Die Autoren der Studie suchten nach Ursachen, Hintergründen und regionalen Besonderheiten rassistischer Gewalt, sie taten das an drei Orten in Sachsen und Thüringen, die besonders von sich reden gemacht hatten: in Freital, Heidenau sowie im Erfurter Stadtteil Herrenberg. Die Ergebnisse lassen sich nicht über einen Kamm scheren, aber lieferten doch ein aufschlussreiches Gesamtbild ab. Viele Bewohner würden mehrheitlich nicht mehr wählen gehen. Stattdessen sei an einigen Orten im Laufe der Zeit ein rechtsextremes Milieu entstanden. Neubaugebiete seien entwertet worden. Herrenberg etwa, einst Viertel mit begehrten Wohnungen, wo Ärztinnen neben Arbeitern, Friseurinnen und Hochschullehrern lebten, wurde nach 1989 aufgegeben. Dann zog die Armut ein. »Heil Hitler!«-Rufe und nächtlicher Terror läuteten diesen Wandel in den Neunzigern ein.

Die Politik, konstatierten die Forscher für ganz Sachsen, zeige allenfalls ein Bemühen darin, »konflikthafte Themen aus dem Diskurs herauszuhalten«. Zugleich erscheine die DDR in der Erinnerung umso glanzvoller, je länger ihr Ende zurückliege. Das Resultat? Alle diese Entwicklungen führten zur Abwendung von bürgerlichen Formen politischer Repräsentation. Zitiert wird in der Studie ein Freitaler Gymnasiallehrer: »Demokratie wird als gut empfunden, aber das ist etwas, was mit uns und nicht durch uns geschieht.«

In dem Satz klingt an, was ein Grundempfinden nicht nur im Osten, sondern vielerorts auf dem Land ist: Die Welt dreht sich munter weiter – aber leider ohne uns. Ihr nehmt uns nicht mit. Eine Tonart der Vereinsamung, die oft vernommen wird und immer wieder verlautbart, mit Nachdruck auf den Osten gemünzt. Und das nicht erst seit der Wende. Die einstige Industriestadt Heidenau liegt wie Dresden im Elbtalkessel, der schon zu DDR-Zeiten als das »Tal der Ahnungslosen« galt, weil dort kein Westfernsehen empfangen werden konnte. Die Bezeichnung dürfte heute keine Relevanz mehr haben, dafür wurden einige Anwohner der Region durch andere Statements berühmt. Heidenaus Bürgermeister Jürgen Opitz konstatierte mit Blick auf die Wutbürger, dass diese sich nicht vorstellen könnten, dass ein Schwarzer ein Handy besitze. »Wenn der eine Trommel hätte, dann wäre deren Weltbild absolut in Ordnung.«

Neben solchen rassistischen Ansichten auf der einen Seite existiert auf der anderen ein Wohlstandschauvinismus, der sich der Studie zufolge aus einem »nationalen Solidarismus« speist. Eine Überhöhung des Eigenen. Des Sächsischen, des Ostdeutschen, des Deutschen. Migranten bekämen das zu spüren, aber auch die Armen aus der eigenen Nachbarschaft. In Sachsen herrscht laut der Studie seit den Neunzigern eine kontinuierliche Gewalt gegen Linke. Zudem ein nach 1990 vor allem in Ostdeutschland entstandener rassistischer »Flächenbrand«, der »keineswegs aus dem Nichts geboren ist«. Er zeichne sich aus durch »für die ehemalige DDR spezifische historische Bedingungen, die der Verfasstheit der realsozialistischen Gesellschaft entspringen«. Diese Analyse kommentierte der Oberbürgermeister von Freital wiederum mit den Worten: »Das sind aus meiner Sicht Pauschalurteile, die teilweise an Verleumdung grenzen.«

Spätestens hier bekommt der Begriff der Einsamkeit noch einmal eine neue Dimension. Er spielt nicht mehr auf Ebenen, die traurig machen, bemitleidenswert sind oder krank machen. Hier ist eine Stufe der Isolation, gegenseitiger Entfremdung und Sprachlosigkeit erreicht, die gefährlich ist – für eine ganze Nation. Wohin so ein radikaler Diskursstopp bei Einzelnen führen kann, zeigt die Aussage einer der befragten Freitaler Bürgerinnen. Sie sagte: »Ich muss ganz ehrlich sagen, ich fürchte mich ein bisschen davor, jetzt hier zum Beispiel in Freital, mich zu sehr stark zu machen gegen die, ähm, (Pause) Populisten, weil ich bin alleinstehend, ich wohne alleine, und ich möchte (Pause), also ich möchte keinen Unmut auf mich ziehen. Ich bin einfach zu feige.«

Hier ist ein Stadium erreicht, aus dem typische Muster der Einsamkeit sprechen. Enthaltung. Wegducken. Schweigen. Angst.

Stattdessen gewöhnt man sich an rassistische Angriffe und Anschläge auf politische Gegner. Gegenwehr erfordert schließlich einen hohen persönlichen Einsatz. Ein Mitglied des Freitaler Stadtrats sagt: »Klar, Drohungen kriegste immer, das ist normal hier, die kriege ich schon seit zwölf oder fünfzehn Jahren. Das war mal schlimmer, als die SSS in der Sächsischen Schweiz noch aktiv waren.« Damit ist der Stadtrat einer der wenigen, der sich an die 2001 verbotene Neonaziorganisation »Skinheads Sächsische Schweiz« (SSS) erinnert und auch darüber spricht. Ansonsten auffällig: eine Amnesie unter den meisten befragten Einheimischen.

Schweigen. Stille, einsame Hinnahme.

Die im Mai 2017 veröffentlichte Studie sorgte sogleich für Empörung. Die Reaktionen: »Fake News«, »unwissenschaftlich«, »Ost-Bashing«, »gekauft!«. Den Wissenschaftlern wurden Formfehler bei der Anonymisierung der Befragten vorgeworfen. Es gab Zweifel am methodischen Vorgehen. Sachsens heutiger Ministerpräsident und damaliger Generalsekretär Michael Kretschmer sprach von einem »Machwerk« mit »pseudopsychologischen Diagnosen«. Arnold Vaatz, CDU-Bundestagsabgeordneter aus Dresden, griff Iris Gleicke, die Initiatorin der Studie, an: »Eine Ostbeauftragte, die durch einseitige Extremismusforschung den Linksextremismus faktisch unter Schutz stellt, hat ihre Aufgabe verfehlt.«

Der Mechanismus, der die Häckselmaschine in Gang brachte, lag auf der Hand, genau wie Hannah Arendt es beschrieb. Hier griffen der Niedergang peripherer ländlicher Räume und politische Haltung ineinander. Und führten zu nichts Gutem. Aus »zurückgelassen« und »vereinsamt« wurde »zurückschlagen« und »vereinnahmen«.

Welche gesellschaftlichen, politischen und alltäglichen Realitäten aber sind es, die zu einer Polarisierung wie eben beschrieben führen und gleichzeitig so auflagenstark bearbeitet werden? Juli Zeh beschreibt in dem Interview mit der *Basler Zeitung* die Veränderung in ihrem dörflichen Lebensumfeld so: »Als ich herzog, gab es noch nicht mal Internet. Da ist was passiert. Aber gleichzeitig wird sehenden Auges zugelassen, wie Infrastruktur sich in Nichts auflöst. Kein Wunder, dass sich die Leute von der Politik abwenden, wenn die letzte Regionalbahn gestrichen wird, der letzte Arzt die Praxis verlässt und die letzte Apotheke schließt. (...) Es kann doch nicht sein, dass in einem der reichsten Länder der Erde auf dem Land keine Schulbusse fahren.«

Auch wenn die Schulbusse im ländlichen Raum bisher noch fahren, so haben andere Umstände mit Sicherheit zu Investitionsrückständen, Verfall und Lücken in der Versorgung geführt: demographischer und unbewältigter Strukturwandel, Engpässe in den öffentlichen Haushalten und infolgedessen der Rückzug des Staats aus dem Land (wie teils auch aus ganzen Vierteln in den Städten).

Was dabei geschieht, ist im Prinzip nichts Neues. Es kommt einem uralten Gesetz gleich, an das sich die Menschen seit Anbeginn halten: Stimmen die Lebensbedingungen nicht mehr, sind alle Wasserlöcher ausgetrocknet, zieht die Sippe mit ihrer Herde weiter. Warum sollte das heute anders sein?

Allerdings sollten wir uns hüten, solche Beschreibungen als

typisch einzustufen. Denn vielerorts ist es keineswegs so, dass die ländlichen Räume benachteiligt sind und die Städte bevorzugt. Ländliche Gebiete im Speckgürtel prosperierender Städte, sogar entlegene Regionen mitten im Schwarzwald, können auch boomen. Andererseits leiden auch Städte unter Problemen, wie sie sonst das Land kennt. Die Rede ist dann gleichfalls von unbewältigtem Struktur- und demographischem Wandel. Und die Folgen sind durchaus auch Städten wie etwa Dinslaken, Duisburg oder Anklam bekannt: Viertel verfallen, Junge ziehen fort, Geschäfte schließen, den Gemeinden fehlt das Geld, um gegenzusteuern.

Jenen, die zurückbleiben, bieten sich keine schönen Aussichten. Sie sind konfrontiert mit einem Alltag, den Schlagzeilen schon so umrissen: »Marode Häuser, hohe Kriminalität. Akute Ghetto-Gefahr: Das sind Deutschlands schlimmste Problemviertel.« Journalistische Bestandsaufnahmen des Lands kommen immer wieder zu entsprechenden Schlüssen. Erst im März 2020 berichtete der Mitteldeutsche Rundfunk: »Der größte Teil aller Sachsen-Anhalter lebt auf dem Land. Trotzdem gibt es eine Negativschlagzeile nach der anderen über Dörfer und den ländlichen Raum: Ausgestorben. Abgehängt. Verbohrt.« Auf einer Tagung der Grünen in Dresden kommt eine Dame aus dem Ortschaftsrat in Jahrstedt bei Klötze zu Wort. Obwohl dies nahe Wolfsburg liegt, sagt die Dame resigniert: »Alles verkommt, und wir gucken zu.« Nicht erheitern konnte auch der im März 2019 geäußerte Vorschlag des größten ostdeutschen Wirtschaftsinstituts, »ländliche Regionen teilweise aufzugeben«.

Wie die Menschen reagieren, die solche Aussagen hören und in betroffenen Gegenden leben, hat die Ministerin für den ländlichen Raum, Claudia Dalbert von Bündnis 90/Die Grünen, treffend beschrieben: »Wenn Menschen das Gefühl haben, nicht teilzuhaben, ist das der erste Schritt zur inneren Kündigung.«

Und spätestens der nächste Schritt führt schnurstracks in die Einsamkeit. Schotten dicht.

Der Verlust sozialer Orte und die Vision der »Third Places«

Lücken in der Infrastruktur können wie Lichtungen genutzt werden. Sie können Raum für Neues, Innovatives, Kreatives öffnen. Sie können aber auch Nutzungsbrachen hinterlassen. Und Platz schaffen für das Engagement von Populisten und Extremisten. Auch das ist nicht neu, politisch allerdings zu lange ignoriert worden. Was nicht sein soll, kann nicht sein.

Was Politik und Förderung betrifft, hat dieses Denken zu einem bequemen Motto geführt: »Weiter so!« Unzählige Projekte und Fördermaßnahmen haben darum bis heute keine Trendwende gebracht. Länderfinanzausgleich, Solidaritätspakt, EU-Strukturfonds. Die Liste der Bemühungen ist lang, um neues Leben zwischen die Höfe und Weizenfelder zu bringen. Vielerorts aber liegt das deutsche Land noch immer vernachlässigt unter Sonne und Regen, aufgefangen weder von politischen noch von rechtlichen Instrumenten. Vielmehr haben sich etliche Wiederbelebungsversuche der Schrumpfungsgebiete längst als überholt erwiesen. Darunter auch jenes Konzept, das lange als erfolgreich galt: das sogenannte »System der Zentralen Orte«.

Raumplanerisch gedacht soll es die flächendeckende Versorgung der Bevölkerung mit Waren, Arbeitsplätzen sowie öffentlichen und privaten Dienstleistungen sicherstellen – dies durch eine Vielzahl von großen, mittleren und kleinen Städten, die über das gesamte Bundesgebiet verteilt sind. Jede Stadt ist somit ein Versorgungszentrum für die umliegende Region. Und niemand kommt zu kurz.

Das ist schön gedacht und scheint im Gegensatz zu deutlich zentraler gewachsenen Ländern mit einer einzigen mächtigen Kapitale zunächst auch gut zu funktionieren. Das Bundesministerium des Innern, für Bau und Heimat schreibt: »Diese Struktur hat sich als erfolgreich und – soweit bislang ersichtlich – nun auch in der Corona-Pandemie als krisenfest bewährt: Die Gemeinden und Regionen haben im Vergleich zu zentralistischen Staaten eine große Autonomie und können schnell, passgenau und abgestimmt handeln; die flächendeckende Versorgung mit Kreiskrankenhäusern, Ärzten und Apotheken hat in der Corona-Pandemie dazu beigetragen, die Sterberaten gering zu halten.«

Allein: Weder den Rückgang auf dem schwachen Land noch die soziale Segregation in vielen Städten konnte das »Konzept der Zentralen Orte« hinreichend abfedern. Stattdessen haben Dörfer und andere Quartiere in den letzten Jahren immer mehr Ankerpunkte für Öffentlichkeit und Begegnung verloren.

Und damit ihre soziale Mitte.

Gut zu erkennen ist dies am bürgerschaftlichen und freiwilligen Engagement. Auf den ersten Blick scheint sich zunächst das liebgewonnene Bild des unermüdlich aktiven Dorfbewohners und der nimmermüden Landfrau empirisch zu bestätigen. Ein genauerer Blick aber ergibt ein differenziertes Bild. Die Unterschiede zwischen dünn besiedelten Räumen und kleinen bzw. mittleren Städten mit deren Umland sind gering – hier bewegen sich die Anteile von ehrenamtlich Engagierten zwischen 45 und 46 Prozent. Demgegenüber liegt die Zahl in größeren und großen Städten mit 39 Prozent erheblich niedriger. Allerdings zeigen sich deutliche Ost-West-Unterschiede: Vor allem im Westen weisen die ländlichen Räume ein hohes Engagement auf – was in Ostdeutschland (mit Ausnahme von Mecklen-

burg-Vorpommern) nicht zu sehen ist. Zwar trägt Hamburg die
wenig rühmliche »rote Laterne« (nur 36 Prozent an ehrenamt-
lichen Diensten), und auch Berlin (37,2 Prozent) liegt weit hinten – neben diesen Großstädten aber stehen die Ost-Bundeslän-
der Sachsen-Anhalt (37,1 Prozent), Sachsen (38,3), Brandenburg
(38,75) und Thüringen (39,3) weit abgeschlagen hinter den En-
gagementspitzenreitern im Südwesten Deutschlands. Dort gaben nahezu die Hälfte der Befragten an, bürgerschaftlich aktiv
zu sein. In Rheinland-Pfalz waren es 48,3, in Baden-Württem-
berg 48,2 Prozent.

Fazit: Bürgerschaftliches Engagement auf dem Land ist vor
allem dort anzutreffen, wo Arbeitsplätze und Infrastruktur
vorhanden sind. Eben dort, wo junge und gut ausgebildete
Menschen leben. In etlichen ländlichen Räumen vor allem im
entlegenen Osten hingegen spitzt sich die Lage zu. Arbeit weg,
Infrastruktur weg, junge Leute weg. Und damit: Engagement
weg. Benno Hafeneger, deutscher Erziehungswissenschaftler
und Professor an der Universität Marburg, erkennt klare Gründe dafür. Für junge Menschen bedeutet das Aufwachsen im
ländlichen Raum Ostdeutschlands oft kein Leben im ländlichen
Idyll, sondern ein Leben nahezu ohne Kultur- und Freizeitange-
bote, dafür häufig mit »rechtsextremen Sinnangeboten«. Vulgo:
keine Disco, kein Kino, kein Pub, kein Reiten, kein Kitesurfen,
keine Wasserskianlage. Dafür Abhängen und sich den verfügbaren Marschrichtungen hingeben.

Und hier ist ein Umstand unbedingt hervorzuheben: Denn
ob das eine oder andere geschieht, ist eben nicht nur eine Frage
von Familie, Erziehung, Schule. Das Leben – besonders auf dem
Land – ist geprägt von den sozialen Orten, die zur Verfügung
stehen (oder eben nicht). Und somit auch von den Menschen,
die diese sozialen Orte beleben und bereichern (oder eben
nicht).

Es geht also wieder einmal um Räume. Um Sphären der

Begegnung, die Alternativen zur häuslichen Routine bieten, Plattformen für den sozialen Austausch jenseits von Familie, Schule, Job. Anti-Einsamkeitsräume sind dies im besten Fall – denn Einsamkeit hängt immer stark von Örtlichkeiten ab. Von Stätten, Einrichtungen, Treffpunkten jedweder Art, wo Menschen aus guten Gründen zusammenkommen. Und wenn der Grund auch nur darin besteht, zusammenzukommen. Eine Stadt würde ohne solche »Orte« gar nicht funktionieren. Eine Stadt ohne Geschäfte, Hotels, Kinos, Theater, Bars, Restaurants, Museen, Kneipen, Coffeeshops, Sportclubs, Fitnesscenter? Undenkbar. Die Stadt wäre ein einziges großes Gefängnis. Tot. Ein Moloch ohne Schnittpunkte, ohne Membranen. Warum sollte das auf dem Land anders sein?

An jenen guten, phantasievollen, kreativen und sozialen Räumen aber fehlt es auf dem Land besonders häufig. Und seit einigen Jahren wird dies auch offen beklagt. Die Evangelische Akademie Mecklenburg-Vorpommern etwa forderte bereits 2013 in ihrem Projektbericht »Integrative Zusammenarbeit«: »Es braucht klar erkennbare und von den Menschen akzeptierte öffentliche Orte in den ländlichen Kommunen. Diese müssen als Zentren wirken; also Orte des Zusammenlebens der Verschiedenen sein. Und angesichts der zunehmenden Pluralisierung müssen diese Orte von den unterschiedlichen Menschen angenommen werden.«

Ich frage mich: Wie müssen diese Orte beschaffen sein? Welche geheimen Ingredienzien müssen sie besitzen, um nicht nur die Bedingung der Machbarkeit zu erfüllen, sondern auch, um einen gewissen Charme zu versprühen? Um zu verlocken, zu unterhalten, zu animieren, zu verbinden? Um authentisch zu sein, ob nun als allsamstäglich überkochende Dorfdisco oder als Punkrockscheune, ob als improvisierte Feierabendpinte neben der Bushaltestelle oder Bastelkeller für Modellbau-Nerds mit verschärftem Faible für frei fliegende Doppeldecker?

Alles geht, alles machbar, alle kämen. Wenn solche überaus magischen Orte denn bloß existierten – oder die Bedingungen gegeben wären, um solche kittenden Räume mit Leib und Seele ins Leben zu heben.

Jedes Mal, wenn ich den Ruf nach solchen »Räumen« und »Orten« höre, werde ich skeptisch. Die Absicht mag eine gute sein, aber ich komme nicht umhin zu denken, dass hier lediglich alter Wein in neue Schläuche gegossen wird. Ich frage mich: Was können solche öffentlichen und sozialen Orte heute noch leisten? Wer ersinnt, erbaut, erschafft sie? Und wie können sie als Zentren wirken? Überhaupt, was ist mit all den ungenutzten Dorfgemeinschaftshäusern, Gemeindesälen und geschlossenen Jugendclubs? Das waren doch mal soziale Orte.

Stimmt. Allerdings reden wir hier über eine Zeit, in der es fünf Fußballmannschaften im Ort gab, der Kirchenchor am Montag sang, der Frauenkreis sich am Dienstagnachmittag traf, die Senioren bei Skat und im Taubenzüchterverein zusammenkamen und die Freiwillige Feuerwehr nicht die einzige verbliebene Freizeitmöglichkeit für Kinder und Jugendliche im Dorf war. Was bleibt heute? Oft nur der Parkplatz vor dem Discounter, ein paar Tüten Chips und eine Flasche Korn.

Einige der Gründe: Der demographische Wandel hat nicht nur den Nachwuchs schwinden lassen, zudem haben lange Schultage, weite Wege und die Neuen Medien das Freizeitverhalten der Menschen verändert. Zusammenlegungen und Schließungen von Schulen, Kirchen, Banken und Arztpraxen tun ihr Übriges, um Treffpunkte im Dorf (und auch im Stadtquartier) weiter zu reduzieren. Dennoch oder gerade deshalb: Der Wunsch nach Austausch und gemeinsamer Aktivität im öffentlichen Raum bleibt bestehen.

Und darum macht seit einigen Jahren eine alternative Idee die Runde. Die Vision der sogenannten Third Places.

Gemeint sind Orte nach einem neuen, vom Ursprung her jedoch alten Denkmuster. Es geht um Orte, die den veränderten Raumstrukturen und Lebensmustern entgegenkommen, den Bedürfnissen kleinerer Familien und längerer Lebenszeiten Rechnung tragen. Die Menschen sollten sich an diesen »sozialen Orten« wiederholt einfinden, geplant oder spontan, sollten sich austauschen, diskutieren, Zeit verbringen, sich kennenlernen und interagieren.

All das hört sich abstrakt an. Nicht nach natürlicher, freier Zusammenkunft. Die offiziellen Empfehlungen zur »Entwicklung ländlicher Räume« und zur »Bekämpfung rechtsextremer Auswüchse im ländlichen Raum« klingen denn auch reichlich sperrig. Die Rede ist davon, die »Daseinsvorsorge zu sichern, flexible Angebote zu unterbreiten«. Die »Rahmenbedingungen für Engagement« sollen verbessert, die »Jugendarbeit verstärkt« werden. Und auch das ist in den amtlichen Plänen zu lesen: Frauen als Schlüsselpersonen ländlicher Entwicklung sehen, ressortübergreifendes Denken stärken. Vernetzung, interkommunale Zusammenarbeit.

Vollmundig klingen diese Vorhaben. Erfolge sind bislang jedoch nicht zu verzeichnen. Der Stand der Dinge auf dem deutschen Land ließe sich im Jahr 2021 so zusammenfassen: Es mangelt weder an Situationsanalysen noch an lautstarken Appellen an den »aktiven Bürger« – stattdessen mangelt es vor allem am politischen Willen, Empfehlungen umzusetzen.

Was also hat es nun auf sich mit jenen vielversprechenden »Third Places«, die Lösungen bieten könnten?

Erstmals benannte und beschrieb diese Orte der Soziologe Ray Oldenburg 1989 in seinem Werk *The Great Good Place*. »Third Places« sind demnach völlig unabhängig vom »First Place«, dem Zuhause. Unserer Wohnung, unserem Haus. Auch haben sie nichts mit dem »Second Place« zu tun, wie Ray Oldenburg den Arbeitsplatz nennt. Die »Dritten Orte« sind vielmehr gemeinschaftlich nutzbar, sind öffentliche Räume. Im Untertitel seines Buchs nennt Oldenburg auch gleich einige dieser »Plätze«, um die es ihm geht: Cafés, Coffeeshops, Buchläden, Bars, Friseursalons.

Der US-amerikanische Stadtpsychologe hat sich lange mit der Frage beschäftigt, welche Räumlichkeiten prädestiniert sind, um nicht nur eine funktionierende Zivilgesellschaft, sondern auch ein bürgerliches Engagement zu fördern. Auch hat er sich gefragt, welche Rolle gewisse Orte für die Demokratie spielen. Und siehe da: Sie spielen eine zentrale Rolle.

Wir sind uns dessen vielleicht gar nicht bewusst, schon gar nicht in den Städten. Doch das, was Oldenburg die Dritten Orte getauft hat, ist ein wesentlicher Bestandteil unseres gesellschaftlichen Austauschs und Zusammenhalts. Und somit sind diese Knotenpunkte auch höchst wirksame Mittel gegen Einsamkeit. Und der graubärtige, fast 90-jährige Oldenburg ist hochmodern, wenn er diesen Orten keine behördlich aufgeblasenen Namen verpasst, sondern sie als das betitelt, was sie im schönsten Fall sind: »Hangouts at the Heart of the Community«. Das klingt schon einladender. Orte, wo die Jugend chillt. Wo man gern hingeht, abhängt und auf andere trifft – nicht aus Mangel an Angeboten, sondern, weil hier das Herz der *Community* schlägt. Der Gemeinschaft.

Was schaffen diese Ort, was andere nicht schaffen? Zu welchen Schnittstellen werden sie? Diese Dritten Orte sind Kommunikationsplätze, die über Familie, Freunde und Kollegen hinausgehen. Sie reichen hinein in einen Raum der unvorhersehbaren Meinungen und zufälligen Begegnungen. Sie sind Orte des Austauschs und der Selbstprüfung. Selbstgefällige und vorgestanzte Sichtweisen haben hier nicht immer eine Überlebenschance, sondern stehen auf dem Prüfstand. Hier kriechen die Menschen aus ihrem Schneckenhaus. Und das ist wichtig:

um nicht zu verkalken, zu verhärten – und auf solche Weise auch nicht zu vereinsamen.

Nicht in auferlegten Begegnungsstätten, sondern in solchen »Hangouts« wird gesellschaftlicher Konsens am effektivsten ausgehandelt. Hier werden politische, gesellschaftliche, oft genug auch persönliche Fragen gestellt und diskutiert. Hier entstehen Zusammenkünfte, Ideen und Kooperationen, die über den Mikrokosmos hinausgehen. Und auch dessen ist man sich nicht immer bewusst: Das Land lebt von solchen Orten der vielen Momente und anderen Menschen. Sie schaffen soziale Bindung, sind das Gewebe der Zivilgesellschaft, auf dem der Einzelne Halt findet. Sie sind Teil der Demokratie.

Ein Sprichwort sagt: Beziehungen schaden nur dem, der sie nicht hat. Und hier stimmt der Spruch mehr denn je – wohlgemerkt nicht auf das Vitamin B im Berufsleben bezogen, sondern auf das feine und unerlässliche Geflecht des gesellschaftlichen Miteinanders.

Was aber macht solche Dritten Orte zu sozialen Orten? Wann und wie funktionieren sie wirklich? Auch das hat man versucht an Beispielen herauszufinden, wie etwa mit dem Projekt »Das Soziale-Orte-Konzept. Neue Infrastrukturen für sozialen Zusammenhalt«, angeregt vom Bundesministerium für Bildung und Forschung. Zusammen mit Universitäten schaute man sich mehrere kleine Ortschaften fern der Metropolen genauer an, zunächst in Hessen und Thüringen.

Das kleine hessische Dalwigksthal mit nicht einmal 200 Einwohnern eröffnete beispielsweise eine Gastwirtschaft, die als Genossenschaft geführt wird. Das hessische Löhlbach mit gut 1050 Einwohnern hingegen war bereits ein bürgerschaftlich aktiver Ort, der viele Vereine zählt. Dennoch fehlte es an einem gemeinsamen Begegnungsort, an dem die Menschen zum Martinsfeuer, zum Weihnachtssingen oder auch nur zum Kaffeetrinken zusammenfinden konnten. Die Löhlbacher eröffneten daraufhin einen Dorfladen, sanierten den Dorfplatz und machten die ungenutzte Schule zu einem öffentlichen Raum, der nun rege zu allen möglichen Anlässen genutzt wird. Und was taten die Diemelstädter, die mit immerhin 5000 Einwohnern im Landkreis Waldeck-Frankenberg leben, inmitten einer ansehnlichen Gebirgslandschaft mit Wäldern, Parks und prächtigen Stauseen? Sie nahmen die ankommenden Flüchtlinge zum Anlass, um sich zu fragen, wie sie künftig zusammenleben wollen. Die Integration der Flüchtlinge verstand man als Entwicklungsprozess, bei dem gemeinsame Aktivitäten und neuer Zusammenhalt für alte und neue Bürger geschaffen werden sollen. Ein Ort, der wie ein offener, einladender Prozess funktioniert. Auch das geht.

In Thüringen wurde auch das kleine Schwarzburg in die Studie mit einbezogen. Die Gemeinde mit ihren 500 Einwohnern ist gebeutelt vom Rückgang der Infrastruktur und von Umbrüchen vor allem in der Tourismusbranche, zudem hat Schwarzburg seit vielen Jahren der demographische Wandel zugesetzt. Die Jungen machten sich vom Acker, die Alten blieben. Hier besannen sich die Einwohner auf ihr historisches Erbe und sanierten das Schloss und das alte Zeughaus. Die einmalige Sommerfrischearchitektur hat eine besondere Bedeutung für die Demokratie, Friedrich Ebert unterzeichnete hier im August 1919 die Weimarer Verfassung. Die Instandsetzung des Orts sollte neues Leben nach Schwarzburg bringen, Gäste, Touristen, Geschäfte sowie einen Raum für Konzerte, Lesungen und Bratwurstessen. Man sprach sogar von einem Denkort mit bewegter Geschichte, der die Tore in die Zukunft öffnen könnte.

Ländliche Ortschaften mit völlig unterschiedlichen Problemen und Ausgangssituationen schafften es, öffentlichen Raum zurückzuerobern und ein Angebot für neue gemeinschaftliche Aktionen zu kreieren. Die Studie kam danach zu folgenden Ergebnissen. Tatsächlich fungieren solche Sozialen Orte als öffentliche »Kristallisationspunkte« und »Kommunikationsstätten«. Sie sind keine einmaligen Projekte, sondern verstehen sich als Prozesse, von denen ein Ort langfristig profitiert. Auch helfen solche Maßnahmen der Wiederbelebung dabei, neue Netzwerke zu schaffen und überregionale Formen der Beteiligung und Verbindung herzustellen. Man konnte also plötzlich wieder von sich reden machen, es kamen Menschen von außen, Menschen von innen. Da geschah etwas, und es geschah gemeinsam. Soziale Teilhabe als Klebstoff in Zeiten der Auseinanderdrift.

Oft ist das Land bei solchen Aktionen allerdings mit einem fernen Echo im Wettstreit: Denn vor allem die so weltgewandten Städter lächeln schnell über derartige Angebote. Was sind schon Kulturscheunen, Schlosskonzerte und neu angepinselte Dorfpinten gegen die gehypte »Gastroszene« und das brodelnde Nightlife in den Metropolen? Doch dies ist nicht nur eine arrogante, sondern auch eine dumme und falsche Haltung. In den glamourösen Städten nämlich läuft das Spiel keineswegs anders, nur dass hier der Bonus der vielen Menschen, Macher und Moneten automatisch gegeben ist. Schließt eine Bar, macht die nächste auf. Geht ein Grieche, kommt ein Syrer und eröffnet ein neues Restaurant. Und irgendeiner findet sich immer, der sich traut, den nächsten hippen Laden zu stemmen.

Während Corona allerdings erlebten die in dieser Hinsicht saturierten Städter, was geschieht, wenn das Spiel einmal anders läuft und sich die Lage wie vielerorts auf dem Land entwickelt. Läden dicht. Kultur geschlossen. Shopping vorbei. Und auch das lief plötzlich nicht mehr: sich mit Freunden mal eben auf einen Kaffee treffen, auf einen Drink, abends beim »Lieblingsitaliener« zusammenkommen oder sich mit dem neuen Date in der Shishabar verabreden. Ganz zu schweigen davon, sich ins Nachtleben zu stürzen. Mit Corona geschah vorüber-gehend in den Städten, was auf dem Land häufig Dauerzustand ist: Das Leben macht dicht. Und dann wird es verdammt ein-sam – egal wo.

Anlass genug, sich des Prinzips einmal bewusst zu werden. Sich zu überlegen, was hinter diesen sperrigen Worten eigent-lich steckt: strukturschwach, Schrumpfungsregion, Standort-verfall, demographischer Wandel, Abwanderung, regionalöko-nomischer Rückgang. Es bedeutet nichts anderes, als dass diesen Räumen das Blut ausgesaugt wird. Es bedeutet, dass hier nichts mehr läuft und das gesellschaftliche Leben zum Erliegen kommt. Eine Isolation erster Güte. Eine Keule, die zuschlägt und bedeutet: Ohne euch – ihr seid draußen!

Das ist nicht nur nicht lustig, sondern birgt gefährliches Po-tenzial. 77 Prozent der Deutschen leben laut dem Deutschland-portal in Städten oder Ballungsgebieten, 15 Prozent in Dörfern oder kleinen Städten mit weniger als 5000 Einwohnern. Eine andere Statistik liest sich so: Die meisten Menschen lebten 2020 in Gemeinden mit einer Einwohnerzahl zwischen 20 000 und 49 999, also in kleinen Städten, oft entfernt von den Metropo-len. Deutlich: Auch wenn Großstädte ab 100 000 Einwohnern mehr und mehr Menschen anziehen – viele leben noch immer in Ecken, die gemeinhin als »Land« bezeichnet werden. Es ist eine Frage der Definition: Doch am Ende leben mehr als 12 Mil-lionen Deutsche in ländlichen Gegenden und solchen Regionen, die bei den Städtern allzu schnell als »Käffer« durchgehen.

Es sind Zahlen, die erheblichen Einfluss auf ein Land haben. Zahlen, die Stimmungen prägen und kippen können. Zahlen, die eine Gesellschaft entzweien – und Wahlen entscheiden kön-nen.

Angesagte Landlust und romantisches Bienensummen hin oder her: Die Beziehungsgeschichte zwischen Stadt und Land ist alt, gerade jedoch beginnt ein neues Kapitel. So notiert das

Deutschlandportal, das in Zusammenarbeit mit dem Auswärtigen Amt in Berlin betrieben wird: »Großstädte wuchern und Dörfer sterben aus? So einfach ist es nicht.« Und dann kommentiert das Portal »Landflucht und Urbanisierung« so: »Zwar ist das Gefälle zwischen Metropole und Provinz in Deutschland wegen der föderalen Struktur mit 16 Landeshauptstädten nicht so extrem wie in anderen Staaten. Dennoch gibt es ein Ungleichgewicht zwischen Stadt und Land. Während Dörfer im Umland der Großstädte prosperieren, leiden anderswo ganze Regionen massiv unter Landflucht, vor allem im Osten. Prognosen zufolge könnten manche Landkreise in Brandenburg bis 2035 fast ein Drittel der Bevölkerung verlieren. Dort fehlen Arbeitsplätze, Geschäfte, Handwerksbetriebe, Arztpraxen und Banken. Schulen und Gaststätten schließen. Für die verbleibenden Bewohner verschlechtert sich die Lebensqualität, die Wege werden weiter. Weil vor allem gut gebildete und mobile junge Menschen aus der Provinz wegziehen, warnen Experten vor einem Braindrain.«

Das letzte Worte bringt auf den Punkt, was geschehen kann. *Braindrain.* Das Land blutet nicht nur aus, ihm fehlen irgendwann die Köpfe, die es wieder reanimieren. Dann wird es einsamer und einsamer, aus der Landlust Landfrust. Umso wichtiger scheinen darum die Sozialen Orte zu sein, die sicher nicht dazu führen werden, dass sich die Dörfer und kleinen Gemeinden in gehypte Pilgerstätten verwandeln. Aber sie können entscheidend dabei helfen, das Land am Leben zu halten und den Zustand einer offenen und freien Gesellschaft zu wahren.

Allerdings sind solche Sozialen Orte nicht von sich aus »great good places«, wie Ray Oldenburg sie nennt. Sie sind nicht automatisch großartig, toll und offen. Gerade in entlegenen ländlichen Regionen besetzen undemokratische Strömungen diese Räume der Zivilgesellschaft und nutzen sie allzu schnell für ihre Zwecke, ähnlich wie Echokammern im Internet. Dann ist die »dark side of civil society« am Schalten und Walten und kann – in Ermangelung anderer Akteure – agieren, politisieren und polarisieren. Experten wissen längst, dass auf solche Sozialen Orte ein besonderes Augenmerk zu legen ist. Denn auch wenn sich im Internet vieles haltlos zusammenbrauen kann, reale Orte sind noch immer nötig und ein wichtiges Instrument, um am Ende aus Worten Taten werden zu lassen. Gute wie schlechte.

Wie aber entstehen freie Erfahrungsräume? Was braucht es, damit sich echte soziale Orte bilden und dauerhaft existieren? Laut den Forschungsarbeiten im Projekt »Das Soziale-Orte-Konzept« der Soziologin Claudia Neu und Kollegen sind es mehrere Faktoren, die über »Gedeih und Verderb« dieser Orte entscheiden. Es dürfen dafür nicht nur einzelne, punktuelle Projekte sein. Es bedarf überdurchschnittlich engagierter und innovationsfähiger Akteure, um solche Räume zu schaffen. Drittens ist eine öffentliche Verwaltung wichtig, die offen ist für »partizipative Prozesse« und »innovative Kooperationen«. Und dann brauchen diese Orte noch überregionale Aufmerksamkeit und Einbindung. Das hört sich ausgeklügelt an. Nach einem Rezept, um Totes wieder lebendig zu machen, um gelingende soziale Orte überhaupt erst auf die Beine zu stellen. Und dabei dürfen es nicht nur Premiumdörfer und Reiche-Leute-Enklaven sein, die ihre sozialen Orte stemmen, sondern vor allem auch jene Kommunen und kleinen Landkreise, denen die Mittel für Spaß und Kreativität, Austausch und Zusammenkunft eigentlich fehlen.

Und doch scheint dies mitunter immer wieder zu funktionieren, selbst wenn keine herrschaftlichen Gestüte um die Ecke liegen, kein historisches Erbe zum touristischen Erlebnis erhoben wird oder ein Großinvestor eine Beachbar mit Strandhotel baut. Es müssen alle an einem Strang ziehen. Unabhängig von der Größe des Ortes oder seiner wirtschaftlichen Stärke müssen Politik, Verwaltung, Privatwirtschaft und Zivilgesellschaft gut funktionieren. Jeder muss seine Rolle bewusst ausfüllen. Die Verwaltung kann dabei beflügelnd eingreifen: Sie kann regulieren, ermöglichen, erlauben, fördern und Geld geben, so vorhanden. Private und öffentliche Unternehmen sollten sich lokal engagieren und das übernehmen, was CSR genannt wird: »Corporate Social Responsibility«, eine unternehmerische Verantwortung für Gesellschaft und Soziales. Was geht noch? Vereine und Verbände können gegründet, Stiftungen, Selbsthilfegruppen und Bürgergemeinschaften ins Leben gerufen werden. Hier und da haben auch schon Nichtregierungs- und Non-Profit-Organisationen geholfen, wieder Leben in die Bude zu bekommen. Das alles mit dem einen Ziel: den so wichtigen öffentlichen Raum zwischen Staat, Markt und privater Sphäre zu füllen.

Und immer wieder gibt es gute Ideen, Vorschläge und Visionen, in denen Herzblut steckt und die wirklich etwas bewirken könnten. Oft kommen sie von den Bürgern selbst, manchmal von der freien Wirtschaft, von Unternehmen oder Handwerksbetrieben. Und es wäre schön, wenn diese nicht nur in der Lage wären, sondern sich auch in der Pflicht sehen würden, Räume und Ressourcen zur Verfügung zu stellen. Doch oft hapert es an der Umsetzung. Es wird zu wenig diskutiert, gewagt, getan. Und das liegt oft an einem Grund. Noch immer nämlich schielen die meisten auf Kriterien, die vorschnell gelten, will man solche zentralen und sozialen Orte schaffen: Wirtschaftsdaten, Bevölkerungs-, Arbeits-, Finanz-, Infrastruktur.

Darum ist das Konzept der wahren Sozialen Orte so wichtig. Denn es führt weg von einer veralteten Machbarkeitsdenke und Gewinnorientierung. Gefragt ist eine neue Einordnung, ein neues Verständnis: kein Mapping von Verlust- und Gewinnregionen, keine Statistik von Migration und demographischem Wandel – vielmehr sollten resiliente Gemeinden mit guten

Ideen Gehör bekommen, Dörfer, in denen noch so etwas wie Selbstwirksamkeit existiert. Und es gibt genug solcher lebendiger Gemeinschaften, die innovative Ideen für neue Herausforderungen haben, durch Digitalisierung, durch die kreative Einbindung von Flüchtlingen und Zuwanderern.

Eine neue Kartographie des sozialen Zusammenhalts muss her, nicht nur in der Stadt, auch auf dem Land. Das Ziel: eine demokratische Alltagskultur im Dorf. Und die imaginierten Dörfer und ländlichen Idyllen sollten nicht nur in der Literatur vorkommen, nicht nur Buchhandlungen und Bahnhofskioske befüllen. Wobei hier in jüngster Zeit immerhin schon einiges passiert. In den neuen und sehr erfolgreichen Landromanen erscheint das Landleben nicht mehr nur als idealisierter Erholungsraum für ausgebrannte Städter, die am Wochenende mit einer Tasse Pflaumentee im eigenen oder angemieteten Garten sitzen. Die neuen und klügeren Werke verhandeln gesellschaftliche Verwerfungen und Peripherisierungen, sie werfen ein Auge auf die Armut und den »Clash of Cultures« zwischen Neubürgern und Alteingesessenen. Und beobachten mit feiner Lupe, wie das Experiment klappen kann. Genau solche Gedanken zu Zusammenhalt und Gemeinschaft erheben sich über die typischen Fragen, die öffentliche und politische Debatten leider immer wieder dominieren, auch wenn es um die Revitalisierung des Landlebens geht: Wer ist drin, wer bleibt draußen?

Mit solchen Fragen aber wird man es nicht reißen. Wohl aber mit neuen Räumen und kleinen Institutionen, in denen die Chemie vielleicht nicht immer gleich stimmt, wo die Reaktionen am Ende jedoch für wunderbare Verbindungen sorgen.

Von der Magie
der Tanke lernen

Es beginnt immer mit Gröberem. Und es ist mir wichtig, diesen Punkt hervorzuheben: Denn Soziale Orte entwickeln sich nicht gegen oder gar ohne öffentliche Infrastrukturen und Institutionen – sondern in der Regel nur mit ihnen. Darum ist die Politik nachdrücklich gefragt. Autobahnen, Straßen und gute Anbindungen, Wasserversorgung, Schulen und Krankenhäuser, sie waren schon immer die Basis, um Menschen in einer Region zu halten oder dorthin zu locken. Heute ist darüber hinaus ein schnelles Internet entscheidend, aber es zählen auch Flächen zum Einkaufen, der nächste Bahnhof.

Anschließend kommen die Theater, Kinos, Bibliotheken ins Spiel. Auch solche Einrichtungen sind so gut wie nie ohne Vorleistungen aus der Politik entstanden. Wirtschaft und Bevölkerung brauchen dafür »Vorsorgestrukturen«, das ist seit dem Wilden Westen nichts Neues. Es braucht also bestimmte Bedingungen, um ein Umfeld überhaupt erst retten oder entstehen zu lassen. Diese gesellschaftlichen Integrationsmotoren sind entscheidend, zudem verbinden sie Regionen und soziale Gruppen, mildern Ungleichheiten und schaffen die Basis für gesellschaftliche Teilhabe. Nur ein Beispiel: Autobahnen und Bahntrassen verbinden Stadt und Land, Universitäten und Hochschulen ermöglichen soziale Aufstiege. Und schließlich können diese Stätten den Prozess weiter fördern: Schwimmbäder, Zoos, Museen, Sportstadien, Flächen für Konzerte. Hier begegnen sich Menschen und Milieus. Und ohne solche Oasen werden abgehängte Regionen abgehängt bleiben.

Man weiß das nicht nur aus der Historie, sondern längst auch aus Studien, Projekten, Befragungen, Expertengesprächen und Workshops, die sich mit dem Hier und Heute befassen. Wir wissen, dass die meisten Menschen sich dringend Kontakt wünschen. Ein Dasein, das über die Gemütlichkeit auf dem heimischen Sofa hinausgeht, eine Form der Verbindung, der alle Streaming-Angebote und virtuellen Meetings nun einmal nicht gerecht werden. Die Leute wollen Cafés, Kneipen, Restaurants, wollen Literaturhäuser und Theater, sie wollen in die Stadien oder auch nur im Dorfladen ein Schwätzchen halten. Sie wollen vor allem das, was in bunten Reisekatalogen nicht umsonst immer so bunt ausgelobt wird – was in vielen Orten jedoch schlicht Mangelware ist: Orte der Begegnung.

Spätestens Corona hat uns gelehrt, dass wir ohne zwar irgendwie klarkommen und durchhalten – auf längere Sicht jedoch nicht glücklich sind. Die anderen Menschen fehlen uns. Wir wollen sie sehen, hören, sprechen, treffen. Sonst droht eine Vereinsamung, die sich auf Dauer kein Mensch auf der Welt freiwillig verordnet.

Was aber kommt nach Corona? Vielleicht werden sich Verteilungskonflikte um knappe Ressourcen verschärfen, werden wir eine weitere gesellschaftliche Polarisierung erleben, die Isolation von Hochaltrigen und Pflegebedürftigen. Vielleicht, und das ist wünschenswert, werden wir aber auch sensibler für die Not und Einsamkeit der anderen. Vielleicht können der Wille und das Verständnis für ein neues Miteinander aber auch entstehen, wenn wir uns über ein Bewusstsein für Solidarität und Gemeinschaft hinaus auch den Wert von zunächst scheinbar Profanem vor Augen halten. Nennen wir diese entscheidenden Faktoren »daseinsvorsorgende Infrastrukturen«. Oder lieber gleich beim Namen: erreichbare Einkaufsgelegenheiten, Krankenhäuser, Märkte, Parkflächen etc. Denn nur damit werden auch sie überleben können oder neu entstehen: private Bühnen, Schützenfeste, Musikclubs, Modellbaufestivals, Segelvereine, Yogaabende, Kunstaustellungen, Weinverkostungen, Bürgerbäder, Bootswerften, Motorradclubs, Skatpinten, Bowlingbahnen, Bierfeste und Baristakurse.

Sicher, die meisten solcher Events und Einrichtungen besuchen wir, weil wir bestimmte Interessen haben und diesen gern nachgehen wollen. Die einen mehr, die anderen weniger. Aber es wäre verklärt bis arrogant zu denken, dass nicht mehr dahintersteckt als nur unser persönliches Divertissement. Dass wir als Gesellschaft ohne auskommen. Ohne die Vielzahl und die Verschiedenheit solche Treff- und Schnittpunkte ist ein Land tot. Ohne sie sind *wir* tot. Denn genau diese Orte sind ein wesentlicher Bestandteil unserer sozialen Nahrung. Und seien wir uns auch bewusst, was geschieht, wenn mehr und mehr Landstriche in der Republik in dieser Hinsicht auf dem Trockenen sitzen. Es wird dann nicht nur stinklangweilig.

Es wird trostlos, dunkel und einsam.

Ein Bekannter von mir zog nach 30 Jahren des Stadtlebens in Hamburg weit raus aufs Land an die Elbe. Er schaute sich bei der Suche nach einem neuen Zuhause viele Objekte an, alte Reetdachhäuser im Moor, kleine Katen in der Nähe der Außendeiche. Ein guter Freund von ihm, der mit seiner Familie schon lange dort draußen lebte, gab ihm einen guten Rat. Er sagte: »Such dir etwas, was nahe bei uns liegt und nicht zu weit weg von denen, die du hier draußen kennst. Such dir etwas, von wo aus du auch mal mit dem Fahrrad zum Einkaufen fahren kannst, zum Bäcker, zum Fleischer, zum Fischstand auf dem Parkplatz vor dem Supermarkt, der immer dienstags und freitags kommt. Such dir etwas, das dir eine Anbindung erlaubt. Sonst versauerst du.«

Die Worte drückten aus, was vielerorts in und auf unserem Land gerade geschieht. Viele Menschen versauern.

Untersuchungen konnten längst konkret belegen, dass beim Empfinden von Einsamkeit und Isolation nicht nur persönliche und menschliche Faktoren eine Rolle spielen, sondern auch regionale Merkmale. *Wo* man lebt, bestimmt eben auch, *wie* man lebt. Im Zusammenhang mit der Untersuchung wurde der Frage nachgegangen, welchen Zusammenhang von Einsamkeit und Region es gibt, und die Befragten gaben überdurchschnittlich häufig an, einsam zu sein, wenn sie mehr als zwanzig Minuten entfernt von öffentlichen Parks, Sport- und Freizeitmöglichkeiten wohnten. Auch hier wurden Einsamkeit und Isolation als Folgen fehlender sozialer Orte erkennbar. Es mangelte schlicht an Gelegenheiten, mit anderen Menschen in der Öffentlichkeit zusammenzukommen.

Die Wege, in solchen Situationen gesellschaftlichen Zusammenhalt und Diskurs wiederherzustellen, sind nicht immer eben. Man muss ein bisschen findig sein, Phantasie aufbringen und auch ein bisschen Mut. Ohne aktive Bürger wird dies nicht gelingen. Aber auch Wirtschaft und Politik müssen mit anpacken.

Dann aber kann die so wichtige chemische Reaktion stattfinden. Wenn die sozialen Orte eben nicht nur unveränderbare Orte oder ewige Projekte bleiben, sondern zu dynamischen Prozessen führen, die über sich selbst hinausweisen. Dann sprechen diese Orte andere Mitspieler an, binden ein Publikum, weiten sich, ziehen an und strahlen aus. Dann werden diese Orte zu kleinen Institutionen, zu Angelpunkten. Orte in einem Ort, die den Raum am Ende ausmachen und ihm Leben einhauchen. Erst dann wird aus einem Stück besiedelter Erde ein Lebensraum. Erst dann brennt das Lagerfeuer, um das die Menschen sich versammeln – und ohne das die Menschen schon vor Tausenden Jahren im Dunkel saßen und froren.

Wie aber ist so ein Lagerfeuereffekt heute zu erzeugen? Es gibt tausend Versuche, Projekte, Bemühungen – und ein jedes Experiment ist die Anstrengung wert. Manchmal scheitern Ideen, zünden nicht. Oft genug aber schaffen sie Licht, Wärme, Zusammenkunft. Das kleine thüringische Rudolstadt begann mit der Stadtbegrünung und nannte das Programm »Rudolstadt blüht auf«. Als Nächstes widmete man sich der Denkmalpflege und dem Naturschutz. Und dann ließ man Stadtteilfeste steigen. Sinfoniekonzerte, Kinderkonzerte, es wurde Musik der Zukunft gespielt, draußen im Grünen der »Soundtrack des Sommers«. Man rief die Initiative »ZusammenWachsen« ins Leben, und das konnte nun vieles bedeuten. Weihnachtsbaumweitwurf auf dem Marktplatz bei Feuerschalen und Knüppelkuchen, Theater und Bühnenshows, die Namen tragen wie »Die Verteidigung der Gummibärchen« oder einfach nur »Voll vereinicht«. Es entstanden Clubs, Discotheken, es kamen Bands und spielten, dass die Wände wackelten. Geplant sind Folkfestivals, Ausstellungen in der »Kultourdiele«, im soziokulturellen Zentrum »Saalgärten« laufen Kinofilme und seltene Rockumentarys. Jimmy Page ist da zu sehen, The Edge und Jack White. Gitarren spielende Größen der Rockgeschichte, die auf dem Land keine Fremden sind. Wenn sie denn dort nur ankommen.

In anderen Landgemeinden sind multifunktionale Dorfläden entstanden, in denen man nicht nur einkaufen kann, sondern wo auch Verwaltungssprechstunden sattfinden oder Caféecken eingerichtet worden sind. Nahversorgung, Kommunikation und Begegnung neu gedacht! Dabei heraus kommen dann moderne Tante-Emma-Läden, betrieben von Bürgern aus der Nachbarschaft, von den Gemeinden oder von klassischen Einzelhändlern. Und alle Leute mögen das: Tante-Emma-Läden sind mancherorts schon wieder moderner und gefragter als jeder Discounter. Eine kleine Revolution, ohne gleich die ganze Welt neu erfinden zu müssen – warum nicht? Es ist gesund, es ist lokal, es ist grün. Und es ist menschlich.

In Mecklenburg-Vorpommern hat das Projekt »Dorfkino einfach machbar« Qualitätskino in den ländlichen Raum gebracht. Und hier arbeitete endlich zusammen, was zusammen arbeiten muss, damit so etwas entstehen kann. Potenzielle Gründer eines solchen Filmstandorts erhalten Hilfe beim Aufbau und Betrieb, um ein Dorfkino zu betreiben. Und genau das sollte und muss die Politik leisten: unterstützen, Gelder locker machen, damit wieder Musik spielt, wo sie gerade nicht mehr spielt.

Das hessische Diemelstadt ging einen anderen Weg. Im Anschluss an die Aktivitäten zur Flüchtlingshilfe starteten Bürgermeister und Verwaltung gemeinsam mit der Bürgerschaft den Dorfmoderationsprozess »Vision 2030 Diemelstadt«. Auch dies eine Initiative, um »dritte Orte« zu ermöglichen. Im Protokoll zum Thema »Soziale Orte, dynamische Prozesse« ist zu lesen:

»Dritte Orte haben in den vergangenen Jahren nicht von ungefähr eine Renaissance erlebt: Als alltägliche Treffpunkte der Begegnung beleben sie Gemeinden und Gemeinschaften. Das Konzept der Sozialen Orte, wie es im gleichnamigen Forschungsprojekt der Universität Göttingen und des SOFI e.V. entwickelt wird, geht darüber hinaus und beschäftigt sich mit der Frage, was Menschen bewegt, Orte der Begegnung und des Miteinanders aufzubauen. Denn solche Sozialen Orte sind für eine Gesellschaft überlebenswichtig: Sie stiften Zusammenhalt und sorgen für Austausch und Solidarität unter den Menschen.«

Zu lesen ist auch dieser Satz: »*Den* einen exemplarischen sozialen Ort gibt es nicht. Trotz aller Verschiedenartigkeit der Beispiele wird klar, dass Soziale Orte Dritte Orte der Begegnung sind, aber zugleich weit darüber hinaus gehen.«

Wenn genau das jedoch geschieht – »darüber hinausgehen« –, findet die chemische Reaktion statt. Dann wird Energie aufgenommen und freigesetzt, und dann nehmen nicht nur Kristalle und Moleküle andere Eigenschaften an, sondern auch die Menschen. Es sind genau dann Sätze zu hören, die wundersame Legierungen schließlich ermöglichen, Verbindungen und Gemische, die zu einer menschlichen Summenformel führen. Eine Dame, die es erlebte, drückte das so aus: »Hier im Dorf sitzt man auch manchmal mit Leuten zusammen, wo man denkt, oah, des muss man sich jetzt eigentlich nicht antun, aber ich finde es auch nicht schlecht, weil man dann so aus seiner Blase auch ein Stück weit rauskommt und auch mal andere Einstellungen hört, die man vielleicht gar nicht hören will manchmal.«

Und natürlich sind es am Ende solche alchemistischen Vorgänge, die das Wunder ermöglichen. Egal wo, egal zu welcher Uhrzeit, egal wie der Ort des Geschehens beschaffen ist. Und dabei kann – es ist da draußen auf dem Land übrigens gar nicht so selten – sogar eine Tankstelle zum magischen Tempel werden.

Während des Jugoslawienkriegs floh Saša Stanišić als Jugendlicher mit seinen Eltern nach Heidelberg. Hier lernte er die deutsche Sprache und schrieb sich zum preisgekrönten Schriftsteller empor. In seinem Buch *Herkunft* schildert er sehr anschaulich, wie sich das Ideal einer vielstimmigen Gemeinschaft in eine abgerockte Aral-Tankstelle rettet, die am Rande des Heidelberger Randgebiets Emmertsgrund liegt. Im Roman liest sich das so:

Im Emmertsgrund reichten einander die Hand: Bosnier und Türken, Griechen und Italiener, Russlanddeutsche, Polendeutsche, Deutschlands Deutsche. Dann und wann tauchten plötzlich größere Mengen dürrer, schweigsamer Schwarzer auf mit diesen blutunterlaufenen Augen, und da wusste man sofort: In Afrika hat es mal wieder irgendwo geknallt. Wir waren Nachbarn, Schulfreunde, Kollegen. Die Supermarktschlange sprach sieben Sprachen. Die soziale Einrichtung, die sich für unsere Integration am stärksten einsetzte, war eine abgerockte Aral-Tankstelle. Sie war Jugendzentrum, Getränkelieferant, Tanzfläche, Toilette. Kulturen vereint in Neonlicht und Benzingeruch.

Nein, nicht nur ein strukturell geforderter Ort der beiläufigen Begegnung. Nicht nur schnell mal tanken, einen Schokoriegel oder Zigaretten kaufen. Die Tankstelle wird zum sozialen Ort für die Jugendlichen aus dem Emmertsgrund. Und dann geht es plötzlich um Zusammenhalt, nicht um Herkunft. Um Leben und nicht mehr um Einsamkeit.

Auf dem Parkplatz lernten wir voneinander falsches Deutsch und wie man Autoradios wieder einbaut. Die einzige Regel: In der Nähe von Zapfsäulen – Rauchen verboten. (…) Die Aral-Tankstelle war Heidelbergs innere Schweiz: neutraler Grund, auf dem die Herkunft selten einen Konflikt wert war. Multikulturelle Faustdialoge fanden jedenfalls kaum statt. Gelegentlich überfallen wurde sie aber schon. Und auch dabei sprach man sich wohl ab, damit nicht etwa ein Deutscher und ein Russlanddeutscher am gleichen Abend mit der Gaspistole anmarschiert kamen.

So in der Art könnte es klappen. Natürliche Räume. Hauptsache mehrdeutig. Durchlässig statt abschottend. Weniger Mauerbau denn Membran, nicht trennend, dafür Begegnung von Fremdem möglich machend. Nicht nur Anfang und Ende dieser Orte sind unvollendet, ihre ganze Formation ist es. Offene Orte sind Abbild offener Gesellschaft, die wir eben sind. Nicht linear, nicht geplant, niemals ideal. Sie müssen Abweichungen und Wendungen standhalten, Widersprüche durch Ebenen der Duldung organisieren und Aushandlungsräume für neue, alte und wiederkehrende Konflikte offenhalten. Offene Orte bedürfen einer permanenten Anstrengung. Sie sind auf Netzwerke und Mobilität angewiesen, stiften Identität im öffentlichen Raum, bieten sich aber auch zum Rückzug an. Damit sind sie nicht nur – dem alten Staatsmann zum Graus – anarchisch, sie müssen sogar ineffizient sein. Sie leben von einer kollektiven Verausgabung, die unter ökonomischen Gesichtspunkten verschwenderisch daherkommt. Und stehen sie damit nicht im absoluten Gegensatz zu einem umfassend geplanten, sozial konstruierten, intelligent gesteuerten, digital kontrollierten und ökologisch effizienten Ort der Zukunft, von der innovationsbegeisterte Technokraten in allen Metropolen dieser Welt träumen?

Genau so ist es.

Die Alten kommen:
Die silberne Nation

Die Menschen werden in den westlichen Gesellschaften immer älter, die Alten immer zahlreicher. Das ist die gute Nachricht. Die schlechte: Viele sind bitter einsam. Die drohende Altersarmut hat viele schon jetzt erwischt, zudem fühlen sich viele Senioren nicht mehr gebraucht und verstehen die moderne Welt nicht mehr. Dabei könnte genau diese für einen Wandel sorgen. Mit einem neuen Verständnis der Alten, neuen Wegen der Einbindung und klugen technologischen Lösungen. Doch so könnte er gelingen: der Weg in die Postdemographie.

Sie stehlen Taschentücher, Kroketten, einen Handfächer. Sie stehlen Reis, Erdbeeren, eine Flasche Erkältungsmedizin. Oder Kabeljaurogen, Pflanzensamen, eine Bratpfanne. Mal ist es eine Dose Cola, mal eine Flasche Orangensaft. Sie sind 78, 80, 67 oder 89 Jahre alt. Japanerinnen, die einsitzen.

Gesellschaften, die altern, stehen vor Herausforderungen. Aber Japan mit der ältesten Bevölkerung der Welt hat es mit einer Herausforderung zu tun, die niemand vorhergesehen hatte: mit Seniorenkriminalität. Insbesondere: Seniorinnenkriminalität.

Die fernöstliche Industrienation Japan zählte im September 2020 36,17 Millionen Menschen, die 65 Jahre oder älter sind. Das entspricht einer Rate von 28,7 Prozent der Gesamtbevölkerung des Landes. Beide Zahlen erreichten Rekordhöhen. 2040 soll der Anteil der 65-Jährigen und Älteren sogar bei 35,3 Pro-

zent liegen, wenn die in der Nachkriegszeit geborenen Babyboomer die Altersgrenze von 65 Jahren erreichen. Damit ist Japan das Land mit der ältesten Bevölkerung der Welt: die Silver
Nation überhaupt. Und damit auch jene Gesellschaft, die sich
die alternden Industrienationen des Westens besonders gut anschauen sollten. Es könnte lehrreich sein. Denn der demographische Wandel kommt auch hier, ist schon in vollem Gange,
und er wird insbesondere uns Deutsche hart treffen. Und trifft
uns schon jetzt.

Ist dies nun gut oder schlecht? Sind die Zustände Furcht
einflößend oder verheißungsvoll? Mit Belastungen der Sozial-
systeme oder mit Potenzialen einer neuen Generation vitaler
Hochaltriger verbunden?

In jedem Fall sollten auch wir mit einer Zunahme von Seniorinnen und Senioren rechnen, die in die Gefängnisse strömen.
Und vielleicht sogar strömen wollen, vertraut man der Analyse
der japanischen Verhältnisse.

Denn Beschwerden und Verhaftungen, an denen ältere Menschen und insbesondere Frauen beteiligt sind, finden zu Raten
statt, die über denen anderer demographischer Gruppen liegen.
Fast jede fünfte Frau in japanischen Gefängnissen ist Seniorin. Ihre Verbrechen sind für gewöhnlich geringfügig, neun
von zehn verurteilten älteren Frauen wurden des Ladendiebstahls für schuldig befunden. Doch warum tun sie das? Warum
klauen ältere Frauen, die vorher ein Leben lang gesetzestreu
lebten?

Die Betreuung japanischer Senioren fiel einst Familien und
Gemeinden zu, doch das hat sich geändert. Asien insgesamt,
der kontinentale Raum, in dem das Individuum zwar enorme
Produktivitätszelle und doch Diener der Gemeinschaft ist, fliegt
unter dem Druck zunehmender Kompetitivität und wachsen-
der Märkte auseinander. Mit insgesamt verheerenden, speziell
sozioökonomischen Folgen. Von 1980 bis 2015 hat sich die Zahl

der alleinlebenden Senioren in Japan auf fast sechs Millionen mehr als versechsfacht. Eine Umfrage der Regierung von Tokio aus dem Jahr 2017 ergab, dass mehr als die Hälfte der Senioren, die des Ladendiebstahls überführt wurden, allein leben. 40 Prozent haben entweder gar keine Familie mehr oder sprechen nur noch sehr selten mit Verwandten. Oft sagen sie, dass sie niemanden haben, an den sie sich wenden können, wenn sie Hilfe brauchen.

Die japanische Fotojournalistin Shiho Fukada kam dem Phänomen auf die Spur. Monatelang hatte sie recherchiert, knüpfte Kontakte zu Betroffenen, besuchte alte Frauen und Männer zu Hause, im Gefängnis, begleitete sie, wenn sie sich auf die Straße wagten und durch die 37-Millionen-Megalopole Tokio zogen. Ihre Reportage mit dem Titel »Japan's Prisons Are a Haven for Elderly Women«, die im März 2018 in *Bloomberg Businessweek* erschien, wurde vielfach ausgezeichnet. Fukada hatte Berge an Material zusammengetragen und dafür auch mit vielen Insassinnen gesprochen.

Darunter auch mit jener 80-jährigen Dame, die zu drei Jahren verurteilt wurde. Sie hatte ein Taschentuch, Kroketten und einen Handfächer gestohlen. Obwohl sie einen Ehemann, zwei Söhne und sechs Enkelkinder hat, erzählte sie Fukada: »Ich war jeden Tag allein und fühlte mich sehr einsam. Mein Ehemann gab mir sehr viel Geld, und Menschen erzählten mir immer, wie glücklich ich war. Aber Geld wollte ich nicht. Es hat mich überhaupt nicht glücklich gemacht.« Nach ihrem ersten Diebstahl habe sie sich auf der Polizeiwache zum ersten Mal in ihrem Leben wahrgenommen gefühlt. Das Vergehen geschah also keineswegs aufgrund von Armut. Es wird hier vielmehr zum Sinnbild der Rebellion, zu einem ritualisierten Regelbruch. Der kleine Diebstahl als Schrei nach Wahrnehmung, als Schritt aus dem Unsichtbarsein.

Mehr noch: Das Gefängnis selbst erleben die Frauen als

neue Biosphäre, als ein neues Soziotop, das auch der besagten Insassin einen neuen Lebenssinn gab, eine soziale Eingebundenheit und sogar eine interne kulturelle Anerkennung. Die alte Dame im Tokioter Knast formulierte das so: »Ich kann gar nicht sagen, wie sehr ich es genieße, in der Gefängnisfabrik zu arbeiten. Wenn ich am nächsten Tag dafür gelobt werde, wie effizient und akkurat ich war, begreife ich die Freude des Arbeitens. Ich bereue es, dass ich niemals gearbeitet habe. Mein Leben wäre anders gewesen.«

Mittlerweile sitzt die Seniorin zum dritten Mal ein.

»Das Gefängnis ist der Himmel, die Freiheit die Hölle.« Mit diesem seltsamen Statement versucht auch das Magazin *Shukan Shincho*, das verstörende Phänomen der alten Räuberinnen salopp zu erklären. Unter dem Titel »Glückliches Leben im Knast« fragt der Autor, was wohl schlimmer sein könne als der Entzug der Freiheit. Seine Antwort ist simpel: »Der Entzug der grundlegenden materiellen Bedürfnisse wie Essen, Kleidung und Wohnung.« Denn viele würden eben auch klauen, weil Geldsorgen sie umtrieben, sagt Tomomi Fujiwara, Autor des Buches *Bousou Rojin* (»Die Älteren außer Kontrolle«). Viele, wenn nicht die meisten, litten allerdings auch noch aus einem weiteren Grund: Liebesentzug, Beachtungsverlust.

»Früher wurden Ältere verehrt und gepflegt, lebten mit Kindern und Enkeln im Haus.« Das habe sich geändert. Viele Senioren litten nun unter Einsamkeit und mangelnder Aufmerksamkeit. Manche versuchen verzweifelt, in den Knast zu kommen. Das ist aber nicht so leicht. Auf kleinere Delikte wie Ladendiebstahl stehen lediglich Geld- oder Bewährungsstrafen, nicht anders als bei uns. Wie stellt es also ein unbescholtener Pensionär an, der bloß ein Dach über dem Kopf sucht? Oder neue Menschen? Ein Magazin listete Methoden auf. Etwa: »Sie schlendern ohne Geld in ein Restaurant (wenn es nahe einer Polizeistation liegt, umso besser), bestellen Essen und ein oder zwei Bier – und begehen Zechprellerei.« Beim ersten Mal klappt das meist noch nicht, aber beim zweiten, ganz sicher beim dritten Mal erhält der Delinquent als Wiederholungstäter die erwünschte Haftstrafe.

Doch sind auch und sogar insbesondere Frauen, die gar nicht obdachlos sind, sondern einen Ort haben, an den sie gehen können, von dem seltsamen Phänomen betroffen. Und viele dieser Frauen reden von dem Gefühl, unsichtbar zu sein. »Sie haben vielleicht ein Haus. Sie können eine Familie haben. Das heißt aber nicht, dass sie einen Ort haben, an dem sie sich zu Hause fühlen«, erzählte Yumi Muranaka der Journalistin Fukada. Muranaka war die damalige Leiterin des Iwakuni-Frauengefängnisses, 30 Meilen außerhalb von Hiroshima. Muranaka, die viele der Insassinnen inzwischen gut kannte, erklärte das so: »Sie fühlen sich nicht verstanden. Sie fühlen sich nur als jemand anerkannt, der die Hausarbeiten erledigt.« Sie würden sich also einsam fühlen – infolge patriarchaler Geringschätzung.

Ältere Frauen allerdings sind häufig auch wirtschaftlich gefährdet. Fast die Hälfte der alleinlebenden 65-Jährigen oder Älteren lebt im Vergleich zur breiteren Bevölkerung in Armut – verglichen mit 29 Prozent der Männer. »Mein Mann ist letztes Jahr gestorben«, erzählt eine Insassin. »Wir hatten keine Kinder, also war ich danach ganz allein. Ich ging in einen Supermarkt, um Gemüse zu kaufen, und sah eine Packung Rindfleisch. Ich wollte es, aber ich dachte, es wäre eine finanzielle Belastung. Also habe ich es einfach so genommen.«

Eine andere Insassin, die für den Diebstahl von Reis, Erdbeeren und Erkältungsmedizin nun schon zum zweiten Mal einsitzt, berichtet: »Ich lebte allein von Sozialhilfe. Ich habe bei der Familie meiner Tochter gelebt und alle meine Ersparnisse für einen missbräuchlichen und gewalttätigen Schwiegersohn verwendet.« Eine weitere Insassin erzählt: »Ich wurde zum ersten Mal inhaftiert, als ich 70 war. Als ich Ladendiebstahl beging, hatte ich Geld in meiner Brieftasche.« Und dann packt die nächste Dame im Frauengefängnis aus: »Ich habe mehr als zwanzigmal Ladendiebstahl begangen, alles Kleidungsstücke, nicht teure, meistens auf der Straße. Es ist nicht so, dass ich Geld brauche. Beim ersten Ladendiebstahl wurde ich nicht erwischt. Ich lernte, dass ich bekommen konnte, was ich wollte, ohne dafür zu bezahlen, was ich amüsant, lustig und aufregend fand.«

Was die Dame über den Diebstahl selbst sagte, war aufschlussreich. Sie beschrieb die Tat des Klauens als »amüsant, lustig und aufregend«. Erklärte den Diebesakt somit auch zu einer Handlung der Nonkonformität und des Widerstands, um sich gegen das verklärte Bild des senilen Seniors zu stemmen. Einem Alten, der zu Hause hockt und dem langsam die Lebensgeister schwinden. Einer, der von der Gesellschaft nicht mehr ernst, nicht mehr wahrgenommen wird.

Nicht mit uns! Seht her, wir sind auch noch da. Beachtet uns! Achtet uns! So ließen sich die Stimmen der alten Gefangenen von Japan wohl zusammenfassen, würde man ihnen ein Sprachrohr geben und sie ihre wahren Hilferufe einmal artikulieren lassen. Erst in der Gefangenengemeinschaft fühlen sich viele darum auch wieder weniger allein, weniger einsam. Hier werden sie gesehen und gebraucht. Denn auch das scheint das Phänomen der Seniorinnen- und Seniorenkriminalität auszudrücken: Der Ruhestand macht die Alten funktions- und rollenlos. Erst im Gefängnisapparat nehmen sie wieder einen Platz im Leben ein, haben eine Aufgabe und fühlen sich als ein Zahnrad, mit dem die Welt am Laufen gehalten wird. Denn ihre Einsamkeit ist eine der größten Zumutungen, die wir erleben können: verzichtbar zu sein.

Kein Kaffee, kein Kuchen, kein Theater. Die Hilflosigkeit der Erfolgsgesellschaft

Gerade in Hinblick auf die Einsamkeit der Hochaltrigen lohnt der Blick auf die sozioökonomischen Zusammenhänge. Denn das Aufbegehren der Silberfüchse gegen die empfundene Isolation ist eng verbunden mit ihrer sozialen und wirtschaftlichen Stellung – auch und gerade in Deutschland. Und was die manchmal noch diffuse Unsicherheit in der Jugend ist, stellt sich im Alter als blanke Existenznot heraus: Altersarmut als Gegenwartsdiagnose. Anti-Einsamkeit als gesellschaftliche Aufgabe kann darum nicht ohne das Gewahrwerden sozialer Ungleichheiten und Nöte angegangen werden. Eine Initiative der CDU-Fraktion im Berliner Senat zur Einrichtung einer Stabsstelle gegen Einsamkeit ist genau aus diesem Grund auch von Linken-Politikern abgeschmettert worden: Einsamkeit als singuläres, unabhängiges Phänomen zu begreifen, tarnt die sozioökonomischen Zusammenhänge, nimmt ein weiteres Symptom sozialer Verwerfung explizit aus und schwächt darum Bestrebungen in der sozialen Frage. Darum ist wichtig festzustellen: Einsamkeit ist auch ein logisches Resultat verfehlter Wirtschafts- und Sozialpolitik, einer sich immer schneller drehenden kapitalistischen Welt, die auch immer mehr Menschen am Wegesrand abwirft. Die Wegwerfgesellschaft evoziert Einsamkeit. In Japan ist genau das zu beobachten. Viele ältere Japaner leiden unter der ökonomischen Stagnation, haben keinen Job und kaum Pension. Und auf Hilfe können sie in der auf Erfolg getrimmten Gesellschaft nicht zählen. Das einst dichte Netz der Familie ist gerissen, da die Jungen vom Land in die Großstädte ziehen. Viele Not leidende Senioren sehen keine Alternative als das

Gefängnis. Sie wollen lieber mit anderen eingesperrt sein, als allein in Freiheit zu leben.

Sind die Zustände in der japanischen Gesellschaft nun eins zu eins auf jene in Deutschland zu übertragen? Sicher nicht. Und doch geben nicht nur die demographische Entwicklung, sondern auch die Verselbstständigung kapitalistischer Routinen einen Ausblick auf das zukünftige Leben im neuen Westen. Und viele Symptome können wir schon heute bei uns beobachten: zum Beispiel bei der Rationalisierung in der Pflege.

Ganz so fern ist uns die japanische Realität also auch nicht mehr. Im Gegenteil: Auch in Deutschland grassiert Altersarmut – ungebremst. Aktuelle Zahlen legen das schwarze Loch offen, das Millionen Rentner bereits in sich eingesogen hat und das weitere Millionen unaufhaltsam anzieht. Für viele gibt es kaum ein Entrinnen, dafür sind die sozioökonomischen Strukturen zu starr und zu sehr auf andere Prioritäten ausgerichtet. Die Opfer der gesellschaftlichen Gravitation bleiben auf der Strecke und müssen in luftleerer Dunkelheit und unter immensem Druck zurechtkommen.

Ein Blick auf die Fakten bei uns. Mehr als jeder zweite Rentner in Deutschland bekommt weniger als 1000 Euro Rente im Monat. Ein Drittel unserer Rentner hat weniger als 700 Euro Rente monatlich zur Verfügung. Und es geht weiter: Fast 25 Prozent liegen bei einer Rente von unter 500 Euro. Ohne Grundsicherung von etwa 800 Euro können die stetig steigenden Lebenshaltungskosten nicht gestemmt werden, wobei selbst kleine lebenswerte Freuden im Alltag für viele Senioren schlicht unbezahlbar geworden sind. Jeder Tag ist ein Rechenkunststück mit ein paar Cents in der Tasche, deren Klimpern schon vor Ende des Monats nicht mehr zu vernehmen ist. Und man muss sich im Alltag nur umschauen, um die alten Menschen zu sehen, denen es so bereits ergeht.

Wer ist es, der an den Kassen die Centstücke aus dem Portemonnaie fummelt und mühsam abzählt? Meist sind es die alten Menschen, und sie tun dies sicher nicht nur, weil sie es aus einem langen harten Arbeitsleben so gewohnt sind. Auch sind es häufig alte Menschen, die in den Städten nach Pfandflaschen suchen, die in den Rote-Kreuz-Läden auftauchen, um sich günstige und gebrauchte Kleidung zu kaufen. Und wer sich an die Zeiten im Kino vor Corona noch erinnern kann, wird im Nachhinein feststellen können, dass es so viele Ältere nicht waren, die im Saal saßen. Zum Glück gibt es Seniorentickets, Seniorenermäßigung, Seniorenrabatte, Seniorenteller. Nicht nur im Kino, auch im Theater, in der Oper, im Nahverkehr, in Bibliotheken, in Schwimmbädern, Museen und Fußballstadien.

Das ist gut gemeint und für viele sehr hilfreich. Doch offenbart es am Ende nur den Missstand. Rabatte braucht nur, wer keine Knete hat. Ermäßigungen bekommen nur die, die nicht mithalten können. Auf der Seite von »Planet Senior« werden sogar »Spartipps für Senioren« aufgelistet. Und ich will nicht wissen, wie viele alte Menschen klammheimlich auf solche Seiten klicken – falls sie das haben, was sie ansonsten heute ohnehin schon zu Außenseitern macht: das Internet.

Als die Corona-Pandemie dazu führte, dass auch die Essensausgaben der Tafeln schließen mussten, wurde das Desaster in seiner ganzen Dramatik sichtbar. Geld für einen größeren Einkauf, geschweige denn für einen Vorratseinkauf, hatten viele Rentner nicht. Fünf bis zehn Euro am Tag lassen das nicht zu. Laut dem Forscher Christoph Butterwegge verschärft das Virusdrama die Situation der bedürftigen Rentner in besonderer Weise. Zum einen durch die Rezession, die die Armutsspirale weiter anheize, zum anderen durch zahlreiche Entlassungen im Minijobbereich. »Mehr als eine Million Rentner haben Minijobs, um über die Runden zu kommen. Davon sind viele durch die Beschränkungen weggefallen. Und die Rentner erhalten keine staatliche Leistung als Ersatz.«

Die Rentenkommission der Bundesregierung hat die demographische Entwicklung im Blick. Und die Altersarmut wird sich noch einmal deutlich verschärfen, wenn die Babyboomer auch bei uns in Rente gehen, all jene also, die zwischen 1955 und 1969 geboren sind. Hinzu werden jene kommen, die in den neunziger Jahren von der Massenarbeitslosigkeit nach der Wende betroffen waren und über Jahre keine Beiträge zahlen konnten. Der Vorschlag der Rentenkommission sieht vor, das Renteneintrittsalter zwar bei 67 Jahren zu belassen. Allerdings werde das Rentenniveau stark sinken und die Beitragsätze deutlich steigen müssen, damit das System nicht kollabiert. Einfacher macht es das Leben für keine der Generationen. Die Alten werden immer weniger Geld haben, die Jungen immer mehr schuften müssen, um das Leben trotz hoher Abgaben wuppen zu können.

Einer, der die Nöte von Wohnungslosen, Obdachlosen und Ausgestoßenen seit über dreißig Jahren kennt, ist der Sozialarbeiter Dieter Puhl. Der ehemalige Leiter der Bahnhofsmission am Bahnhof Zoo in Berlin weiß, dass diese Nöte nicht nur darin bestehen, kein Dach über dem Kopf zu haben, kein finanzielles Auskommen und keine Struktur im Alltag. Was die Menschen, mit denen er arbeitet, am meisten vermissten, erzählt er, sei ein Platz im Leben – ein Platz in der Gesellschaft. »Ich glaube nicht, dass jeder ein Porsche im Leben ist. Mir sind Menschen auf der Überholspur sogar unheimlich. Früher hat es sinnvolle Tätigkeiten und Orte für jedermann gegeben, der eine schob einen Rollcontainer durch Rathäuser oder fegte Fabrikhallen, und dafür waren keine intellektuellen Talente nötig. Heute aber sind solche Tätigkeiten und mit ihnen die Menschen dazu unnütz geworden.«

Und natürlich betrifft das vor allem viele älteren Menschen.

Menschen, die ihr formales Soll erfüllt haben und dem System nun nicht mehr allzu lang zur Last fallen sollen. Das neoliberale System mag solche Sandkörner im Getriebe nicht. Sie bremsen. Darum blendet man das Problem gern aus. Und wenn dann doch einmal hingeschaut wird, wie zum Beispiel in einer Reportage der ARD über Altersarmut in Deutschland, dann hören sich die Sätze der Betroffenen so an: »So viele Versicherungsjahre kann man gar nicht schaffen, damit man bei 8,50 Euro in der Stunde am Ende nicht in Armut landet.« Oder so: »Ein kaputter Kühlschrank wäre ein Drama.« Oder auch so: »Kein Kaffee, kein Kuchen, kein Theater.«

In den vergangenen Jahren habe ich verschiedene Regierungen und wirtschaftliche Akteure in ihrer Anti-Einsamkeitsagenda begleitet. Bisher ist diese gesellschaftliche und politische Herausforderung primär an die Betroffenengruppe der Hochaltrigen geknüpft. Aktionen lassen jedoch zumeist diese sozioökonomische Ursache von Einsamkeit und Isolation unberücksichtigt.

Wo Berufstätige und Erziehungsleistende gestresst sind, haben Senioren Muße und sehnen sich nach Gespräch und Austausch. Für sie hat die niederländische Supermarktkette Jumbo darum im Sommer 2018 eine Plauderkasse eingerichtet, die erste »Kletskassa« in der Kleinstadt Vlijmen.

Auch ein Projekt der Royal Mail, der britischen Post, zielte auf einsame Seniorinnen und Senioren ab: Zweimal die Woche klingelte der Briefträger bei Teilnehmern des gesonderten Programms »Safe and Connected«, erkundigte sich nach ihrem Wohlbefinden und notierte, welche Unterstützung sie brauchten. Für die damalige Premierministerin Theresa May war dieses Programm nur der Anfang. Laut May haben viele der technischen Fortschritte, die Fernarbeit und Online-Shopping ermöglichen, auch den Nachteil des verminderten menschlichen Kontakts und können das Risiko der Einsamkeit erhöhen. Die britische Post ist nun ein Baustein auf dem Weg zurück zu mehr Kontakt: Sie soll nun nicht mehr nur Briefe ins Heim liefern, sondern auch ein Stück Wohlgefühl und Fürsorge. Anti-Einsamkeit als nationaler Versorgungsapparat für menschliche Bindungen? Die britische Antwort kann diesen Vorwurf zumindest nicht in Gänze entkräften.

Was geschieht in Deutschland? Auch hier sind Projekte zunehmend auf die Alten und Älteren in der Gesellschaft ausgerichtet. Senioraktivitäten und Mehrgenerationenhäuser stehen schon ohne explizite Einsamkeitsbetroffenheit hoch im Kurs in aktuellen bundeslandspezifischen Strategien für mehr Lebensqualität für Hochaltrige. Ein Projekt, das ich in den vergangenen Jahren kennenlernen durfte: In Hamburg besuchen Schülerinnen und Schüler Museen und Theater mit wirtschaftlich eingeschränkten Seniorinnen und Senioren aus demselben Kiez. Sie entdecken die Kulturangebote in der Nachbarschaft, begleiten einander in gegenseitiger Mentorenschaft, besprechen die verschiedensten Themen, lernen die Herkünfte und Werte des anderen kennen – und einander verstehen. Dies ist nur ein Weg. Einer, der in den schnellen, modernen und misstrauischen Zeiten fast verquast anmutet. Der aber gerade darum modern ist – und lohnt, gegangen zu werden.

No Country for Old Men: Warum wir einen Sinneswandel brauchen

Wer sich mit den Zusammenhängen von Alter und Einsamkeit beschäftigt, kommt nicht umhin, kulturwissenschaftliche Vergleiche anzustellen. Und dann wird bald klar: Obwohl unsere

Vorstellungen von Alter sich langsam wandeln, sind derzeitige Denkmuster und typische Bilder alter Ruheständler noch immer industriell geprägt. Und somit defizitär aufgeladen. Woran liegt das?

Themen wie Einsamkeit und mentale Gesundheit hatten in einem industriell ausgerichteten Gesundheitsraster über Jahrzehnte nichts zu suchen. Es ging um Lohnarbeit und physische Gesundheit. Und darum, in diesem Apparat seinen Zweck zu erfüllen. Wer danach in den Ruhestand ging, hatte im wahrsten Sinne des Wortes ausgedient und wurde, ebenfalls wortwörtlich, in den Ruhestand versetzt.

Und so betrachten wir die Alten heute noch – und viele dieser Alten sich selbst: Sie werden zu Kostenfaktoren, die Gesundheits- und soziale Sicherungssysteme belasten und darüber hinaus die Fürsorgekapazitäten der eigenen Familienmitglieder und Freunde strapazieren. Kein Wunder, dass der Aufstand der Alten auch deshalb ausbleibt. Sich vor den eigenen Nächsten als Belastung zu empfinden, nährt das Schuldgefühl gegenüber der eigenen Existenz. Die Folge ist eine bittere Daseinsscham. Und auch das bleibt dann nicht aus: die schamvolle Flucht ins eigene Schneckenhaus. Bloß nicht zu viel sein. Bloß nicht zur Last fallen. Bitte niemanden strapazieren, überfordern. Denn nein, kein Mensch möchte eine Zumutung sein. Und so ziehen sich viele Ältere zurück, verbergen ihre Sorgen, kaschieren ihre Wehwehchen. Und werden immer einsamer – aus Furcht zu stören.

Seit dem Beginn der Moderne, spätestens seit der Erfolgsgeschichte der Industrialisierung haben wir uns auf ein lineares Denken verständigt. Es geht darin um die Geradlinigkeit der Lebensläufe und Karrieren. Die Mantras sind uns regelrecht eingeimpft: schnellste Produktionsprozesse, unmittelbare Zielerreichung, das Dogma der Optimierung. Von A nach B, am besten ohne Umwege. Seit dem Aufbaurausch der Wirtschafts-

wunderjahre ist diese Linie die Dominante unserer Wirtschafts-
gläubigkeit. Und das Streben kennt immer nur ein Ziel: Wachstum ohne Ende.

Natürliche Erfahrungen und menschliche Züge folgen jedoch keineswegs diesem Muster. Linearität und stetige Steigerung entsprechen nicht der Natur. Und die Wirtschaft kann es
noch so oft predigen, im Leben geht es nicht immer nur nach
oben, nach vorn. Und es geht auch nicht immer mit der gleichen Geschwindigkeit voran. Stottern und hinken gehören
dazu. Fallen, aufstehen. Und dann wieder geht es im sechsten
Gang mit Karacho auf einmal in eine ganz andere Richtung.

Ein Prinzip, das gerade global zu beobachten ist und sich
konkret in der Realität äußert. Die Megatrends von Globalisierung und Konnektivität bescheinigen das. »Disruption« lautet
das Schlagwort der Stunde. Die Helden an den Steuerknüppeln
fiebern nach Innovation, phantasieren von Quantensprüngen
in neue Dimensionen und Zeitalter. Nicht mehr das klassische
Fortschreiten des Bekannten ist gefragt, die Zielmarken der Gegenwart fordern ganz bewusst radikale Brüche. Und die Gründer von heute verabschieden sich ausdrücklich von der Verantwortung des alten ehrbaren Kaufmanns. Ihre Exit-Strategie
nach vorn lautet: »Disrupt or Die.« Alles auf den Kopf stellen
oder krepieren.

Auch das kann gut sein oder schlecht – eine Neuerfahrung
ist es zwangsläufig und somit auch ein Bruch mit jeder Linearität. Auf die jüngeren Generationen wirkt sich das widersprüch-
lich aus. Die prekäre Karriere ist heute die Norm, Brüche lösen
die Beförderung ab. Du gehst heute nicht mehr stringent die
Leiter hoch. Am besten schmeißt du die alte weg und springst
im selben Moment auf eine neue. Die jungen Generationen machen diese Erfahrung gerade live. Sie erleben, wie die Illusion
des Linearen vor ihren Augen zerplatzt.

Alle Generationen davor befanden sich hingegen eher im

Schaffe-Schaffe-Modus: Immer ein Stück weiter Richtung Wohlstand. Nun aber sind die ersten Generationen am Walten, die es nicht besser haben werden als ihre Eltern. Auch darum brechen sie mit der altgedienten Idee, nach langem Arbeitsleid möglichst früh in den vermeintlichen Rentenhimmel zu fallen: den Ruhestand. Und damit kratzen sie erheblich an einem konservierten System, das noch immer nach den Regeln des gestrengen Preußenvaters Bismarck ticken will. Eine lineare Weltentwicklung, die vor allem auf einer Annahme basiert: einer weitaus niedrigeren Lebenserwartung, als sie heute Fakt ist.

Dieses und noch viel mehr aber trifft heute nicht mehr zu. Denn auch die Kurve des Lebensalters verflacht nicht mehr nach alten Mustern, führt nicht mehr so schnell an lange angenommene Grenzen der Belastbarkeit und der kontinuierlichen Abnahme kognitiver und physischer Leistung. Eine derart und über Jahrzehnte angeordnete Lebensschwäche kollidiert heute mit der Realität. Und sie kollidiert auch mit der Seelenbefindlichkeit vieler älterer Menschen.

Heute kann die Kurve des Lebens in andere Gefilde führen. Sie kann Aufbruch in neue Lebensphasen bedeuten, kann mit Vitalität und Agilität rechnen und nicht mit dem, was ordnungsgemäß lange ins Programmheft gestanzt war: Ruhestand. Daraus ergibt sich ein völlig neues Szenario. Denn mit dem Potenzial einer anders und keineswegs linear alternden Gesellschaft könnte eine neue prosperierende Ära bevorstehen – wenn sie nur strukturell richtig begleitet würde! Was nicht heißt – hier wird Kritik schnell laut –, dass die Alten weiter schuften und weiter ackern müssen. Die Einbindung muss vielmehr nach anderen, ebenfalls neuen Mustern stattfinden. Gefragt sind agile Infrastrukturen und vor allem selbstbestimmte soziale Teilhabe für die Seniorengeneration.

Die alten Japanerinnen in den Gefängnissen würden das Angebot sofort annehmen. Wer gebraucht werden will, soll wissen: Er wird gebraucht! Denn mitnichten ist verordnete Einsamkeit im Alter noch zeitgemäß. Die Alten brauchen die Gesellschaft, und die Gesellschaft braucht sie.

Trotz drohender Altersarmut und zunehmender Vereinsamung der älteren Generationen: In den letzten Jahrzehnten ist nicht nur die Lebenserwartung gestiegen, in vielen Fällen konnte auf bestimmten Ebenen auch die Lebensqualität der älteren Menschen erheblich verbessert werden. Daran haben Altersforschung, Gerontologie und Sozialpolitik ihren Anteil, auch medizinische, kulturelle und ökonomische Fortschritte haben ihren Beitrag geleistet. Doch in Zeiten, in denen immer mehr Menschen 90 bis 100 Jahre alt werden, treten auch die Grenzen dieser Entwicklung zutage. Neueste Erkenntnisse zeigen, dass das Älterwerden der Ältesten der Alten künftig nicht nur in Würden, sondern auch mit erheblichen Bürden einhergehen könnte.

Den Januskopf des Älterwerdens offenbart ein Vergleich zwischen dem »Dritten« und dem »Vierten Alter«. Das Dritte Alter beginnt mit dem sechzigsten Lebensjahr. Das Vierte mit dem chronologischen Alter, zu dem die Hälfte der ursprünglichen »Geburtskohorte« nicht mehr lebt – in den Industrieländern liegt diese Grenze bei etwa 80 Jahren. Die guten Nachrichten der Wissenschaft gelten vor allem für das Dritte Alter und dessen Potenzial oder Plastizität. Im Vierten Alter hingegen offenbart sich unbarmherzig die biologische Unfertigkeit des Menschen. Und derzeit spricht wenig dafür, dass ein solch hohes Alter gemeinhin zu einem »Goldenen Alter« des Lebens werden könnte. So wie sie sich heute darstellt, wird die Zukunft des Vierten Alters unsere Gesellschaft vor schier unüberwindliche Probleme stellen. Während das Dritte Lebensalter also von der Einbindung in neue bewegliche und dynamische Strukturen geprägt sein könnte – freiwillige soziale Jahre, Studienprogramme, Mentorships; es gibt viele Beispiele –, verdient das

Vierte Lebensalter noch einmal deutlich andere Schritte und Denkweisen. Hier müssen wir eine neue Philosophie der Nähe entwickeln. Müssen uns abgrenzen vom Dogma der Betreuung. Eine Kategorie, die den Betreuten schon von der Bezeichnung her zum Behandelten verzwergt. Und ihn nicht zum Handelnden macht.

Dass ein solches Umdenken dringend nötig ist, liegt auf der Hand. Denn der Anstieg der Lebenserwartung im 21. Jahrhundert betrifft nicht nur die Jungen, sondern inzwischen auch die 80-, 90- und sogar 100-Jährigen. Ein 80-Jähriger hat in der modernen Technologiegesellschaft heute noch eine statistische Lebenserwartung von acht Jahren – doppelt so viel wie noch vor drei Jahrzehnten. Setzt sich ein solcher Anstieg der Lebenserwartung künftig fort, dann wird fast die Hälfte der heute Geborenen an die 100 Jahre alt. Zwar leidet eine solche Projektion am »Kurzblick der Gegenwart« und ist daher unsicher. Dennoch zwingt sie die Gesellschaft, ernsthaft über die Zukunft nachzudenken.

Doch nicht nur die Lebenserwartung, auch die Lebensqualität vieler Älterer ist gestiegen. Die heute 70-Jährigen sind körperlich und geistig etwa so fit wie die 65-Jährigen vor 30 Jahren. Also haben die »jungen Alten« etwa fünf »gute« Lebensjahre gewonnen. Außerdem fällt der gesundheitliche Status älterer Menschen heute besser aus als der vergleichbarer Altersgruppen in früheren Zeiten.

Es scheint darum sinnvoll, sich von einem eingeschliffenen Bild und Denken möglichst schnell zu verabschieden. Die Frage sollte darum nicht heißen, wie wir in einer »überalterten Gesellschaft« leben – sondern wie wir eine »Gesellschaft des langen Lebens« gestalten. Sehen wir ältere Menschen nur als Kostenfaktor an, der die Gesundheitssysteme belastet? Oder sehen wir auch die Leistungen, die sie für die Gesellschaft erbringen? Wenn sie zum Beispiel in der Lage sind, ihre Familie finanziell zu unterstützen, vor allem aber, indem sie Kinder- und Enkel betreuen, für pflegende Angehörige sorgen oder sich in der Kommune, Gemeinde und Nachbarschaft engagieren? Auch als Lesepate zum Beispiel können sich Ältere einbringen, als »Senior Partners« in Schulen, als Hilfen für Pflegende und Besuchsdienste in Altenheimen. Viele Ältere arbeiten heute schon in Ehrenämtern, fungieren als Berater, Begleiter, sind freiberuflich tätig und werden so zu veritablen Leistungsträgern der Gesellschaft.

Auf der Seite von *Lifta*, dem »Blog für Silversurfer«, ist zu lesen: »Dass immer mehr Senioren Jobs haben, liegt auch daran, dass sie gesünder sind und sich fitter fühlen als in früheren Generationen. Männer, die heute 65 sind, werden im Durchschnitt 82 Jahre alt, Frauen sogar 86. Doch nicht nur auf Seiten der Senioren steigt der Wunsch, berufstätig zu bleiben. Auch viele Arbeitgeber haben das Potenzial erfahrener Arbeitskräfte erkannt und wollen ihre Angestellten aufgrund ihres Knowhows im Rentenalter weiter beschäftigen.«

Trendforscher und andere Experten haben die Silver Society inzwischen als Megatrend erkannt. Denn rund um den Globus wird die Bevölkerung nicht nur immer älter, auch die Zahl der Älteren steigt so gut wie überall. Und gleichzeitig bleiben viele Menschen immer länger gesund. Damit entsteht eine völlig neue Lebensphase nach dem bisher üblichen Renteneintritt. Dieser Lebensabschnitt verlängert sich und bietet Raum für Selbstentfaltung in neuen Lebensstilen im hohen Alter. Dennoch muss sich ein neues Mindset erst noch etablieren und den Weg bereiten für eine Gesellschaft, die durch die veränderte Altersstruktur gerade vitaler denn je wird. Und dabei muss in Zukunft noch viel intensiver geschehen, was bisher nur zögerlich und verklärt stattfindet: Die Gesellschaft muss sich vom Jugendwahn verabschieden und das Alter grundlegend umdeuten.

Dass dies noch viel zu zaghaft passiert, ist immer wieder zu

beobachten. Ich selbst habe es von Kollegen und aus dem Bekanntenkreis immer wieder gehört. Ein selbstständiger IT-Be-
rater betreute zuletzt die Netzwerke verschiedener Kunden, es
gehörten Makler dazu, ein Reisebüro, ein Verlag. Der Mann war
inzwischen knapp über 60 und noch immer fit genug, um seine
Runden auf dem Rennrad zu drehen und im Sommer Wasserski
zu fahren. Dennoch hatte er in letzter Zeit immer mehr Kunden
verloren. »Die wollen jüngere«, sagte er. »In dem Business giltst
du mit 60 als alter Sack.«

Als ein solcher geht man heute noch in vielen anderen Beru-
fen durch, oft auch dann, wenn man noch nicht einmal 60 ist.
Ein Bekannter hatte jahrelang für bekannte Magazine geschrie-
ben, schrieb danach Drehbücher fürs Fernsehen, entwickelte
Konzepte für verschiedene Formate. Als sein letzter Job auslief,
sah er sich um. Bewarb sich hier, stellte sich dort vor. Zuletzt
bei einer Agentur, die einen Texter und Produzenten suchte.
Der Kollege war inzwischen 57 und brachte alle Erfahrung mit.
Die Stelle bekam ein 30-Jähriger. Der Kollege sagte daraufhin:
»Ich bin jetzt in dem Alter, in dem ich zu alt bin. Die nehmen
Jüngere. Passt besser ins Konzept. Ich fürchte, das war es jetzt.«

Dass hingegen auch alternde Köpfe noch immer kluge Köpf-
chen sind und über beträchtliches Potenzial verfügen, belegen
Studien des Berliner Max-Planck-Instituts für Bildungsforschung, die grundlegende Erkenntnisse über Intelligenz und
Geist sowie deren Abhängigkeit vom Lebensalter brachten. Danach ist Intelligenz nicht als eine einzige, homogene Fähigkeit
zu sehen. Sie umfasst zum einen die »fluide« Mechanik des
Geistes, die schiere Geschwindigkeit und Genauigkeit der In-
formationsverarbeitung, die in der Kindheit rasch wächst, doch
schon vom frühen Erwachsenenalter an stetig sinkt. Ein weiteres Merkmal der Intelligenz ist jedoch auch die sogenannte
»kristalline« Pragmatik, die kulturgebundenes Wissen und
Denken widerspiegelt und auf Übung und Erfahrung beruht.

Zu ihr zählen Sprachvermögen, Fachwissen und soziale Kompetenz. Fähigkeiten, die bis ins hohe Alter erhalten bleiben können – sofern sie ausgeübt und nicht durch Krankheiten beeinträchtigt werden. Oder durch Ausschlussverfahren.

Ältere Menschen, die eigentlich im Ruhestand wären, aber kein Interesse am passiven Rentnerdasein haben, gehen auch aus diesen Gründen immer öfter neue Wege. Und als Teil der neuen Multigraphie dieser Menschen gilt ein Lebensstil mit einem trefflichen Namen: der Unruhestand. Menschen im Unruhestand wollen weiter arbeiten oder ihre freie Zeit in vollen Zügen genießen. Und dabei kommt noch eine maßgebliche Kompetenz der Alten zum Tragen, die Jüngere in vielen Fällen erst noch entwickeln müssen. Die Stärken des Alters nämlich liegen vor allem in einer emotionalen Intelligenz und in einem »Weisheitswissen«.

Unter emotionaler Intelligenz versteht man die Fähigkeit, die Ursachen von Gefühlen wie Hass, Liebe oder Furcht zu verstehen und Strategien zu finden, durch die sich emotionale Konflikte vermeiden oder in ihren negativen Auswirkungen dämpfen lassen. Und genau das gelingt älteren Menschen oft besser als jüngeren. Weisheitswissen kennzeichnet darum am eindrucksvollsten das geistig-persönliche Potenzial älterer Menschen. Weisheit bedeutet Wissen um die Conditio humana, um die Vereinigung von Tugend und Wissen in der Gestaltung der Lebensführung. Altwerden allein genügt dafür freilich nicht. Nur dann, wenn sich Lebenserfahrung mit bestimmten Persönlichkeitseigenschaften und Denkstilen verbindet, erzielen ältere Menschen überdurchschnittlich häufig Spitzenleistungen in Weisheitsaufgaben. Ähnliches gilt für bestimmte Bereiche der Kunst sowie der beruflichen Expertise. So zählen ältere Komponisten oder Dirigenten oft zu den besten. Aber es müssen keine extravaganten oder künstlerischen Berufe sein, in denen die Jahre Vorteile bringen bei Entscheidungen, Abwägungen und auch Leistungen. Auch Fachwissen kann »altersfreundlich« wirken, solange der ältere Mensch beruflich eben auch aktiv bleiben darf.

Eine weitere Stärke des Alters liegt in der Pflege des Selbstbilds und der Lebenszufriedenheit. Vielen älteren Menschen gelingt es dabei überraschend gut, ihr Leben in einem immer engeren Umfeld und unter körperlichen Beeinträchtigungen so einzurichten, dass sie sich ein positives Selbstgefühl erhalten. Sie regulieren ihr subjektives Wohlbefinden, indem sie ihre Erwartungen an die Realität anpassen. So berichten viele ältere Menschen, obschon es ihnen objektiv körperlich weniger gut geht, von ebenso guter subjektiver Gesundheit wie jüngere.

Diese »adaptive Ich-Plastizität« wirkt auch in die alltägliche Lebensführung hinein. Und dies entspricht der sogenannten »Theorie der selektiven Optimierung mit Kompensation«, entwickelt am Max-Planck-Institut für Bildungsforschung. Sie gilt zwar für alle Phasen des Lebens, gerät jedoch im Alter oft zu einer wahren Lebenskunst. Ein Beispiel dafür lieferte der 80-jährige Pianist Artur Rubinstein. Auf die Frage, wie er es schaffe, noch im hohen Alter so hervorragende Konzerte zu geben, nannte er drei Gründe: Erstens spiele er weniger Stücke – ein Beispiel für Selektion. Zweitens übe er diese Stücke häufiger – ein Beispiel für selektive Optimierung. Drittens setze er größere Kontraste in den Tempi, um sein Spiel schneller erscheinen zu lassen, als er noch zu spielen imstande sei – ein Beispiel für Kompensation.

Die Aussagen mögen hier für die Musik gelten, aber sie lassen sich auf vieles übertragen. Denn wer auf solche Weise selektieren, optimieren und kompensieren kann und diese Strategien auf sein Lebensverhalten überträgt, fühlt sich besser und kommt weiter voran – auch dann, wenn im Alter weniger Ressourcen zur Verfügung stehen.

Derlei positive Erkenntnisse über das Alter und dessen Potenzial haben Gerontologen und Gesellschaftspolitiker schon in eine Art Aufbruchstimmung und Alterseuphorie versetzt. Der gesellschaftliche Fortschritt, so dachten viele, würde auch dem Alter eine goldene Zukunft bescheren. Doch nicht alle – vor allem nicht die Betroffenen selbst – teilten diese Zuversicht. Warum sonst, so ihre Frage, wollen die meisten zwar gern alt werden, aber nicht alt sein? Und warum wollen Menschen mit zunehmendem Alter doch immer jünger sein?

Der italienische Philosoph Norberto Bobbio schrieb in seinem Alterswerk von »Happy Gerontology« und führte den übersteigerten Optimismus darauf zurück, dass viele Gerontologen dem Alter noch gar nicht wirklich ins Gesicht geschaut hätten. Diese Aussage allerdings muss nicht zwingend das Alter selbst meinen – sondern vielmehr den infrastrukturellen und politischen Umgang damit. Das Industriezeitalter kannte dabei bisher nur das defizitäre Altwerden. Demgemäß sind im korporatistischen Deutschland auch die staatspolitischen Instrumente und Angebote derart starr, dass eine diffizile Altengeneration sich darin kaum wiederfindet.

Deutschland 2021: *No Country for Old Men?*

Das Zeitalter der Postdemographie: Teilhabe für alle

Nicht erst seit Corona wissen wir, dass Sterilität vor Ansteckung schützt. Doch seit Corona hat sich ein Verhältnis verschoben, das ein menschliches Bedürfnis in seinem Kern berührt und dieses hochempfindlich auf die Probe stellt. Das Verhältnis von Nähe zu Sterilität. Auf für uns völlig ungeahnte

Weise hat die Nähe eine neue Qualität bekommen. Die Nähe, die niemals steril sein kann. Die Nähe, die nicht mehr das ist, was sie vor Corona gewesen ist. Seit Covid-19 kann sie gefährlich sein, sogar tödlich. Vielleicht wird eine Impfung solche und zukünftige Pandemien besiegen können. Dies ist inständig zu hoffen, sonst müssten wir von einem Sentiment Abstand nehmen, das den Menschen erst zum Menschen gemacht hat. Müssten einen unerträglichen Abgesang anstimmen, müssten uns fernhalten von der Nähe.

Eine Todesanzeige vom 17. Dezember 2020 in einer Lokalzeitung. Es war eine von vielen in diesen Tagen. Ich las sie, bedrückt und berührt.

»Papa, 1950–2020. Über Monate haben wir Dich und Mama eingesperrt, Euch isoliert. Haben für Euch eingekauft und alles, was notwendig war, für Euch erledigt, damit Ihr das Haus nicht verlassen musstet. Wir wollten Euch beschützen. Dann musstest Du ins Krankenhaus und ausgerechnet dort, wo wir doch dachten, dass Du in Sicherheit wärest, hast Du Dich infiziert und bist letztlich einer Krankheit erlegen, die immer noch von zahlreichen Querdenkern geleugnet wird. Warum erwischt es jetzt uns? Wir haben die Pandemie ernst genommen, alles Erdenkliche unternommen, um uns, Dich und andere zu schützen – vergeblich. Seit 47 Jahren auf dieser Welt, kenne ich diese nur mit Dir. Das Leben wird ein anderes sein. Wir rücken nun an Deine Stelle und passen auf Mama auf, versuchen weiter, sie zu schützen. Versprochen. Dad, ich vermisse Dich.«

Wir wissen: Einsamkeit ist tödlich. Wir wissen auch: Corona ist noch tödlicher. Es wäre darum ein Wahnsinn, auf Kontaktbeschränkungen und Abstandswahrung zu pfeifen, um im Lichte herzerwärmender Naivität die Gealterten unter uns innig in die Arme zu schließen. Ihr Lebensschutz hat höchste Priorität. Das Bedürfnis nach Nähe und Austausch, auch nach Zärtlichkeit und Augenhöhe im Alter ist dennoch ein menschliches

Grundbedürfnis. Wenigstens sollte uns klar sein, was diesen Menschen in Isolation genommen wird. Besser: Man muss vor allem in Pandemiezeiten für sicheren Ersatz eintreten. Und das ist kein Geschenk an die Alten, sondern psychologische Notwendigkeit, Gesundheitsprävention, verdiente Infrastruktur. WLAN in die Altenheime zu bringen und Hofkonzerte vor den Pflegeheimen anzustimmen sind nur zwei kleine Beispiele. Und Corona sollte nur der Anstoß sein, um die demographischen Zwangsjacken abzulegen. Dies einerseits, um die jungen Generationen besser zu verstehen – andererseits aber auch, um die alten besser einzubinden und teilhaben zu lassen. Und damit auch das: um die Alten für die gesamte Gesellschaft als gewinnbringend in jedem Sinne zu begreifen.

Dies nicht zu tun, wäre im besten Falle dumm, im schlimmsten Falle zum Nachteil für die ganze Gesellschaft zum einen und für einen jeden von uns zum anderen. Denn wir alle werden einmal zu »den Alten« gehören.

Die postdemographische, von überholten Rastern befreite Epoche kündigt sich bereits an. Aber noch ist sie in den Köpfen nicht angekommen. Dabei gibt es schon jetzt viele Wege und Ideen, den Zug ins Rollen zu bringen. Einige dieser Methoden tragen großspurige Namen und gehen auf neue Technologien zurück, andere Innovationen bedienen sich alter Tugenden, aber sind inzwischen neu gedacht, werden neu angewandt und auch neu platziert. Richtig und klug in unser aller Leben integriert, könnten sie die Gesellschaften einen großen Schritt voranbringen.

Das Zukunftsinstitut hat die neuen Trends schon ausgerufen und näher definiert. Ein Team aus Forschern und Beratern stellt sich hier regelmäßig die großen Fragen, wie Gesellschaften sich verändern, welche Entwicklungen unser aller Leben bestimmen werden. Die Antworten des Instituts nutzen auch

Wirtschaft und Politik, um Entscheidungen zu treffen und neue Wege einzuschlagen. Über die postdemographische Ära ist zu lesen: »Der Megatrend Silver Society entfaltet weltweit seine Wirkung. Rund um den Globus wird die Bevölkerung älter und die Zahl Älterer steigt.« In einem Glossar auf den Seiten des Zukunftsinstituts sind die wichtigsten Trends der neuen »Silver Society« sogar gelistet.

»Digital Health« lautet eines der neuen Schlagworte. Und die digitalen Technologien spielen tatsächlich eine immer größere Rolle, in der Gesundheitsversorgung, aber auch beim individuellen Gesundheitsverhalten. Bei kritischen Vitalwerten können Mediziner Feedback geben, ohne dass der Patient zum Arzt kommen muss. Digital Health ermöglicht laut den Einschätzungen des Instituts eine bessere Interaktion zwischen Patienten, Medizinern und Dienstleistern. Ob die alten Menschen dadurch mehr und bessere Kontakte haben werden, bleibt jedoch die Frage.

Vom »Down-Aging« ist die Rede, wenn Menschen faktisch immer älter werden, sich subjektiv jedoch immer länger jung fühlen. Eine Tendenz, die auf Fakten basiert: Alte Menschen sind heute länger fit und gesund als je zuvor. Heute gilt für die meisten Menschen, dass das »gefühlte Alter« 10 bis 15 Jahre unter dem biologischen liegt. Und dieses »Down-Aging« bestimmt am Ende nicht nur die Vitalwerte älterer Menschen, sondern auch ihr Lebensgefühl. Ihren Lebensstil, ihren Konsum, ihre Mediennutzung. Und somit auch ihr Empfinden der Einsamkeit.

Was sind »Forever Youngsters«? Was machen sie? Für sie stellt das Erreichen des Rentenalters laut Zukunftsinstitut keinesfalls den Beginn des Ruhestands dar – sondern eher den Start in den besten Lebensabschnitt. Die Trendforscher beschreiben das so: Neugierig stürzen sich diese Menschen in Aktivitäten, engagieren sich für gemeinnützige Zwecke, verwirklichen lang gehegte Träume. Und bei alldem würden Ältere mit diesem Lebensstil besonders auf ihre Gesundheit achten. Die »Free Ager« hingegen tummeln sich in der Altersgruppe über 50 und sind am weitesten verbreitet. Free Ager möchten sich auf die für sie relevanten Dinge im Leben fokussieren. Gelassenheit, Harmonie, Menschlichkeit, eine gesunde Umwelt und ein soziales Miteinander liegen ihnen am Herzen.

Als Nächstes haben wir die »Golden Mentors«. Sie wollen ein Leben lang aktiv bleiben und andere an ihren gesammelten Erfahrungen teilhaben lassen. Vertreter dieses Lebensstils können zwischen 55 und 79 Jahre alt sein, häufig sind sie schon im Ruhestand, besser: im »Unruhestand«. Denn viele arbeiten weiter, bringen sich aktiv in Wirtschaft und Gesellschaft ein. Von einem »Lifelong Learning« ist inzwischen ebenfalls die Rede, wenn sich Arbeitsumfelder, Jobprofile und Qualifikationsanforderungen stetig wandeln. Auch diesem Trend liegt eine neue Realität zugrunde: Denn ein Abschluss reicht heute oft nicht mehr ein Leben lang aus. Beschäftigte müssen sich fortlaufend weiterbilden, zusätzliche Qualifikationen oder gar völlig neue »Skills« erwerben. Lebenslanges Lernen ist inzwischen jedoch nicht mehr nur berufliche Notwendigkeit, sondern ein Wunsch vieler Menschen, sich weiterzuentwickeln.

Und noch etwas beobachten die Experten, die professionell in die Zukunft schauen. Mit steigender Individualisierung verlieren nicht nur herkömmliche soziodemographische Merkmale wie Geschlecht, Einkommen, Wohnort, Berufstätigkeit an Bedeutung. Auch beim Alter wird nicht mehr in Schubladen gedacht. »Jugendlichkeit« zum Beispiel kann heute von einem Mittzwanziger genauso ausgehen wie von einem 70-Jährigen. Wohin kann das führen? Könnten sich statt sozialer Milieus in Zukunft womöglich sogar postdemographische Lebensstile herausbilden? Es ist ein so kühner wie aufregender Gedanke: Wenn die Menschen die Kriterien des Alters komplett vergessen und sich nur noch zusammenfinden, weil sie gemeinsame Werte teilen, gemeinsame Überzeugungen, Konsummuster und Interessen.

Es klingt beinahe phantastisch. Die Menschen vereint, glücklich in der Jugend, zufrieden und agil im Alter. Doch natürlich wäre es naiv und arrogant, blauäugig an solche Visionen zu glauben. Die Realität vieler alter Menschen sieht vollkommen anders aus, weil viele nicht ansatzweise die finanziellen Mittel haben, um bei den schönen neuen Megatrends mitzumischen. Sie sammeln klebrige Pfandflaschen und verbringen die Tage damit, Rabattcoupons auszuschneiden oder ihren letzten Schmuck zu verkaufen.

Im schottischen Dumbarton war genau dies schon vor Jahren zu beobachten. Eine Art Fenster, in dem die Reise bereits nachzuvollziehen war, die viele auch in Deutschland antreten könnten oder längst angetreten haben. Dumbarton ist eine kleine Arbeiterstadt nahe Glasgow, viele Viertel gleichen im europäischen Koordinatensystem einem Armenhaus. In diesen Vierteln reihen sich Pawnshops und »Cash Generators« aneinander, Läden, die Uhren ankaufen, Ringe, Colliers, Tafelsilber, Gitarren, Radios, Wecker, alles, was die Menschen noch einlösen können, um an ein bisschen Bargeld zu kommen. »Cash for Gold«, »We buy everything«, »Cash easy« steht auf den Schildern vor den Ladentüren. Letzte Lockrufe, bevor die ausgezahlten Kunden schon eine Woche später kein Geld mehr in den Taschen haben, wieder vor leeren Tellern sitzen und bald womöglich auf der Straße.

In den kleinen Geschäften, die bei uns als Pfandleihen bekannt sind, können die Menschen sogar ihr Zahngold verkaufen, ihre Briefmarkensammlungen, ihre Teller. Es stehen viele Menschen vor diesen Läden und schauen in die Vitrinen, und es gehen viele Menschen schließlich in diese Läden hinein. Die meisten sind Frauen. Frauen, die alt sind. Frauen, die an oder unter der Armutsgrenze leben.

Ähnliche Bilder sind auch bei uns zu sehen, vornehmlich in den großen Städten, wo das Leben teuer ist. Alte Menschen, die sich schon lange kein neues Paar Schuhe mehr geleistet haben, kein Hemd, keine Hose. Sie sind diejenigen unter den Alten, die von keiner verdeckten, sondern einer sehr realen Einsamkeit heimgesucht sind. Alt zu sein und arm. Ungebraucht, allein.

Rosig sind diese Zukunftsaussichten nicht. Rosige Zukunftsaussichten werden darum gern von jenen ausgemalt, die in dieser Zukunft auch daran verdienen werden. Und schon sind die Mühlen des flexiblen Kapitalismus erneut am Werk, um sich auch den alten, gesunden, frohgemuten und aktiven Menschen vor den Karren zu spannen. Die Zukunft aber nicht nur auszumalen und auszunutzen, sondern diese auch auszugestalten, ist eine andere Sache.

Dennoch können und sollten uns die neuen Trends, Möglichkeiten und Technologien alternative Wege bereiten. Mit Bedacht und Maß, mit politischen Taten, wirtschaftlicher Unterstützung und dem kreativen Wohlwollen der ganzen Gesellschaft. Und dies kann funktionieren, wie ich in Israel selbst erlebt habe.

ElliQ ist ein Produkt des israelischen Start-ups Intuition Robotics, das für die Betreuung älterer Familienmitglieder entwickelt worden ist. Es soll dabei helfen, Menschen im Alter weiterhin zu Hause leben lassen zu können. ElliQ wird als »aktiver Begleiter von Alternden« beschrieben und sieht aus wie eine Kombination aus einem Android-Tablet und einem digitalen Assistenten wie Alexa oder Siri. Das System ist mit einer Software ausgestattet, um die älteren Menschen mit Freunden und Familie zu verbinden. Was ElliQ einzigartig macht, ist die

Roboterkomponente: Ein animatronischer Wackelkopf, der als physischer sich bewegender Körper den digitalen Assistenten ergänzt. In Sommer 2019 erklärt mir eine Mitarbeiterin: »Die Ähnlichkeit zur Lampe ist bewusst gewählt. Senioren sollen dem digitalen Assistenten zwar vertrauen, aber klar unterscheiden können, dass es sich um ein Objekt und nicht um einen Menschen handelt, der ihnen beisteht. Als Technologen haben wir die Verantwortung, Mensch und Objekt nicht verwischen zu lassen.« ElliQ wurde von der Fuseproject-Gruppe von Yves Béhar in Tel Aviv entworfen. Béhar kommentierte in einem Interview mit VentureBeat, dass ElliQs Design dazu beitragen soll, »eine einzigartige Bindung zwischen ElliQ und seinem Benutzer« durch natürliche Bewegungen und Körpersprache herzustellen. Intuition Robotics Ankündigungsvideo zeigt die ambitionierten Features von ElliQ: verbale Benachrichtigungen, Antworten auf Nachrichten, Erinnerungen an die Einnahme von Medikamenten, integrierte Videoanrufe und eine angeschlossene App für die Liebsten zur Überwachung von Aktivitäten.

Universaldesignkonzepte sorgen dafür, dass Alltagsprodukte bis hin zu Wohnungseinrichtungen so gestaltet sind, dass eine flexible, leichte und intuitive Nutzung mit hoher Fehlertoleranz möglich ist. Barrierefreiheit und Ästhetik sind nicht länger ein Gegensatz. Es geht um einfache, intuitive Bedienbarkeit und damit fehlertolerante Anwendung von Produkten.

Diese neuen Wege könnten – neben vielen anderen Bemühungen – dabei helfen, der Einsamkeit ein Stück beizukommen. Der Einsamkeit der Alten, der Vereinsamung der Jungen. Der Vereinzelung aller. Ich erinnere mich an Jo Cox, die ich während meiner Einsamkeitsarbeit in England gut kennenlernen durfte, eine britische Politikerin der Labour Party, die sich sehr für die Einbindung der Einsamen engagierte und die Initiative »Lo-

neliness in Europe« ins Leben rief. Bis sie von einem Atten-
täter niedergeschossen und erstochen wurde, arbeitete sie als
Abgeordnete im House of Commons. Von ihr stammt der Satz:
»Young or old, loneliness does not discriminate.« Ob jung, ob
alt – die Einsamkeit macht da keinen Unterschied.

Es geht anders: Wie gelingt die beziehungsfähige Gesellschaft?

Was kann noch helfen, wenn der Wille zur Gemeinschaft keinerlei Priorität mehr hat? Wenn die Wege zu Verbindung und Nähe erodiert sind und die Kultur des Kapitalismus ihre eigenen Kinder frisst? Gefragt sind emanzipierte Seelen, die dem Flexibilitätsregime Ungehorsam entgegensetzen. Gefordert ist eine souveräne Politik, die dem neuen Kapitalismus in die Speichen greift. Und dringend gebraucht sind Verantwortung und Verbindlichkeit als moderne Gesellschaftswerte. Nur so kann der Mensch als das soziale Wesen funktionieren, das er von Anbeginn war.

Wie wird unsere derzeitige Epoche einmal genannt werden? Das »Informationszeitalter«, von dem heute die Rede ist? Im Nachhinein wird man sicher erkennen, dass dieser Begriff durch und durch falsch ist. In Wahrheit zerbrechen gerade lineare Informationsapparate, werden die Gesellschaften von Buzzwords und Fake News in die Irre geführt. Anstatt verlässliche Realitäten zu formulieren, zerreißen verschwörerische Mythen Gewissheiten, Sicherheiten und moderne Praktiken verführen zu einem Einzelkämpfertum, das von wahrer Informiertheit oder gar Wissen weit entfernt ist.

Und noch etwas vermasselt der schmerzlich hohle Begriff des Informationszeitalters. Wie die Steinzeit oder die Eiszeit sagt die digitale Epoche wenig über unsere seelische Verfassung als Gesellschaft aus. Das Anthropozän, in dem der Mensch einen großen Einfluss auf die Biosphäre ausübt, unterscheidet sich in dieser Hinsicht nicht von den vorherigen zwanzig Jahrhunderten. Der Blick in den kollektiven Seelenzustand fehlt. Ein Bewusstsein für das darunter liegende Grundrauschen überfliegen die üblichen Tagesgeschäfte notgeiler denn je. Atemlose Vorausdenke gibt es heute dafür on demand: Fortschrittsfieber, Gewinneifer, Heldenverehrung.

Welcher substanziell spürbare soziale Wandel kennzeichnet derweil unsere Zeit im Vergleich zu allen vorangegangen? Ich lege mich fest: Dies ist das Zeitalter der Einsamkeit. Denn wenn wir uns einmal die Mühe machen, das so grundlegende wie unsichtbare Sentiment zeitgemäß zu begreifen, offenbart sich die Einsamkeit als radikalster, folgenschwerster und am meisten unterschätzter Gigatrend unserer Zeit. Grund, vergnügt in die Zukunft blicken, gibt uns das nicht. Geraten Vereinzelung und Isolation nämlich weiter zu gesellschaftlichen Richtwerten, werden sie den Menschen als soziales Wesen zugrunde richten und seine Reise aus dem blanken Naturzustand in einen sozialen Kulturzustand zunichtemachen: Der Mensch ohne seinen nächsten ist keiner.

Schon als der englische Philosoph Thomas Hobbes Anfang des 17. Jahrhunderts behauptete, dass der philosophische Naturzustand ohne regelnde und zähmende Autoritäten uns in einen Krieg »von jedem Mann gegen jeden Mann« verwickelt hätte, konnte er falscher nicht liegen. Von Anfang an war der Mensch soziales Wesen, gefangen im Verhältnis zueinander, aufgefangen in der Abhängigkeit voneinander. Keine zwei Nächte hätten die Urmenschen Ostafrikas allein überlebt. Seither sind wir stärker als jede andere Art vom Kontakt mit anderen geprägt.

Das Zeitalter, das wir heute betreten, wird erstmals von völlig anderen Prämissen markiert. Nie wurden wir so vehement dazu aufgefordert, das Trennende als Optimum zu verinnerlichen, unsere Biographien derart abgespalten, isoliert und auf uns selbst bezogen zu entwerfen. Flüchtigkeit, Zerstreuung, Vereinzelung, Gefühlsvermeidung, Intimitätsscheu, Beziehungssabotage und Bindungsunfähigkeit sind die größten Treiber der modernen Zeit. Doch sie zerschießen und sprengen, worauf wir uns als Bevölkerungen, Teilgruppen und Familien jahrtausendelang verständigt haben.

Soziologie und Medizin weisen es nach: Einsamkeit breitet sich aus wie eine Epidemie, unter jüngeren wie unter älteren Menschen. Noch einmal: Betroffen sind über 14 Millionen Deutsche, über 40 Millionen Europäer. Gut und gern 20 Millionen allein in Japan, weit über 30 Millionen in den USA. Wie das Radionetzwerk NPR berichtet, geben in den Vereinigten Staaten sogar drei von fünf Amerikanern an, einsam zu sein. Und die Zahl der Betroffenen nimmt schnell und stetig zu. Mit tradierten Lesarten hat die neue Einsamkeit in den meisten Fällen allerdings wenig zu tun. Sie trifft uns anders, verworrener, deswegen jedoch nicht milder. Das Corona-Jahr 2020 wird die Zahlen drastisch in die Höhe treiben und der neuen Einsamkeit noch einmal ganz andere Dimensionen verleihen. Studien, die noch ausstehen, werden Ergebnisse bringen, mit denen wir erst später nachvollziehen können, was gerade geschieht.

Wahrscheinlich ist, dass nicht einmal Ebola jemals so viele Menschenleben gekostet hat wie die jüngste Pandemie; ihre weiteren möglichen Folgen nicht eingerechnet. Und doch ist Corona nur ein Nebenstrom, keineswegs das Hauptfahrwasser, in dem die neue Einsamkeit grassiert. Umso bewusster sollten wir uns der Konsequenzen sein, auf kurze wie auf lange Sicht. Soziale Isolation ist eine ebenso starke Ursache für einen frühen Tod wie das Rauchen von 15 Zigaretten am Tag. Einsamkeit ist laut Untersuchungen doppelt so tödlich wie Fettleibigkeit. Aber auch andere Krankheiten treten häufiger und früher auf, wenn unsere Verbindungen zu anderen Menschen unterbrochen sind. Demenz, Bluthochdruck, Alkoholismus, Depressionen, Paranoia, Angstzustände. Und auch das ist längst erwiesen: Selbstmordraten steigen, die Zahl der »allgemein Bedrückten« wächst. Und das inmitten verheißungsvoller und sich rapide wandelnder Zeiten.

Ja, Fabrikschornsteine hören auf zu rauchen, Menschen wagen intelligente Mobilität, sie nutzen Netflix, YouTube, TikTok statt des alten Lichtspielhauses und haben das Leben mit dem Smartphone zum Normalzustand erhoben. Doch diese Verschiebungen allein erklären nicht die Geschwindigkeit unseres sozialen Zusammenbruchs. Die strukturellen Veränderungen wurden von Anfang an von einer lebensverleugnenden Ideologie begleitet, die unsere soziale Isolation erzwingt – indem sie diese belohnt. Die Religion unserer Zeit ist geprägt von einem überbordenden ökonomisierten Individualismus, getrieben von einer kapitalistisch getriebenen Konkurrenz und gerechtfertigt durch eine Mythologie scheinbar autonomer, in Wahrheit jedoch sich selbst verletzender Figuren.

Die »Generation Selfmade« bringt zum Ausdruck, wie egoman das alles vonstatten geht. Der Selfmade-Entrepreneur ist das Maß der Dinge, der Selfmade-Millionär der gottgleiche Heroe, der Selfmade-Influencer die aktuellste Version des angestrebten Erfolgsmenschen. Kaum ein Gespräch mit Jugendlichen ist heute noch möglich, ohne dass es um die immensen Followerzahlen der breiten Gesellschaft noch immer unbekannten Internetstars geht, gepaart mit Ratschlägen oder Überlegungen, wie die nächsten Zehntausend Follower eingesammelt werden könnten. Schon glänzen die Kinderaugen im Sog der digitalen Gefolgschaft. Im Zuge dessen ist das Kindsein in seinen Grundzügen pervertiert worden. Schon für die sozialsten Geschöpfe, die ohne Liebe nicht gedeihen können, ist die Idee von Gesellschaft durch das Dogma des Individualismus ersetzt worden.

In der reichen arabischen Welt, wo solche Modernismen oft noch schneller und geschmeidiger adaptiert werden als in westlichen Nationen, kursieren längst – zugegebenermaßen nicht ganz klischeefreie – Witze, die das Entwicklungsstadium auf den Punkt bringen. In Ländern wie Katar oder den Arabischen Emiraten ist ein guter Sohn der Sohn, der Sekunden nach der Geburt die ersten Sätze spricht: »Wo ist mein Smartphone? Wo ist mein Land Cruiser? Wo ist meine Kreditkarte?«

Es sind einer globalen jungen Generation ins Gemüt programmierte Leitlinien, die keineswegs nur für jene gelten, die mit goldenem Löffel ins Leben gleiten. Übertragen stehen diese Sätze ungeniert für einen universellen Denkmodus, wie die Gegenwart auf dem Planeten erfolgreich anzugehen ist.

Was zählt, ist das Gewinnen. Übrig bleiben: Kollateralschäden.

Britische Kinder streben nicht mehr danach, Lokführer oder Krankenschwestern zu werden – mehr als ein Fünftel sagt unverhohlen, »nur reich sein« zu wollen. Wohlstand und Ruhm sind nach solchen Umfragen die obersten und wichtigsten Ambitionen, die 40 Prozent der Befragten hegen. Die Konsequenzen eines solchen Gesinnungseifers lassen sich allüberall beobachten. Wir beenden Beziehungen früher, zählen immer weniger enge Freunde, kennen unsere Nachbarn nicht mehr. Und wen überrascht das – wenn wir systematisch dazu aufgefordert werden, wie streunende Hunde um einen Mülleimer zu kämpfen? Die Sprache spiegelt den Status eines solchen atomisierten Solidargefühls wider. Am anderen Ende des Spektrums steht darum ebenfalls selten die Gruppe – immerhin noch als versagende Gemeinschaft –, sondern das entwertete, ausgestoßene Individuum. Die schlimmste Beleidigung im Koordinatensystem der Erfolgsdiktatur wird darum meist im Singular ausgesprochen.

Wenn der Mensch zum Verlierer wird, zum *Loser*.

Wie stramm wir derweil allerorten eingeschworen werden, zeigen viele Beispiele. Eine der tragischen Folgen der Einsamkeit ist, dass sich die Menschen trostsuchend an ihre Fernseher wenden. Zwei Fünftel der älteren Menschen berichten, dass der flimmernde Gott ihre Hauptgesellschaft ist. Diese Selbstmedikation verschlimmert einerseits nur die Einsamkeit, weil menschliche Gesellschaft hier höchstens als Trugbild erscheint. Andererseits aber werden auch hier die Weichen sogleich wieder auf Erfolgskurs gestellt – nicht anders als auf allen anderen Medienkanälen, die heute zur Verfügung stehen. Und dabei ist es völlig egal, ob Alt oder Jung, Grün oder Gelb: Die generelle Strömungsrichtung ist immer dieselbe. Sie führt nach Babylon und Schlaraffenland, sieht Eva im Glück vor und Adam im neuesten SUV sitzen. Das Gegenteil ziemt sich nicht. Es ist verboten. Es stinkt.

Untersuchungen von Wirtschaftswissenschaftlern der Universität Mailand zeigen, dass das Fernsehen exemplarisch den Marschbefehl vorgibt und das generelle Streben nach Wettbewerb beharrlich vorantreibt. Dabei verstärkt es eine Verhältnismäßigkeit besonders: die bedingungslose Kausalität von Einkommen und Glück, wobei die Definitionen beider Kategorien gleich mitgeliefert werden. Es ist die Uniformierung des menschlichen Zustands – von Fernsehen und neuen Medien beispielhaft exerziert. Einziges Ziel des medialen Cheerleadings: sicherstellen, dass ein Punkt der Ankunft, der anhaltenden Zufriedenheit nie erreicht wird. Das funktioniert formidabel. Forscher fanden heraus, dass diejenigen, die viel fernsehen, mit einem bestimmten Einkommensniveau weniger zufrieden sind als diejenigen, die nur wenig fernsehen. Fernsehen wie neue

Medien beschleunigen das hedonistische Laufband unerlässlich. Sie zwingen uns, noch härter zu streben, noch schneller zu agieren, um einen Pegel der Zufriedenheit aufrechtzuerhalten.

Das Spiel ist nicht neu. Neu jedoch ist die Vehemenz, mit der die Menschen heute ganz bewusst in die Vereinzelung getrieben werden, um der Wurst blindlings hinterherwetzen zu können. Und es existieren Strategen, die diesen Generalkurs inzwischen immer zielgenauer designen und abstecken. Hinzu kommen ungeahnte Instrumentarien, die uns wie Autopiloten durch die Zeiten dirigieren. Eigenmächtiges Einschreiten so unerwünscht und unterbunden wie bei den beiden Abstürzen der Boeing 737 MAX.

Kurzum: Es gibt Profiteure der Einsamkeit. Konzernchefs von Tech-Firmen, die Gemeinschaft und Solidarität durch scheinbares Community-Building zerschlagen. Einsamkeit ist darum nicht nur ein Nebenprodukt des neuen flexiblen Kapitalismus. Einsamkeit ist das Ziel einiger, die Gesellschaften zersplittern lassen wollen für privatisierte Eigenzwecke. Dem Öffentlichen aber kann das nicht zugutekommen. Das Öffentliche wird seinen Tribut zahlen müssen.

Was gewinnen wir aus diesem Krieg der Einzelkämpfer und Solisten? Wettbewerb treibt das Wachstum an – aber dieses Wachstum kann uns nicht mehr reicher machen. Das oberste Prozent der Weltbevölkerung besitzt 48 Prozent des globalen Wohlstands. Allein: Selbst sie sind offenbar nicht (mehr) glücklich. Eine Umfrage des Boston College unter Menschen mit einem durchschnittlichen Nettovermögen von 78 Millionen US-Dollar ergab, dass auch sie über Angst klagen, unzufrieden und von Einsamkeit befallen sind. Viele von ihnen gaben an, sich auch finanziell unsicher zu fühlen. Um sicheren Boden zu erreichen, so die Aussagen, würden sie durchschnittlich etwa 25 Prozent mehr Geld benötigen. Ein Befragter sagte sogar aus, er würde erst dort ankommen, wenn er eine Milliarde Dollar auf der Bank habe.

Die Ziele aber sind definiert, die Kurse programmiert. Alles andere ist für die Katz. Zwischen Weihnachten und dem Jahreswechsel von 2020 auf 2021 – inmitten der zweiten Corona-Welle und während bis zum 23. Dezember 1 718 372 Millionen Menschen in Zusammenhang mit Covid-19 gestorben waren – hoben die Börsen ab zu historischen Höhenflügen. Das sagt alles. Dies und nichts anderes ist das Maß der Dinge. Das Maß des Strebens, das Maß des Lebens. Win-win.

Dafür haben wir die natürliche Welt auseinandergerissen, haben wir unsere Lebensbedingungen verschlechtert, unsere Freiheiten und Aussichten auf Zufriedenheit einem zwanghaften, atomisierenden, freudlosen Hedonismus übergeben, indem wir, nachdem wir alles andere verzehrt haben, anfingen, uns selbst zu jagen. Es erinnert an Michel Houellebecqs Roman *Ausweitung der Kampfzone* aus dem Jahr 1994, der von haltlos liberalen Wirtschaftssystemen erzählt, in denen die meisten schuften, viele in Arbeitslosigkeit und Armut ersaufen und nur wenige großen Reichtum erreichen. Houellebecq ahnte anscheinend, wohin uns das treiben würde. Seine Helden, Professoren, Informatiker, oft gut betucht und belesen – sie sitzen am Ende in der Ecke. Traurige Gestalten. Frustriert, deprimiert, tablettensüchtig und sämtlicher Illusionen beraubt. Allein, und ja: verdammt einsam.

Viele Soziologen und Beobachter des Zeitgeschehens sehen es nicht anders und gehen heute sogar noch viel weiter. Und auch ich mit meinen 30 Jahren kann es deutlich spüren, wenn ich mich umschaue und meine Antennen anschalte. Was ich sehe, entspringt keiner Romanhandlung. Ich sehe uns Menschen, die für die Sucht nach Sieg und Gewinnen gerade am Wesen dessen kratzen, was uns ausmacht: nicht der rücksichtslose Wettkampf, sondern unsere Verbundenheit untereinander.

Wenn wir diesen Kreislauf jedoch durchbrechen und wieder zusammenkommen wollen, müssen wir uns dem System stellen, in das wir gezwungen wurden und werden. Und wir müssen wissen: Hobbes' vorsozialer Zustand war ein Mythos. Wir aber manövrieren uns gerade sehr real in einen postsozialen Zustand hinein, den unsere Vorfahren für unmöglich, für töricht und keineswegs lebensfördernd gehalten hätten. Stattdessen wird nunmehr ein Zustand wahr, in dem das Leben böse und einsam ist, brutal und lang. Auch dies war lange ein Mythos, basierend auf einem Verständnis der menschlichen Evolution, die auf das Buch der Genesis beschränkt war. Dieser Mythos wird jetzt durch die Religion unserer Zeit auf reichlich durchtriebene Weise Wirklichkeit: ein Fest des extremen Individualismus und des universellen Wettbewerbs.

Die daraus resultierende Einsamkeit? Sie ist unmenschlich. Sie ist tödlich.

Die »modernen« Krankheiten müssten eigentlich Anklage genug sein gegen ein System, das sie fördert. Angstzustände, Stress, Depressionen, Burnout, soziale Phobien, Essstörungen, Selbstverletzung und Einsamkeit. Sie treffen Menschen auf der ganzen Welt. Allein die jüngsten Zahlen zur psychischen Gesundheit von Kindern in England spiegeln diese globale Krise wider. Die Zahlen sind katastrophal und lassen schon rein statistisch auf eine Plage schließen.

Sicher gibt es viele Gründe für diese Not, aber es scheint mir, dass die eine tiefe Ursache überall dieselbe ist: Die ultrasozialen Säugetiere der Gattung Mensch, deren Gehirne verdrahtet sind, um auf andere Menschen zu reagieren, werden gerade auf nie zuvor gesehene Art und Weise auseinandergezerrt. Der wirtschaftliche und technologische Wandel spielt dabei eine große Rolle, maßgeblich aber ist die treibende Ideologie hinter allem. Obwohl unser Wohlbefinden untrennbar mit dem Leben anderer verbunden ist, wird uns gepredigt, dass wir vorrangig durch wettbewerbsorientiertes Eigeninteresse und extremen Individualismus gedeihen werden, durch das Gegenteil von Gemeinschaft, das Gegenteil von Kooperation. Es geschieht überall und zu jeder Zeit. Auch dort, wo wir es schon längst nicht mehr wahrnehmen. Getrieben werden wir in die Abkehr von Ineffizienz. Dabei macht das Menschen und Leben gerade aus: der Mut zur Ineffizienz.

In Großbritannien weisen Männer, die ihr halbes Leben in geschlossenen Räumen zugebracht haben, die junge Generation immer rigoroser dazu an, auf eigenen Beinen zu stehen. Schülern und Studenten trichtern sie gedankenlos eine Win-win-Doktrin ein, die nicht mehr weiß, wie es ist, sich an den Schultern anderer ausruhen zu dürfen, sich selbst als Räuberleiter anzubieten oder gar so etwas wie eine Löschkette der vielen Glieder zu bilden. In Englands Schulen und Colleges, an den Tresen der Bars und sogar im Parlament haben solche Denkmuster ausgedient. Das Bildungssystem wird stattdessen von Jahr zu Jahr brutaler, der eigene elitäre Weg immer erstrebenswerter. Limitiert auf den eigenen Horizont, den eigenen Spaß, den eigenen Lebensstil.

Wie sehen die Folgen einer derart singulären Justierung aus? Wie hat sich die seit Beginn des neuen Millenniums immer lauter zu hörende Losung *Me, myself, and I* inzwischen in unseren Leben niedergeschlagen? Beschäftigung und Arbeit sind vielerorts ein Kampf bis zum Ruhestand geworden, nicht selten bis zum Tod. Die modernen Aufseher der Armen schreiben die Schuld den wirtschaftlichen Umständen zu, bemühen gern den Begriff der Austerität. Derweil füllt Konsumismus die sozialen Lücken, laufen im Fernsehen die Gewinnshows und bringen die Discounter-Ketten die Supersonderangebote unters Volk.

Weit sind wir mit alldem davon entfernt, die Krankheit der Isolation zu heilen. Vielmehr intensivieren solche Mechanismen des Marktgeschehens den sozialen Vergleich – bis zu dem Punkt, an dem wir anfangen, uns selbst zu jagen. Zu einer offenkundigen Bewertung, wo wir in diesem Rattenrennen stehen, haben wir uns letztlich selbst entschlossen: durch die Ausstellung unserer Performances in den sozialen Medien. Social Media bringt uns zusammen und treibt uns auseinander, während wir unsere soziale Stellung freimütig selbst quantifizieren und erregt dabei zuschauen, wie wir Freunde sammeln, Follower anhäufen und Content multiplizieren.

Nein, Gemeinschaft, Nähe und Intimität gehen anders. Ich bin keine Mathematikerin, keine Physikerin, keine soziologische Theoretikerin. Aber ich verwette mein letztes Hemd, dass 70, nein, eher 80 bis 90 Prozent unseres weltlichen Strebens heute der Quantität huldigt und nicht auf Qualität abzielt. Wir, Gewinngeile und Siegesverrückte. Wir, nach schnellem Vorteil lechzend, nach makellosem Schein und mackenfreier Lackierung unseres Lebens. Selbstausbeutung in Lichtgeschwindigkeit. Im Wahnsinn toxischer Grenzverschiebung, entsagter Selbstliebe, einer Selbstverletzung, die uns Schlaf, Sex und Liebe raubt, sie ihrer Intimitäten entleert, stattdessen zu Konsumwerten aufpoliert. Der moderne Mensch entmenschlicht sich. Ein jeder von uns kann Symptome aus dem eigenen Leib herauslesen. Meine Symptome waren der Anlass, dieses Buch zu schreiben.

Die Äpfel, Birnen, Bananen, Orangen, Tomaten, Pilze, Zitronen und Zucchini in den Supermärkten sagen alles. Sie tragen keinen Makel, keinen Wurmstich, keine Beule; andernfalls verlören sie die Existenzberechtigung im Einkaufsregal. Wir wollen sie so. Perfekt in Form und Farbe, pervertiert in die Verfremdung und Künstlichkeit. Sonst kaufen wir sie nicht. Sonst ekeln wir uns vor ihnen. Mancher spricht so über andere Menschen.

Wie Rhiannon Lucy Cosslett brillant dokumentiert hat,

wirkt das Prinzip der reinen und von allen Ecken und Kanten befreiten Konsumerwartung weit hinein in unser eigenes Leben. Vor allem Mädchen und junge Frauen verwenden und veröffentlichen längst routinemäßig Fotos, um sich glatter und schlanker zu machen. Die »Schönheits«-Einstellungen der Smartphones erledigen dies heute mit einem Fingerwisch, ohne dass wir noch fragen, hinterfragen, unterstellen. Es geschieht jetzt einfach. Die Post-Hobbes-Dystopie ist somit – nach all den Jahren – endlich wahr geworden. Der Krieg aller gegen alle. Und sogar gegen uns selbst.

Ist es ein Wunder, dass in den einsamen Innenwelten, in denen Berührungen durch Retuschen ersetzt werden, junge Frauen in seelischer Not ertrinken? Die schon erwähnte, kürzlich in England durchgeführte Umfrage ergab übrigens des Genaueren, dass sich jede vierte Frau zwischen 16 und 24 Jahren schon einmal selbst verletzt hat und jede achte an einer posttraumatischen Belastungsstörung leidet. 26 Prozent der Frauen in dieser Altersgruppe sind von Angstzuständen, Depressionen, Phobien oder Zwangsstörungen betroffen.

Wie kann das alles sein? Wie konnte es so weit kommen? Und, noch wichtiger: Wie können wir es stoppen? Einfach wird der Weg aus dem Dilemma nicht und eine Richtlinienantwort dem Problem höchstens Hohn sprechen. Es erfordert Größeres. Es erfordert die Neubewertung einer Weltanschauung. Denn von allen Phantasien, die Menschen ersinnen und verbreiten können, ist die Vorstellung, dass wir es allein schaffen können, ein jeder für sich, die absurdeste und vielleicht gefährlichste, die es gibt. In Wahrheit wird es immer genau andersherum funktionieren.

Entweder wir stehen zusammen, oder wir fallen auseinander.

Am Anfang meiner Abenteuerreise durch die Einsamkeit war ich überzeugt, ein neuer Kollektivismus könnte helfen. Ich verlor mich in den klassischen oberflächlichen Anti-Einsamkeitsdogmen, dachte, es würde reichen, die Vereinzelten bloß zusammenzuschnüren. So würden Gesellschaft und Gemeinschaft doch wieder entstehen. Schnell fiel auf: So sozialistisch bin ich nicht. Ganz im Gegenteil begegnete mir immer wieder inszeniertes, künstliches Beisammensein, das ich gar als ungesund und destruktiv deklarieren wollte. Rechtsextreme, Pegidisten, nationale Bürgerwehren, die – über die erfundene Angst vor den migrantischen Feinden im Inneren, dem Mythos der von eigener Staatshand befohlenen Umvolkung und dem ernsten Willen, sich dem gemeinsam entgegenzustellen – urplötzlich in folkloristischem Heimatschutz verbunden stehen. Mit dem Sozialpsychologen Harald Welzer diskutierte ich nicht nur einmal über die Sogkraft Donald Trumps: Nein, sein Erfolgsrezept war eben nicht Hass, Auseinander und Gegeneinander; seine widersinnigen Weltthesen einten gefühlte Verlierer der Moderne zu einem einzigen sozialen Aufstand gegen die Drehzahl der Welt. Was konnte verführerischer sein, als mit Brüdern und Schwestern gemeinsam den Aufstand gegen geheime Weltensteuerer zu proben?

Doch etwas anderes ist ebenso augenfällig. Auf der anderen Seite beenden moralische Kollektive politischen Widerstreit. In der Auflösung politischer Antagonie steht ein Teil der pluralistischen Gesellschaft kerzengerade, wenn es um Klimaschutz, Feminismus und Seenotrettung geht, erlaubt nicht einmal verschiedene Wege zum selben Ziel, entfremdet die Frage des Wie und den Streit widerstrebender politischer Interessengruppen durch den Befehl zum Ja. Von Journalisten wie Ulf Poschardt oder Alexander Kissler als unmündig und infantil diffamiert, eint die progressiven Kollektive nun zusätzlich das Gegenbild der rechten Blattschreiber und -macher.

Es nützt nichts: Ein Kollektiv, das nicht aus gesunder Offenheit, emanzipiertem Selbstwert, frei von Kompensationsdruck entsteht, ist keines. Es ist nur ein weiteres Abziehbild der ausgeweiteten Kampfzone des modernen Kapitalismus: die Inszenierung der Bindungsfähigkeit in einer Gegenwart der Bindungsunfähigkeit. Nach ökonomischen Gesichtspunkten wertvoll und begehrlich. Ansonsten: Einbahnstraße.

Mehr noch nährt sich meine Überzeugung: Der Druck, kompensatorische Kollektive erfinden zu wollen, sich ihnen in eingebildeter Selbstaufgabe anzuschließen, geht gar einher mit dem Verlust echter Bindungen und Intimitäten. Das Zeitalter der Einsamkeit aber erzeugt solche gefährlichen Nationalismen, Moralismen, politische Polarisierungen, erzeugt die wirkliche gesellschaftliche Sprechunfähigkeit.

Und was Makro gilt, gilt Mikro: War ich nicht selbst das eindrücklichste Beispiel für Kompensation und Inszenierung? Ständig, stetig unter Leuten, verkopft wie übersteigert in Liebesbeziehungen, obsessiv in der Idee, die eigene Bindungsfähigkeit ausstellen zu müssen. Klammheimlich aber wuchs das Leiden an Einsamkeit. Es war ihm durch oberflächliches Spiel eben nicht beizukommen. Und in Pandemiezeiten häuften sich schließlich auch die Beobachtungen aus dem Freundeskreis: Eigentlich längst kaputte Partnerschaften erlebten ein Revival. Bloß nicht allein sein im Lockdown.

Freilich mag man in diesen modernen Zeiten auch fragen, ob Einsamkeit nicht Zeichen eines Zugewinns an Freiheit darstellt. Soziale Bande waren historisch betrachtet schließlich fast immer Pflicht. Erst heute ist Singledasein statt Heirat selbstverständlich möglich, stellen Wohngemeinschaft statt Familienhaushalt, Co-Working-Space statt Kollegenstamm und Airbnb-Community statt Nachbarschaft offene Alternativen dar. Ist Einsamkeit also eher Beiwerk eines allgemeinen Privilegienzugewinns? Letztlich sogar Zeichen menschlicher Befreiung aus sozioökonomischen und anderen Zwängen? Steht das »nicht mehr zusammen sein müssen« demnach für eine Entlastung?

In Südkorea begegnete mir ein Phänomen, das ich zunächst als Beleg dieser Annahme las. »Honjok« ist eine Komposition aus den Worten *honja* (allein) und *jok* (Stamm). Als Anhänger dieser Einpersonenstämme wenden sich junge Menschen in Südkorea gegen ein Lebensmodell, das nach wie vor stark von konservativen Familienstrukturen geprägt ist. Vor allem Frauen entziehen sich zunehmend dem sozialen Druck, ihre Karriere für Ehe, Kinder und Küche aufzugeben. Die Geburtenrate in Südkorea zählt inzwischen entsprechend zu der niedrigsten weltweit. Und ein Drittel aller Haushalte in der Hauptstadt Seoul sind Einpersonenhaushalte. Doch Honjok ist bei weitem kein landestypisches Phänomen. Auch in Deutschland und den europäischen Gesellschaften etwa lebt jeder Fünfte allein. Tendenz deutlich steigend.

In Japan, wo die Solokultur »Ohitorisama« heißt, haben sich Gastronomie und Unterhaltungsbranche längst auf die gestiegene Nachfrage an Einzelaktivitäten eingestellt – mit Angeboten, um allein Essen zu gehen, zu reisen oder Karaoke zu singen. Restaurants bewerben das Dinner for one mit Spezialpreisen, Lebensmittel und Haushaltsgeräte sind an die Bedürfnisse von Singles angepasst. Karaokeräume können auch für nur eine Person gemietet werden; Kinos haben Einzelsitze mit Abstandswahrung aufgestellt. Schon lange vor Corona.

»Manche Menschen kommen in unser Leben und gehen auch wieder. Die intimste, beständigste und dauerhafteste Beziehung aber ist die, die wir mit uns selbst führen«, schreiben die US-amerikanische Gesundheitsberaterin Francie Healey und die chinesisch-kanadische Journalistin Crystal Tai in ihrem soeben erschienenen Buch *Honjok – Die Kunst, allein zu leben*. Den Autorinnen geht es darum, die Single-Existenz als gesellschaftlich gleichwertig anzuerkennen und nicht als

»Resterampe« zu diskreditieren. Healey und Tai plädieren dafür, Alleinstehende nicht als »tote Äste« (China) oder »übrig gebliebenen Weihnachtskuchen« (Japan) zu verunglimpfen, sondern die Solokunst gezielt zu kultivieren. Daher appellieren sie auch an all jene, die als Paar oder in Familien wohnen, in sich zu gehen und zu überlegen, wie viel Zeit sie für sich brauchen. Denn die Honjok-Philosophie soll keineswegs eine Riege von Narzissten hervorbringen. Im Gegenteil: »Uns selbst Zeit zu widmen, erlaubt es uns, unsere Verhaltensmuster wahrzunehmen und infrage zu stellen«, schreiben Tai und Healey. Es geht um Eigenverantwortung, nicht um Egomanie. Sich aus dem Zwischenmenschlichen immer wieder herauszulösen, befördere unsere Empathie. Kontemplation verstehen sie als emotionales Krafttanken, um sich bewusst und tiefergehend auf Beziehungen einlassen zu können.

Da passt es nur, dass Honjoks eben auch untereinander verbunden sind. Sie tauschen sich darüber aus, wie es ist, allein zu essen (Honbap), ohne Gesellschaft zu trinken (Honsul), ohne Mitspieler zu spielen (Honnol), sie sprechen über Soloreisen (Honhaeng), den Kinobesuch ohne Freunde (Honyeong) oder das Shopping ohne Begleitung (Honsho).

In ihrem Buch machen die Autorinnen konkrete Vorschläge, wie sich der Honjok-Lebensstil erlernen lässt. Gefragt sind dabei Praktiken, die fernab von To-do-Listen einerseits und Netflix-Eskapismus andererseits liegen: Meditieren und Spazieren, Tagebuch schreiben und Handwerken. Allein ins Café gehen und die Umgebung betrachten. Nichtstun ist da keineswegs nichtsnutzig, sondern schärft die Sinne und lüftet den Geist. Das Introvertierte beflügele Ideen und Innovationen. Bei Besinnlichkeit, Müßiggang oder sogar Langeweile begegnet einem mitunter jedoch die wenig beliebte Schwester des Alleinseins: die Einsamkeit.

»Einsamkeit kommt von einem Fehlen an Verbindung, nicht

von der Abwesenheit von Menschen«, erläutern Tai und Healey – und verweisen auf berühmte Individualisten wie Henry David Thoreau, der die Natur als »wohltätige Gesellschaft« empfand. Die eigene Einsamkeit zu spüren und sie eben nicht in digitalen Routinen oder hedonistischem Ausgang wegzukompensieren kann also nicht nur bereichernd und befreiend sein, sondern sogar gesund. »Es erfordert Mut, allein zu sein«, erklären Tai und Healey. »Wir riskieren dadurch, jenseits der Gruppendynamik und unserer etablierten Identität zu entdecken, wer wir sind.« Ein vielversprechendes Wagnis.

Noch deutlicher sagte es schon Friedrich Nietzsche. Für ihn war Einsamkeit der intime Resonanzraum seiner Entlarvungspsychologie. Er entdeckt in der »Einsamkeit an sich selbst« Reaktions- und Deutungsmuster auf Reize aus der sozialen Umwelt, die er verallgemeinert und in denen er Konstitutionsmechanismen des *Menschlichen, Allzumenschlichen* erkennt. Und diese Mechanismen gehören laut Nietzsche zur Entstehungsgeschichte des Menschen schlechthin. In der Einsamkeit wird gewissermaßen alles größer, was man in sich birgt. Sie wirkt – unbeirrt ertragen – wie ein Brennglas über seelischen Regungen und Energien. Erst durch die Loslösung dieser Gefühle von gesellschaftlichen Normen können sich diese dehnen und strecken, können in Reinform präpariert und seziert werden. Und erst dann werden uns Gedanken, Gefühle und Regungen bewusst, die im gesellschaftlichen Anteil unserer selbst vermummt und stumm waren. Nietzsches entlarvende Einsichten zur Wirklichkeit unserer Bosheit und kompensatorischer religiöser Praktiken, die Bedeutung asketischer Ideale für uns, die Psychologie des Ressentiments, der Moral als Rache- und Machtinstrument – ohne den Willen, die vertiefte Einsamkeit für die Reflexion zu nutzen, kaum denkbar.

Das südkoreanische Honjok und verwandte Phänomene schauen also nicht idealisierend auf den Zustand des Vereinzelten, Zersplitterten, Einsamen. Sie meinen die bewusste Abkehr von ungesunder Einsamkeitskompensation und arbeiten an den Grundvoraussetzungen für wirkliche Verbindung, Bindung und Intimität: dem gesunden, starken, freien Ich. Ein Ich, das in der Lage ist, sich dem Risiko der Gefühlsverletzung, der Enttäuschung, der Ablehnung auszusetzen. Ein Ich, das zugleich viel weniger und doch so viel mehr ist als der Homo oeconomicus der Risikovermeidung: Mensch nämlich, einfach nur Mensch, durch und durch.

Einsam ist nicht derjenige, der sein Alleinsein spirituell nutzt, aus sich schöpft, sich kennenlernt und lernt, sich auszuhalten. Einsam ist, wer unter der Niedertracht kapitalistischer Ideologien, technologischen Totalitarismen, der Beschleunigung der Postmoderne aus den Fugen gerät, sich ohnmächtig unseren menschengemachten Systemen unterwirft. Die globale Klimabewegung aber ist ein Beispiel dafür, dass Ungehorsam und Aufstand möglich sind.

Was bedeuten all diese Befunde nun? Der Narzissmus, die Angst, die Fragilität der kapitalistischen Gesellschaft des 21. Jahrhunderts? Sie bedeuten, und das ist die Neue Einsamkeit, dass die heutige Einsamkeit zu weiten Teilen nicht in der unverschuldeten Verwaisung des Einzelnen in trostloser, menschenleerer Landschaft liegt, sondern ganz umgekehrt in der verstörten Unfähigkeit zur Intimität. Für Staat und Gesellschaft heißt das: Mit externen Faktoren und oberflächlichen Verkupplungsgedanken lassen sich wahre Anti-Einsamkeit und damit Bindung und Intimität nicht vorschreiben. Und auch nicht herstellen. Mit Projekten wie Nachbarschaftsgenossenschaften oder Mehrgenerationenhäuser lässt sich der Einsamkeit zwar oberflächlich beikommen, doch ist dies höchstens klassische Symptombehandlung. Die wahren Ursachen liegen tiefer. Und somit auch die Hebel, um die Herausforderung wirklich anzunehmen.

Was also hilft im Kampf gegen die Epidemie der Einsamkeit? Die offene Erforschung des Themas und eine genuine Debatte darüber, zudem ein interdisziplinärer Blick, der über alle Politikfelder hinausgeht. Institutionell eingestellte Zuständigkeiten sind gefragt, Verantwortlichkeiten und Haftbarkeiten. Daneben müssen wir den Gesundheitsbegriff einer Komplettreform unterziehen, denn hier hängen wir noch immer an der linearen Fortsetzung unseres industriellen Verständnisses fest, wo es lediglich um die Behandlung physischer Erkrankungen und Verletzungen geht. Es muss ein Mental-Health-Zeitalter beginnen: Gesundheit und Krankheit der menschlichen Seele müssen neu verstanden, Investitionen in den Bereich präventiver Bestrebungen verschoben werden. Wir müssen ferner soziale Orte neu erarbeiten, brauchen Offenheit statt starren Plan, agile Infrastrukturen als Pfad der Gemeinsamkeit statt statisch abgrenzbare Straßen, neue Orte der Öffentlichkeit durch digitale und partizipative Räume, sicher auch eine neue Kultur der Einbindung der Alten.

Es gibt politisches Interesse, sich gegen all das zu stemmen. Stattdessen wollen die Akteure die Vereinzelung weiter fördern, wollen Segregation bestärken, Mobilisierung verhindern und Solidarität zerschlagen. Der Aufstand gegen solche Engstirnigkeiten wird darum nur den Vielen gelingen. Erst wenn Millionen Schüler ihre Schulpflicht bestreiken, anstatt dass jeder einzelne sein Pausenbrot in wiederverwendbares Altpapier wickelt, wird Umweltschutz zur politischen Angelegenheit. In unserer postindustriellen Dienstleistungsgesellschaft braucht es einen neuen Arbeiteraufstand, muss eine neue soziale Frage verhandelt werden. Ich bin jedoch noch immer Christdemokratin genug, um nicht an eine sozialistische Umkehr zu glauben. Sicher ist aber: Arbeitnehmervertretung, Gewerkschaftsaufgabe, Tarifautonomie kann in dieser fragmentierten Vertretungskultur neuer Wirtschaft nicht mehr funktionieren.

Es braucht neue Modelle der ökonomischen Partizipation, mindestens die offene Verhandlung von Teilhabe. Die Rückkehr zur Sozialen Marktwirtschaft, einer wirtschaftlichen Ordnung, die in ein gesellschaftliches Wertesystem von Verantwortung und Verbindlichkeit eingebettet ist. Eine Politik, die souverän, emanzipiert, aufrichtig und tollkühn genug ist.

Am Ende müssen wir entscheiden: Erziehen wir einander zu wachstumsorientierten Spielfiguren oder zu kooperativen, beziehungsfähigen Menschen, die Intimität wagen? Letzteres wäre mein Wunsch, mit fliegenden Fahnen, unbedingt. Doch dafür braucht es den Mut zur Nichtlinearität, zur Nichtglätte, zur Ineffizienz.

Und noch ein Grund spricht dafür. Mehr als alles andere. Das Bedürfnis nach Nähe ist nämlich nicht nur systemrelevant, es ist Zeichen von Lebendigkeit. Es ist das einzige Mittel gegen Dürre und Tod. Darum verdient das Thema der Neuen Einsamkeit auch mehr als nur gesellschaftliche Sprechfähigkeit. Wir dürfen das Bedürfnis nach Zusammensein nicht leugnen, wir müssen ihm eine Stimme geben, ein Gesicht, eine Lobby. Das wäre geboten. Eine Armee der Fühlenden.

Danksagung

Der erste und größte Dank an Marc Bielefeld, einen Co-Autor, wie man ihn sich nicht offener, fühlender und fähiger wünschen könnte. Ohne Dich wäre das fertiggedachte mickrige Buch entstanden, das ich mir vorgenommen hatte. Mit Dir ist es ein Abenteuer durch die Tücken der Moderne und das diffuse Gefühl der eigenen Zurückgeworfenheit auf sich selbst geworden. Der zweite Dank an Elisabeth Ruge, für die Umsicht, den Weitblick und das Vertrauen, mich zur rechten Zeit mit den rechten Leuten zu verbinden. Danke an Tim Jung, Erik Riemenschneider, meine Lektorin Dr. Angelika Künne, Lisa Bluhm und jeden in diesem wunderbaren Verlag, der mithilft, ohne dass man einander bekannt ist. Teil von Hoffmann und Campe zu sein ist nicht weniger als eine Ehre für mich. Dieses Buchprojekt umzusetzen ist politisch, es ist mutig, progressiv und solidarisch. Dafür bin und werde nicht nur ich dankbar sein.

Ich war in diesem mitteljungen Leben oft unerträglich. Vor allen in den letzten Jahren. Ängstlich, überfordert und verzweifelt. In Daseinsscham und Selbstverleugnung habe ich um mich geschlagen und dabei Menschen Unrecht getan. Die Flucht in die Einsamkeit war ein Schutzreflex, vor dem mich mancher, der mich lieb gewonnen hatte, bewahren wollte. Jetzt habe auch ich es verstanden.

Dieses Buch ist entstanden in einem Jahr, in dem geboten war, sich von jenen, die man liebt, besser fernzuhalten. Die Pandemie hat das Thema Einsamkeit noch einmal anders und neu gesellschaftlich relevant werden lassen. Ich wünsche mir, dass dieses Buch Ermunterung sein darf, eine gesellschaftliche Debatte über unsere Verunsicherungen, Abspaltungen und Kompensationen zu führen, über Quellen und Symptome der Einsamkeit und über Wege aus der Einsamkeit, hin und zurück zu Gemeinschaft, Zusammenhalt und Solidarität.

Literaturverzeichnis

Adli, M.: *Stress and the City. Warum Städte uns krank machen.*
Und warum sie trotzdem gut für uns sind. C. Bertelsmann, 2017.

Age UK and the Campaign to End Loneliness, *Promising approaches
to reducing loneliness and isolation in later life*, 2015.
https://www.campaigntoendloneliness.org/wp-content/uploads/Promi-
sing-approaches-to-reducing-loneliness-and-isolation-in-later-life.pdf

Beck, U.: *Risikogesellschaft. Auf dem Weg in eine andere Moderne.*
Suhrkamp, 1986.

Brand, T., Follmer, R. und Unzicker, K. [Hrsg.]: *Gesellschaftlicher
Zusammenhalt in Deutschland* 2020. Gütersloh, 2020.

Buecker S., Ebert, T., Götz, F. M., Entringer, T. M. und Luhmann, M.:
»In a Lonely Place: Investigating Regional Differences in Loneliness«,
in: *Social Psychological and Personality Science.*
DOI: 10.1177/1948550620912881, 2020.

Buecker, S., Maes, M., Denissen, J. und Luhmann, M.: »Loneliness and the
Big Five Personality Traits: A Meta-analysis«, in: *European Journal of
Personality*, 2020.

Hari, J.: *Der Welt nicht mehr verbunden. Die wahren Ursachen von
Depressionen – und unerwartete Lösungen.* HarperCollins, 2019.

Hawkley, L. C. und Cacioppo, J. T.: »Loneliness matters: a theoretical and
empirical review of consequences and mechanisms«, in: *Annals of
Behavioral Medicine*, 40, 2010.

Cacioppo, J. T. und Patrick, W.: *Loneliness. Human Nature and the Need for
Social Connection*, W W Norton, 2008.

Cacioppo, J. T., Cacioppo S. und Boomsma, D. I.: »Evolutionary mechanisms
for loneliness«, in: *Cognition & Emotion*, 28, 2014.

Deutscher Bundestag: Einsamkeit und die Auswirkung auf die öffentliche
Gesundheit, Drucksache 19/10456, Berlin 23.05.2019.

Deutscher Bundestag: Bericht der Enquete-Kommission: Zukunft des Bürgerschaftlichen Engagements, Drucksache 14/8900. Berlin, 2002.

445

Dunbar, R. I.: *How many friends does one person need? Dunbar's number and other evolutionary quirks*. Faber & Faber, 2010.

Endell, A.: *Die Schönheit der großen Stadt*. Strecker & Schröder, 1908.

Eyerund, T. und Orth, A. K.: Einsamkeit in Deutschland: Aktuelle Entwicklung und soziodemographische Zusammenhänge, IW-Report Nr. 22 v. 13. 6. 2019.

Gatterer, H. [Hrsg.]: *Pro-Aging. Die Alten machen uns jung*. Zukunftsinstitut, 2016.

Gehl, J.: *Städte für Menschen*, Jovis, 2015.

Hawkley, L. C. und Cacioppo, J. T.: »Loneliness matters. A theoretical and empirical review of consequences and mechanisms«, in: *Annals of Behavioral Medicine*, 40, 2010.

Healey, F. und Tai, C.: *Honjok. Die Kunst, allein zu leben*. Allegria, 2000.

Helliwell, J. F. und Putnam, R. D.: »The social context of well-being«, in: *Philosophical Transactions of the Royal Society B*, 359 (1449), 2004.

Holt-Lunstad, J., Smith, T. B. und Layton, J. B.: »Social relationships and mortality risk. A meta-analytic review«, in: *PLoS Medicine*, 7 (7), 2010.

Houellebecq, M.: *Ausweitung der Kampfzone*. Wagenbach, 1999.

Hünniger, A. H.: *Das Paradies. Meine Jugend nach der Mauer*. Tropen, 2011.

Kersten, J., Neu, C. und Vogel, B.: »Gleichwertige Lebensverhältnisse – für eine Politik des Zusammenhalts«, in: *APuZ*, 46 / 2019.

Kersten, J., Neu, C. und Vogel, B.: *Politik des Zusammenhalts. Über Demokratie und Bürokratie*. Hamburger Edition, 2019.

Kersten, J., Neu, C. und Vogel, B.: »Das Soziale-Orte-Konzept. Ein Beitrag zur Politik des sozialen Zusammenhalts«, in: *Umwelt und Planungsrecht*, Heft 2 / 2017.

Koalitionsvertrag: Ein neuer Aufbruch für Europa. Eine neue Dynamik für Deutschland. Ein neuer Zusammenhalt für unser Land. Koalitionsvertrag zwischen CDU, CSU und SPD. 19. Legislaturperiode, 2018. http://www.bundesregierung.de/resource/blob/975226/847984/5b8bc23590d4cb2892b31c987ad672b7/2018-03-14-koalitionsvertrag-data.pdf?download=1

Laing, O.: *The Lonely City. Adventures in the Art of Being Alone*. Canongate Books, 2016.

Luhmann, M. und Hawkley, L.: »Age Differences in Loneliness From Late Adolescence to Oldest Old Age«, in: *Developmental Psychology*, 52 (6), 2016.

Murthy, V. H.: *Together: The Healing Power of Human Connection in a Sometimes Lonely World*. Harper Wave, 2020.

Nowland, R., Necka, E. A., und Cacioppo, J. T.: »Loneliness and Social Internet Use: Pathways to Reconnection in a Digital World?«, in: *Perspectives on Psychological Science*, 13 (1), 2018.

446

Poschardt, U.: *Mündig.* Klett-Cotta, 2020.

Putnam, R. D.: *Making Democracy Work. Civic Traditions in Modern Italy*, Princeton University Press, 1993.

Putnam, R. D.: *Bowling Alone. The Collapse and Revival of American Community*, Sim,on & Schuster, 2000.

Reckwitz, A.: »Die Gesellschaft der Singularitäten. Zur Kulturalisierung des Sozialen«, in: Busche H., Heinze T., Hillebrandt F., Schäfer F. (Hrsg.): *Kultur – Interdisziplinäre Zugänge.* Springer VS, 2018.

Sennett, R.: *Der flexible Mensch. Die Kultur des neuen Kapitalismus.* Berlin Verlag, 1998.

Sennett, R.: *Civitas. Die Großstadt und die Kultur des Unterschieds*, S. Fischer, 1991.

Sennett, R.: »Why complexity improves the quality of city life«, Cities, Health and Well-Being. Hong Kong Urban Age Conference, 2011.

Sennett, R.: *Zusammenarbeit. Was unsere Gesellschaft zusammenhält*, Hanser Berlin, 2012.

SOEP – Sozio-oekonomisches Panel, Daten der Jahre 2013–2017, Version 34, 2017.

Spitzer, M.: *Einsamkeit. Die unerkannte Krankheit.* Droemer, 2018.

Splendid Research GmbH: Wie einsam fühlen sich die Deutschen? Eine repräsentative Umfrage unter 1.039 Deutschen zum Thema Einsamkeit. 2017. http://www.splendid-research.com/de/ueber- uns/presse/item/ studie-einsamkeit-deutschland-2017.html

Stanišić, S.: *Herkunft*, Luchterhand, 2019.

Tartler, R.: *Das Alter in der modernen Gesellschaft.* Ferdinand Enke Verlag, 1961.

Theke, L. A.: »Sociodemographic and health-related risks for loneliness and outcome differences by loneliness status in a sample of U. S. older adults«, in: *Research in Gerontological Nursing*, 3, 2010.

UK Government: A connected society: A Strategy for tackling loneliness – laying the foundations for change. 2018. http:// assets.publishing. service.gov.uk/government/ uploads/system/uploads/attachment_data/ file/750909/6.4882_DCMS_Loneliness_Strategy_ web_Update.pdf